The Role and Conduct of Planning

中国城市规划学会学术成果

规划的价值与作为

孙施文 等 著

中国城市规划学会学术工作委员会 编

中国建筑工业出版社

目录

序 论 孙施文
在中国式现代化进程中发挥规划的作用

025-038 武廷海　郑伊辰
人居环境科学与复杂巨系统求解

039-056 邹 兵
从城市经营到城市运营：深圳城市规划的价值和作用 —— 基于若干规划实践案例的解析

057-072 袁奇峰　李赫祺
世界城市网络中广州的地位演变及启示

073-096 黄亚平
新时代中国城市区域一体化规划实践探索

097-108 张 松
城市空间治理的基本问题探讨 —— 以《欧洲城市宪章》为例

109-120 曾 鹏　李晋轩
空间价值重构：一个兼容城市更新共性机制与路径差异的解释框架

121-134 杨宇振
资本在空间中流动：城市更新的问题、困境与理论探析 —— 兼谈当代中国城市更新

135-138 张 勤
成人之美　润物无声

139-158 袁奇峰　占 玮
制内创新：特区制度与城市创新空间发展互动解释 —— 以深圳、厦门为例

159-172 王崇烈　高 超　吴俊妲
陈冬冬　陈宇琳
城市发展转型背景下规划职能的重塑 —— 基于北京城市更新实践的思考

173-180 熊 健　何 颖　宋 煜
强化价值引领、回归技术内核：国土空间规划的转型思考与路径探索

181-190 王新哲
市县国土空间总体规划战略价值认识与作用发挥

191-204 段寒潇　赵志荣
国际比较视野下的中国城市气候治理

205-214 冷 红　王心阳
面向中国式现代化进程的寒地城市人居环境质量提升 —— 规划价值和作为

215-230 张 凯　段德罡　李铭华
王雅琪
乌托邦：城乡空间现代化的价值灯塔

231-258 袁奇峰　李 刚
珠江三角洲的创新转型与空间模式

259-268　　田　琳　程　遥　黄建中
企业联系视角下都市圈核心—外围产业联系
—— 以上海及其周边城市为例

269-284　　汪　芳　闫甲祺　杜安琪
　　　　　董　颖
古镇地方性空间的"主客"竞争及其对居民
满意度影响：兼论规划的价值

285-296　　孙　娟　陆容立　廖　航
　　　　　闫　岩
城市空间供给的人本导向逻辑重构 —— 基于
人群画像、需求特征与行为趋势的规划应对

297-308　　刘奇志　万　能　徐　放
　　　　　朱志兵　陶　良　张娅婷
论国土空间规划中的"地质思维"
—— 以武汉市实践为例

309-324　　段德罡　王玉龙　张　凯
面对未来　规划何为？ ——"京—美大战"
背后的思考

325-338　　赵文琦　赵志荣
中国绿色建筑的财政激励：基于政策工具的
视角

339-354　　王学海　董航诚　石文华
世界遗产整体性保护的理论框架与实践路径
—— 以景迈山古茶林世界文化遗产为例

355-374　　葛　岩　张宇星　周　俭
城市更新规划中的社会平等、公平与正义：
上海与深圳的实践与思考

375-388　　段德罡　王　璇
城乡公平正义导向下乡村空间现代性的价值
审思

389-402　　吴佩瑾　袁　媛
共同富裕视角下粤港澳大湾区区域协调发展
研究：分析基础、现实困境与路径思考

403-414　　李志刚
面向日常生活的城乡空间治理创新：以"共
同缔造"为例

415-430　　潘　鑫　张剑涛　杨　萍
面向现代化大都市人口结构转型和提升综合
竞争力的教育资源规划策略 —— 以上海为例

序论

孙施文

孙施文，中国城市规划学会常务理事、学术工作委员会主任委员，同济大学建筑与城市规划学院教授

在中国式现代化进程中发挥规划的作用

一

　　中国式现代化，是习近平总书记在庆祝中国共产党成立 100 周年大会上提出的重要论断，在中国共产党第二十次全国代表大会的报告中，更为明确地指出："从现在起，中国共产党的中心任务就是团结带领全国各族人民全面建成社会主义现代化强国、实现第二个百年奋斗目标，以中国式现代化全面推进中华民族伟大复兴。"《中共中央关于进一步全面深化改革、推进中国式现代化的决定》则进一步要求："当前和今后一个时期是以中国式现代化全面推进强国建设、民族复兴伟业的关键时期。"

　　以规划引领经济社会发展，是党治国理政的重要方式，是中国特色社会主义发展模式的重要体现。规划是实施科学的宏观引导和统筹协调，更好发挥政府作用，推动生产关系和生产力、上层建筑和经济基础、国家治理和社会发展更好相适应的重要支撑和手段，也是实施区域协调发展、建设美丽中国，开展可持续城市更新、促进城乡共同繁荣，提高人民生活品质和获得感的重要指引和措施。《中共中央关于党的百年奋斗重大成就和历史经验的决议》中将"推进以人为核心的新型城镇化，加强城市规划、建设、管理"作为"开创中国特色社会主义新时代"的重大成就和历史经验。《中共中央关于进一步全面深化改革、推进中国式现代化的决定》进一步提出，在推进中国式现代化进程中，要完善国家战略规划体系和政策统筹协调机制，"健全国家经济社会发展规划制度体系，强化规划衔接落实机制，发挥国家发展规划战略导向作用，强化国土空间规划基础作用，增强专项规划和区域规划实施支撑作用。"要"全面提高城乡规划、建设、治理融合水平""健全城市规划体系"等。

　　中国式现代化既是目标，也是过程；既是前进的方向，也是行为的准则。系统总结过去七十多年尤其是改革开放以来规划的发展演进以及取得的巨大成就，科学理性地研究规划的历史方位和时代使命，让规划更好地服务于中国式现代化的需要，是摆在当代规划人面前的历史责任；不断创新满足时代需求的规划理论、方法和实践，在中国式现代化进程中进一步完善规划体系和体制机制，探索有中国特色的规划学科体系、学术体系和话语体系，创新规划实践，为世界当代规划的发展贡献中国智慧和中国方案，也是我国规划研究者和规划工作者应有的担当。2024 年底，中国城市规划学会学术工作委员会为 2025 年中国城市规划年会策划了"迈向中国式现代化：规划的价值与作为"的年会主题。随之，学术工作委员会的委员们结合各自的研究领域和研究项目，联合或组织相关的学者和规划师们，撰写了一批论文，阐释并回应了对年会主题的认识，其中既有对建立具有中国特色的规划理论和实践的经验总结和提炼，也有对未来发展方向的前瞻性研究，或者针对当前发展中的现象或存在的问题提出相应的对策或应予完善的内容。本文集将这些论文结集出版以与规划同行们分享，期望能够共同关注并不断提升规划在中国式现代化进程中的价值，为中国式现代化事业作出新的贡献。

二

　　规划的价值与作为，其实质就是在中国式现代化建设的进程中，规划能做什么和怎么做。笔者在 1990 年代，曾与邓永成先生合作申请了一项海外合作研究课题，开展了对城市规划作用的研究，并撰写论文对相关文献进行了综述，提出了规划作用的三个层面：作为国家宏观调控手段之一、作为政策形成和实施工具之一和作为城市未来空间架构和演变主体。[1] 之后，笔者在编撰《城市规划理论》一书时，专设一章讨论了城市规划的作用，进一步充实并完善了其所涉及的范围及其内涵。[2]

　　无论是经济社会发展规划，还是空间规划，都是国家宏观调控的手段。人类的生存和发展都发生在一定的土地上（空间中），土地和空间使用支撑着各类经济和社会活动的开展。因此，就空间规划而言，通过土地和空间资源的配置和实施来保障国家战略的实施和各项经济社会活动的有序开展。在中国式现代化建设进程中，市场在资源配置中将发挥决定性作用，但市场也有其局限性，也可能出现市场失灵的情况。空间规划通过预先协调各项土地和空间使用之间的关系，减少

[1] 孙施文，邓永成 . 城市规划作用的研究 [J]. 城市规划汇刊，1996（5）：12–20.
[2] 孙施文 . 现代城市规划理论 [M]. 北京：中国建筑工业出版社，2007.

或者减缓不经济性的出现以及未来不确定性的影响，为各行各业、各类经济社会活动的有序开展提供行动纲领，为各项活动之间的交互作用提供基本框架，提高整体的综合效用。而且，通过土地供给、对土地和空间使用的管控等，可以直接支持宏观经济调控，维护市场长期有效运行。

空间治理是社会公共治理的重要组成部分，也是协同各类社会治理的重要基础之一。它既包括了对各类空间组成要素（山水林田湖草沙、城镇村的各项组成要素等）的治理，更为重要的则是协同各类空间要素之间关系的治理。空间组成要素的治理通常是由各行各业、各类部门和组织以及群体开展的，而他们有着各自的目标、行为逻辑、各种各样的规范和管理要求以及时间序列的安排等，因此，在这些行为过程中就会出现相互不协同，出现相互干扰、矛盾甚至冲突，规划就是要为这些治理提供一个框架，解决可能产生的空间矛盾和冲突，使各类空间使用及其治理能够有效开展，并能够发挥整体协同的效应。与此相类似的是，规划为各类政策的协调提供了一个平台，其引导和控制的作用，也为各类政策的形成和实施提供了支撑。

空间秩序是社会秩序的重要因素，是各类社会经济活动开展的基础，也是各类社会经济活动之间相互关系的外部体现。对空间秩序进行组织和管理，是空间规划最为直接外显的作用。规划通过对未来发展的预测和对未来美好社会的判断，整合全社会对未来空间发展的愿望，凝聚成空间发展愿景，并以此为目标，解决城乡发展过程中的空间竞争和矛盾，提升空间品质，满足社会经济发展的需要和人民群众日益增长的对美好生活的需要。规划是对变化的管理，没有变化就不需要规划。在中国式现代化进程中，随着高质量发展的不断推进，规划既要促成"想要"的变化，即符合未来发展愿景的变化，又要控制甚至消除"不想要"的变化，从而促进和保证发展目标的实现。

三

武廷海和郑伊辰的论文"人居环境科学与复杂巨系统求解"，回顾了独具中国特色的人居环境科学的知识渊源和发展历程，揭示了我国城乡规划及相关学科在过去的几十年中，既借鉴国际经验又结合中国国情，针对作为复杂巨系统的人居环境，组合起多系统、多尺度的学科群组，运用整体论方法论的工具，创造性地提出了对开放的复杂巨系统进行科学有限求解的有效框架设计，成为中国规划学科和理论思想的创新发展的典范，在国内外学术领域获得了广泛认同和赞誉。在中国式现代化建设过程中，既要守人居环境科学之"正"，创复杂巨系统求解之

"新"，也要总结和提炼人居环境科学及其认识论、方法论的经验和精华，推动对中国规划理论和实践的总结，建立基于中国话语、中国学术和中国实践基础之上的中国规划知识体系。

武廷海和郑伊辰的论文总结的是学科和知识领域的发展，邹兵的论文"从城市经营到城市运营：深圳城市规划的价值和作用——基于若干规划实践案例的解析"与袁奇峰和李赫祺的论文"世界城市网络中广州的地位演变及启示"，则分别通过对深圳和广州的城市发展的分析，探究了规划在其中的作用。袁奇峰和李赫祺的论文根据六个全球知名评价报告与排行榜，以 7 个全球城市指数描述了广州城市地位的演变。而邹兵的论文则通过对我国第一个特区城市深圳的发展进行总结，详细描述了深圳城市规划在建设中国特色社会主义先行示范区的过程中所发挥的作用。深圳作为中国改革开放后发展起来的新兴城市，在短短的四十多年时间内从一个小渔村成长为国际性大都市，经历了以扩张、增量发展的阶段和以提升质量、存量发展的阶段。邹兵在区分其所界定的城市经营和城市运营含义的基础上，对增量发展和存量发展阶段城市规划的作用进行了具体的辨析。在增量发展时期，作者分别以福田中心区、前海中心区的建设为例，说明了深圳城市规划从与土地开发经营相匹配、支持配合城市经营的角色作用到前瞻谋划与策划促成国家战略落地实施、主动引领和推动城市经营的角色作用的转变。在存量发展时期，作者针对城市运营面临的挑战和关键问题，以深圳城市 / 建筑双年展、岗厦北枢纽和公园融城及人文趣城等活动和项目，探讨了深圳城市规划在以重要城市事件和活动激发存量空间的活力、以 TOD 开发模式促进城市轨道交通可持续性运营和以"山海连城"计划统筹引领城市公园系统可持续运营等方面所发挥的作用，也为我国城市未来高质量发展提供了经验借鉴。

黄亚平的论文"新时代中国城市区域一体化规划实践探索"在辨析新时期国家促进区域协调发展战略思路的基础上，围绕着旨在打造参与国际竞争的空间单元的城市群和旨在推动形成城市区域一体化发展新格局的都市圈的发展，在研读并总结了近年来获批的城市区域发展规划的基础上，概括了城市区域发展规划的基本思路和共性特征，并提炼了这些规划关键内容：注重共筑一体化的总体格局、注重"分区域分层级"差异化推进一体化、注重"分领域分要素"有序推进一体化、注重一体化"示范区"的引领带动作用、注重推进有条件地区同城化发展等。通过研读近期编制的多尺度多类型的城市区域国土空间规划，作者进一步探讨了城市区域发展规划与国土空间规划的联系与差异。作者指出，发展规划的"战略引领"与空间规划的"落地支撑"之间存在着强关联，而且具有全域统筹协调的共同逻辑，规划重点领域也高度契合，但在目标导向与问题导向、行政逻辑与技术逻辑、"自上而下"与"自下而上"等方面存在差异。值得注意的是，这些差异既存在于发展规划与空间规划之间，在空间规划自身也同样存在，而从公共治理的角度而言，如何协同发展规划与空间规划之间的关系，甚至如何保证发展规划和空间规划的相关行动之间的统一，从而避免规划类型多、内容重叠冲突现象，实现真正的综合治理，仍然是值得探讨的问题。

四

张松的论文"城市空间治理的基本问题探讨——以《欧洲城市宪章》为例"提出，"中国不照搬照抄他国政治制度模式，但也不排斥任何有利于本国发展进步的他国国家治理经验。"在全面解读《欧洲城市宪章》内容的基础上，作者提出针对不同时期的关注和新出现的问题，需要确立新的政策理念，建立基本的问题解决框架，确立基本价值观。曾鹏和李晋轩的论文"空间价值重构：一个兼容城市更新共性机制与路径差异的解释框架"，则以城市更新行动为研究对象，提出未来的城市更新治理，应当优化城市更新的"空间价值链"，推动空间价值整体升维；尊重多元主体的"空间价值观"，创新制度促成共治共享。曾鹏和李晋轩的论文辨析了空间价值建构中的辩证关系：基于人的需求而形成空间价值，空间价值依托于空间的属性而存在。因此，要通过改变"人—空间"关系促成价值重构，即从"唯经济价值论"转变为以人为中心的空间经济逻辑。在经历了大规模快速城市化发展阶段，随着城市发展方式的转变和推进城市高质量发展，城市更新已经成为城市发展的主旋律，城市更新必然引发空间价值重构，但不同更新路径的价值重构结果显著不同，而构成城市更新路径差异的原因在于价值重构的逻辑分异，由此进一步辨析了差异化城市更新路径的空间价值重构逻辑。作者在分析微观层面空间价值的变动、转化和再分配的关系的基础上，总结了宏观层面的城市更新四种基本范式，并进一步展望了未来城市更新治理的方向。曾鹏和李晋轩的论文提出的是一个解释城市更新内在作用机制和更新路径选择的分析框架，使对城市更新的认知和实践有所依凭；而张松的论文则提出，应当借鉴发达国家的经验，通过适当的方式方法为地方政府和公共管理部门提供实用工具和城市管理手册。

城市更新必然引发空间价值重构，这种重构及其带来的城市空间变化，在杨宇振看来，其底层机制是资本的撤出或进入所造成的。他的论文"资本在空间中流动：城市更新的问题、困境与理论探析——兼谈当代中国城市更新"运用社会空间生产理论剖析了资本在城市更新过程中的作用逻辑，提出了城市作为经济增长机器，使资本通过空间生产渗入日常生活之中，因此就需要重返具体的日常生活来认识和规约城市更新中的空间生产。更为重要的是，作者进一步提出，在这个过程中，政府的属性和作用需要转变，即从经营型政府转变为管理服务型政府，也就是在邹兵的论文中所提出的，要从城市经营转变为城市运营。由此也将推动城市更新社会实践模式的转变，也就是从以公共投入为主的城市装扮、从上而下大包大揽的指令性操作，或者如曾鹏和李晋轩的论文中所说的以土地中心性经济视角的逻辑，转变为政府与社会可能的更紧密的合作，上下的结合，以及需要基层社会的协商和共同推进的模式。也就是，城市更新应从以物质空间实践为主转向物质空间与社会空间相结合的实践路径，走向社会空间生产。城市需要的不仅是高质量的物质空间，更应该是能够激发人内在自发性、创造性、促进集体交往、团结和行动的社会空间。

张勤的文章"成人之美　润物无声"是旧文重刊，既是对介绍利物浦城市更新项目一书的提炼总结，其题目也是对城市更新行动以及规划作为的很好回应。作者提出，城市更新行动是对城市发展问题的回应，每一座城市都将不可避免地出现兴衰更迭，不可避免地需要面对更新的问题，营造富有活力的城市空间，创新经济活动的组织方式，丰富经济活动的社会文化内涵，实现城市的有机更新，是现代城市可持续发展的必由之路。这就需要从城市可持续发展出发审视挑战与机遇，明确城市更新的战略目标，需要统筹调度各方面资源共同参与；而务实的，注重人文精神、注重低碳生态、注重文化传承的规划理念对城市更新项目的成功至关重要。当然城市更新项目的实施也离不开灵活的实施机制，制度创新同样不可或缺。袁奇峰和占玮的论文"制内创新：特区制度与城市创新空间发展互动解释——以深圳、厦门为例"则从另一个方面总结了城市创新空间发展的历程，其所提出的"引进—消化—吸收—创造"演化的分析框架，与武廷海和郑伊辰的论文所分析的人居环境科学的知识发育历程异曲同工，而且对于我们认识类似于利物浦城市更新项目以及张松所解读的《欧洲城市宪章》等同样具有意义。

五

王崇烈、高超等的论文"城市发展转型背景下规划职能的重塑——基于北京城市更新实践的思考"，结合北京近年来开展城市更新工作的具体案例，总结并详细说明了规划实践工作出现的一系列变化，这些变化包括：从静态蓝图绘制走向动态的实施陪伴，从硬性的空间设计走向软性的制度构建，从单一的政府主导走向多元的协商共治，从约束性的功能管控走向激励导向的需求引导等。该文所归纳总结的这些变化，是当今我国规划师所普遍面对着的。本书的各篇论文都是在不同的维度、不同的层面上对这些变化展开探讨，发掘深层作用机制，提出相应的策略。这些研究立足中国式现代化建设中的实际问题，应对变化的实际需要，从学理知识、实践需要等角度探索了构建具有中国特色的规划体系的不同方面。王崇烈、高超等的论文认为，这些变化不仅体现为技术工具的迭代，更折射出城市治理范式的根本性变革。面对这样的变革，规划工作在职能、机制等方面都需要进行全面的重塑，以形成空间设计与制度构建相耦合的规划实施全生命周期循环、功能管控与需求引导相融合的空间治理多主体共治闭环。这也要求规划师的角色转变，从"技术专家"转型为"社会过程组织者"，将政策语言转化为公众可理解的规划方案，又要将居民诉求有效地组织进规划方案，真正发挥"价值翻译者"的角色。

而熊健、何颖等的论文"强化价值引领、回归技术内核：国土空间规划的转型思考与路径探索"，则从价值和技术的协同关系出发，提出规划转型已然成为迫切需要也是客观趋势，但需要从被动应对向主动适应转变，坚持"技术为基、价值为魂"的原则，以价值引领重塑规划转型创新路径，以技术内核夯实规划科学性的根基。作者在阐述了基于空间价值创造、生态文明价值和以人为本价值的规划创新基础上，提出应当立足空间属性，拓展全域全要素的规划技术；把握需求变化，探索动态适应的规划技术；利用技术创新，洞察空间规律，提升规划技术水平。在此基础上，作者们还具体讨论了控制性详细规划转型路径问题，提出，控制性详细规划需要在强化公共政策属性的基础上进一步向综合解决方案的定位转变，积极探索解决问题的相应技术方法创新，实现规划技术的不断迭代。

王新哲的论文"市县国土空间总体规划战略价值认识与作用发挥"，认为战略导向与实施导向的空间规划是现代化治理的核心操作系统。而当前国土空间总体规划改革面临着这样的基础性问题：既要突破部门事权藩篱实现战略引领，又需依托事权体系保障实施效能，因此，建立新的韧性治理范式就迫在眉睫。作为现代化治理组成部分的空间治理，其最为关键的作用体现在通过空间关系的组织和实施协调各类发展行为之间的相互关系，作者提出，这就需要通过空间秩序重构发展逻辑，借助空间权力平衡利益格局，运用空间创新激活变革动能。因此，在制度层面需要实现三大跃迁：价值跃迁，从资源管控到战略经营；权利跃迁，从部门分割到系统治理；技术跃迁，从静态蓝图到动态演化。在总体规划工作中需要以战略思维体现规划价值逻辑，超越空间事权；以专项规划增强规划实施效能，构建共治平台；以近期规划实现规划优化适应，推动动态维护。

段寒潇和赵志荣的论文"国际比较视野下的中国城市气候行动"，聚焦气候行动的具体举措，为空间规划应对气候变化带来的问题提供了基础性的认识。作者运用目标管理、社会生态系统理论，补充并完善了气候行动建构通用的"意识—分析—行动"分析框架，以此分析比较了 73 份城市减缓与适应气候变化的行动方案，总结出中国气候行动的独特性，并提出了相应的政策建议。冷红和王心阳的论文"面向中国式现代化进程的寒地城市人居环境质量提升——规划价值和作为"，针对寒地城市面临的具体问题，提出要在中国式现代化进程中发挥规划的价值，就需要做到：破解人口收缩与老龄化挑战，重塑寒地城市发展动能；推进城乡要素双向流动，构建共同富裕的空间载体；激活工业文明与地域文化，塑造特色精神空间；创新生态价值实现路径，筑牢绿色发展根基；构建沿边开放新格局，创新国际合作空间范式。在具体的规划工作中，通过精明收缩、精致更新、精准适配，加强城乡融合与产业发展相协调、生态建设与经济发展相协调，建立气候适应型城市，以达到寒地城市人居环境质量提升的目标。

六

张凯和段德罡等人的论文"乌托邦：城乡空间现代化的价值灯塔"，认为每一次的技术变革都改变了人类生存和发展的环境，并重塑了人类对理想人居的构想，而乌托邦思想及其精神通过触及个体深层次的价值诉求，将技术革新转化为人类共同愿景的价值支撑。作者通过回溯乌托邦思想的发展历程和城乡演化过程，提出，乌托邦精神能够唤醒人类自主构建理想之境的能力，这种能力既包含对技术理性的审慎反思，更蕴含对"可能性空间"的创造性建构。在对当代前沿技术及其社会—空间影响进行整理、对未来发展情景进行推演的基础上，作者提出在中国式现代化建设过程中应当坚持技术向善的价值取向，使规划继续发挥引领文明迈向理想的作用，在全人类共创乌托邦的宏大图景中坚守价值认知、锚定理想坐标，以人本复归为导向，真正引领城乡人居环境成为承载公平、多元、持续、包容与智慧的理想载体，让技术革命的力量最终指向人类对美好未来的永恒追寻。

袁奇峰和李刚的论文"珠江三角洲的创新转型与空间模式"，考察了珠三角地区从"世界工厂"到"创新湾区"的发展历程，描述了从点状创新到区域创新转型的产业集群类型和创新系统模式及其空间模式变化。作者尤其辨析了在不同的发展时期，城市规划在其中的作用以及当前城市规划面临的转型需求。作者指出，在增量发展阶段，成功的城市经营要素包括：精准的战略定位、正确的产业选择、合理的功能布局和重大基础设施建设、良好的城市形象塑造以及积极的营销推广等，其目的都是实现城市空间价值提升，吸引更多投资，获取更大的土地收益。因此，在改革开放前期，作为土地出让前置条件的控制性详细规划编制和管理发挥着重要作用；2000 年以后以提升城市竞争力为目标的空间发展战略规划广泛兴起，标志着城市规划已被地方政府作为城市经营的重要手段。与此同时，以塑造空间愿景和形态的城市设计，直接作为城市形象宣传和营销的工具。这两类非法定规划常被称为"能够创造空间价值的规划"。进入存量发展时代之后，对现有庞大的城市存量资源资产进行运营维护、盘活提升、保值增值成为城市发展和建设的主要任务，城市规划拥有的系统思维和空间营建能力，包括空间设计和工程建设经验、专业学习与整合能力、政府关系与资源获取能力等，仍然能够发挥作用，但适应城市运营的"服务化"转型的运营思维和经验不足，依赖物联网、人工智能、大数据、绿色低碳等技术专业技术存在短板、技术储备明显不足。因此，无论是规划师个体还是规划设计企业，在城市运营时代都面临全面转型的考验。

田琳、程遥和黄建中的论文"企业联系视角下都市圈核心—外围产业联系——以上海及其周边城市为例"，通过对企业之间的联系的分析，在解释都市圈内中心城市与周边中小城市之间关系的基础上，阐述了都市圈外围中小城市的产业发展及其在更大区域产业网络中所面临的发展机遇。尽管作者并未直接讨论规划在其中的作用，但其基于实际案例研究所得到的结论，揭示出了区域规划以及各相关城市规划的未来作用方向，也就是通过重塑区域治理的整体架构以指导产业组织的空间重构和大都市地区专业化节点的发展，搭建城市间合作平台，引导企业和社会通过市场化手段丰富合作内容，并克服和弥补市场失灵和政府失灵；周边中小城市在发展定位中考虑自身的比较优势，抓住都市圈产业空间组织演变和中心城市功能溢出的机遇，建立跨边界产业联系，提升其在城市网络中的地位；通过政策创新优化经济发展软环境，吸引投资和人才，为引进的人才和劳动力提供更高水平的公共服务；使整个都市圈形成真正意义上的城市区域，并参与到全球竞争之中。

汪芳、闫甲祺等的论文"古镇地方性空间的'主客'竞争及其对居民满意度影响：兼论规划的价值"，针对古镇发展中公共空间存在"主客"竞争，即居住与旅游之间的矛盾，通过对具体案例的调查和分析，揭示了空间竞争感知对居民满意度的影响机制，提出了为传统旅游社区的可持续发展提供重要支持的规划措施。作者认为，通过合理的空间规划，平衡居民与游客的利益，避免因旅游开发降低居民生活质量，同时满足游客需求；通过合理组织街巷空间的旅游与生活交通，以及新建与居民精神需求深度联结的公共空间，提升公共空间品质，缓解空间竞争的负面效应；通过控制游客流量、举办本地特色文化活动等措施，促进主客互动，增加游客对社区公共活动的参与，提升居民的文化自豪感和对旅游发展的认同感等。

七

孙娟、陆容立等的论文"城市空间供给的人本导向逻辑重构——基于人群画像、需求特征与行为趋势的规划应对",认为我国城市发展方式的转变要求城市空间供给亟待实现从"资本导向"向"人本导向"的范式革新。作者在综述有关人本导向的城市空间供给相关理论的基础上,结合我国城市规划与城市更新实践,从人口画像结构、需求特征解析与行为趋势研判三个维度,提出适配人口画像的空间战略响应、契合人群需求的差异空间供给、顺应人群行为的非标场景营造等观点和规划可以发挥作用的内容或作用方向。作者希望从城市、系统和场景层面进行规划应对,系统性地实现空间供给的精细化、人本化治理,当然,通过人群画像来把握人群的具体特征和需求并采取相应的规划措施,在规划转型的认识论和方法论的改变上具有重要意义,但在此基础上如何综合不同人群的空间需求相互关系,如何按照不同人群的空间需求和行为模式组合不同人群的行为空间以及解决由此而产生的空间矛盾、空间竞争,仍然是各层次规划需要解决的核心问题,正如汪芳、闫甲祺等的论文所提到的"主客"之争,而且居民和游客还都可以进一步细分,或者如杨宇振的论文所讨论的作为城市更新底层逻辑的资本流与空间供给之间的关系等,都是值得进一步探讨的问题。

孙娟、陆容立等的论文强调了基于人群具体特征和行为的人本导向,而刘奇志、万能等的"论国土空间规划中的'地质思维'——以武汉市实践为例"一文,则强调了规划应当重视作为空间使用基础的地下空间和地质结构,建立其"地质思维",并将其融入全生命周期的国土空间规划中。关注地质结构、关注地球系统时空演化规律不仅仅只是对物质空间要素的关注,其实质仍然是从空间使用者——人出发,关注人的安全、关注人类的生存和可持续发展。作者提出,在规划的现状评价阶段,要充分运用好地质数据与空间本底演化分析;在各类国土空间规划编制阶段,要将地质约束与空间规划协同决策;在资源开发阶段,要将地质资源与空间资源作为一个整体进行开发利用;在规划实施管理阶段,要将地质参与纳入动态监督的智能决策之中。

段德罡、王玉龙和张凯的论文"面对未来　规划何为——'京—美大战'背后的思考",从网络上出现的关于京东与美团平台配送措施的争论(所谓的"京—美大战"),引发出了对技术效率与公平正义之间关系的思考。作者回顾了第一次工业革命以来四次工业革命演进所导致的社会分异,剖析了在技术进步和社会转型中,技术—社会—空间之间的作用关系,提出在人工智能日新月异的发展背景下如何坚守"以人为核心"的价值准则。与孙娟、陆容立等的论文相类似,本文也提出了通过人群画像的手段来分析不同的人群，认知相应的社会问题，并在解析中国式现代化时代意涵的基础上，提出规划在城乡现代化发展中的价值以及在未来的作为内容。

赵文琦和赵志荣的论文"中国绿色建筑的财政激励：基于政策工具的视角"，以超低能耗建筑相关的政策为研究对象，从政策工具视角系统分析了我国财政激励政策的演进历程，运用构建的分析框架从治理资源和治理逻辑两方面对政策工具进行分类，对自 2010 年以来的 6000 余条法律法规政策文本进行了空间分布及其影响因素的分析。作者认为，中国绿色建筑政策总体上经历了从理论基础到技术标准再到财政激励的演进过程，受到国际公约与标准的重要影响，同时形成了具有中国特色的政策创新。政策工具正在从单一财政补贴向综合政策组合演进，但最为广泛应用的仍然是财政型工具，而且存在着显著的地区差异；政策空间分布呈现显著的不平衡性，表现为"东强西弱"和"北多南少"的区域差异等。作者提出，应构建差异化的财政激励政策体系，针对不同气候区、不同发展阶段的城市制定差异化的财政补贴标准，合理平衡补贴力度与财政可持续性；与此同时，财政激励应超越单一财政补贴模式，构建财政型、权威型、信息型和组织型工具有机结合的政策组合，以有效应对超低能耗建筑发展中的多重障碍，提高政策整体效能。作者还特别指出，促进市场机制与财政激励的协同是未来政策优化的核心方向，通过推动"政府引导、市场驱动"的模式，实现从政策推动到市场自主发展的转变，形成长效发展机制。赵文琦和赵志荣的这篇论文所讨论的核心问题以及提出的政策建议，在笔者看来，对于当前开展的城市更新行动，不仅具有借鉴意义，而且也是必须持续开展深入研究的方向。

八

葛岩、张宇星、周俭的论文"城市更新规划中的社会平等、公平与正义：上海与深圳的实践与思考"，结合上海和深圳的案例，从理论和实践两个方面，从城市更新的平等、公平、正义三个维度提供了对城市更新中公平性的认识。作者认为，城市更新的核心目标是"为每个人提供更美好的生活"，品质、效率、公平是三个不同的评价维度。空间正义应该成为中国城市更新、空间生产、空间规划过程中所遵循的核心价值观，而且城市更新是一个复杂的利益博弈过程，政府、开发商、原物业权利人、公众等各类群体在不同类型的更新中扮演着不同的角色，空间正义就是一个不断修正空间利益分配公平性的过程。多方合作伙伴关系的确立及彼此地位的改善，有助于提升更新过程中的公平性，通过多方共治走向真正的协同治理。作者提出，城市更新需要从以前的"效率优先"转变为"公平兼顾效率"的模式，城市更新规划应当成为城市更新过程中空间公平性的一个重要载体和作用方式，实现城市更新规划的多维转型：通过建立更新中公平的权益测算与变换机制，促进规划方法的完善和提升；构建维护各方权利的更新规划程序，建立基于多主体权力、调整类型的差异化机制，保证更新过程中各方利益的公平分配；加强政府向市场和社会的适度赋权，依托多元共治，并注意对弱势群体的利益补偿；规划专业群体需要实现身份转变，由"技术服务"向"综合协调"转型，规划的过程应由构绘蓝图规划向协商规划转变。

葛岩、张宇星、周俭的论文关注城市更新过程中的公平正义话题，段德罡和王璇的论文"城乡公平正义导向下乡村空间现代性的价值审思"，则从城乡公平正义角度审视了乡村规划推进乡村空间现代化建设的价值和作用，并提出相应的策略。作者在综述主要的公平正义思想内涵的基础上，从载体、运行和操作等不同维度解读了基于公平正义的城乡关系文献，对乡村空间现代性价值进行了概括。作者针对我国乡村规划和建设中所存在的问题，中国式现代化具有对就地乡村现代化等多元发展路径的包容性，其并非简单的城市化替代乡村的过程，而是城乡融合共生的新型现代化过程；乡村空间现代化必须回归"以人民为中心"的发展伦理，需构建城乡起点公平、过程公平和结果公平的三维城乡公平体系，其中保障农民劳动权益，促进其与数字经济、绿色经济等新兴业态的衔接尤为关键；推动知识体系现代化和空间利益协调机制改革，构建政府、市场、村民共同体协同参与的"风险—利益"共享网络，增强乡村主体在现代社会中的适应能力与发展韧性；完善国土空间规划法规体系，强化政策执行的精准性与回应性，以制度现代化推动空间正义的实现。规划学界与业界应面向中国式现代化的战略需求，进一步揭示现代性作用下城乡空间交互的内在机理，创新乡村空间治理的"技术—制度"复合工具箱，强化空间规划与用途管制的战略调控功能，促进城乡要素双向流动与功能互补，构建均衡、包容、可持续的城乡融合发展新格局。

吴佩瑾和袁媛的论文"共同富裕视角下粤港澳大湾区区域协调发展研究：分析基础、现实困境与路径思考"，针对"一国两制、三关税区、三种货币、三套法律体系"以及作为国家治理体系现代化先行区域的粤港澳大湾区这样的跨境城市群，从共同富裕的角度探讨了区域协调发展问题。作者首先解析了共同富裕的内涵，针对大湾区区域协调发展中的难题，结合多主体协同治理理论、空间生产理论及共生治理框架，提出了"制度融合—要素共享—利益共生"的发展策略及其实现路径。

　　李志刚的论文"面向日常生活的城乡空间治理创新：以'共同缔造'为例"，则结合湖北省"美好环境与幸福生活共同缔造"的行动，阐释了国家治理创新视野下的共同缔造与参与式规划的关系及其内涵，以具体案例分析了社区层面的"共谋、共建、共管、共评、共享"的运作机制及其与居民日常生活的互动。在此基础上，作者对其行动的成效、面临的挑战和经验教训也进行了分析，并对未来发展方向进行了展望。作者认为，尽管"共同缔造"具有自上而下的政策倡导属性，但在具体执行层面，地方结合自身需要开拓创新空间，展现实践的灵活性，是共同缔造行动能够在不同地域条件下取得进展的关键因素之一。教育设施的配置也是影响居民日常生活的重要因素，潘鑫、张剑涛和杨萍的论文"面向现代化大都市人口结构转型和提升综合竞争力的教育资源规划策略——以上海为例"，针对城市人口结构的变动，提出对基础教育资源配置与人口分布的匹配关系进行研究，提出从规模结构匹配和空间可达性等方面，以"精细监测、时空适配、动态调控"的方法来统筹调配基础教育资源。今后一段时期内，不只是上海而是全国各类城市都将面临着人口年龄结构变化，尤其是少子化趋势下，各类设施尤其是教育设施的配置优化是规划领域必须关注的问题，因为这不仅仅只是关闭一些幼儿园、中小学的问题，而是需要从规模结构、空间匹配和保证服务水平的角度进行整体的甚至是结构性的思考。与此相类似，收缩城市及其规划策略的研究，也就不只是限于教育或其他公共服务设施，而是涉及城市构成的方方面面，也迫切需要进行深入的研究。

武廷海
郑伊辰

武廷海，中国城市规划学会理事、学术工作委员会副主任委员、城市规划历史与理论分会副主任委员、组织工作委员会委员，清华大学建筑学院教授、城市规划系主任

郑伊辰，清华大学城乡规划学博士、人文学院规划学博士后

人居环境科学与复杂巨系统求解

　　城乡规划是致用之学，学科发展因应社会需求而不断演进，并在此过程中积累了丰富的规划知识。改革开放以来，中国经历大规模、高速度的工业化和城镇化，面临复杂的人口、资源、环境等城乡建设问题，城乡规划在区域协调、城乡融合发展、新型城镇化、设施体系构建、生态环境治理、人居环境品质提升等诸多领域，都取得了积极成效。在当前乃至未来一定时期内，城乡和区域发展不平衡、资源环境约束加剧、生态文明建设任务艰巨、人居环境质量有待提升等，仍然是城乡规划工作中需要重点关注并积极加以解决的难题。

　　今天遇到的很多事情都可以在历史中找到影子，历史上发生过的很多事情都可以作为今天的镜鉴。回顾改革开放以来中国人居环境科学之倡导、建设与发展历程[1]，进一步揭示其植根中国城乡实践、探索科学技术前沿、追求科技人文艺术融汇的时代特征，可以为我们认识中国城乡规划学的价值与使命、担当与作为，不断创新与发展满足时代需求的规划理论、方法和实践，为世界当代规划的发展贡献中国智慧和中国方案，提供有益的启发与借鉴。

1　植根中国实践提倡建立人居环境科学

　　1980 年代，吴良镛、周干峙、林志群等便敏锐洞察国际"人居"与"环境"研究趋势，面对即将到来的大规模快速城乡建设实践，开创性地提出跨学科的"人居环境科学"框架。1993 年 8 月 4 日，吴良镛邀约周干峙和林志群，在中国科学院技术科学部学部大会上作题为"我国建设事业的今天和明天"的学术报告，正式提倡建立"人居环境学"，就是要建立和发展以环境和人的生产与生活活动为基点，研究从建筑到城镇的人工与自然环境的保护与发展的学科。《中国

科学院院刊》1994 年第 2 期以 "我国建设事业的今天和明天" 为题，刊载了报告的摘要 [2]。

1.1　世界人居与环境前沿

"人居环境" 这门学科面向中国城乡建设现实问题，创造性地将世界上环境和人居前沿结合起来，指导具体实践。2011 年 2 月 28 日，周干峙在 "2011 人居环境科学国际研讨会" 上发言回忆："当时最重要的就是我们开始注意到了专业思想必须紧跟实际，必须不断地深入突破，要有能够总揽全局的一些大政策、大方向，也要有大的学术、大的思想来统领大局，才能解决问题。所以当时就把这两大思想，一个叫作人居，另一个叫作环境，结合在一起，呼吁要发展人居环境科学。所以我觉得这是很实际的、很自然的，是认识上的一次提高，符合实际发展趋势。" [3] 2012 年 4 月 29 日，周干峙在吴良镛获得国家最高科学技术奖座谈会上的发言提出："世界上 '人居' 和 '环境' 是两个非常广泛的概念，但把人居和环境放到一起研究，中国则走在世界的前面。1994 年吴良镛先生的文章《我国建设事业的今天和明天》创造性地将环境和人居结合起来，提出需要有 '人居环境' 这门学科来专门研究人居环境问题，然后指导实践中的具体问题。这是科学的、完整的、符合规律的学术思想，这个学术思想可以推进现实的发展，而这一点，在新中国成立几十年来的实践中越来越能得到证明。" [4]33

从世界范围看，"二战" 以后，随着城市成为大规模、高密度、具有高度复杂性的人类住区，并将产生一系列全球性影响，"人居" 与 "环境" 成为重要的科学问题与社会问题。1946 年，梁思成出席了在普林斯顿大学举办的 "人类体形环境规划"（Planning Man's Physical Environment）研讨会。1947 年，梁思成自美国考察建筑教育归国，深感欧美建筑界特别重视都市计划，"建立有组织有秩序之新都市以建立人类健全之体形环境"，足为我国战后建设之借鉴。1949 年 7 月 10—12 日，《文汇报》连载梁思成《清华大学营建学系学制及学成计划草案》指出："'建筑' 的范围……不只是一座房屋，而包括人类一切的 "体形环境"……细至一灯一砚、一杯一碟，大至整个的城市，以至一个地区内的若干城市间的联系，为人类的生活和工作建立文化、政治、工商业……各方面合理适当的 '建筑' 都是体形环境计划的对象。"

1940 年代，希腊学者道萨迪亚斯（C. A. Doxiadis）提出 "人类聚居学"（Ekistics, the Science of Human Settlements），研究聚落在空间的分布及其相互联系 [5]；1970 年，其在《科学》杂志上发表长文，论述人居作为科学研究的对象 [6]。据吴良镛回忆，"文革" 后期他有机会去北京图书馆翻阅学术期刊，看到有关人类聚居学的报道并为之吸引。1980—1981 年，他应邀到德国卡塞尔大学讲学，在图书馆发现了 *Ekistics*：*An Introduction to the Science of Human Settlements*[7]，感到书中有些理论新颖，逻辑性强，读之颇为欣喜。Ekistics 借鉴系统论与控制论的一般方法框架，将社区作为系统进行分析，在规划中采用自上而下的方法和系统的决策方法；总的人居系统由 15 个尺度（人口对数标度）和 5 个人居要素（即自然、人、社会、建筑和网络）组成，形成不断演进的人居格网（The Ekistic Grid[8]）。对于复杂人居规划建设问题，他提出分步评价法（IDEA CID method），形成了从降维与消元（Isolation of Dimensions and Elimination of Alternatives）到连续增维（Continuous by Increasing Dimensionality）的科学流程。受道氏影响与推动，1976 年，联合国在温哥华召开第一次人类住区会议（Habitat I）；1978 年，联合国人居委员会成立（UN Commission On Human Settlements）；1996 年，联合国在伊斯坦布尔召开第二次人类住区大会（Habitat II）。2016 年，联合国在厄瓜多尔首都基多召开第三次人类住区大会（Habitat III）。

1970 年代以来，人类环境与可持续发展思想直接促进了人居环境科学的发展[9]。1972 年，联合国在斯德哥尔摩举行"人类环境会议"（United Nations Conference on the Human Environment）。1987 年，联合国世界与环境发展委员会发表《我们共同的未来》，正式提出可持续发展概念。1992 年，联合国环境与发展大会通过《21 世纪议程》（*Agenda 21*），其中"促进人类住区的可持续发展"一章，包括 8 个方面，即为全体人民提供足够的住宅、改善人类住区环境的经营管理、推动能持续发展的土地利用规划与经营管理、推动为居民提供配套的环境基础设施、为人类住区环境提供能持续发展的能源系统与交通系统、推动灾害易发地区的人类住区的环境的规划与经营管理、推动能持续发展的建筑工业活动、推动能为人类住区环境所必需的人才资源与能力塑造等，大大拓宽了传统建筑的概念[10]。

1.2 中国人居环境科学探索

从首届联合国人类住区会议（人居一）到联合国人类住区第三届会议（人居三）大会前后共 40 年，基本对应于中国改革开放 40 年[11]，中国人居环境科学应运而生。《国家中长期科学和技术发展规划纲要（2006—2020 年）》将"城镇化与城市发展"列为十大重点领域之一，是重大的科学问题。吴良镛自 1990年代至 2010 年代倡导人居环境科学，大大推动了我国与世界人居环境科学研究的进展。1989 年吴良镛出版的《广义建筑学》中提出"聚居论"（A Theory on Settlement），从"人—建筑—环境"的整体观点来看待建筑学[12]35-46；1993

年，吴良镛等提倡建立"人居环境学"；1995 年，清华大学人居环境研究中心成立；2001 年，吴良镛出版《人居环境科学导论》；2014 年，吴良镛出版《中国人居史》。1993—1995 年吴良镛担任世界人居学会（World Society of Ekistics）主席；1987—1990 年吴良镛当选国际建筑师协会（Union International des Architects）副主席；1999 年担任国际建筑师协会第 20 届世界建筑师大会科学委员会主席，作大会主旨报告，起草《北京宪章》，提出"建设一个美好的、可持续发展的人居环境是人类共同的理想和目标"。2011 年，吴良镛荣获国家最高科学技术奖。

2015 年 7 月，《中国大百科全书》（第三版）设置人居环境科学卷（含建筑学、城乡规划学、风景园林学），吴良镛任主编，并特设"人居总论"分支，人居环境科学是以人居环境为研究对象，研究人类聚落及其环境的相互关系与发展规律的科学。2015 年 12 月 13 日，吴良镛创设清华大学人居科学院，作为研究各国重大人居理论和实践问题的公益性学术交流平台，汇聚各领域相关专家学者，聚焦人居环境建设的科学理论和实践案例，为中国乃至世界的人居建设和城镇化提供咨询，传播相关科学知识[13]。同年 12 月 20 日至 21 日，中央城市工作会议指出："城市工作要把创造优良人居环境作为中心目标，努力把城市建设成为人与人、人与自然和谐共处的美丽家园。"2017 年 12 月 19—20 日，第 617 次香山科学会议学术讨论会以"优化人居环境，发展人居科学"为主题，号召建立"人居科学"学科门类。2018 年 12 月 18 日，吴良镛以"人居环境科学的创建者"的贡献，接受党中央、国务院授予的改革先锋称号证书和改革先锋奖章。

2　探索科学技术前沿建设人居环境科学

人居环境科学的创建受到钱学森"开放的复杂巨系统"（Open Complex Giant Systems，OCGS）思想影响。1980 年代初，钱学森连续撰文阐释"现代科学技术体系"构架，提出系统科学、自然科学、人体科学、思维科学、数学科学、社会科学和军事科学"6+1"科学部门[14]220；1980 年代末，提出"开放的复杂巨系统"概念。1985 年 8 月 29 日，钱学森在《城市规划》发表了《关于建立城市学的设想》，提出以系统科学的观点来研究城市及其问题。1990 年，钱学森、于景元、戴汝为发表论文"一个科学新领域——开放的复杂巨系统及其方法论"[15-16]；1994 年 6 月 20—23 日，第 20 次香山科学会议主题为"开放复杂巨系统方法论"；1997 年 1 月 6—9 日，第 68 次香山科学会议主题为"开放的复杂巨系统的理论与实践"。

2.1 人居环境是开放的复杂巨系统

周干峙认为，系统思想是科学哲学的最高层次，人居环境则是一个印证科学哲学的相当大的行业层次，要运用系统论思想和人居环境科学来研究和解决城市这一特殊复杂巨系统中的各种问题。1997 年 1 月 8 日，周干峙在第 68 次香山科学会议上作题为"城市及其区域—— 一个开放的特殊复杂的巨系统"报告[17]；1月 12 日，钱学森看了发言稿，在给顾孟潮的信中说："是把城市及其区域作为一个开放的复杂巨系统，颇有新意"[18]154。2001 年，吴良镛在《人居环境科学导论》中特别提到周干峙先生以长江三角洲为例，认识开放的复杂巨系统："当我们从事长江三角洲课题研究后，周干峙同志以'城市及其区域—— 一个开放的特殊复杂的巨系统'为题，提出对开放的复杂巨系统的认识。"[19]104

2001 年 12 月 10 日，周干峙在钱学森科学贡献暨学术思想研讨会上作题为"城市及其区域—— 一个典型的开放的复杂巨系统"特邀报告，指出钱学森将建筑科学（或人居科学）作为科学知识体系的一大门类，抓住了建筑科学的关键——人与环境的关系："自然地提出了科学知识系统的若干大门类，他列出了建筑科学（或人居科学）应作为一大门类。还进一步研究了这一门类中的主要特点、主要矛盾和主要矛盾方面，他抓住了建筑科学的关键——人与环境的关系，还考虑到中国传统的文化艺术和自然特色等种种因素，形象地提出了建设山水城市的理念，这一思想也对建设具有中国特色的、与自然环境结合的、具有高度文明的城市，具有深远的意义。""钱学森先生提出的开放的复杂巨系统的思想，推动了建筑科学的发展，建筑和城市本是解决人居问题的一门古老的学科。半个多世纪以来……客观实际已经按照系统工程的规律伸展了它固有的领域，逐步形成了一个开放的复杂的巨系统，可称之为广义建筑学或人居环境学。"[20]

2.2 复杂问题的有限求解

吴良镛关注到钱学森提交 1997 年 1 月香山会议的书面报告中关于"开放的复杂巨系统"的论述[19]111，强调人居环境科学本身涉及的是"开放的复杂巨系统"，要"以整体的观念和复杂性科学的观念从事创造性的研究"[21]。并且，特别指出，以现实问题为导向，化错综复杂问题为有限关键问题，寻找在相关系统的有限层次中求解的途径。这并不意味着将复杂问题"简单化"，而是在保留对象复杂性的前提下，进行综合提炼，寻找关键点，也就是事物的"纲"，以期审慎地、切实地解决面临的重大实际问题。对于城镇化，要从整体出发，抓住要害，将复杂性分为若干方面；"五位一体"意味着不是聚焦于某个问题或以某一方面走单一道路，也不是面面俱到地将问题无限复杂化，而是追求"复杂问题的有限求解"。在时间上，将对问题的讨论集中在有限的时间内，如五年计划、小康社会十年时间等；在空间上，不同的地域有不同的特点、文化及历史背景，要抓住各自的关键问题，"以问题为导向"，探索应对的方针[22]12。

可以认为，钱学森提出开放的复杂巨系统理论，周干峙提出城市及其区域作为一个开放的特殊复杂的巨系统，吴良镛则提出融贯的综合研究方法，尝试对人居环境这个开放的复杂巨系统进行求解。对于城市与区域这个开放的复杂巨系统，人的认识能力是有限的，因此就不能拘泥于建筑或城市规划的细节。从人居环境角度看待城市与区域，关注的是人居总体的聚合属性，实际上为认识城市与区域定义了一个新的"参考系"（Reference Frame），以实际问题为指导，将复杂问题转化为有限的关键问题，并在相关系统的有限层次中寻找解决方法。

人居环境作为复杂巨系统，揭示了人居环境在结构和属性两方面的特征，系统是研究人居环境的结构，复杂性是人居环境的关键属性，是后续研究与实践方法论的缘起。基于中国情况，把生态、经济、技术、社会、人文"五大原则"作为人居环境的基本要求；自然、人、社会、居住、支撑网络"五大系统"在相互交融的同时，根据具体情况选择重点；全球、区域、城市、社区、建筑"五大层次"注重承上启下的相互关系，形成多尺度贯通的研究视野[19]68-71。多系统、多尺度的学科群组（Sciences）的形成，是对开放的复杂巨系统进行科学有限求解的有效框架设计（图 1）。

吴良镛关于人居环境科学中"复杂问题有限求解"[22]11-14 的认识，与诺贝尔经济学奖与图灵奖获得者 Herbert Alexander Simon（赫伯特·亚历山大·西蒙）关于人工科学（The Sciences of the Artificial）中"有限理性"的认识有异曲同工之妙。1969 年，Herbert Alexander Simon 在《人工科学》提出："自然科学是关于自然物体与现象的知识。我们想知道是不是有一种'人工'科学，研究人造物和它们的现象。"[23] 吴良镛从具体的人居环境规划设计角度，提出了针对复杂系统有限求解的方法，包括融贯的综合研究、以问题为导向、"庖丁解牛"与"牵牛鼻子"、综合集成螺旋式上升等，事实上是对人工科学的有益探索。

3　科技人文艺术融汇发展人居环境科学

吴良镛的人居环境科学方法论是整体论方法论。1981 年国际建筑师协会发表《华沙宣言》称，"规划、建筑和设计不应把城市当作一系列的组成要素，而应努力创造一个整合的多功能的环境"，说明西方建筑界在 20 世纪 80 年代已经意识

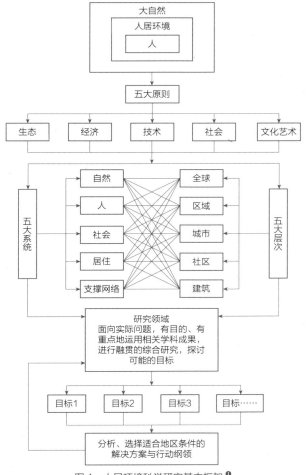

图 1　人居环境科学研究基本框架 ❶

到由要素组成的构成论的局限。人居环境科学的提出就是努力创造一个整合的多功能的环境，"以整体的观念寻找事物的'相互联系'，这是人居环境科学的核心，也是它的方法论，甚至可以说是人居环境科学的真谛所在"[19]214。

3.1　融汇科学人文艺术

人类社会正在全球尺度上进行"星球城市化"，人居环境关系人类未来。2001年吴良镛在《人居环境科学导论》中指出，"在新的世纪里，特别是在中国，首先要把建设人居环境科学作为大科学来对待、来发展"[19]217。2011年吴良镛提出："科学求真、人文求善、艺术求美。人居环境，贵在融汇……纵有千古，横有八荒。上下求索，其道大光。"

---

❶　图源：参考文献 [19]，第 71 页。

人居天地间。以科学的、人文的、艺术的综合视角来看待人居环境变迁，可作如此概括：数百万年前人猿相揖别，从树上到地上，开始利用木棍与石头，技术从此开始；数十万年前，人类结成社团，相互交流合作，语言从此开始；大约公元前 10000 年全新世（Holocene）以来到公元前 3500 年，气候转暖，农业起源，人类定居开始，早期等级化的复杂社会开始出现；公元前 3500 年以来，最早的城市、国家和农耕文明开始出现，人类与城市协同进化；近 500 年来，特别是 18 世纪中叶工业革命以来，科学技术加速发展，带来了人类社会巨大进步，现代大都市开始出现，人类成为地球系统变化的主导力量。当前，以计算、信息与通信为基础的第四次工业革命正在从根本上改变生产、生活和整个社会，城市演变呈现出前所未有的速度、规模与复杂性，未来城市关系人类未来[24]（图2）。毋庸讳言，工业革命以来中国城市发展相形落后，城市作为科技与文化创新中心的功能欠缺。中华民族的伟大复兴，在相当程度上有赖于现代科技文明中的城市复兴。

值得注意的是，在这个过程中，纵使新技术的诞生发展日新月异、令人目不暇接，文明的进展还是以科学、技术与艺术的携手前进为基础，吴良镛在《广义建筑学》中曾引用法国作家福楼拜（Flaubort）的预言："越往前进，艺术越要科学化，同时科学也要艺术化，两者从基底分手，回头又在塔尖结合。"[12]144 其正是科学、技术与艺术携手塑造人类文明的写照。

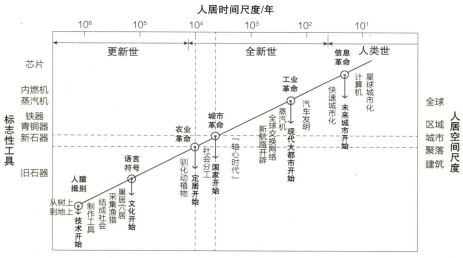

图2　人居视野中的科技人文进步及其时空尺度

3.2　系统思维与设计思维相结合

在世界百年变局加速演进、我国社会主要矛盾深刻变化、新一轮科技革命和产业变革深入发展的背景下，中国人居环境建设与人居科学发展面临新的机遇与挑战。

回顾"二战"后,Doxiadis 殊为重视数学概念和计算技术[25]359-388,1964 年敏锐地成立 Doxiadis Associates Computer Center。然而,在当时的科技水平下,面对开放的复杂巨系统,数据获取与计算能力都受到限制。"三十年河东、三十年河西",信息革命驱动的人类社会与城市发展已经引起了广泛的思考[26]。1997年,美国物理学家弗里曼·戴森(Freeman Dyson)提出"工具驱动的科学革命"概念,即从科学的工具变革、从实验的方面来看待科学革命[27]。2022 年 9 月 19日,吴唯佳在清华大学"人居环境科学概论"课程"吴良镛人居科学的科学贡献"演讲中提出:"进入 21 世纪,人类发展面临人口资源环境的巨大挑战,主要科学难题有二:技术革命、城市化与人居。其中:关于技术革命,核心在于能源和信息技术。技术革命为工业化深化发展奠定了更具前景和更为广泛社会影响的基础。关于人居,城市化与新生产(绿色经济、创新经济、智慧产业)、新生活(工作与休闲互动)方式协同的空间格局以及公平公正的包容性发展等成为人居发展的重点领域。近年来,以人民为中心,共享、和谐的国家发展转型也已经深刻影响了我国人居发展的总体格局。"

我国社会主要矛盾已经发生深刻变化,建设美好人居、服务人民美好生活,亟需进一步发展人居环境科学,不断探索新的前沿。2019 年以来,针对中国城市化进程中面临的环境污染、交通拥堵、能源短缺、人口老龄化等复杂问题,清华大学开展未来城市跨学科研究和示范专项,以人居环境科学思想为指导,系统思维(Systems Thinking)与设计思维(Design Thinking)相结合,共同推动人居、能源、交通、环境、健康等领域深度交叉、融合(图 3)[28]。面对复杂、不确定的未来城市需求,运用系统思维开展层级降维,提取未来复杂需求中交叉嵌套的多系统,识别关键节点;运用设计思维进行综合集成,将场景融入未来社区营造,形成未来城市图景。通过"降维—升维"的循环往复,实现亮点精准示范、供需有效对接。

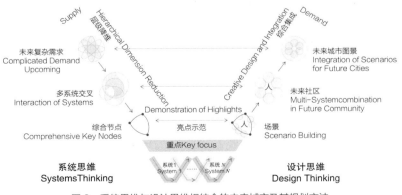

图 3　系统思维与设计思维相结合的未来城市及其规划方法

3.3　从知识到实践的未来城市"架构师"

自其产生以来，城市就是人类居住在地球上的主要形式。在长时段的历史视野中，与其说新技术的产生一次次"主动地"推动城市发生各种始料未及的变化，不如说城市每一次都"主动地"吸纳了新技术带来的种种冲击，达到美好人居建设与发展的新平衡，影响和塑造了文明的走向。随着信息社会的来临，计算机和通信逐步嵌入城市结构，与信息有关的新基础设施、传统城市设施的数字化信息化乃至数字信息影响下的城市更新，将加速推进城市成为地理—物理空间、社会空间与信息空间的综合，城市空间虚实相生，城市规划面临新的机遇与挑战（图4）。

国际社会已经认识到，城市并非问题本身，而是解决系列问题的综合方案。可以说，未来城市的架构师（Architect of Future Cities）是规划师的新角色[29]，就像一部影片的总导演，动态协调各个技术组别，使其落地见效，形成新技术背景下的新组合、新平衡。未来城市规划师将继续与有关人居的科技工作者、人文学者、艺术家开展多学科合作，共同建设美好的人居家园。

值得指出的是，城市规划与城市研究不能画等号。相较于科学家的思考模式，规划师的方法更像是"工程师"，更强调系统思维与设计思维的结合，更偏向于综合而非分析；规划本质上关乎未来，更偏重以行动为导向，因此更加关注"怎么

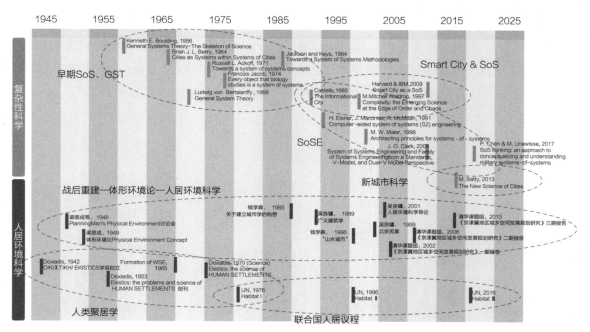

图4　"二战"以来人居环境科学与复杂性科学协同演进历程

做"（在一定时期内落地见效）而非"为什么"（对现象进行溯因、穷究其理），更注重"从知识到行动"的演绎而非"从数据到知识"的分析归纳。城市管理或治理属于规划形式，因为也要在较短的时间内处理具体的问题。技术科学的特点是理论联系实际，或曰注重实践，因此一方面要在理论上站得住，另一方面也要在工程上有操作性，后者往往具有决定性意义。

4 面向美好人居的城乡规划学

中国城乡规划植根人居环境建设实践。面向中国大规模快速城镇化需求，2011 年 3 月 8 日，国务院学位委员会、教育部公布了新版《学位授予和人才培养学科目录》，正式将"城市规划学"升格为一级学科，并正式更名为"城乡规划学"，城乡规划学与建筑学、土木工程等平行列于工学门类下；面向城乡高质量发展与人民美好生活需求，2024 年 1 月，国务院学位委员会第八届学科评议组、全国专业学位研究生教育指导委员会编修了《研究生教育学科专业简介及其学位基本要求（试行版）》，"城乡规划学"列为一级学科，"城乡规划"列为硕士专业学位。2024 年 7 月 18 日，《中共中央关于进一步全面深化改革、推进中国式现代化的决定》要求"全面提高城乡规划、建设、治理融合水平""健全城市规划体系"，为新时代城乡规划学科专业发展提出了新要求。

城乡规划学作为构成人居环境科学的三个核心学科之一，亟需因势利导建设城市文明，推进中国式现代化——传承人居环境科学植根中国城乡发展实践、探索科技交叉前沿、追求科技人文艺术融汇的学术品格，发展创新满足时代与人民需求的规划理论、方法和实践，为现代文明的发展贡献中国智慧、中国方案。守人居环境科学之"正"，创复杂巨系统求解之"新"。

参考文献

[1]　武廷海 . 吴良镛先生人居环境学术思想 [J]. 城市与区域规划研究，2008，1（2）：233-268.

[2]　吴良镛，周干峙，林志群 . 我国建设事业的今天和明天（摘要）[J]. 中国科学院院刊，1994（2）：113-121.

[3]　周干峙 . 走向人居环境科学——建筑科学历史发展的必然 [M]// 清华大学建筑与城市研究所 . 人居环境科学国际研讨会论文集 . 北京：中国建筑工业出版社，2012：26-29.

[4]　中国城市规划设计研究院 . 周干峙文集·第五卷·人居环境科学与城市科学 [M]. 北京：中国建筑工业出版社，2025.

[5]　DOXIADIS C A. Ekistic analysis, ekistic studies. Publication series 1[G]. Athens：Undersecretary's Office for Reconstruction，1946.

[6]　DOXIADIS C A. Ekistics, the science of human settlements[J]. Science，1970，170（3956）：393-404.

[7]　DOXIADIS C A. Ekistics：An introduction to the science of human settlements[M]. London：Hutchinson，1968.

[8]　DOXIADIS C A. Ecumenopolis[J]. Ekistics，1966，21（123）：110-114.

[9]　吴良镛 . 走向持续发展的未来——从"重庆松林坡"到"伊斯坦布尔"[J]. 城市规划，1996（5）：4-6.

[10]　吴良镛 . 开拓面向新世纪的人居环境学——《人聚环境与 21 世纪华夏建筑学术讨论会》上的总结发言 [J]. 建筑学报，1995（3）：9-15.

[11]　毛其智 . 中国人居环境科学的理论与实践 [J]. 人类居住，2019（4）：26-36.

[12]　吴良镛 . 广义建筑学 [M]. 北京：清华大学出版社，1989.

[13]　赵永新 . 清华大学成立人居科学院 [N]. 人民日报，2015-12-15（12）.

[14]　钱学森 . 钱学森文集（卷三）[M]. 北京：国防大学出版社，2012.

[15]　钱学森，于景元，戴汝为 . 一个科学新领域——开放的复杂巨系统及其方法论 [J]. 自然杂志，1990（1）：3-10，64.

[16]　王寿云，于景元，戴汝为，等 . 开放的复杂巨系统 [M]. 杭州：浙江科学技术出版社，1996.

[17]　周干峙 . 城市及其区域——一个开放的特殊复杂的巨系统 [J]. 城市规划，1997（2）：4-7.

[18]　鲍世行，顾孟潮 . 杰出科学家钱学森论山水城市与建筑科学 [M]. 北京：中国建筑工业出版社，1999.

[19]　吴良镛 . 人居环境科学导论 [M]. 北京：中国建筑工业出版社，2001.

[20]　陈小瑛 . 我国科技界举行钱学森科学贡献暨学术思想研讨会 [J]. 科学新闻，2001（48）：3.

[21] 金吾伦. 吴良镛人居环境科学及其方法论 [J]. 城市与区域规划研究，2011，4（1）：221-227.

[22] 吴良镛. 论新型城镇化与人居环境建设 [M]// 吴良镛. 明日之人居. 北京：清华大学出版社，2013：11-22.

[23] SIMON H A.The sciences of the artificial[M].3rd ed. Cambridge：MIT Press，1996.

[24] 武廷海，宫鹏，郑伊辰，等. 未来城市研究进展评述 [J]. 城市与区域规划研究，2020，12（2）：5-27.

[25] Doxiadis Associates. Emergence and growth of an urban region. Vol 3：A concept for future development[M]. Detroit：Detroit Edison Co.，1970.

[26] SCHWAB K. The fourth industrial revolution[M]. London：Penguin Books，2017.

[27] DYSON F J. The sun，the genome，and the internet：Tools of scientific revolutions [M]. Oxford：Oxford University Press Inc，1999.

[28] 武廷海，宫鹏，李嫣. 未来城市体系：概念、机理与创造 [J]. 科学通报，2022，67（1）：18-26.

[29] 王鹏，付佳明，武廷海，等. 未来城市的运行机制与建构方法 [J]. 城市与区域规划研究，2023，15（1）：18-30.

邹兵，中国城市规划学会理事、学术工作委员会委员，深圳市规划国土发展研究中心总规划师

邹兵

从城市经营到城市运营：深圳城市规划的价值和作用

——基于若干规划实践案例的解析

在当前城市规划行业面临发展瓶颈的形势下，重新审视城市规划对于城市发展的价值和作用变得十分重要。在过去四十多年全国快速城市化进程中，遵循"先规划、后建设"的基本方针，城市规划对于城市开发建设的有效指导、统筹和引领作用是毋庸置疑的。但建设城市毕竟只是城市发展的一个方面，与城市建设并行的城市经营和城市建成后的运营维护是城市可持续发展更为重要的基础支撑。随着城市空间发展由增量扩张转向存量优化阶段，城市告别了大规模建设时代，曾经在城市建设时期成就卓著的城市规划能否在新的发展时期继续体现自己的价值和作用，是关系到这个行业和学科生存和发展的重大命题。深圳不仅被誉为"按照规划建设的城市"，在城市经营和城市运营方面也是全国城市的优等生。只有分析清楚城市规划过去做对了什么，才能正确选择今后努力的方向。本文结合深圳的若干实践案例，对城市规划在城市经营和城市运营两方面体现的价值和作用进行解析，希望能对城市规划未来发展的前景和方向有所启迪。

1 城市经营和城市运营的概念内涵解析

城市经营、城市运营这两个在城市管理领域经常被提及的概念，在英文中都表达为 Urban Operation，两者没有本质区别。但在中文语境中，由于两者兴起并成为热词的背景有所不同，其应用场景、目标取向、工作重点、实施方式等方面也存在一定的差异。

1.1　城市经营概念提出的背景和内涵

城市经营是针对城市管理（Urban Management）而提出的概念，是城市管理的一种理念和方式。其核心要义就是像经营企业一样，把城市当作一个经济实体来运作，以实现城市资产的增值和经济效益的最大化。美国的"市长经理制"（City Manager System）和"城市增长管理"（City Growth Management）、欧洲实行的"企业家城市管理"（Entrepreneurial Local Management）等都是这一理念的体现。

我国"城市经营"的理念兴起于 21 世纪之初。当时面临的宏观经济形势：一是应对亚洲金融危机的冲击，我国将加快城镇化作为扩大内需的重要战略路径，城市成为经济增长最重要的发动机；二是中国加入 WTO，市场经济向纵深发展，城市之间的竞争日趋激烈；三是国家分税制和住房制度改革以后，土地出让收入成为城市最为重要的经济来源。在此形势下，传统的被动的城市管理已经不能适应城市提升吸引力和竞争力的需要，积极进取的城市经营理念得到大力推崇。城市政府通过城市空间结构调整、基础设施建设、城市形象塑造等方式招商引资，努力将城市土地的潜在价值转化为现实的经济价值。城市土地经营实际上成为城市经营最重要的主体内容。城市经营的主体虽然是地方政府，但更多是通过市场化手段配置城市资源，具有地方企业主义和"城市政府公司化"的显著特征。从城市管理走向城市经营，是我国从计划经济向市场经济转型中城市管理理念和方式的深刻变革。

1.2　城市运营概念提出的背景和内涵

城市运营则是与城市建设（Urban Construction）相对应的概念，是进入2010 年代后我国推行新型城镇化战略、城市发展模式由增量扩张转向存量优化的背景下兴起的。城市建设是一个"从无到有"的物质空间建造过程；而城市运营是对城市系统进行持续管理、维护和优化，是一个"从有到优"的系统工程。从"重建设"到"重运营"，确保城市高效可持续运行，是我国经济社会由高速度增长迈向高质量发展阶段城市发展理念的重大转变。

城市运营的重点在于对城市现有的存量资源资产的有效运作和管理，以确保城市系统的高效、稳定和可持续运行。它涵盖了城市基础设施维护、公共服务提供、社会秩序管理、生态环境保护等多个方面，既包括有形的土地空间、各类建筑物、交通市政基础设施及其他城市固定资产等"硬资产"，也包括人力资本、科技资产、营商环境、数据信息、社会治理等"软资产"。城市运营的内容既包括政府运营，如城市治理、公共安全、民生保障等；也包括企业运营，如产业园区、机场港口、能源管理、数据服务等；还包括社区运营，如社区治理、便民服务、智慧交通、智慧医疗、休闲文旅等。

1.3　城市经营与城市运营的异同分析

1.3.1　两者的相同点

两者都强调通过市场化的手段对城市资源资产进行优化配置，提升城市经济效益，保证城市资产保值增值，实现城市可持续发展。与城市建设的短期性、周期性不同，两者都更强调是长期持续的过程，都需要战略思维和长期规划，都需要预判城市未来发展潜力和市场需求，并根据形势变化不断调整目标、策略和行动。两者都注重产业策划和导入，都注重城市品牌塑造和城市形象策划等，通过挖掘城市历史文化资源、自然景观资源等，打造具有特色的文旅品牌，提升城市的吸引力和知名度。

两者的差异性体现在如下方面：

1.3.2　价值取向的差别

城市经营更加关注经济利益，其主要目标是实现城市的经济增长和城市资产的增值；城市运营更加关注城市的综合效益，旨在提高城市的运行效率和服务质量，促进城市的全面可持续发展。城市经营更强调经济导向；城市运营在关注经济效益的同时，还注重服务导向，强调提高公共服务水平，改善城市环境，提升市民生活的满意度和幸福感。

1.3.3　应用场景的差别

城市经营更多应用于新区开发，通过规划新区的功能布局，建设基础设施和公共服务设施，出让土地吸引开发商和产业投资者，打造具有特色的产业园区和居住社区，推动新区的经济增长。城市运营更多应用于现有城市基础设施和公共服务设施的维护和管理，包括水、电、气、通信等基础设施的日常维护和管理，城市公共交通系统的运营调度，以及教育、医疗、文化、体育等公共服务资源的优化配置，以提高城市运行效率和公共服务质量。

1.3.4　实施主体和运作方式的差别

城市经营的核心对象是城市土地经营，特别是新增建设用地的经营。由于城市政府垄断了一级土地市场，政府对城市经营发挥着主导作用。虽然城市经营也需要社会资本的参与，为城市的开发建设提供资金和技术支持，但政府在城市经营过程中始终居于无法替代和动摇的主导者角色。

而城市运营的对象是城市存量资源资产，产权分散多元，城市运营的模式也是多元化的，包括政府资产政府运营、政府资产企业运营，企业资产企业运营，社区资产社区运营、社区资产企业运营等多种模式。在这个过程中，政府、企业和社会组织都发挥着不同的作用。其中企业作为城市资产的主要所有者、使用者或托管方，发挥着实施主体作用；但其角色不同于城市建设阶段的开发商，而是更多偏向于资产管理者、优化要素者或城市发展增信平台，通过城市资产和要素的优化配置，引入金融机构提供融资，推动城市资产价值提升。而政府的作用是通过制定法规政策、改善营商环境来发挥引导作用，往往并不直接实施城市资产运营。社会组织的作用是通过参与城市治理和公共服务，为城市运营提供民意基础和社会支持。

虽然城市经营和城市运营在各方面存在一定的差异，但由于我国许多城市还处于增量发展与存量优化并存的发展阶段，两者也不是截然分开，而是相互结合、相互促进的，共同推动城市的资产增值和可持续发展。

2　城市规划在深圳城市经营中的作用解析

2.1　增量发展时代城市规划对城市经营的作用

改革开放四十多年来，我国经济持续高速增长的主要动力来自地方政府的竞争，地方政府将经营城市、招商引资作为第一要务。在增量发展阶段，成功的城市经营要素包括：精准的战略定位、正确的产业选择、合理的功能布局和重大基础设施建设、良好的城市形象塑造以及积极的营销推广等，其目的都是实现城市空间价值提升，吸引更多投资，获取更大的土地收益。而这正是城市规划的专业技术优势所在。但在改革开放前期，城市规划对城市经营的作用更多体现在作为土地出让前置条件的控制性详细规划编制和管理，缺少积极主动的谋划和作为。2000年以后以提升城市竞争力为目标的空间发展战略规划广泛兴起，标志着城市规划已被地方政府作为城市经营的重要手段加以运用。与此同时，以塑造空间愿景和形态的城市设计也得到地方政府的特别青睐，甚至直接作为城市形象宣传和营销的工具。这两类非法定规划常被称为"能够创造空间价值的规划"，"规划就是生产力"的说法也是对城市规划在城市经营中价值和作用的充分肯定。

深圳在1980年代末期率先推行城市土地使用制度改革，1990年代的土地出让收入成为政府财政收入十分重要组成的部分，创设的国土基金为建设深圳机场、港口、高快速路等基础设施提供了主要资金支持。但过去对深圳城市规划与城市经营关系的研究还缺乏系统全面的总结。城市规划在深圳城市经营中究竟发挥了怎样的作用？这些作用是城市规划有目的、有意识地主动谋划作为，还是只作为支持配合政府经营决策的落实行动？这些问题尚待深入研究。以下选取福田中心区和前海中心区两个最有代表性的地区作为案例，对上述问题进行讨论。

2.2　福田中心区：与土地开发经营相匹配的规划实施策略

深圳福田中心区从 1980 年代开始规划到现在完全建成，并发展成为深圳金融、商务、行政、文化中心，既是开发建设的样板，也是成功经营的典范。整个发展历程中，城市规划对于开发建设自始至终都发挥了显著的统筹指导作用。但如何结合开发建设将这个地区进行成功经营并取得良好经济收益，早期的深圳城市规划既缺乏系统理论指导，更没有实战经验，只能"摸着石头过河"进行探索。其中也经历了曲折反复，交过不少学费。回顾总结这个历程，城市规划对中心区土地开发经营还是发挥了有力的支持作用，主要体现在规划实施策略的制定有以下几个特点。

2.2.1　强力预留控制土地的预控并适时进行精准投放

福田中心区在深圳经济特区的区位价值十分重要，早在 1980 年代初就将其规划为新市区，1986 年版经济特区总规进一步将其定位为未来的行政、商业、金融、贸易中心。在特区起步期经济水平和产业结构层次较低的背景下，要坚守这一超前的高端定位而不为短期的经济利益所诱惑驱动，城市规划面临很大的压力和挑战。而成功的秘诀就是提前预留控制土地，始终将中心区的土地牢牢掌控在市政府手中，避免了市场的无序开发，才为后续发展提供了空间支持。其中深圳市政府做出了几个具有决定性意义的重要决策：一是在 1986 年根据中心区的新定位，果断收回了 1981 年与香港合和公司签订的合作开发福田 30 平方千米的协议，为后来中心区的开发赢得了大片宝贵的发展空间；二是在 1988—1994 年，迅速完成了对福田中心区土地的统征，纳入政府储备，并大规模拆除违法建筑，为中心区的开发建设和经营扫除了障碍；三是 1996—2004 年成立了中心区开发办公室，并通过开展一系列规划优化调整工作，收回了与中心区功能定位不符的土地，作为发展备用地进行严格的规划控制。

为了保证中心区土地实现最高价值，整个福田区的土地开发采取了"先外围、后中心"的策略。在周边的梅林、彩电、车公庙等工业区呈现如火如荼的发展态势下，福田中心区坚定抵御了短期利益的诱惑，坚决不引入与中心区功能定位不符的产业和项目。虽然在 1990 年代末期为提振中心区人气在四个边角部位开发了部分住宅项目，但并没有占据中心区的核心位置，没有影响后来金融服务业的主导功能发挥。

直到 2005 年以后，深圳终于迎来了全市产业转型升级、金融服务业大发展的成熟时机，这时候中心区还储备了大量区位良好、设施便利的用地，为金融等高端服务产业的集聚提供了空间保障。这种超前预控土地的策略，不仅获得了高额的土地收益回报，也为城市产业转型升级和城市功能优化创造了条件。

2.2.2　以交通基础设施的密集投入持续提升中心区的空间价值

福田中心区的开发始终坚持基础设施先行的策略。在 1990 年代之初市政府确定开发中心区的重大战略部署之后，就先行编制交通市政基础设施规划并投入大量资金进行市政工程建设，形成中心区的路网格局，为后续重大项目引进提供了坚实基础。2000 年深圳启动地铁一期建设，率先规划建设的 1 号线和 4 号线都通过中心区并设多个站。其中 1 号线连通罗湖火车站和人民南、华强北等老中心，4 号线则直达福田口岸，可以通过落马洲支线与香港中环联通。为了带动南区商务功能的发展，特地将 1 号线调整线位从深南大道向南移至规划的高密度商务办公区域。之后随着深圳全市地铁网络的加快建设，又引入了 5 条地铁线，可以便捷联系深圳机场、高铁站和各城市副中心，不断强化福田中心区的 CBD 核心地位（图 1）。

2008 年，抓住国家高铁网络在深圳规划布局的有利契机，在福田中心区规划了亚洲最大的地下高铁站，将广深港高铁引入中心区核心位置，并设置了可以直通香港西九龙高铁站的高铁口岸。这一重大战略举措，大大提升了福田中心区的空间价值。在进一步便捷了与香港联系的同时，还大大缩短了与东莞和广州南部的交通时间，将这些地区纳入了福田中心区的辐射和服务范围，使福田中心区成为城市和区域提供综合服务的枢纽引擎。

图 1　深圳福田中心区全景

2.2.3　以大型旗舰项目的持续导入不断激发中心区发展活力

无论是土地预留控制，还是基础设施先行，其最终目的还是服务于招商引资和产业发展。与所有新区开发一样，福田中心区的产业和功能培育也经历了一个艰难和漫长的渐进发展历程。在这个过程中，政府必须发挥有形之手的作用积极引进与中心区功能相匹配的项目，规划则要为项目的导入提供有力支撑。福田中心区的总体规划布局是"四角居住—中心商办""北行政—南金融"，建设初期面临着吸引力不足、市场投资缺乏信心的挑战。在短期内无法吸引高端服务功能、又不能引进制造业项目的形势下，率先启动四个角部的居住开发，引进了香港和记黄埔等五家房地产企业。在 1997 年亚洲金融危机爆发、港商撤资退出的关键时刻，深圳市政府又力邀中海、深业、天健、城建等大型国企进入中心区接盘开发。住宅区的先行开发建设吸引了居住人口集聚，增加了中心区的人气，还带动了周边商业和服务业的发展，逐渐提升了福田中心区的土地价值；但又没有占用核心区位土地而影响后续金融商务功能的发挥。

为了宣示深圳市政府开发福田中心区的决心，提振市场投资者的信心，规划启动了布局于北区的六大公共设施项目，包括市民中心、图书馆、音乐厅、少年宫、电视台、水晶岛地铁试验站，并将中国国际高新技术成果交易会（高交会）的临时场馆安排在北区，举办了多届高交会。这些设施的规划建设和活动举办对中心区的成功运营产生了积极的影响，完善了公共服务体系，提升了城市形象，营造了浓厚的文化氛围，增强了对国内外投资者的吸引力。2004 年深圳市政府整体搬迁入市民中心，奠定了福田中心区作为全市行政文化中心的地位。

为了改变福田中心区"北热南冷"的局面，急需在南区引入旗舰型项目发挥触媒作用，会展中心回归福田中心区是一个重要举措。对于这一决策的成败得失至今都存在争议。从科学规划的角度分析，将人流、物流巨大的会展中心布局于中央商务区是不尽合理的，但不能否认在特定历史时期它对城市经营产生的积极作用。之前正是出于合理布局的考虑，才将原布局在中心区北区的会展中心调整选址到深圳湾填海区。在 1997 年亚洲金融危机爆发、市场持续低迷的严峻形势下，为激活中心区南区，规划部门主动提出了会展中心重回中心区的建议和规划方案，并得到市委市政府的决策认同。会展中心于 2001 年开工建设，2004 年完成使用。除了每年举办高交会之外，还举办各类展会 100 多个，运行情况良好，处于供不应求的状态，吸引了产品流、信息流、技术流和人才流的大量汇聚，带动了酒店、餐饮、零售等相关产业的发展。通过深港会展合作，引进国际化、高品质的经济、科技和艺术文化展览，还吸引了大量国内外游客和商务人士，提升了中心区的国际影响力。

在经历了住宅配套、行政文化、会展商务等功能的逐步演进历程后，福田中心区直到 2005 年后才迎来了金融业大发展的成熟时期，最终形成了金融产业聚集区。期间城市规划根据市场变化和经济发展需求，灵活调整功能布局，对于城市经营发挥了重要支撑作用，其经验也被全国其他城市的 CBD 开发所效仿。

2.3　前海中心区：前瞻谋划与策划促成国家重大战略落地实施

如果说福田中心区发展历程中，城市规划还只是发挥着支持配合城市经营的角色作用；那么前海中心区则是城市规划主动引领和推动城市经营的成功案例之一。在短短十多年时间里完成了由一片滩涂向现代化城市新中心的蝶变，其中城市规划的前瞻谋划与策划发挥了关键性作用。

2.3.1　发展方向不明时预控储备土地并持续谋划目标定位

前海位于珠三角区域发展主轴和深圳特区带状组团结构向西拓展的黄金十字交会点，邻近深圳机场和西部港口群以及香港机场，其独特的区位战略价值早有共识。但在很长一段时间内，前海一直作为深圳城市发展备用地而存在，对其功能定位的研究也反复变化不定：1990 年代深圳"以港强市"战略下将其定位为深圳西部港区的重要组成部分；2000 年深圳打造高科技城市，又纳入"9+2"的高新技术产业带，作为高新区配套的软件园；后来深圳大力发展现代物流业，又规划为前海物流园区，并建设了保税物流园等项目。直到 2006 年深圳编制 2030 城市发展策略，明确提出未来深圳应与香港合作共建国际大都会的目标和路径，前海作为未来区域现代服务业中心的定位才清晰明确。同年完成的深圳"十一五"近期建设规划将前海纳入全市最重要的战略储备地区进行预控。2006 年启动的深圳第三版总体规划首次将前海规划为与福田—罗湖中心并列的深圳城市"双中心"之一。在前海功能研究的变迁过程中，其土地一直纳入政府储备而未做实质性开发，直到其目标定位的最终确定。

2.3.2　抓住关键窗口期主动争取机会赢得中央决策者支持

在 2008 年全球金融危机后经济发展低迷、珠三角产业亟待转型升级的关键时刻，广东省委省政府组织编制《珠江三角洲地区改革发展规划纲要（2008—2020 年）》（下简称《珠纲》）。为配合全省重大战略调整，深圳规划部门主动开展名为"前海计划"的专题研究，提出将前海作为深圳市新一轮改革开放下的城市战略重点的具体策划和构想方案。2008 年底，抓住省委主要领导来深调研的有利契机，规划部门主动汇报了前海计划实施方案以及空间规划设想，获得时任省委书记的充分肯定。前海发展最终纳入《珠纲》，与横琴、南沙一起成为粤港澳合作三大平台之一，正式上升为国家战略。2010 年 8 月 26 日在深圳经济特区成立 30

周年的关键时间节点，由国务院批复的《前海深港现代服务业合作区总体发展规划》正式确定了前海的战略定位和目标。后来无论是 2019 年发布的《粤港澳大湾区发展规划纲要》，还是同年《中共中央、国务院关于支持深圳建设中国特色社会主义先行示范区的意见》都多次强调了前海合作发展的引擎作用。2021 年 9 月出台的《全面深化前海深港现代服务业合作区改革开放方案》将前海合作区范围从 14.92 平方千米扩展至 120.56 平方千米，为前海打开了更加波澜壮阔的全新未来发展空间（图 2）。

图 2　深圳前海中心区全景

对前海发展最具有历史和政治影响意义的是，2012 年 12 月 7 日习近平同志担任中共中央总书记后首次离京考察的第一站就来到前海，对前海未来发展提出明确指导意见。之后在 2018 年 10 月庆祝改革开放 40 周年和 2020 年 10 月深圳经济特区建立 40 周年庆的重要时间节点上，习近平总书记又两次来到前海，多次强调"要深化前海深港现代服务业合作区改革开放"，要求前海在促进粤港、深港合作，推动香港更好融入国家发展大局中发挥重要作用，打造改革开放新高地，为全国其他地区提供经验示范。

2.3.3　大胆创新有利于现代服务业发展的土地管理制度

2010 年前海发展上升为国家战略之后，深圳已经积累了相对丰富的新区开发和经营的经验。除了组织高水平的规划设计国际咨询和开展多个专项规划编制、适时调整优化用地和建筑功能配比、合理确定开发建设时序等之外，最重要的是要发挥这个片区的高端价值，真正实现"宝地宝用"。这就需要在土地使用管理制度上有所突破，而土地出让弹性年期制度是前海土地管理改革的重要创新。

这一制度设计打破了国内以法定最高年限一次性出让土地使用权的做法，实行弹性年期和差别化土地供应制度，创新了适应现代服务业的发展需求的土地资源资产资本一体化运作模式。其具体措施是：将土地使用分为自用或出售两种情况，自用土地可以采取分期出让、分段计收地价的方式供地，根据产业特点和拟引进项目的情况，合理确定首段年期和分段年期的安排；出售部分则按法定最高年限出让，土地使用期限届满后，经评审符合前海产业政策的可以续期。与此同时，建立了系列配套政策与管控机制，包括需求管控机制、地价管理、预防土地闲置、用地退出机制等。通过这些制度创新，企业可以在 20 年期满后再与政府谈判续期，而不是一次性支付 40 年的地价，大大降低了企业在前海一次性拿地的成本。此外，通过实施标定地价并每年更新、建立节约集约用地奖励机制、引入三维地籍管理技术方法鼓励土地立体化开发等措施，实现了土地资源的集约化利用。实施自用和出售比例约定并设置转让限制规定，有效防止了土地闲置和炒作现象。弹性年期制度和差别化土地供应模式为前海吸引了更多符合产业政策的企业和项目，推动了现代服务业的集聚发展和土地收益的最大化。

3　城市规划对于深圳城市运营的作用解析

3.1　存量发展时期城市运营面临的挑战和关键问题

学者赵燕菁曾将城市化分为 1.0 和 2.0 两个阶段。城市化 1.0 阶段的任务是将以土地为主的资源转化为城市建设发展的资本，填补城市发展的资本缺口；城市化 2.0 阶段的任务则是创造稳定的现金流来支付日益增长的城市运行维护成本，保证城市正常运营。城市化由 1.0 走向 2.0 阶段，是城市由增量扩张转为存量优化的发展阶段，也是由城市建设转向城市运营的阶段。促进城市运营成功的关键要素包括：精准的发展定位、有效的资源管理、新兴的产业导入、优质的公共服务、积极的营销推广、高效的政府管理、持续的创新能力等。城市规划对这些内容都有所涉猎，但目前针对城市存量资源资产运营的规划理论和技术方法还较为薄弱，从城市运营的视角进行规划编制和实施的实践案例也不多见。

深圳是全国最早进入存量发展阶段的超大城市，也是产业发展转型最为成功的城市。深圳土地出让收入占政府财政收入的比重二十多年都在 20% 以下，近年甚至低于 5%，是最早摆脱土地财政依赖的城市；但也始终面临着如何创造持续稳定的现金流来维护巨量的城市资产、保证城市可持续运营的艰巨挑战。深圳较早建立了面向存量土地二次开发的规划体系，但过去十多年由市场主导的大规模城市更新也没有完全摆脱"增容改性"的传统模式，对城市可持续运营的贡献远远没有发挥出来。如何不依赖大拆大建方式来实现城市存量空间的活化利用，如何对投资巨大的城市轨道、文教体卫设施、城市公园等公共产品进行运营维护并实现财务平衡，是深圳城市运营面临的关键问题，也是城市规划亟待破解的课题。以下结合笔者认为运营比较成功的几个实践案例进行初步探讨。

3.2　以重要城市事件和活动激发存量空间的活力

在城市发展中，以重大事件来提升城市影响力和竞争力的成功案例有很多，如北京奥运会、上海世博会等，深圳也有高交会、世界大学生运动会、文博会、海博会等的策划和运营。但这些活动的策划和举办往往涉及国家层面的决策，耗资巨大，城市规划在其中也难以发挥主导作用。在深圳，由城市规划主导、花费较少且持续运作多年的有意义活动是深圳城市 / 建筑双年展。

3.2.1　深圳城市 / 建筑双年展的主题特色

深圳城市 / 建筑双年展是全球唯一以城市作为固定主题的两年一度的展览，从一开始就突破了只展示建筑艺术的局限，借助展览场地、内容与城市互动，主动介入城市发展，进行探索性的城市实践。从 2005 年开始，双年展已经连续举办 9 届，每届的主题都在不断探索发现城市性格与气质。以"城市开门"为起点，到"城市再生—城市动员—城市创造—城市边缘—城市原点—城市共生—城市交互"，到 2023 年最近一届的"城市生息"，众多城市发展问题在双年展镜头下得到深刻呈现并逐步改善。

3.2.2　深圳城市 / 建筑双年展激活了城市存量空间

通过双年展的举办，深圳激活了华侨城创意文化园、蛇口工业区、南头古城、金威啤酒厂等一批活力特色场所空间的营造。在双年展的推动下，这些存量城市空间被重新定义和利用，许多曾经被忽视的角落，如废弃的工厂、老旧的街区，逐渐成为创意和艺术的聚集地。这些空间不仅为艺术家提供了创作的场所，也为市民提供了全新的文化体验。例如，华侨城创意文化园的前身是旧工业区，由于产业转型升级而趋于衰败。首届（2005 年）和第二届（2007 年）双年展的主展场都设在华侨城创意文化园，通过展览、讲座、工作坊等形式，探讨城市发展的多样性与开放性。双年展举办后，这里成为集艺术展览、创意工作室、咖啡馆和书店于一体的综合性文化空间，焕发出新的活力，已经成为城市文化新地标和网红地，吸引众多国内外游客前往打卡（图 3）。

特别要提到的是，第七届（2017 年）"城市共生"的展览地点在南头古城，这是世界上首个在城中村举办的双年展，旨在探讨城市中不同群体、文化、空间的共生关系，特别是城中村与城市发展的关系。南头古城曾是明、清时期深圳的前身新安县治所在地，改革开放后呈现衰落寂寞的态势，但古城内有历史建筑、近现代民居及高密度城中村，建筑历史肌理十分丰富。在此举办双年展，契合古

图 3　华侨城创意文化园的创意市集活动　　　　图 4　双年展焕发了南头古城活力
资料来源：网络　　　　　　　　　　　　　　资料来源：网络

建筑、城中村与城市三者共生的发展主题。双年展介入后，修缮补建了部分建筑，改造公共空间，使其以城的形态重新进入公众视野，复活了生机。通过艺术介入和社区互动，也为城中村的未来发展提供了新的思路（图 4）。

此外，第五届（2013 年）双年展"城市原点"和第六届（2015 年）双年展"城市创造"的主展场都选择在蛇口工业区的旧厂房，第九届"城市生息"（2021 年）选址在金威啤酒厂旧址。通过对这些工业遗址的改造和利用，都吸引了新兴产业和人流进入，重新激发了旧工业区的空间活力。

3.2.3　深圳城市 / 建筑双年展提升了城市文化影响力

双年展的作用当然远不止存量空间资源的活化利用，它不仅是一个展示艺术的平台，更是一个促进城市文化发展的公共空间，成为重要城市文化符号及生产文化、创意的"城市实验管道"。双年展作为创意"孵化器"，促进了艺术创意种子的落地发芽，提升了城市文化品格。双年展促进了城市与市民之间的互动，通过展览、讲座、工作坊等多种形式，将艺术和文化带入市民日常生活，让市民成为城市文化的关注者、参与者和创造者。双年展还为城市带来了国际化的视野和交流的机会。从 2007 年第二届开始，双年展就由深圳和香港携手合办，跨城合作，形成了"双城互动、一展两地"的独特模式。作为全球唯一以城市为固定主题的双年展，双年展一方面吸引了来自世界各地的艺术家、建筑师和策展人，带来了不同国度的文化背景和创意理念，另一方面也让深圳的城市文化在国际舞台上得到了更广泛的传播和认可，大大提升了深圳城市的国际影响力。

3.3　以 TOD 开发模式促进城市轨道交通的可持续运营

大运量轨道交通已经成为我国超大特大城市解决交通拥堵问题的重要途径。但城市轨道是一个奢侈的公共交通产品，无论是建设还是运营维护的资金都巨大。在全球范围内，仅有香港地铁等极少数企业能实现盈利，其依赖的是"轨道 + 物业"

模式中地产开发的额外收益。当前，我国许多城市的轨道交通都面临着债务风险积累、客流强度不足、长期财务可持续基础不牢等一系列问题和挑战，迫切需要由以建设为主导的高速发展期向以运营为主导的网络化平稳发展期转型。TOD 开发（以公共交通为导向的开发）模式是一种支持城市轨道可持续运营的盈利路径探索。

3.3.1 深圳 TOD 开发模式的具体做法

到 2024 年，深圳地铁已经建成 18 条线路，运营总里程达到 595 千米，线网密度稳居全国第一。2024 年线网客运强度达 1.49 万人次 / 千米日，连续 16 个月稳居全国首位，运营效率名列内地城市前茅。高峰时段有 3 条线路可跑进 2 分钟间隔，即使在全球地铁系统中也处于领先水平。更为可贵的是，深圳地铁集团在取得良好运行效率和服务质量的同时，在 2023 年之前能够做到连续多年不依赖政府补贴而稳定运营，是国内少有的。其成功经验就是借鉴学习了香港地铁的 TOD 开发先进模式，具体做法：一是轨道 + 物业模式，通过轨道交通建设与城市开发的有机结合，以物业开发收益反哺轨道交通建设，实现了土地的集约高效利用。二是站城一体化开发，从 TOD 单体开发进化至产城融合，不仅提升了城市空间的利用效率，还改善了市民的生活质量。三是注重平衡各方利益，通过"城市轨道交通 + 城市更新"模式，协调地铁公司、区政府、土地权属方和市场开发主体的利益诉求，实现多方共赢。

3.3.2 岗厦北枢纽——深圳 TOD 开发的典型范例

岗厦北枢纽位于福田中心区北区，是深圳轨道交通的"超级枢纽"之一，汇集了 4 条地铁线，未来还预留城际铁路接入条件，承担着福田中心区与深圳各副中心以及深圳机场、深圳北站高铁枢纽的快速连接功能。通过地下五层结构的立体化开发，实现人车分流、多线换乘无缝衔接。在交通组织上，通过同台换乘、短通道设计，可以保证换乘时间少于 3 分钟，效率极高。同时，通过地面公交枢纽衔接 20 多条常规公交线路，可以覆盖福田及周边区域。通过地下商业街、空中连廊可与周边的办公和商业建筑连接，构建了"10 分钟步行圈"。岗厦北枢纽开通运行后，日均客流超 50 万人次，位居全市枢纽前三位，其换乘便捷性显著优于会展中心站等传统枢纽；10 分钟直达市民中心，15 分钟至南山高新园，30 分钟可达龙岗中心城，大大缩短了市民通勤时间（图 5）。

图 5 深圳岗厦北交通枢纽
资料来源：网络

通过交通、商业、文化、办公复合功能开发，岗厦北枢纽避免了"纯交通枢纽"的单调性，带来周边物业巨大升值，产生了巨大的经济效益。岗厦北枢纽开通后，周边写字楼租金上涨约20%，商品房溢价显著，成为高端居住区。枢纽是按照商业活力节点进行规划设计的，在地下一层形成约3万平方米的商业街，引入便利店、餐饮、文创等业态，以"快时尚 + 轻餐饮"为主，主要满足通勤人群需求，与周边卓悦中心、COCO Park等商业体的高端购物形成差异化互补和联动。枢纽的开通大大增强了商业活力，据统计卓悦中心客流增长30%，形成"枢纽 + 商圈"联动效应；枢纽内商业出租率超95%，坪效高于普通地铁商业。在激活商业的同时，还通过公共文化艺术赋能提升了城市形象。枢纽中央直径达48米的巨型穹顶采用节能材料，将自然光引入地下，并集成智能导览、5G覆盖等数字化设施，命名为"深圳之眼"，已经成为新的城市网红打卡地，提升了片区辨识度，增强了市民认同感和归属感，推动了片区价值跃升，产生了展现深圳国际化新形象的地标效应。还定期举办艺术展览、灯光秀等活动，进一步增强了枢纽活力。

3.3.3 深圳 TOD 开发模式的实施成效

以岗厦北枢纽为代表的深圳 TOD 开发模式，对城市轨道可持续运营产生了多方面的积极影响。

一是提升运营效益。通过 TOD 开发模式，实现了轨道交通建设与城市开发的有机结合。TOD 开发通过提升轨道交通站点周边的吸引力，增加了客流量，提升了轨道交通的运营效率。TOD 通过物业开发收益反哺轨道交通建设，通过实施站城一体化建设及物业、商业、物流、文创等多元化经营，增加了轨道交通的运营收益。通过场站综合开发收益支持城市轨道交通建设及运营，拓宽了城市轨道交通的投融资渠道。深圳地铁集团通过 TOD 开发，连续多年不依赖政府补贴而稳定运营，极大减轻了政府财政负担，保障了城市轨道交通的可持续发展。

二是优化了城市空间布局和土地利用。深圳的 TOD 开发模式通过站城一体化开发，提升了土地经济价值，为城市轨道交通建设提供了资金支持。目前深圳的轨道站点 800 米范围内常住人口覆盖率高达 57%，人口耦合度国内最高，有效缓解了城市交通拥堵。TOD 开发推动了城市功能布局的优化，引导城市功能和新经济产业向轨道交通站点周边集聚，提升了土地集约利用效率。

三是提升城市形象与居民幸福感。深圳的 TOD 开发模式不仅提升了城市的整体形象，还通过改善居住、购物、休闲等条件，提升了居民的幸福感。

深圳的 TOD 开发模式也面临一些风险和挑战，土地资源的紧张、房地产市场的波动以及轨道交通建设成本的上升，都将对TOD项目的盈利能力产生不利影响，未来需要不断优化完善这一开发模式。

3.4　以"山海连城"计划统筹引领城市公园系统可持续运营

3.4.1　深圳公园城市规划建设的新思路

众所周知，深圳在城市发展中高度重视生态保护，早在 2005 年就在全国率先划定基本生态控制线，将全市近 50% 的陆域空间划为生态保护空间，保护了城市的山体、河流、湿地等生态资源。十多年来，通过"自然郊野公园 + 城市公园 + 社区公园"的三大类全域公园体系的构建和实施，实现了生态空间保护和全域公园建设的有机结合，让广大市民享受到了绿色生态福利。到 2023 年底，深圳全市公园数量达到 1290 个，公园绿地 500 米服务半径覆盖率超过 90%，绿道总里程超过 3400 千米，城市生态环境质量和市民的生活品质持续提升，深圳成为宜居宜业的城市，"深圳蓝""深圳绿"已经成为吸引企业和人才聚集的亮丽名片。

但与此同时，深圳公园系统的建设和维护费用也与日俱增，给政府财政投入带来巨大压力。深圳公园未来的发展重点不是再建设更多的公园和绿道，而是改善已有公园的质量和功能，增强可达性、便利性、连通性、趣味性，满足人民对美好生活的向往。同时，要努力减轻公园建设和维护的财政负担，通过吸引客流，增加收入，实现可持续发展。为此，深圳规划部门牵头编制了《深圳公园城市建设总体规划暨三年行动计划》，实施"山海连城、生态筑城、公园融城、人文趣城"四大行动计划，构建独具深圳特色的"山、海、城、园"有机融合的公园城市，并创新公园营建模式和机制（图 6）。

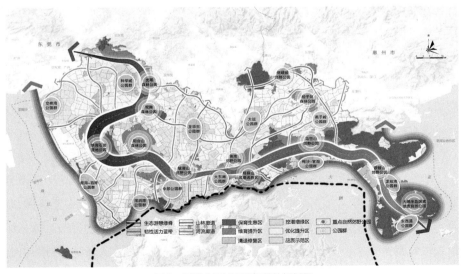

图 6　深圳公园城市建设总体规划图

3.4.2 "山海连城计划"的实施

"山海连城计划"在全市构建了"一脊一带二十廊"的生态游憩骨架。其中，"一脊"指以山脉为主体的生态游憩绿脊，横贯深圳 330 千米；"一带"是亲水近海的 220 千米滨水活力岸带；"二十廊"则是 20 条以山林绿地和河流水系为主体的蓝绿生境和景观通廊。结合"一脊"建设，深圳构建了"三径三线"远足径体系，包括主线 200 千米的鲲鹏径，共分 20 段，难易各不相同，可供徒步爱好者自由选择。目前，鲲鹏径已基本贯通，启用之初即迎来豹猫过桥穿行，改善了生物多样性。结合"一带"建设，深圳正在建设 200 千米的滨海骑行道，将横贯深圳东西海岸线，连通滨海空间。目前全市 140 千米滨海骑行道已基本连通，串联起公园、渔港、码头、古村等，成为市民休闲娱乐的新去处。结合"二十廊"建设，深圳打造了 20 条山水生态廊道，包括 8 条山廊和 12 条水廊。这些廊道不仅提供了绿荫覆盖、全程亲水的自行车道和滨水步道，还让市民可以全境体验徒步山林、慢行郊野、骑行滨海的乐趣。

3.4.3 "公园融城"计划的实施

该计划的重点是推进公园群建设，将分散的城市公园连接成为 20 个互联互通的公园群，推动城园融合，将自然送到居民小区家门口。近期已经通过"五园连通""八园连通"等项目，将多个临近的公园组成群落，实现生态、无障碍的互联互通。如福田区以 30 千米连续的公园环串联山、海、城，打造了红树林上的全域公园活力区，成为城市的新地标。

其次，是在原有的"自然郊野公园 + 城市公园 + 社区公园"三大类全域公园体系基础上，创新构建"公园一类公园"体系，将宽度 8 米以上的绿道、碧道等纳入线状类公园，复合利用市政、文体、学校、商业、办公等空间作为点状类公园。这种模式不仅增加了公园的数量，还提升了公园服务的均衡性和可达性。通过复合利用城市空间，将闲置地、低效地、边角地改造成公园。如深圳人才公园二期就是利用轨道交通 13 号线内湖停车场的上盖进行建设，实现了地下与地上的功能叠加，大大节约了土地资源。

3.4.4 "人文趣城"计划的实施

该计划探索了将公园建设运营与商业、文化、体育等功能有机结合的"公园+"的模式。如深业上城以"公园 +LOFT 小镇 +MALL"组合模式，打造了"公园生态商圈"；通过联动笔架山公园举办粤港澳大湾区花展，单日客流最高突破 20 万人次，在为市民提供休闲娱乐场所的同时，提升了商业吸引力和经济效益。龙岗大运公园书吧以"公园 + 咖啡书吧"模式，为市民提供了高品质的户外阅读空间，通过举办文化活动和品牌建设，增强了公园的吸引力和影响力。

3.4.5 公园建设和运营模式的创新

城市公园的运营维护是一笔巨大的财政支出。深圳通过推行"共建花园计划"，调动专业力量、社会组织、社区居民，以共商、共建、共治、共享的方式开展共建园艺活动。例如，笋岗街道"火车花园"通过公众参与，已经成为家门口畅享自然的活力场域。此外，在公园运营中引入多元主体，如深业商管代运营笔架山体育公园，实现了公共服务设施与社会商业的联合运营，不仅提升了公园的运营效率，还为市民提供了更丰富的公共服务。

4 结语：城市运营时代的城市规划未来发展展望

2024 年我国的城市化水平已到达 67%，城市化进程将进入一个平稳发展的阶段。大规模的城市空间扩张告一段落，城市更新成为城市发展的主旋律。与大拆大建的传统城市更新方式不同，对现有庞大的城市存量资源资产进行运营维护、盘活提升、保值增值成为新形势下城市更新的主要任务。客观评价城市运营时代城市规划行业的发展前景，既具备专业技术优势，也面临着能力短板的挑战。优势在于，城市规划拥有过去建设时代积累下来的系统思维和空间营建能力，包括空间设计和工程建设经验、专业学习与整合能力、政府关系与资源获取能力等，这在城市运营时代仍然有用武之地。劣势和不足也较为明显，一方面缺乏运营思维和经验，难以适应城市运营的"服务化"转型，如智慧停车、园区招商等所需要的持续运维能力；另一方面也存在专业技术短板，城市运营越来越多地依赖物联网、人工智能、大数据、绿色低碳等技术，传统城市规划的技术储备明显不足。无论是规划师个体还是规划设计企业，在城市运营时代都面临全面转型的考验。

城市运营时代的城市规划师，一方面要引入策划思维，包括定位与功能策划、产品策划、事件策划、营销策划等；另一方面要做好政策咨询，不仅包括空间设计，也包括政策设计、路径设计、手段设计、产品设计、营销设计。

城市运营时代的规划设计企业，第一要强化优势转化，利用工程能力与政府资源，聚焦城市更新、园区招商等强关联领域，逐步向运营端延伸。第二要加快弥补短板，招募专业人才、组建运营管理团队，推进"智慧城市""智慧社区""智慧园区"等研究，通过技术赋能应用。第三要推进商业模式研究与创新，构建科学的投资回报模型，灵活运用"融合发展"模式，推进商业化运作。第四是注重构建新型行业生态，与科技企业、产业资本、地方政府共建利益共享机制，降低单一主体风险。

参考文献

[1]　赵燕菁.从城市管理走向城市经营 [J]. 城市规划，2002，26（11）：7-15.

[2]　赵燕菁.城市化 2.0 与规划转型 —— 一个两阶段模型的解释 [J]. 城市规划，2017（3）：1-10.

[3]　陈一新.深圳福田中心区（CBD）城市规划建设三十年历史研究：1980—2010[M]. 南京：东南大学出版社，2015.

[4]　王富海.拥抱城市运营时代 [J]. 世界建筑导报，2023（3）：24-28.

[5]　樊波.新时期城市运营实施途径浅析 [J]. 建筑与发展，2023，3（9）：45-52.

[6]　邹兵.增量规划向存量规划转型：理论解析与实践应对 [J]. 城市规划学刊，2015（5）：12-19.

[7]　邹兵.存量发展模式的实践、成效与挑战——深圳城市更新实施的评估及延伸思考 [J]. 城市规划，2017，41（1）：89-94.

袁奇峰，中国城市规划学会学术工作委员会委员、乡村规划与建设分会副主任委员，华南理工大学建筑学院、亚热带建筑与城市科学全国重点实验室教授、博士生导师

李赫祺，硕士，广州市住房政策研究中心

李赫祺　袁奇峰

世界城市网络中广州的地位演变及启示 *

在全球化的洪流中，大城市通过其多维度的影响力，直接参与全球事务的治理，日益成为全球经济、文化和政治活动的重心，城市之间的网络化关系及其影响力越来越成为衡量其发展水平和国际地位的关键指标。城市无法独立于世界体系成为孤岛，而是镶嵌在一个错综复杂的全球网络之中，城市间的互联互动关系对于其成长至关重要。

中国的快速发展与日益加深的全球化程度，使得国内主要城市更加重视在世界城市体系中的定位。作为衡量城市全球影响力的重要工具，世界城市排名受到国内外政府和学术机构的高度关注。这一排名不仅显示了一个城市的成长速度，还能展现它在全球城市网络中的战略地位变化。本文以广州为研究案例，探讨这座历史悠久且在中国改革开放中具有重要地位的城市，如何在积极参与全球事务的同时，强化自身在中国城市网络中的地位。

1　研究综述

1.1　世界城市

世界城市（World City）也称作全球城市（Global City）。理查德·科恩（Richard Cohen）首次提出了全球城市的概念，并观察到制造业企业在全球范围内的迅速扩张，为了应对全球竞争，这些企业建立分支机构和合资企业，从而带

---

*　基金项目：国家自然科学基金"粤港澳大湾区城乡混杂地区国土空间规划技术优化研究"（编号：52478052）。

动服务业的增长和扩张 ❶。由于企业集团和高级生产服务结构的变化，全球城市作为全球商业决策和企业战略的中心而产生，而以国内市场为导向的城市的地位相对降低。

约翰·弗里德曼（John Friedmann）进一步对世界城市进行了系统性的概念化，并提出了完整的研究框架 ❷。在他的《世界城市假说》中，他认为世界城市是国际资本和移民的集聚中心，其都市功能、劳动力市场结构和城市物理形态受到世界经济一体化程度和国际分工中承担角色的影响。世界城市拥有全球控制功能，其产业结构中包含公司总部、国际金融、交通通信和高端商业服务等要素。世界城市通过城市间的联系形成复杂的空间等级结构 ❸。弗里德曼在后续的研究中强调，世界城市是连接地区、全国和世界经济的节点，城市间存在密集的经济和社会互动，为世界城市研究提供了深入的国际网络视角 ❹。

进入 20 世纪 90 年代，随着全球化概念的兴起，萨斯基娅·萨森（Saskia Sassen）在其著作《全球城市：纽约、伦敦、东京》中提出，通信技术的发展促使现代经济活动在空间和组织上分散，同时又需要集中管理、控制和规划功能。这种空间扩散与全球整合的趋势推动了全球城市的形成，使之成为全球生产线的管理和控制中心 ❺。

1.2　世界城市网络

全球化时代的城市不可能是孤岛，而是嵌入网络，在与其他城市和地区相互作用及联系中产生和发展的 ❻。20 世纪 50 至 70 年代的中心地理论探讨了城市体系的各项特征，形成了国家城市体系学派。而随着全球化进程的加深，跨国企业的崛起、经济结构的重组以及新的国际劳动分工促使研究重心由国家尺度转向全球尺度 ❼。20 世纪 90 年代，企业网络概念的引入促进了世界城市网络研究的

❶ COHEN R. The new international division of labor, multinational corporations and urban hierarchy[M]// DEAR M, SCOTT A. Urbanization and urban planning in capitalist society. London: Methuen Publishing Ltd, 1981: 282–311.
❷ 马学广，李贵才. 世界城市网络研究方法论 [J]. 地理科学进展，2012（2）：255-263.
❸ FRIEDMANN J. The world city hypothesis[J]. Development and Change, 1986, 17（1）: 69–83.
❹ FRIEDMANN J. Where we stand: A decade of world city research[M]// KNOX P L, TAYLOR P J. World cities in a world-system. Cambridge: Cambridge University Press, 1995: 21–47.
❺ SASSEN S. The global city: New York, London, Tokyo[M]. New York: Princeton University Press, 2001: 59–71.
❻ 黄璜. 全球化视角下的世界城市网络理论 [J]. 人文地理，2010（4）：18-24.
❼ TAYLOR P J. World city network: A global urban analysis[M]. London: Routledge, 2003: 7–83.

起步，该研究立足于弗里德曼的"世界城市假说" [1]、萨森的"全球城市"理论 [2]及曼纽尔·卡斯特（Manuel Castells）的"流空间"理念 [3]，为理论探索奠定了基础。

在实证研究方面，全球化与世界城市研究网络（Globalization and World Cities Study Group and Network，简称 GaWC）从高端生产性服务业出发，分析跨国公司总部与分支机构的全球布局，进而描述世界城市网络的结构和特征 [4]，自 1998 年由彼得·J. 泰勒（Peter J. Taylor）设立以来，已成为全球城市间关系研究领域的一个重要智库。GaWC 侧重于通过高级市场服务业公司内部的"流动"来形成城市之间的连锁网络，特别是公司内部联结所构成的城市间网络。GaWC 以会计、广告、银行 / 金融和法律等四种高级生产者服务的城市连接性为基础，每两年评估一次全球城市，并将其归类为 Alpha、Beta 和 Gamma 三个等级，反映其在国际联系中的地位 [5]。

GaWC 的理论基础在相当程度上融合了弗里德曼和萨森的研究，即认为"世界城市是全球经济的控制中心"，其形成依托于高级生产性服务业的集聚 [6]。因此，泰勒认为，每一个世界城市都是由特定的高端生产性服务企业组合所构成的，或者说，世界城市网络是由生产服务公司组成的各种办公网络的复杂混合体 [7]。

科恩、弗里德曼、萨森和卡斯特等学者均强调了经济联系特别是服务业在城市间网络中的重要性，他们的理论虽然摆脱了国家城市体系的局限，但依然暗含城市等级体系的假设。泰勒和阿兰·普雷德（Allan Pred）的后续研究揭示了此种等级假设的不足，普雷德通过实证数据发现城市间的联系并不符合传统腹地理论和重力模型，而是呈现出更为复杂的互动模式 [8]。泰勒据此指出，城市等级体系的概念在描述城市间联系时可能具有误导性 [9]。

[1] 黄璜. 全球化视角下的世界城市网络理论 [J]. 人文地理，2010（4）：18–24.

[2] SASSEN S. The global city：New York，London，Tokyo[M]. New York：Princeton University Press，2001：59–71.

[3] CASTELLSL M. The rise of the network society[M]. Oxford：Blackwell，1996：466–556.

[4] SMITH R G. World city actor–networks[J]. Progress in Human Geography，2003，27（1）：25–44.

[5] BEAVERSTOCK J V，SMITH R G，TAYLOR P J. World–city network：A new metageography?[J]. Annals of the Association of American Geographers，2000，90（1）：123–134.

[6] FRIEDMANN J. Where we stand：A decade of world city research[M]// KNOX P L，TAYLOR P J. World cities in a world–system. Cambridge：Cambridge University Press，1995：21–47.

[7] TAYLOR P J. Specification of the world city network[J]. Geographical Analysis，2001，33（2）：181–194.

[8] PRED A. On the spatial structure of organizations and the complexity of metropolitan interdependence[M]// BOURNE L S，SIMMONS J W. Systems of cities. New York：Oxford University Press，1978：292–309.

[9] TAYLOR P J. World city network：A global urban analysis[M]. London：Routledge，2004：30–52.

在全球化背景下，世界城市网络理论由传统的等级模型向基于复杂联系的网络模型转变[1]。世界城市网络的实证研究则通过多样化的数据分析，展现了城市间非等级化的复杂结构[2]。这些研究成果共同推进了对全球城市网络本质的理解，并为全球城市治理和发展策略提供了新的视角[3]。

2　何为广州？广州在世界城市网络体系中的演变

2.1　历史发展中的广州

广州城市发展在不同历史阶段展现出了不同的文化、社会、经济特点，其在全球体系中的地位也处于不断的变化中。

唐宋时期的广州在依托其港口和商贸优势的基础上，迅速发展成为岭南地区乃至东方最重要的港口城市之一。广州作为对外开放的窗口，拥有"海上丝绸之路"的起点地位，不仅促进了商品交流，也为中国与阿拉伯文化交融提供了条件。这段时期岭南文化的特征，例如重商性、务实性、开放性、兼容性和开拓性得到了鲜明体现，广州城市文化呈现国际化趋势。

明清时期的广州，特别是乾隆二十二年（1757年）后成为中国"一口通商"的城市，为期近85年的对外贸易使广州成为中国唯一的国际贸易中心，这一时期的广州在世界体系中拥有显著的地位。1842年的《南京条约》签订后，全国开放五口通商，外贸中心很快就转移到长江流域的上海，上海迅速崛起，广州的对外贸易地位受到挑战，广州的国际地位有所下降[4]。

1950年后，广州的地缘优势转变为相对劣势。受到国防和国际政治经济形势的影响，广州的国际性地位并未得到恢复。尽管如此，1956年广交会这一国际贸易平台的建立，为广州与世界的联系打开了新的窗口。改革开放后，广州的区域性中心城市地位得以重申，并在港澳的带动下，地缘优势再次得到体现。2000年《广州城市建设总体战略概念规划纲要》提出"广州是华南地区的中心城市"，2008年发布的《珠江三角洲地区改革发展规划纲要》明确提出广州是"国家中心城市"的定位，要求广州在区域发展中起到核心作用，逐步发展成为亚洲乃至世

[1] 开欣，朱盼，董莉晶. 论全球城市网络结构的特征及发展演变趋势 [J]. 全球城市研究（中英文），2023（3）：1-13.
[2] 尹宏玲，吴志强，杨婷. 世界城市网络测度方法评述及其启示》[J]. 国际城市规划，2014（6）：110-113.
[3] 徐刚，王德，晏龙旭，等. 西方世界城市网络的理论、方法和议题 [J]. 地理科学进展，2024（1）：179-189.
[4] 夏巨富. 19世纪广州商业发展原因辨析 [J]. 地方文化研究，2023（2）：66-82.

界的中心城市。这一时期，广州的城市空间扩大，区域性中心地位得到巩固。

广州的城市定位与职能在历史的长河中不断演变，从唐宋时期的国际性商贸中心到清朝的"一口通商"地位，再到新中国成立后的国际交流窗口，直至改革开放后的国家中心城市定位，广州始终展现出其作为开放型城市的特性[1]。在全球体系中，广州的地位虽有波动，但其长期以来积累的开放性和务实性文化，以及国家政策的支持，为广州的现代化和国际化提供了坚实基础。

2.2 世界城市网络中的广州——基于多元全球城市指数分析

2.2.1 主要排行榜及其衡量指标影响力和意义

全球城市排名是反映城市国际影响力的一个重要指标，这些排名结果覆盖了商业活动、人力资本、信息交流、文化体验和政治事务等多个维度[2]。基于指数发布时长、指数权威性和影响力等因素的考虑，本研究选择了 6 个全球知名评价报告与排行榜作为基础，具体包括《全球城市指数报告》《世界城市名册》（GaWC）、《全球金融中心指数报告》（GFCI）、《国际航运中心发展指数报告》（ISCDI）、全球城市生活质量排名（QLCR）以及最佳留学城市排名（BSC）。其中，《全球城市指数报告》包含了"全球城市综合排名"（GCI）和"全球城市潜力排名"（GCO）两套评价指数，因此，本研究涉及的全球城市创新评价指数共计 7 套，见表 1。

全球城市指数汇总   表 1

序号	指数报告名称	发布机构	考核重点	评价维度	更新周期	样本数量	指标数量
1	全球城市指数报告全球城市综合排名（GCI）	科尔尼管理咨询公司	考察全球各大城市的全球影响范围及其表现和综合发展水平	商业活动、人力资本、信息交流、文化体验、政治参与	1 年	156	29
2	全球城市指数报告全球城市潜力排名（GCO）	科尔尼管理咨询公司	识别出最有可能成为未来全球最具影响力的城市	居民幸福感、经济状况、创新、治理	1 年	156	13

❶ 王国恩，王建军，周素红，等．基于国家中心城市定位的广州核心职能研究 [J]. 城市规划，2010（S2）：13–19，25.
❷ 高菲，李军凯，方力．全球城市创新评价指数对北京建设国际科技创新中心的启示 [J]. 中国科技论坛，2024（2）：42–48，60.

续表

序号	指数报告名称	发布机构	考核重点	评价维度	更新周期	样本数量	指标数量
3	世界城市名册（GaWC）	英国拉夫堡大学	不同城市在全球城市网络中的联系度	六大"高级生产性服务业机构"的总部分支机构在世界各大城市中的分布	2年	500+	–
4	全球金融中心指数报告（GFCI）	英国智库Z/Yen集团和中国（深圳）综合开发研究院	对全球主要金融中心进行竞争力评估和排名	营商环境、人力资本、基础设施、金融业发展水平及声誉	半年	120	138
5	国际航运中心发展指数报告（ISCDI）	中国经济信息社和波罗的海交易所	评价国际航运中心发展状况	港口条件、航运服务、综合环境	1年	40+	17
6	全球城市生活质量排名（QLCR）	美世咨询公司（Mercer）	对全球城市生活质量进行调查	政治和社会环境、经济环境、社会文化环境、医疗和健康方面的考虑、学校和教育、公共服务和运输、娱乐活动、消费品、房屋、自然环境	1年	450+	39
7	最佳留学城市排名（BSC）	国际高等教育信息机构（QS）	评估城市适合留学程度	大学排名、学生组成、城市向往度、就业市场活跃度、生活成本和学生反馈	1年	140	–

资料来源：《全球城市指数报告》《世界城市名册》《全球金融中心指数报告》《国际航运中心发展指数报告》、全球城市生活质量排名、最佳留学城市排名

2.2.2　广州在世界网络中的地位变化解读与思考

广州在所选取的各全球城市指数中排名分布跨度较大（图1）。近八年来，广

图1　广州在全球城市指数中的排名情况

资料来源：《全球城市指数报告》《世界城市名册》《全球金融中心指数报告》《国际航运中心发展指数报告》全球城市生活质量排名、最佳留学城市排名

州在 GCI 和 GCO 的排名一直保持在前 100 名以内，GaWC 排名更是稳居前 50 名以内（表 2）。广州在国际贸易、产业升级和区域经济一体化方面的成绩尤为突出，展现出了城市的发展潜力和国际竞争力 ❶。

2016—2023 年广州在全球城市指数中的排名变化情况　　　　表 2

全球城市指数	2016 年	2017 年	2018 年	2019 年	2020 年	2021 年	2022 年	2023 年
全球城市指数报告—全球城市综合排名（GCI）	71	71	71	71	63	60	56	55
全球城市指数报告—全球城市潜力排名（GCO）	76	56	59	65	54	34	26	57
世界城市名册（GaWC）	40	–	27	–	34	–	–	–
全球金融中心指数报告（GFCI）	–	37（3 月）32（9 月）	28（3 月）19（9 月）	24（3 月）23（9 月）	19（3 月）21（9 月）	22（3 月）32（9 月）	24（3 月）25（9 月）	34（3 月）29（9 月）
国际航运中心发展指数报告（ISCDI）	–	–	18	16	13	13	13	13
全球城市生活质量排名（QLCR）	–	–	–	–	–	–	–	132
最佳留学城市排名（BSC）	–	–	–	–	–	–	110	110

资料来源：《全球城市指数报告》《世界城市名册》《全球金融中心指数报告》《国际航运中心发展指数报告》全球城市生活质量排名、最佳留学城市排名

一是积极加入全球网络，实力地位不断攀升。受疫情抑制的需求释放后，全球贸易所受的影响继 2021 年和 2022 年达到峰值后已恢复正常水平。尽管顶尖城市在全球城市指数排名中的地位依旧稳固，但排名体系中的变化现象值得关注（图 2、图 3）。例如，包括华盛顿、芝加哥、波士顿在内的美国城市排名下滑，中国城市在总体上也呈现些微下降趋势。

然而在全球经济环境疲软的情况下，区域经济增长依然强劲。中东地区城市在 2023 年的排名中取得了显著进步，尤其是海湾国家的首都，凭借人力资本得分的大幅提升而显著上升。南欧地区在 2023 年的 GCI 排名中也出现了显著的上升趋势。

广州在全球城市指数报告中的排名持续上升，反映出其在教育、文化和国际交往等方面的综合实力逐年增强。同时，广州在独角兽企业孵化、电子商务发展和会展业扩张等新兴领域展现出强劲的发展势头。

❶ 潘峰华，方成，李仙德. 中国城市网络研究评述与展望 [J]. 地理科学，2019（7）：1093–1101.

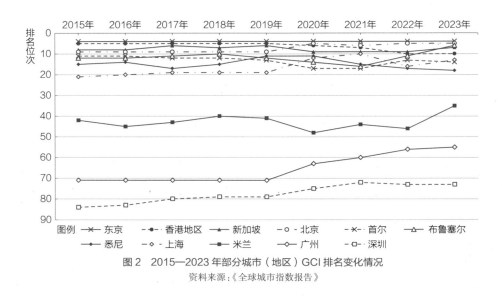

图2　2015—2023年部分城市（地区）GCI排名变化情况
资料来源：《全球城市指数报告》

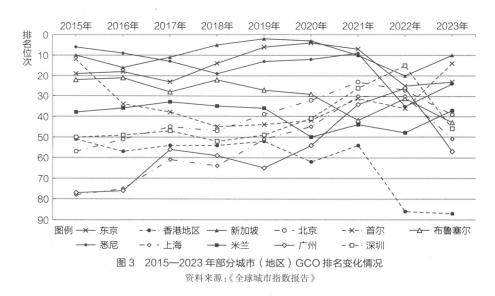

图3　2015—2023年部分城市（地区）GCO排名变化情况
资料来源：《全球城市指数报告》

在高端产业引领方面，广州的生产性服务业表现卓越，逐渐成为全球城市的重要力量。以生产性服务业为核心的《世界城市名册》2018年的排名显示，广州成功上升至Alpha等级，居第27位，较2012年Beta等级时跃升23位（图4），反映出其服务业集聚和服务能力的显著提升。泰勒的全球316个重要城市研究结果指出，在全球服务业布局中，广州市在金融业、广告业、保险业等职能上已有明显突出表现[1]。然而，相较于其他行业以及全球城市网络联结度、全球经济控制

---

[1]　潘峰华，方成，李仙德. 中国城市网络研究评述与展望 [J]. 地理科学，2019（7）：1093–1101.

中心、区域经济控制中心等方面，广州市的相关表现仍有提升空间。特别是在专业服务行业，例如会计、管理咨询、法律服务等，尚待进一步发展和完善。

在北京和上海稳固位居排名前十的情况下，广州正处于快速上升期，近二十年来其 GaWC 排名的最大跨度攀升了 84 位（图 4），同时实现了 3 个主要等级、8 个分支等级的跃升，并连续 3 年稳定在 Alpha 层次的城市级别内。深圳自 2012 年起排名也显著提高，位次跃升幅度持续超越广州（图 5）。从全球城市网络的连通度、金融中心和航运中心建设等方面来看，广州已表现出不俗的成绩，但与伦敦、纽约、巴黎、香港、东京、新加坡等全球顶级城市（地区）相比，仍存在明显差距，并且面临着来自杭州、深圳等城市的竞争挑战（图 2、图 3）。

总体来看，广州在全球城市的排名不断攀升，显示出其与国内外城市在多个领域的竞争力。尽管如此，广州在追赶世界顶级城市的道路上仍需努力，在人才吸引、文化交流和国际化战略布局方面进一步发力，以实现全球城市网络中的更高地位[1]。

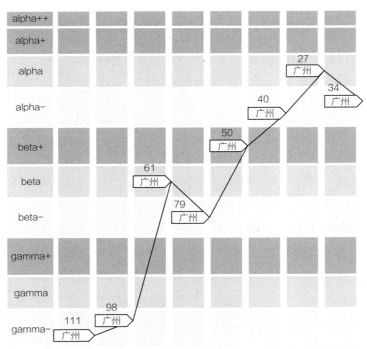

图 4　2000—2020 年广州在 GaWC 的排名变化

资料来源:《世界城市名册》

❶ 程遥，赵民 . GaWC 世界城市排名的内涵解读及其在中国的应用思辨 [J]. 城市规划学刊，2018（6）：54-60.

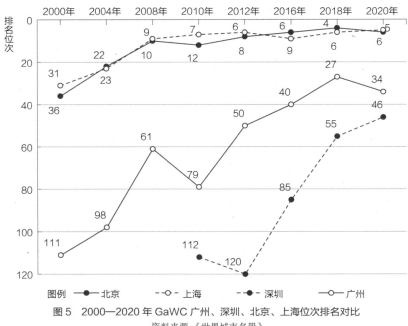

图5　2000—2020 年 GaWC 广州、深圳、北京、上海位次排名对比

资料来源:《世界城市名册》

二是金融地位中游波动,航运地位稳定待突破。广州在全球资源配置功能方面,尚未充分发挥其潜在力量[1]。广州在《全球金融中心指数报告》中的排名在一定范围内波动,曾在 2018 年 9 月和 2020 年 3 月进入前 20 名,2017 年最低,为第 37 位(图 6)。

作为中国南部地区重要的金融城市,广州拥有金融服务业发展优势基础。虽然与全球领先金融中心如北京、上海、深圳等国内其他一线城市相比,广州在金融企业集聚度、金融市场开放程度、基础设施建设、金融营商环境等方面仍存在显著差距且没有本土证券交易所,但仍然保持在全国金融中心排名第四的位置[2],这得益于其深厚的商业文化底蕴。

作为全球航运中心发展态势与港口城市竞争力水平的"风向标"之一,新华·波罗的海《国际航运中心发展指数报告》(以下简称《航运报告》)自 2014 年推出以来,已成为业界权威的评价标准。该指数主要围绕港口条件、航运服务和综合环境三大维度进行评估,从而全面反映全球航运中心的发展状况。

近年来,随着全球经贸活动的东移,亚太地区航运中心的影响力日益增强。上海作为亚太地区的重要航运枢纽,稳居全球第三名已是第四个年头。《航运报告》揭示,新加坡、伦敦和上海构成了全球航运中心的领头羊,而亚太区域的航

[1]　邱松.中国融入世界城市网络的城市成对分析 [J]. 城市规划学刊,2014(3):119-120.
[2]　排名截至 2024 年 3 月发布的第 35 期《全球金融中心指数报告》(GFCI 35)。

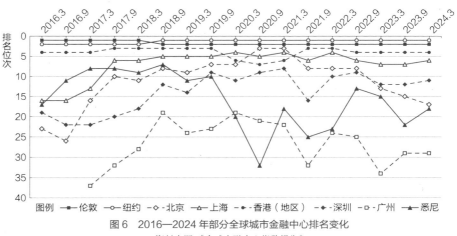

图6 2016—2024年部分全球城市金融中心排名变化
资料来源:《全球金融中心指数报告》

运中心正持续崛起,欧美等地区的主要航运中心则保持相对稳定的发展态势。在中国,宁波舟山在2023年首次突破前十名,排在第9位,而包括广州在内的六座城市跻身前20名,与十年前相比,排名普遍有大幅的提升。

　　广州作为中国重要的国际航运枢纽港口,2023年在该指数排名中位于第13位,且已连续四年保持该位次(表3)。广州的国际影响力维持稳定,不仅得益于其良好的港口条件和不断优化的航运服务体系,还在于其持续的口岸营商环境优化与智慧港口建设。全球航运业的深刻变化,特别是中国沿海港口在"一带一路"倡议下与共建国家进行合作,为全球航运业的变革创新提供了"中国方案"。广州作为航运中心,虽然保持稳定发展,但仍需在航运金融等高端服务领域发力。借鉴学习上海经验——快速发展现代航运体系,不断完善服务体系,发挥自贸港创新驱动效应 ❶。

2020 年国际航运中心航运服务排名前十　　　　　　　　　　表 3

排名	2014 年	2015 年	2016 年	2017 年	2018 年	2019 年	2020 年	2021 年	2022 年	2023 年
1	新加坡	新加坡	新加坡	新加坡	新加坡	新加坡	新加坡	新加坡	新加坡	新加坡
2	伦敦	伦敦	伦敦	伦敦	香港地区	香港地区	伦敦	伦敦	伦敦	伦敦
3	香港地区	香港地区	香港地区	香港地区	伦敦	伦敦	上海	上海	上海	上海
4	鹿特丹	鹿特丹	汉堡	汉堡	上海	上海	香港地区	香港地区	香港地区	香港地区

❶ 王列辉,项阳,张圣. 互联互通背景下全球海空枢纽的竞争与合作研究 [J]. 全球城市研究(中英文),2023(3):74–89.

续表

排名	2014 年	2015 年	2016 年	2017 年	2018 年	2019 年	2020 年	2021 年	2022 年	2023 年
5	汉堡	汉堡	鹿特丹	上海	迪拜	迪拜	迪拜	迪拜	迪拜	迪拜
6	迪拜	上海	上海	迪拜	鹿特丹	鹿特丹	鹿特丹	鹿特丹	鹿特丹	鹿特丹
7	上海	迪拜	纽约－新泽西	纽约－新泽西	汉堡	汉堡	汉堡	汉堡	汉堡	汉堡
8	东京	纽约－新泽西	迪拜	鹿特丹	纽约－新泽西	纽约－新泽西	雅典－比雷埃夫斯	雅典－比雷埃夫斯	纽约－新泽西	雅典－比雷埃夫斯
9	纽约－新泽西	釜山	东京	东京	东京	休斯顿	纽约－新泽西	纽约－新泽西	雅典－比雷埃夫斯	宁波舟山
10	釜山	雅典－比雷埃夫斯	雅典－比雷埃夫斯	雅典－比雷埃夫斯	釜山	雅典－比雷埃夫斯	东京	宁波舟山	宁波舟山	纽约－新泽西

资料来源：《国际航运中心发展指数报告》

　　总体看来，广州等城市在全球经济低增长和高利率环境下保持商业活力，体现了这些城市在商贸方面具有较高的经济韧性，而这为广州等城市的国际航运中心地位的稳固提供了有力支撑。

　　三是文化软实力仍有短板，国际文化影响力不高，国际声望有待提高。如表 2 所示，2023 年，广州在最佳留学城市排名第 110 位，与 2022 年持平。最佳留学城市排名依据六大类指标，分别是：大学排名（该城市中大学在 QS 世界大学排名中的集体表现）、渴望程度（对在该城市生活的安全、环境等方面的满意程度）、负担能力（考虑学费和生活成本）、雇主活动（体现该城市的留学生受国内外雇主的欢迎程度）、学生多样性（反映学生来源构成的国际化程度），以及学生评价（反映学生分享和推荐意愿）。近几年广州排名均在 100 名之后，其中值得关注的是雇主活动、渴望程度和学生评价这三方面，广州在这三个指标的排名较低且得分与其他城市相比差距较大，劣势明显（图 7、图 8）。

　　广州的国际留学目的地形象尚未形成，国际留学吸引力不足。如图 8 所示，与国内外城市对比，广州留学负担较小，学生多样性适中，但尚未在雇主和留学生的印象中形成较为突出的口碑，因而拉低了整体分数。

　　生态环境和城市宜居水平较为欠缺，国内城市整体排名靠后。在 2023 年全球城市生活质量排名中，广州在全球排名仅第 132 位（表 2），在国内排名第 3 位，仅次于上海和北京，且二者均在 100 名以后。从全球城市对比来看，东京、伦敦、巴黎、纽约位于 30—50 名之间。

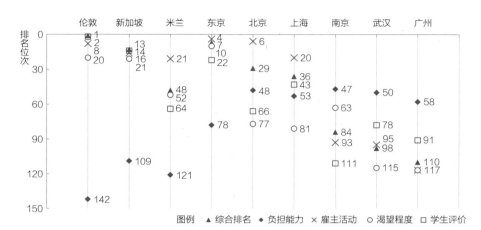

图 7　2023 年广州与部分城市在最佳留学城市排名中的各专项排名对比

资料来源：国际教育市场咨询公司 Quacquarelli Symonds（简称 QS）2023 年所发布的最佳留学城市排名

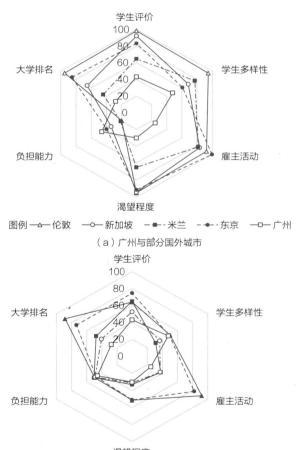

（a）广州与部分国外城市

（b）广州与部分国内城市

图 8　2023 年广州与部分城市在最佳留学城市排名中的各项得分对比

资料来源：QS 发布的最佳留学城市排名

3　广州何去？广州在世界网络体系变化中的启示与借鉴

广州作为典型的港口城市，其发展内涵需要基于历史底蕴、当前实力及未来愿景的有机统一来持续完善和提升。广州市的发展不仅要借鉴其悠久历史与现实经验，更需以创新的视角超越传统，承载起"面向世界、服务全国"的战略定位❶。而城市在全球网络中地位的提高也会指导和促进城市的全面发展。

3.1　依托海洋城市优势，发挥大港大城实力

强化特色发展是广州城市国际化进程中的关键策略。广州通过持续推进高端制造业的创新，突破传统产业界限，如生物医药、新能源汽车、智能装备等产业在经济结构中的比重不断上升，为城市的可持续发展提供新动力。希音（SHEIN）等跨境电商独角兽企业的兴起，以及全球 500 强企业在广州的持续聚集，共同营造了一个充满活力的商业环境。

港口城市的优势是广州无可替代的核心竞争力，广州港南沙港区地处大湾区地理几何中心，独特的地理位置让其成为国家物流运输体系的重要枢纽。南沙港、新沙港、黄埔新港以及广州国际港等港口的有效互联，构筑了全国性交通枢纽和国际航运中心的雄厚基础。2022 年，广州白云国际机场的旅客吞吐量再次领跑全国，连续三年位居第一，彰显其在国际物流运输体系中的重要地位。

国际经验表明，制造业的繁荣往往是经济最发达城市的共性特征❷。广州和深圳所在的珠江三角洲地区，作为全球主要的制造业基地之一，未来应以实力制造业为坚实支撑，迈向国际先进制造业中心，抓住时代机遇，进一步发展汽车、轮船装备制造和电子电器等产业，提升制造业的发展水平和国际影响力。通过提高出口产品的技术含量和附加值，形成具有国际竞争优势的贸易条件，从而在全球经济分工中占据有利地位。

3.2　挖掘自身文化魅力，提升国际吸引力

保护和弘扬其丰富的历史文化遗产。通过融合传统和现代元素，构建一个包容性强、多元化的文化体系，这样既能够维护城市的文化独特性，又能增强其国际文化交流的活力。进一步融入现代城市建设的诉求，形成一个兼收并蓄的国际文化环境。这一策略有助于提高广州的国际声望，吸引全球人才，并提升居民的

❶ 王国恩，王建军，周素红，等 . 基于国家中心城市定位的广州核心职能研究 [J]. 城市规划，2010（S2）：13–19，25.
❷ 程玉鸿，朱银莲 . 世界城市研究转向与中国的世界城市 [J]. 城市规划学刊，2015（5）：39–44.

生活质量和城市品质。

拓宽开放和创新的生态环境。发挥粤港澳大湾区的区域合作优势，广州可以优化政策服务体系，提升政策的辐射效果，增强城市的全球竞争力❶。此外，支持和完善创新服务平台和机构，涉及商事登记、信息管理、金融服务等多方面，鼓励离岸科技创新中心的建立和国际科技合作，以提高城市的创新能力和国际技术交流水平。

推动科技与文化的深度融合。利用现代科技手段，创新性地开发和利用当地的文化资源和文化遗产，形成具有国际视野的新业态和模式。这将促进广州的文化标志性建构，使其成为全球开放生态的重要组成部分，进一步提升城市的国际魅力。

3.3　扩展多维深度广度，担任多重区域角色

在国内外双循环新发展格局下，广州作为国家中心城市，应以提升内循环稳定性和可持续性为基础，同时扩大对外开放，增强城市网络连通性和产业链稳定性，培养成为内外兼修的国际大都市。

建设面向国际的中心功能，扩大国际交流与合作，提升全球化竞争力和影响力。以科学发展观为指导，参照世界级先进城市标准，提高城市功能，塑造综合性门户城市、南方经济中心和世界文化名城形象。加强国际门户和综合交通枢纽建设，发展为亚太政治、经济、文化交流和交通信息服务的活跃中心，形成具有国家战略意义的产业集群，以高端产业引领和区域辐射带动力，加速区域一体化，展现民族精神与现代文化融合，探索具有本地特色的发展路径。

巩固和提升地区中心地位，优化产业布局，提升生活品质。作为珠江三角洲的核心，推动区域协调发展，加强集聚辐射和综合服务能力，与周边城市互补合作。同时，重视国际商贸、物流、信息资讯等现代服务业，提升区域与全国服务能力及国际竞争力，构建有广泛区域影响力的服务中心，引领南方乃至全国的现代国际城市发展。

4　总结与启示

本研究通过案例分析广州在世界城市网络中的地位，基于 2016—2023 年的世界城市指标数据，对比分析其全球城市竞争力的动态变化。分析结果表明，广

❶ 杨力，刘婷婷，陈志. 论全球功能性机构在全球城市合作竞争中的作用 [J]. 全球城市研究（中英文），2023（2）：1-13.

州在港口运输、产业孵化与拓展、文化传承与创新等方面具有显著的优势和发展潜力，但在文化软实力和国际影响力等方面与其他先进城市存在差距，其原因主要在于对国际文化交流和全球资源配置的能力尚待提升。因此，规划策略应综合考虑广州的优势及不足，注重核心竞争力和城市特色塑造。

广州作为具有海洋城市特质的大城，充分利用工业升级和高端产业发展提升全球城市网络战略地位，结合丰富的历史文化资源和现代商业活力，并在保持和巩固其现有优势的基础上，进一步发展文化软实力和国际影响力，通过优化人才生态、提升高端服务业以及促进文化创新和宜居性等方式，来提升其在全球城市网络中的竞争力，提高其在地区和国际层面上的战略地位，进而更好地承担作为国际大都市的责任。

黄亚平，中国城市规划学会常务理事、学术工作委员会委员，华中科技大学建筑与城市规划学院教授

黄亚平

新时代中国城市区域一体化规划实践探索

1 国家促进区域协调发展的战略思路

1.1 新时期国家四大区域发展战略

实施四大区域发展战略是破解区域发展失衡、优化要素资源配置的关键举措。我国地域广袤，区域资源禀赋差异与发展阶段多样性并存，形成东中西部发展梯度落差、城乡要素流动不畅、资源环境承载能力悬殊等区域发展不平衡不充分问题，同时，全球经济地理格局深刻调整、资源环境约束趋紧也成为我国构建新发展格局面临的重大挑战。基于此，党的二十大报告提出将"区域协调发展战略、区域重大战略、主体功能区战略、新型城镇化战略"作为促进区域协调发展的四大战略[1]，通过制度创新重构区域发展动力机制，为我国构建双循环发展格局提供重要支撑。

1.1.1 区域协调发展战略

区域协调发展战略核心在于"协调发展"，重在"明确区域经济布局"。针对区域发展不平衡的问题，从不同区域典型特征、现实问题出发，明确四大板块建设重点，构建"西部大开发形成新格局、东北振兴取得新突破、开创中部地区崛起新局面、东部地区加快推进现代化、支持特殊类型地区发展"的区域协调发展格局。其中，西部板块是战略腹地，重点强化基础设施建设和特色优势产业发展，推进成渝地区双城经济圈和关中平原城市群建设；东北板块肩负国家国防、粮食、生态、能源、产业安全重任，聚焦产业转型升级和生态环境保护，推进辽宁沿海经济带、长吉图开发开放先导区、冰雪旅游带建设；中部板块是我国承东启西、连南接北的关键，着力打造重要先进制造业基地和内陆地区开放高地，推进长江中游城市群和郑州、太原都市圈建设；东部地区是构建新发展格局的示范引领区，

加快培育世界级先进制造业集群和更高层次参与国际经济合作和竞争，支持深圳、浦东、浙江等重点区域率先实现高质量发展。

1.1.2　区域重大战略

区域重大战略核心在于"重点发展"，重在"培育增长极"。京津冀、粤港澳大湾区、长三角作为重点建设区域，通过明确功能分工、优化产业结构、提升综合竞争力等方式重点提升其引领带动能力，将三大重点区域建设为带动区域协同发展的核心战略支点，形成核心辐射边缘的整体格局。其中，京津冀以加快协同发展为目标，加紧构建首都功能疏解体系，推动产业链与创新链深度融合，建设轨道上的京津冀，高标准建设雄安新区、北京副中心、天津滨海新区等重点区域；粤港澳大湾区以积极稳妥建设为目标，加强产学研协同发展，通过创新走廊、科技创新极点、综合性国家科学中心建设，畅通创新要素流动通道，通过完善相关配套基础设施和服务体系建设进一步推动港澳融入内陆发展；长三角以提高一体化发展水平为目标，在既有发展优势基础上深化高质量改革和开放，通过科创走廊、产业创新带建设提升创新能力、升级产业体系，提升国际竞争和辐射带动全国发展能力，在基础设施、公共服务、生态环境等多方面实现一体化发展。

1.1.3　主体功能区战略

主体功能区战略核心在于"差异发展"，重在"优化空间底盘"。根据资源环境承载力、建设现状与开发潜力，划分城市化地区、农产品主产区、生态功能区三大空间格局。根据主体功能定位，将不同功能地域划分为重点开发地区、生态脆弱地区、能源资源富集地区等政策单元，并且针对性制定适应性发展政策体系，保障国家重大发展战略落地实施的同时，充分挖掘各地区比较优势，因地制宜实现差异化发展，最终形成主体功能明显、高质量发展的国土空间体系。

1.1.4　新型城镇化战略

新型城镇化战略核心在于"人本发展"，重在"构建建设格局"。贯彻"人民城市人民建，人民城市为人民"重要理念，推进以人为核心的新型城镇化建设。一是加快农业转移人口市民化，健全农业转移人口市民化政策体系，统筹城镇基本公共服务全覆盖；二是完善城镇空间布局，加快城市群、都市圈建设，分类引导大中小城市建设重点，稳步有序推进县城和镇区建设；三是提升城市品质，加强城市基础设施建设，以城市更新为抓手优化城市空间结构、推进新型城市建设，打造宜居、韧性、智慧城市。

总的来说，四大区域发展战略相互关联又各有侧重，共同构成了新时期国家促进区域协调发展的有机整体。区域协调发展战略突出"全域协调"，通过明确四大板块建设重点实现"缩小差距、协调发展"；区域重大战略突出"重点突破"，通过重点建设三大城市区域实现"聚焦重点、引领全局";主体功能区战略突出"分区引导",通过划分三区、细化政策单元实现"因地制宜、差异施策";新型城镇化战略突出"重点建设",通过推进城市群和都市圈建设、促进大中小城市协调发展实现"以人为本、提升品质"(图1)。

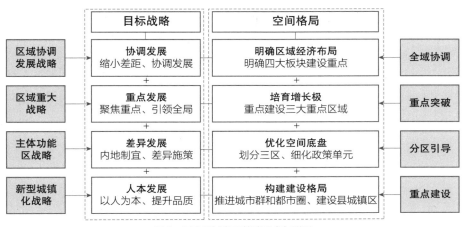

图 1   四大区域发展战略重点与联系
资料来源:笔者自绘

1.2   城市群发展旨在打造参与国际竞争的空间单元

国家实施区域城市群发展战略,是立足国际城市群建设经验以及国内城市群发展实际基础上的理性选择。经过多年的城镇化建设,城市群已经成为我国经济社会发展的主要空间单元,且在经济全球化与区域竞争加剧的背景下,国际竞争已经从城市间的竞争演变为城市群之间的竞争,国家实施城市群发展战略,旨在打造参与国际竞争的空间单元。

1.2.1   城市群是我国经济社会发展的主要空间单元

我国人口和经济向城市群集聚趋势明显,城市群的发展引擎作用不断增强。自"十一五"规划提出"要把城市群作为推进城镇化的主体形态",到"十四五"规划提出"以促进城市群发展为抓手,全面形成'两横三纵'城镇化战略格局",并将 19 个城市群划分为优化提升类、发展壮大类、培育发展类三类(图 2),城市群一直是我国城市区域建设的重点,且战略地位不断提高,尤其是全球产业链重塑,使得城市群建设更加重要。经过多年实践,城市群已经成长为承载我国经济社会发展的主要空间单元,根据统计,1998—2020 年,中国 19 个主要城市群人口占全国总人口比重从 62.4% 上升到 78.8%,GDP 总量占比常年高于 85%[2],说明城市群是我国当前人口、经济高度集聚的空间载体,发挥着全国高质量发展动力源、经济建设核心载体的关键作用。

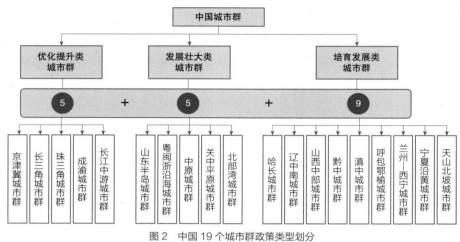

图 2　中国 19 个城市群政策类型划分

资料来源：笔者自绘

1.2.2　城市群是我国参与国际竞争的重要空间载体

国际城市群建设经验证明了城市群已经成为国际竞争的关键空间载体，美国东北部大西洋沿岸城市群、日本太平洋沿岸城市群、英国伦敦城市群等世界级城市群凭借联系紧密的产业体系、完善的基础设施网络汇集了全球顶尖人才、资本等要素资源集聚，在全球竞争中占据主导地位，印证了城市群已然成为各国参与国际竞争的空间单元。我国高度重视城市群建设，旨在打造参与国际竞争的空间单元。经过多年的建设实践，长三角、大湾区、京津冀等城市群已经在国际竞争中获得较大的竞争优势，但当前国际国内形势剧烈变化，我国正处于"十五五"规划开篇布局的关键阶段，区域一体化建设仍将是城市群建设的重点，多数城市群的综合实力也有待提升。

1.3　都市圈发展旨在推动形成城市区域一体化发展新格局

国家实施都市圈发展战略，是顺应全球城市区域化趋势与国内城镇化战略需求的重要决策。2019 年前，我国以城市群建设为重点，实际实施过程中部分城市群出现"空心化"现象，证明了城市区域一体化发展不可越过都市圈建设阶段，基于此，国家发展和改革委员会 2019 年发布《关于培育发展现代化都市圈的指导意见》，将都市圈纳入城镇化空间组织形态，目前各都市圈建设实践也进一步证明了都市圈是城市区域一体化发展的关键地域。

1.3.1　都市圈是中国城镇化的新型空间形态

全球城市化建设过程表明，都市圈是城市区域化发展的重要阶段。从中心城→都市区→都市圈（或大都市区）→城市群，是城市化发展时空演进的普遍规律，且多数城市已由单个城市独立发展向中心城区带动区域发展转向，纽约都市圈、东京都市圈等成熟性都市圈通过核心城市带动周边城镇协同发展，形成具有紧密功能联系的空间发展单元，实现了协同效应的最大化，进一步证明了都市圈建设是城市区域发展的必经阶段，也是深入推进城镇化发展的关键支撑。

大城市区域化背景下，都市圈成为中国城镇空间组织新形态。现阶段我国多数大城市已从中心城、都市区发展向都市圈（或大都市区）发展阶段转化。根据统计，2022年，中国34个1000万人以上都市圈常住人口合计占比63.2%，经济总量占比77.1%[3]，人口和经济持续向都市圈集聚态势显著，都市圈发展将成为共同趋势，预计中国未来以37个特大城市和省会城市为核心，将形成35个都市圈，其中苏州纳入上海都市圈，东莞纳入深圳都市圈，且在多个区域将形成都市圈连绵区（表1）。可见，随着城市区域化的纵深发展，城市功能及空间联系向市域外扩散，都市圈将成为承载我国人口和经济的主要空间载体。

中国潜在都市圈类型划分   表1

特征类别		国内潜在都市圈			
		超高规模型	高规模型	中等规模型	
人口	现状规模	4000万人级	2000万人级	1000万人级	500万人级
	现状圈层	核心20—30千米内，外围中心50—90千米多点出现		核心10—20千米内，外围中心50—90千米多点出现	
建设用地	现状规模	5000平方千米级	2000—3000平方千米级	500—1000平方千米级	
	现状圈层	核心30—50千米内，外围中心50—90千米	核心30千米内，外围中心50—90千米	核心10—20千米内，外围中心贴近核心或50—90千米	
包含都市圈		北京、上海（苏州）、天津、广州、深圳（东莞）	杭州、郑州、厦门、武汉、南京、成都、西安、长沙、合肥、重庆	海口、贵阳、兰州、南宁、昆明、南昌、沈阳、长春、福州、哈尔滨、济南、石家庄、宁波、青岛、太原	呼和浩特、银川、乌鲁木齐、西宁、大连

资料来源：根据郑加伟、黄亚平研究成果整理

1.3.2 都市圈是城市区域一体化发展的关键地域

都市圈是我国推进城市区域一体化发展的关键空间范畴。我国自2014年《国家新型城镇化规划（2014—2020年）》首次提出"培育形成通勤高效、一体发展的都市圈"，到2022年党的二十大报告提出"以城市群、都市圈为依托构建大中小城市协调发展格局"，都市圈被国家赋予了核心城市辐射带动区域发展的重大使命，都市圈作为城市群高质量发展的战略支撑地位进一步明确[4]，都市圈成为介

于都市区和城市群间推动城市区域一体化发展的关键地域，发挥着"以圈鼎群"的承上启下作用。近年来，都市圈建设实践有力支撑了城市区域一体化发展，使得都市圈建设在我国城市区域建设中的战略地位得到验证，一是形成一体化发展格局，打破行政边界，促进了资源要素自由流动；二是提升新型城镇化质量，引导人口和产业由核心城市向外围有序疏解，缓解了大城市病；三是培育经济发展新动能，明确区域产业功能定位，完善交通互联互通体系，保障了产业协同发展；四是改善民生福祉，推进公共服务共建共享，提升了居民生活品质。2019 年以来，国家发展和改革委员会已陆续批复南京、福州等 17 个都市圈发展规划（表 2）。

2019 年后国家发展和改革委员会批复的 17 个都市圈发展规划　　表 2

序号	都市圈	批复日期	空间范围（万平方千米）
1	南京都市圈	2021 年 2 月	2.70
2	福州都市圈	2021 年 6 月	2.60
3	成都都市圈	2021 年 11 月	2.64
4	西安都市圈	2022 年 2 月	2.06
5	长株潭都市圈	2022 年 2 月	1.89
6	重庆都市圈	2022 年 6 月	3.50
7	武汉都市圈	2022 年 12 月	2.53
8	沈阳都市圈	2023 年 4 月	—
9	杭州都市圈	2023 年 8 月	—
10	青岛都市圈	2023 年 10 月	2.15
11	深圳都市圈	2023 年 10 月	1.60
12	广州都市圈	2023 年 10 月	—
13	郑州都市圈	2023 年 10 月	—
14	合肥都市圈	2024 年 2 月	—
15	济南都市圈	2024 年 3 月	2.23
16	厦漳泉都市圈	2024 年 6 月	2.03
17	石家庄都市圈	2025 年 3 月	1.65

资料来源：笔者整理

2　城市区域发展规划的基本思路

2.1　城市区域"由低到高"的一体化逻辑

在区域发展战略持续深化的背景下，中国区域发展战略实现系统性升级，从京津冀协同发展到粤港澳合作发展，最终迈向长三角一体化发展。三大国家战略分别承载不同历史使命，通过差异化实践为国家治理现代化提供多维度样本，推动区域协调发展。

2.1.1　京津冀"协同"发展

2015 年 4 月 30 日，中共中央政治局审议通过《京津冀协同发展规划纲要》，明确以首都为核心建设世界级城市群。京津冀协同发展以疏解北京非首都功能为核心任务，通过顶层设计推动区域功能重组与空间秩序重塑，空间布局上依托"一核双城三轴"网络化格局，引导资源从高密度核心城区向津冀扩散。交通一体化、生态环境保护、产业升级转移是三大重点领域。改革的重点一是推动要素市场一体化改革，二是构建协同发展的体制机制，三是加快公共服务一体化改革。京津冀协同发展的关键举措：①通过空间格局重构重塑发展格局，北京首都圈以中心城区为主体，通过北京城市副中心 + 河北雄安新区共同形成"一体两翼"空间发展格局，河北以"雄安新区 + 张北新区"两翼格局带动冀北区域空间发展；②通过"巨型项目"推动首都都市圈跨区域合作的持续深化，通过"制度驱动"促进首都都市圈跨区域合作的制度形成。

2.1.2　粤港澳大湾区"合作"发展

2019 年 2 月，中共中央、国务院审议通过《粤港澳大湾区发展规划纲要》，以深化粤港澳互利合作、构建共赢机制为核心，推动区域经济协同发展，为港澳长远发展注入新动能。粤港澳大湾区立足"一国两制三关税区"特殊性，以规则衔接为核心，推动要素跨境流动与产业生态共建。合作发展的核心是市场驱动的规则融合共生，规划谋划了共建粤港澳合作发展九大平台，但三地法律与标准差异仍需深度磨合。

2.1.3　长三角"一体化"发展

2019 年 12 月，中共中央、国务院发布《长江三角洲区域一体化发展规划纲要》，明确新时代长三角紧扣"一体化"和"高质量"两大核心，构建对标国际最高规则的新型区域协同模式。通过改革创新，推动长三角一体化向国际最高发展水平跃升，形成引领全球的制度型开放标杆。高质量发展聚焦城市竞合关系重构，从"长各长、短各短"转向战略拉长板、整合补短板。发展导向由规模扩张转向打造全球超级市场，改革重心从产品市场深化至要素市场一体化，全面激活土地、资本、技术等要素跨域流动，重塑区域经济治理体系。

2.2　城市区域发展规划的共性特征

2.2.1　目标导向性

城市区域发展规划的核心目标在于支撑和服务中国式现代化进程，通过优化空间布局与资源配置，重点解决区域发展不平衡问题，引领区域一体化高质量发展。城市区域发展规划具有强烈的目标导向性，坚持省际共商、生态共治、全域共建、发展共享，增强区域交通互联性、政策统一性、规则一致性、执行协同性，稳步推进生态共同体和利益共同体建设，促进区域协调发展。

2.2.2　领域一致性

城市区域发展规划重点围绕"都市圈格局、科技创新、产业协作、基础设施、生态保护、公共服务、开放合作、体制机制"八大核心领域构建统一框架，规划领域具有一致性。合作发展平台仅粤港澳大湾区和长江三角洲单列，城乡融合发展由成渝地区、南京先行探索，统一市场建设以南京为试点。同时鼓励地方增设特色章节，如粤港澳"合作发展平台"、长三角"示范区建设"等。"统一框架＋特色模块"的规划体系既确保了国家战略的刚性落实，又为地方差异化创新预留了弹性空间。

2.2.3　内容板块化

我国已发布的各区域规划均采用相似的内容框架，呈现鲜明的板块化特征。规划内容一般均包括都市圈一体化发展格局、科技协同创新、产业分工协作、基础设施互联互通、生态环境共保联治、公共服务共建共享、共推开放合作、体制机制共同创新（表3）。

城市区域（城市群＆都市圈）发展规划的共性内容　　表3

城市区域	章节内容								
	1 一体化发展格局	2 科技协同创新	3 产业分工协作	4 基础设施互联互通	5 生态环境共保联治	6 公共服务共建共享	7 共推开放合作	8 体制机制共同创新	9 其他特色章节
粤港澳大湾区发展规划纲要	空间布局	建设国际科技创新中心	构建具有国际竞争力的现代产业体系	加快基础设施互联互通	推进生态文明建设	建设宜居宜业宜游的优质生活圈	（1）紧密合作共同参与"一带一路"建设（2）共建粤港澳合作发展平台	（1）创新一体化发展体制机制（2）推进规划实施	共建粤港澳合作发展平台
长江三角洲区域一体化发展规划纲要	推动形成区域协调发展新格局	—	加强协同创新产业体系建设	提升基础设施互联互通水平	强化生态环境共保联治	加快公共服务便利共享	推进更高水平协同开放	推进规划实施	（1）高水平建设长三角生态绿色一体化发展示范区（2）高标准建设上海自由贸易试验区新片区
成渝地区双城经济圈建设规划纲要	构建双城经济圈发展新格局	共建具有全国影响力的科技创新中心	协同建设现代化产业体系	合力建设现代化基础设施网络	共筑长江上游生态屏障	强化公共服务共建共享	联手打造内陆改革开放高地	推进规划实施	（1）打造富有巴蜀特色的国际消费目的地（2）共同推进城乡融合发展

续表

城市区域	章节内容								
	1	2	3	4	5	6	7	8	9
	一体化发展格局	科技协同创新	产业分工协作	基础设施互联互通	生态环境共保联治	公共服务共建共享	共推开放合作	体制机制共同创新	其他特色章节
南京都市圈发展规划	总体要求	促进都市圈协同创新	促进城市间产业分工协作	提升基础设施互联互通水平	强化生态环境共保联治	推进公共服务便利共享	促进更高水平开放合作	（1）健全都市圈同城化发展体制机制（2）规划实施	（1）加快建设统一市场（2）率先实现城乡融合发展
福州都市圈发展规划	共筑都市圈一体化发展新格局	—	共建创新驱动、区域协同的现代产业体系	（1）共建综合交通体系（2）共建安全韧性基础设施网络	共营绿色美丽、协同治理的生态环境	共建同城共享、幸福健康的优质生活圈	深度融入共建"一带一路"	共建区域一体、合作协商的体制机制	—
成都都市圈发展规划	优化都市圈发展布局	协同提升创新驱动发展水平	共建现代高端产业集聚区	加速推进基础设施同城同网	推进生态环境共保共治	促进公共服务便利共享	提升开放合作水平	（1）深化体制机制改革（2）保障措施	—
西安都市圈发展规划	优化都市圈发展空间格局	构建高效协同创新生态圈	促进都市圈产业分工协作	加快基础设施互联互通	推进生态共建环境共治	推动公共服务共建共享	协同推动更高水平改革开放	（1）创新一体化发展体制机制（2）推进规划实施	（1）共同推动文化传承发展（2）共同推进城乡深度融合发展
长株潭都市圈发展规划	一体化优化都市圈发展布局	一体化打造科技创新产业体系	一体化打造科技创新产业体系	一体化推动基础设施互联互通	一体化推动生态环境共保共治	一体化推动公共服务共建共享	—	推进规划实施	一体化推进高标准市场体系建设
重庆都市圈发展规划	优化重庆都市圈发展布局	协同提升科技创新水平	协同建设现代产业体系	加快构建现代基础设施网络	共筑长江上游生态屏障	促进公共服务共建共享	提升开放合作水平	（1）深化体制机制改革（2）推动规划有效实施	打造富有巴渝特色的消费目的地
武汉都市圈发展规划	构建同城化发展空间格局	共创全国科技创新重要策源地	共促现代产业协同发展	共建便捷智慧基础设施网络	共保共治生态环境	共享高品质宜居生活圈	共育统一要素市场	保障措施	—

资料来源：笔者根据相关规划整理

2.3　城市区域发展规划的关键内容

2.3.1　注重共筑一体化的总体格局

注重共筑一体化的总体格局，是城市区域发展的核心路径，旨在破解各自为政的碎片化弊端，释放协同潜能。一体化总体格局的关键在于以系统思维统筹空间、功能、交通与生态，空间上构建多中心、网络化城镇体系，促进大中小城市协同发展；功能上推动产城融合与优势互补的产业集群，并统筹公共服务设施布局，打造便捷生活圈；交通上建设高效衔接的立体网络，依托骨干通道保障人流、物流、信息流高效畅通；生态上重点保护修复山水林田湖草，构建全域贯通的蓝绿空间网络。通过跨层级深度协作与制度创新，构建权责清晰的治理共同体，将一体化蓝图转化为高质量发展的坚实载体。

2.3.2　注重"分区域分层级"差异化推进一体化

以《长江三角洲区域一体化发展规划纲要》为例，规划中强调"一极三区一高地"战略定位，分区域提出要按照以点带面、依次推进的原则和由小到大的范围，以新片区拓展功能、示范区先行探索、中心区率先复制、全域集成推进作为一体化发展的空间布局，更加有效地推进一体化发展。

全域层面强调区域联动，提升上海城市能级和核心竞争力，强化分工合作、错位发展，提升区域发展整体水平和效率，推动长三角中心区一体化发展，带动长三角其他地区加快发展。都市圈层面强调以基础设施一体化和公共服务一卡通为着力点推动一体化发展，加快南京、杭州、合肥、苏锡常、宁波都市圈建设，加强都市圈间合作互动。市域层面强调促进城乡融合发展，提高城乡基础设施联通水平，推动城乡公共服务一体化，全面推进人的城镇化，提升乡村发展品质。跨界区域层面强调推行共建共享，推动省际毗邻区域协同发展，共建省际产业合作园区，联合推动跨界生态文化旅游发展。

2.3.3　注重"分领域分要素"有序推进一体化

以《长江三角洲区域一体化发展规划纲要》为例，规划立足全方位融入、全领域融合、全区域融通，围绕产业体系、基础设施、生态环境、公共服务、对外合作、体制机制六大领域部署一体化任务。从分领域看，按照分类指导的原则，对跨省重大基础设施建设、环境保护、区域协同创新等领域明确提出加快一体化发展的要求（表4）。对营商环境创建、市场联动监管、公共服务等领域重点建立健全相关体制机制，逐步提高一体化发展水平。对尚不具备条件的领域，注重融合、协调，不断缩小发展差距，提出一体化发展方向。

从分要素看，按照分层对接的原则，构建"科创+产业"创新体系，强化制造业升级与产业链创新链融合；基础设施建设聚焦轨道交通网络、世界级机场群及数字长三角布局，统筹能源水利设施联通；生态环境实施长江、太湖等重点流域共保联治，完善跨界污染联防与生态补偿机制；公共服务推动教育医疗资源共享，共建文化旅游高地与社会治理协同体系；对外合作以"一带一路"为引领，依托进博会、虹桥枢纽等平台深化国际协作，优化营商环境；体制机制创新着力破除行政壁垒，推进要素市场一体化，建立统一开放的人力资源、土地及产权交易市场，健全成本共担与利益共享机制，为全域一体化提供制度保障，形成可复制的区域协同发展范式。

《长江三角洲区域一体化发展规划纲要》六大领域　　　　表 4

主要领域	领域目标	具体内容
产业体系	协同创新	走"科创+产业"道路
		构建区域创新共同体
		加强产业分工协作
		推动产业与创新深度融合
基础设施	互联互通	提升基础设施互联互通水平
		协同建设一体化综合交通体系
		共同打造数字长三角
		协同推进跨区域能源基础设施建设
		加强省际重大水利工程建设
生态环境	共保联治	强化生态环境共保联治
		共同加强生态保护
		推进环境协同防治
		推动生态环境协同监管
公共服务	便利共享	加快公共服务便利共享
		推进公共服务标准化便利化
		共享高品质教育医疗资源
		推动文化旅游合作发展
		共建公平包容的社会环境
对外合作	协同开放	以"一带一路"建设为统领
		协同推进对外开放
		共建高水平开放平台
		协同推进开放合作
		合力打造国际一流营商环境
体制机制	共同创新	创新一体化发展体制机制
		建立规则统一的制度体系
		促进要素市场一体化
		完善多层次多领域合作机制

资料来源：笔者根据《长江三角洲区域一体化发展规划纲要》整理

2.3.4　注重一体化"示范区"的引领带动作用

建设长三角生态绿色一体化发展示范区，是实施长三角一体化发展战略的先手棋和突破口。将长三角生态绿色一体化发展示范区建设成为更高质量一体化发展的标杆，有利于集中彰显长三角地区践行新发展理念、推动高质量发展的政策制度与方式创新，率先实现质量变革、效率变革、动力变革，更好引领长江经济带发展，对全国的高质量发展也能发挥示范引领作用。建设示范区，核心在于一体化制度创新。上海协同浙江、江苏两省共同编制示范区国土空间总体规划，首次实现跨省级不同行政区"一张蓝图管全域"的制度创新目标。《长三角生态绿色一体化发展示范区先行启动区产业项目准入标准（试行）》在全国首次推行全国首个跨省统一产业准入标准，作为长三角生态绿色一体化发展示范区探索一体化制度创新的最新成果之一，涵盖产业契合度、环境友好度、创新浓度、经济密度四大维度，配套制定投资目录与产业指导目录，形成"1+3"示范体系。

2.3.5　注重推进有条件地区同城化发展

2006 年深圳市政府发布的《深圳 2030 城市发展策略》中提到"加强与香港在高端制造业、现代服务业以及其他领域的合作，与香港形成'同城化'发展态势"，同城化首次作为一种城市区域发展战略正式出现在政府规划文件中。在大城市区域化与区域一体化的发展进程中，由于都市圈内城市个体之间的行政分割和地方保护主义限制，城市间产生资源优化与经济融合的博弈。以撤县（市）设区为主的传统行政区划调整手段，大城市愈发需要跨界协作之路。为解决城市发展问题，进一步提高区域整体竞争力与打造区域增长极，众多大城市地区相继提出同城化发展战略。我国目前具有一定影响力的大城市地区同城化发展案例共有21 个，均位于相应都市圈内（表 5）。虽然相继出现九江—黄梅这类中小城市同城化，但是区域一体化发展尚在起步阶段的中小城市，更多体现为地方政府合作发展策略。

国内大城市地区同城化发展战略一览表　　　表 5

城市群	都市圈	同城化	市（州）、县（区）
辽中南城市群	沈阳都市圈	沈抚	沈阳市、抚顺市
山东半岛城市群	济南都市圈	济莱	济南市、莱芜县（区）
长江三角洲城市群	南京都市圈	宁镇扬	南京市、镇江市、扬州市
	合肥都市圈	合淮	合肥市、淮南市
海峡西岸城市群	厦门都市圈	厦漳泉	厦门市、漳州市、泉州市
粤港澳大湾区	广佛肇都市圈	广佛	广州市、佛山市

续表

城市群	都市圈	同城化	市（州）、县（区）
粤港澳大湾区	深莞惠都市圈	深港	深圳市、香港特区
		深惠	深圳市、惠州市
		深莞	深圳市、东莞市
	珠中江都市圈	珠澳	珠海市、澳门特区
粤东城市群	汕潮揭都市圈	汕潮揭	汕头市、潮州市、揭阳市
晋中城市群	太原都市圈	太晋	太原市、晋中市
中原城市群	郑州都市圈	郑汴	郑州市、开封市
长江中游城市群	武汉城市圈	武鄂	武汉市、鄂州市
	长沙都市圈	长株潭	长沙市、株洲市、湘潭市
	南昌都市圈	昌九	南昌市、九江市
天山北坡城市群	乌鲁木齐都市圈	乌昌	乌鲁木齐市、昌吉州
兰西城市群	兰州都市圈	兰白	兰州市、白银市
关中城市群	西安都市圈	西咸	西安市、咸阳市
成渝城市群	成都都市圈	成德	成都市、德阳市
北部湾城市群	南宁都市圈	南北钦防	南宁市、北海市、钦州市、防城港市

资料来源：笔者根据相关资料整理

3　城市区域国土空间规划的实践探索

3.1　多尺度区域性国土空间规划

国土空间规划改革以来，已开始了多尺度的区域性国土空间规划的探索，涵盖流域国土空间规划、城市群国土空间规划和都市圈国土空间规划三大类型。然而，在实际操作中，流域和城市群规划由于其宏大尺度，在空间实操层面的落地性较弱。相较而言，都市圈国土空间规划作为实体地域空间协同发展的主要依据，在解决具体问题和推动协同发展方面更具实操性（表6）。

3.2　流域国土空间规划

流域国土空间规划是全国国土空间专项规划的重要类型。目前，国务院已批复的流域国土空间规划包括2024年2月的《长江经济带—长江流域国土空间规划（2021—2035年）》和2025年4月的《黄河流域国土空间规划（2021—2035年）》。这类规划以跨省域大流域为对象，聚焦全流域国土空间的系统性保护与开发。

流域国土空间规划以解决跨省域宏观矛盾为导向，聚焦全流域系统性治理难题。以《长江经济带—长江流域国土空间规划（2021—2035年）》为例，其识

三种尺度类型区域性国土空间规划（部分）　　表6

类型	规划名称	时间	覆盖范围	核心内容
流域国土空间规划	长江经济带—长江流域国土空间规划（2021—2035年）	2024年2月，批复	19省（沪苏浙皖赣鄂湘渝川黔滇＋闽豫粤桂藏陕甘青），面积240万平方千米	全流域"三区三线"统筹，生态屏障（横断山区水源保护）、岸线集约利用、文化遗产保护
城市群国土空间规划	成渝地区双城经济圈国土空间规划（2021—2035年）	2023年5月，征求意见稿	四川、重庆全域	"二中心二地"定位，毗邻区协同（川东北—渝东北生态共保、川南—渝西产业联盟），破解高端产业与交通制约
	长株潭城市群国土空间规划（2020—2035年）	2020年9月，未发布	长沙、株洲、湘潭及岳阳、常德等8市，面积9.69万平方千米	"一极两区"战略（增长极、一体化示范区），绿心示范区建设，都市圈同城化（1.56万平方千米）
	黔中城市群空间发展战略研究	2022年	贵州省贵阳、遵义、毕节、都匀、凯里等	"两圈两群四轴"格局，统筹生态（赤水河、乌江）、农业与城镇空间，强调内生资源开发与多维开放
都市圈国土空间规划	大南昌都市圈国土空间规划（2019—2035年）	2019年启动，2020年4月，征求意见稿	南昌、九江、抚州等，面积4.69万平方千米	构建"一核两带一廊两区"，推动昌九抚一体化，强化生态保护（长江岸线、鄱阳湖），补齐交通短板
	上海大都市圈空间协同规划	2022年9月，公开发布	上海＋苏州、无锡、常州、南通、宁波、嘉兴、舟山、湖州，面积5.4万平方千米	"1+8"全球城市区域，8大系统行动（交通、生态等），5大板块协同（环太湖、杭州湾等）
	长株潭都市圈国土空间规划（2021—2035年）	2023年12月	长沙市、湘潭市、株洲市部分，面积1.89万平方千米	"一地一极两区"的总体定位、共筑一体化格局，综合交通、公共与基础设施、产业布局、湖湘文化、生态绿色融城示范
	武汉都市圈国土空间规划（2021—2035年）	2022年9月，未发布	武汉市、鄂州市、黄冈市、黄石市、咸宁市、孝感市、潜江市、天门市、仙桃市，面积5.25万平方千米	迈向"全球城市区域"的目标定位，空间战略强化"弥合式"空间格局重塑，功能布局突出"连通性"要素配置，系统支撑聚焦"同城化"战略地区，重点合作平台建立"常态化"空间协同机制和政策清单
	成都都市圈国土空间规划（2021—2035年）	2024年11月，批复	成都、德阳、眉山、资阳四市组成	构建"三区两山，三轴三带"的国土空间总体格局，形成"极核引领、轴带串联、多点支撑"的网络化空间发展模式

资料来源：笔者自绘

别的突出问题包括资源利用矛盾突出、生态环境形势依然严峻、区域发展不平衡不协调、文化特色彰显不足、开发保护机制尚不健全等。针对上述问题，规划以"三区三线"为核心工具，统筹全流域生态、农业、城镇空间。例如，通过生态保护红线、永久基本农田等刚性约束筑牢底线。同时，依托国家级工程推动协同，强化交通与水资源统筹，并借助约束性指标与逐级传导规划目标任务等强化省际协商合作。

　　流域国土空间规划的规划特征体现为战略性与底线约束性：以国家战略为导向，规划需经国务院批复，侧重宏观框架构建（如长江经济带"一轴两翼三极多点"格局）；将生态保护置于首位，通过量化指标（如生态保护红线、岸线保护范围等）形成不可突破的空间底线，确保流域生态安全与区域协调发展（图3~图5）。

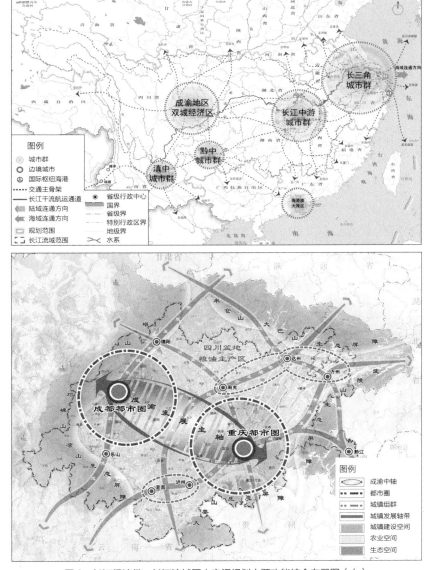

图3　长江经济带—长江流域国土空间规划主题功能综合布局图（上）、
成渝地区双城经济圈空间结构图（下）

资料来源：长江经济带—长江流域国土空间规划（2021—2035年），自然资源部；
成渝地区双城经济圈国土空间规划（2021—2035年），重庆市规划和自然资源局

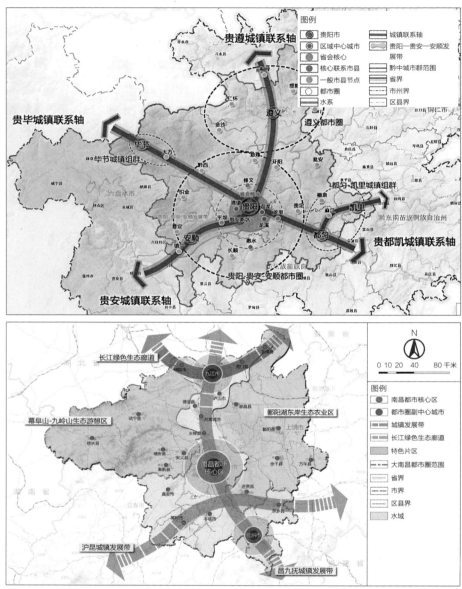

图 4　黔中城市群规划架构图（上）、大南昌都市圈国土空间开发保护总体格局图（下）
资料来源：黔中城市群空间发展战略研究，2021，中国城市规划设计研究院；
大南昌都市圈国土空间规划（2019—2035 年），中国城市规划设计研究院

3.3　城市群国土空间规划

城市群国土空间规划在尺度上介于流域和都市圈之间。目前已获国务院批复的为 2025 年 1 月的《京津冀国土空间规划（2021—2035 年）》；四川、重庆完成《成渝地区双城经济圈国土空间规划（2021—2035 年）》编制；《长三角国土空间规划（征求意见稿）》编制形成。除此以外，各地方也有自己的城市群国土空间规

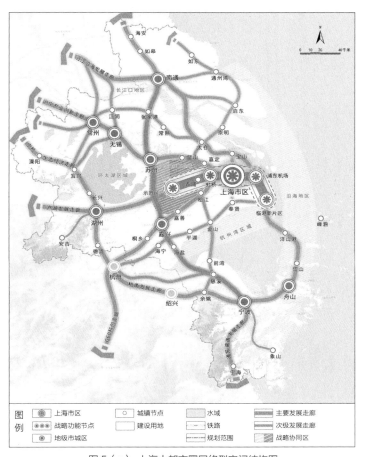

图 5（a）　上海大都市圈网络型空间结构图

资料来源：上海大都市圈空间协同规划，2022，上海市规划和自然资源局

划实践，如《长株潭城市群国土空间规划（2020—2035 年）》《黔中城市群空间发展战略研究》等。

　　城市群国土空间规划以破解跨市区域协同壁垒为核心目标，聚焦现状城市间联动不足的矛盾。具体表现为：一是空间结构松散，如长株潭城市群中岳阳、常德等边缘城市与长沙、株洲、湘潭核心三市的产业协作薄弱，黔中城市群贵阳与毕节、都匀之间交通互联与经济联动滞后；二是产业与交通同质化突出，相邻城市主导产业重叠，跨省交通"断头路"问题显著；三是跨市生态治理碎片化，例如长株潭绿心示范区因缺乏统一管控，生态空间面临低效开发与蚕食风险。针对上述问题，规划通过多中心网络化布局推动区域协同发展。以长株潭城市群为例，其"一极两区"战略明确长沙侧重创新研发、株洲与湘潭聚焦制造转化，形成核心城市与卫星城功能互补的格局；成渝城市群则构建"一轴多廊、两圈三区、多中心、多功能的网络型世界级城市群"总体空间格局，并设立"毗邻地区空间指

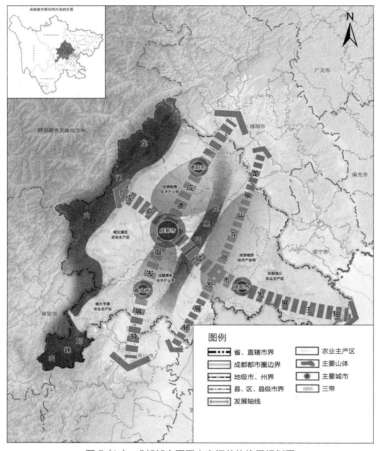

图 5（b）　成都都市圈国土空间总体格局规划图
资料来源：成都都市圈国土空间规划（2021—2035 年），成都市规划和自然资源局

引"专章，针对省际交界区域，提出空间协同的具体路径。此类规划通过功能分工与跨市机制创新，在 3—5 个相邻市尺度上实现资源整合与协同发展，既承接流域规划的宏观要求，又为都市圈细化空间布局提供框架，兼具区域功能整合与政策试验价值。

3.4　都市圈国土空间规划

目前，全国范围内仅有《成都都市圈国土空间规划（2021—2035 年）》获官方批复。相关信息显示各省均已启动本地都市圈国土空间规划的研究与编制工作，但除成都外，其余暂未进入批复阶段。

都市圈是实体地域空间协同的核心载体。都市圈国土空间规划以解决同城化落地瓶颈为核心，直面基层空间治理痛点。当前问题包括核心城市与周边城镇规划衔接不足、土地利用效率失衡（核心区开发强度过高，卫星城土地粗放利用）、民生服务落差显著及产业同质化竞争等。规划通过精准化治理与项目落地破解矛盾,例如成都都市圈基于"双评价"识别成资交界农用地低效利用问题,提出"土地综合整治 + 农旅融合示范区"方案;上海大都市圈划定"环太湖城镇圈",联合治理蓝藻污染并共建文旅线路。在设施协同方面,加密成都 S11 线等市域铁路,推动华西医院在德阳、眉山设立分院,实现"交通同网、医疗同轨";通过严控开发边界、盘活存量用地,提升土地集约利用水平。

其特征体现为实操性与民生导向性:聚焦核心城市周边 50—100 千米,将规划内容细化至镇街层级,以轨道交通、公共服务跨市布局等具体项目回应居民通勤、就医等需求;注重弹性预留,如成都都市圈划定"弹性发展区"应对产业升级,体现对人口流动与经济变化的动态适应。

4 结论:城市区域(都市圈)发展规划与国土空间规划的联系与差异

4.1 都市圈国土空间规划编制重点

2023 年 12 月,《都市圈国土空间规划编制规程》发布,明确都市圈国土空间规划编制重点为:明确都市圈共同的目标愿景、构建多系统要素空间协同的框架、提出不同空间层次的协同重点以及构建完善的协同保障机制。

都市圈系统协同主要涉及底线空间管控和专项空间协同两大维度:底线空间管控核心是聚焦结构、红线等要素的管控;专项空间协同核心是聚焦都市圈重大要素系统的协同(综合交通网络、区域市政基础设施、区域公共服务、区域文旅融合发展、区域重大安全体系等)。都市圈不同层次的空间协同,一是应共同构建契合当地实际的"多中心、网络化、开放式、集约型"的区域空间结构,二是都市圈不同空间尺度、分层次跨界协同引导(表 7、表 8)。

《都市圈国土空间规划编制规程》与典型"发展规划"目录对比   表 7

《都市圈国土空间规划编制规程》目录	典型"发展规划"目录
前言、引言	前言
1 范围	1 规划背景
2 规范性引用文件	2 总体要求
3 术语和定义	3 发展目标(目标及指标体系)
4 总则(规划定位、原则、期限与范围)	4 空间格局优化
5 规划编制要点	5 基础设施
5.1 范围识别	6 产业协同

续表

《都市圈国土空间规划编制规程》目录	典型"发展规划"目录
5.2 现状特征与问题分析	7 生态环境
5.3 统筹底线管控	8 公共服务
5.4 专项空间布局协同	9 开放合作
5.5 重点空间指引	10 文化发展（历史文化保护、文旅融合）
5.6 规划实施保障	11 实施保障（政策、机制、资金等）
6 成果要求	附则（生效时间、解释权）
7 编制组织与工作流程	—
附录（规划指标体系、成果示例）	—

资料来源：《都市圈国土空间规划编制规程》与各都市圈发展规划

成都都市圈发展规划与国土空间规划多维度对比　　表 8

对比维度	《成都都市圈发展规划》目录 （侧重战略与行动）	《成都都市圈国土空间规划（2021— 2035 年）》目录（侧重空间与约束）
发展目标 / 战略定位	基础设施、产业创新协作、公共服务、绿色低碳等多维度目标	做优成渝地区双城经济圈重要极核和建设美丽宜居公园城市都市圈
核心章节	规划背景、总体要求、优化布局、基础设施、创新驱动、产业协作、开放合作、公共服务、生态共保、体制机制、保障措施	现状分析、指导思想、空间格局、农业安全、生态屏障、城镇空间、安全韧性、市政设施、区域协同、实施保障
空间布局	提出"两轴三带"产业布局（成德临港、成眉高新、成资临空产业带）	划定"三区两山、三轴三带"国土空间格局（农业、生态、城镇空间分区；龙泉山—龙门山生态骨架；成渝主轴等发展轴）
基础设施	轨道交通"一小时通勤圈"、消除城际"断头路"、国际航空枢纽功能提升	构建"轨道 + 高速 + 航运"立体网络、布局"2+7+N"铁路枢纽、建设"1+5+N"物流基地
产业协作	电子信息、装备制造等产业集群建设，强调"研发 + 制造 + 服务"产业链分工	划定产业园区边界（如成都经开区、德阳装备制造园）、优化工业用地布局（亩均投资 ≥ 500 万元）
生态保护	跨界水体治理（沱江、岷江）、PM2.5 与碳排放控制	划定大熊猫国家公园、龙门山生态屏障，实施山水林田湖草系统修复工程
实施机制	建立成德眉资同城化办公室、跨市项目联合审批机制	对 4 市协同开展国土空间活动的指引；强化组织协调、完善规划编制和审批协同机制等

资料来源：《成都都市圈发展规划》《成都都市圈国土空间规划（2021—2035 年）》

4.2　城市区域（都市圈）发展规划与国土空间规划的联系

4.2.1　发展规划的"战略引领"与空间规划的"落地支撑"强关联

城市区域发展规划是空间规划内容范畴的主要依据。如都市圈发展规划从国家及区域战略出发，明确都市圈的功能定位、发展目标及重点任务（如成都都市圈定位为"成渝地区双城经济圈重要极核"），为空间资源配置提供方向指引。例如，发展规划提出"共建现代高端产业集聚区""提升国际门户枢纽能级"等目标，直接决定了国土空间规划中产业用地布局、交通廊道选址等内容。国土空间规划则通过划定"三区三线"、优化空间结构等技术手段，将发展规划的战略目标落地为可操作的空间方案，如成都都市圈为成都天府国际机场、成德临港经济产业带等重大项目预留建设用地，确保发展规划的空间需求得到精准保障。

4.2.2　全域统筹协调的共同逻辑

两者均以城市区域全域为对象，打破行政壁垒，强调跨区域协同。如成都都市圈发展规划通过"成德眉资同城化综合试验区""交界地带融合发展试点"等机制，统筹产业分工、公共服务共享及生态共治（如推动教育医疗资源跨市配置、岷江流域污染联防联控）；国土空间规划则以"三区两山、三轴三带"的全域空间格局，统筹农业空间、生态空间与城镇空间的协同发展，例如在龙泉山区域划定生态核心保护区，同时允许生态游憩区适度开发，实现生态保护与经济发展的全域平衡。

4.2.3　规划重点领域的高度契合

两类规划在核心领域的目标与任务高度一致，形成"战略目标—空间落地"的闭环（表9）。

成都都市圈发展规划与国土空间规划重点领域对比　　　　　　表9

重点领域	成都都市圈发展规划	成都都市圈国土空间规划
总体格局	提出"极核引领、轴带串联、多点支撑"的网络化布局	构建"三区两山、三轴三带"的国土空间总体框架，明确城镇、农业、生态空间协同关系
科技创新与产业体系	打造西部（成都）科学城、共建电子信息/装备制造产业集群	划定成德眉高新技术产业带空间范围，保障科学城用地，推动"研发空间—转化空间"跨市衔接
基础设施与公共服务	推进市域（郊）铁路 S11/S5/S3线建设、打通城际"断头路"	预留轨道交通廊道、统筹跨市医疗教育设施布局（如支持三甲医院在德眉资设分院）
生态环保与开放合作	实施岷江/沱江流域污染联防联控、建设国际铁路港	划定生态保护红线、构建生物多样性保护网络，为开放平台（如成都国际铁路港）划定专用物流用地

资料来源：《成都都市圈发展规划》《成都都市圈国土空间规划（2021—2035年）》

4.3　城市区域（都市圈）发展规划与国土空间规划的差异

4.3.1　目标导向与问题导向：战略愿景与空间治理的路径分野

发展规划是目标导向型的战略框架。以"未来导向"设定发展蓝图，侧重方向性指引而非具体空间操作。例如：提出"建设西部科技创新中心"，但未细化科学城用地边界；规划"提升国际航空枢纽能级"，但需国土空间规划明确天府国际机场周边用地管控细则。

国土空间规划是问题导向型的治理工具。以"现实矛盾"为切入点，聚焦空间冲突解决。例如：武汉都市圈"弥合式"策略，识别、分析空间"链接"不足的问题，提出空间策略及对策，即关注落地实施性；成都国土空间规划通过识别成资交界地带"交通断点""产业协作空白区"，提出"打通成资大道、共建临空经济协同区"等具体空间对策，体现问题解决的落地性。

4.3.2　行政逻辑与技术逻辑：政策协同与经济地理规律的思维差异

发展规划是行政主导的政策协同体系。以行政层级为支撑，强调政策一致性与治理效率。例如：依托"省推进成德眉资同城化发展领导小组"推动政策跨市互认（如户籍准入年限累计互认、社保关系转移接续）；以省级财政统筹跨市基础设施建设（如成德市域铁路 S11 线由省级平台主导投资）。

国土空间规划是地理与经济规律主导的技术体系。以自然地理单元（如流域、山脉）和经济活动规律（如产业集聚、人口流动）为基础划定空间边界。例如：岷江流域生态治理以"上下游协同"为原则，跨成都、眉山划定污染联防联控区，而非按行政区划分割治理；成眉高新技术产业带以"四川天府新区成都片区—眉山片区"地理连片性为依据，突破成都与眉山的行政边界，形成"研发在成都、转化在眉山"的经济地理格局。

4.3.3　"自上而下"与"自下而上"：战略传导与基层响应的机制差异

发展规划是层级化的战略传导机制。遵循"国家战略—省级规划—区域落实"的垂直逻辑。例如：国家《成渝地区双城经济圈建设规划纲要》提出"支持成都建设践行新发展理念的公园城市示范区"，发展规划进一步细化为"构建公园城市形态与现代产业体系融合的空间布局"；省级"一干多支"战略要求"建强成都都市圈"，发展规划据此制定"成德眉资产业协作清单""年度同城化重点任务"。

国土空间规划是问题驱动的基层响应机制。通过"双评价"（资源环境承载力、国土空间开发适宜性）自下而上识别需求。例如：基层调研发现简阳—雁江交界地带存在"农用地低效利用、生态斑块破碎"问题，国土空间规划针对性提出"开展土地综合整治、建设成资毗邻地区农旅融合示范区"；基于德阳市旌阳区装备制造业集聚现状（基层经济特征），国土空间规划将其划定为"国家级城市化地区"，强化产业用地保障，而非仅依据其行政等级（地级市辖区）。

致谢：博士生郑加伟、张阳、王风雨、丁乙宸参与论文写作。

参考文献

[1] 习近平：高举中国特色社会主义伟大旗帜 为全面建设社会主义现代化国家而团结奋斗——在中国共产党第二十次全国代表大会上的报告 _ 滚动新闻 _ 中国政府网 [EB/OL]. [2025-06-03]. https://www.gov.cn/xinwen/2022-10/25/content_5721685.htm.

[2] 董昕，张朝辉，刘晓霖 . 中国城市群的发展测度：基于 19 个主要城市群 [J]. 区域经济评论，2024（2）：100-110.

[3] 任泽平 . 中国都市圈发展潜力排名：2023[EB/OL].（2023-10-24）[2025-06-02]. https://finance.sina.com.cn/cj/2023-10-24/doc-imzsckmc4129784.shtml.

[4] 方创琳 . 新发展格局下的中国城市群与都市圈建设 [J]. 经济地理，2021，41（4）：1-7.

张松，中国城市规划学会学术工作委员会委员，同济大学教授

张 松

城市空间治理的基本问题探讨

——以《欧洲城市宪章》为例

说起有关城市的宪章，CIAM 的《雅典宪章》（1933 年）和《马丘比丘宪章》（1977 年）大概是规划界最熟悉的国际文件了。随着近年来对城乡历史文化遗产保护关注度的不断提升，对于另一部《雅典宪章》（1931 年）和《威尼斯宪章》（1964 年），了解的人应该也是越来越多。

这里将要介绍的是由欧洲委员会（Council of Europe）欧洲地方和区域当局常设议会（CLRAE）于 1992 年 3 月通过的《城市权利欧洲宣言》和《欧洲城市宪章》（以下简称《宪章 I》）[1]；2008 年 5 月制定的《欧洲城市宪章 II：新城市宣言》（以下简称《宪章 II》）[2]；2023 年 5 月颁布的《欧洲城市宪章 III：转型时代的城市生活》（以下简称《宪章 III》）[3]，通过回顾三部宪章涉及的城市基本概念（Notion）和城市空间治理的主要政策，分析宪章的时代特征、内容构成、政策准则和管理观念，以期对我国健全城市规划体系，完善空间管控政策，从一个侧面提供技术性文本参考。

1 宪章的背景、宗旨及基本内容构成

1.1 城市宪章出现的背景

回顾历史，《欧洲城市宪章》是建立在欧洲委员会长期以来的城市政策相关工作的基础之上的，包括第二次世界大战后至 1970 年代有关城市保护的一系列宪章文件 [4]。城市宪章制定工作直接受到欧洲委员会于 1980 年至 1982 年组织的欧洲城市复兴运动（European Campaign for Urban Renaissance）的启发。

城市复兴运动关注的重点在于改善城市生活的一些关键方法，也就是说主

要关注点在城市发展的质量而不是数量方面。该运动的口号是"城市生活更美好"（A Better Life in Towns），法语和德语主题词都是宜居城市（Des Villes Pour Vivre，Städte zum Leben），相对而言含义更为简单明了。

"城市生活更美好"这个主题口号显然是为我们所熟悉的，2010 年上海世博会以"城市，让生活更美好"（Better City，Better Life）所表达的主题诉求，可以说是欧洲城市复兴运动主题向全球的延伸或者说是它的 2.0 版。

欧洲城市复兴运动主要集中在城市物质环境改善、现有住房存量的康复、在城镇创造社会和文化机会、社区发展和公众参与 4 个主要领域。1980 年代后半叶，欧洲委员会等机构组织了相当多的特别会议和专题研讨会；根据这些报告，编撰关于城市发展不同方面的建议和决议，这些建议和决议涉及城市发展的城镇卫生、工业城镇复兴、城市安全、历史城镇保护、城镇自助和社区发展等不同方面的政策，形成了制定城市宪章必要的背景材料积累。

虽说城市宪章只是没有公约地位的政策性文件，而且经过两次修订，但最初的《宪章Ⅰ》仍保留了其作为政策基准的地位，每隔 15 年左右根据时代需要，对宪章内容做了一定的补充和更新（表 1）。

三部《欧洲城市宪章》的内容构成　　　　　　　表 1

	《宪章Ⅰ》	《宪章Ⅱ》	《宪章Ⅲ》
名称	欧洲城市权利宣言、城市宪章	新城市宣言	转型时代的城市生活
颁布时间	1992 年 3 月	2008 年 5 月	2023 年 5 月
内容构成	13 章 13 个主题，69 条准则	7 章 85 条	4 章 76 条
核心主题	欧洲城镇公民的权利	新的城市形式	实现更好、更可持续的城市治理和共同生活
关注的主要领域	交通和机动性；城镇环境与自然；城市物质形态；城市建筑遗产；住房；城市安全和预防犯罪；城镇的弱势群体和残障人士等	新城市前景；城镇居民作为公民的权力；可持续城市和城镇；有凝聚力的城镇；知识型城镇	民主与城市居民参与；社会权利和经济文化发展；可持续发展、环境保护和气候变化；廉正和预防腐败；安全和预防犯罪；数字化和人工智能

1.2　城市宪章的宗旨和指导思想

城市宪章的宗旨是为地方政府和公共管理部门提供实用工具和城市管理手册，为未来制定《城市权利公约》提供主要内容参考。不同的国家或城市的政府部门可以从城市宪章所载的一系列准则中发现许多有价值的内容。

　　宪章的指导思想是，公民享有基本的城市权利：包括不受侵犯的权利，免受污染，免受困苦和令人不安的城市环境，对当地社区行使民主控制的权利，享有体面住房、健康、文化机会和流动性的权利。

　　宪章坚持这些基本权利适用于所有城市居民，并且不受性别、年龄、出身、种族、信仰、社会经济或政治地位、身体或心理残疾等状况的影响。

1.3 《欧洲城市宪章》准则概要

　　为节省文章的篇幅，将《欧洲城市宪章》所列城市治理准则摘要的内容以表 2 的形式列于此，重点内容将在下节中予以详述。

《欧洲城市宪章》准则摘要一览表　　　　　　　　　　表 2

篇章	主题	准则摘要
第 1 章	交通和机动性	1. 减少交通量，特别是私家车交通量至关重要 2. 交通的组织方式必须有利于维持一个宜居城镇，并允许不同形式的出行方式共存 3. 街道必须恢复为一个社交场所 4. 需要持续的教育和培训工作
第 2 章	城镇环境与自然	1. 公共当局有责任以连贯合理的方式管理能源资源 2. 地方当局应采取政策防止污染 3. 地方当局有责任保护自然和绿地 4. 自然保护是发展社区参与和自豪感的一个因素
第 3 章	城市物质形态	1. 城市中心区作为欧洲文化和历史遗产的重要象征必须得到保护 2. 城市开放空间的提供和管理是城市发展的组成部分 3. 建筑创作与发展对城市景观质量起着至关重要的作用 4. 所有人都有权享有健康、安全、安定、愉快和令人振奋的生活环境 5. 一个城镇的活力取决于城市居住模式和市中心居住特征之间的平衡维持
第 4 章	城市建筑遗产	1. 城市保护需要一个精心构建的法律框架 2. 城市遗产保护需要信息政策 3. 充分且具有独创性的融资机制和伙伴关系是必要的 4. 专业工艺和技术支撑的维护，有时是复兴是必不可少的 5. 城市遗产必须融入当代生活，并作为总体规划的基本要素 6. 遗产往往可以刺激经济发展
第 5 章	住房	1. 城市居民有权在家里享有隐私权 2. 每个人和家庭都有权获得安全和有益健康的住房 3. 地方当局应确保住房的多样性、选择性和流动性 4. 最弱势群体的个人和家庭的权利不能仅靠市场力量来保障 5. 地方当局应确保有机会购买住房，并实现住房权保障 6. 老旧住房再开发不得以牺牲现存的社会肌理为代价
第 6 章	城市安全和预防犯罪	1. 连贯的安全和预防犯罪政策必须以预防、执法和相互支持为基础 2. 地方城市安全政策必须基于最新的综合统计数据和信息 3. 预防犯罪涉及社区的所有成员

续表

篇章	主题	准则摘要
第6章	城市安全和预防犯罪	4. 有效的城市安全政策取决于警方和当地社区之间的密切合作 5. 必须制定和实施本地禁毒政策 6. 预防复发和制定监禁替代方案至关重要 7. 对受害者的支持是任何地方安全政策的关键组成 8. 必须将预防犯罪视为优先事项,从而增加财政资源
第7章	城镇中的弱势群体和残障人士	1. 城镇的设计必须使所有公民都能进入所有地方 2. 针对弱势群体和残疾人的政策应旨在实现融合,而不是过度保护 3. 代表弱势群体或少数群体的专业协会之间的合作至关重要 4. 重要的是要确保房屋和工作场所能够适当地适应弱势群体和残疾人的要求 5. 旅行、通信和公共交通必须对所有人开放
第8章	城市地区的体育和休闲	1. 所有城市居民都有权使用体育和娱乐设施 2. 体育设施应当安全且设计良好 3. 所有城市居民都有权根据个人潜力发展自己的体育专业知识
第9章	城镇文化	1. 所有城市居民都有文化权利 2. 城镇的文化发展有助于其经济和社会发展 3. 文化交流是不同民族、不同地区、不同国家的人民之间的强大纽带 4. 文化发展和真正的文化民主涉及地方当局、社区团体和志愿组织 5. 私营部门之间的广泛合作 6. 文化多元化以实验和鼓励创新为前提 7. 地方政府对文化旅游的均衡推广可以对其社区产生有益的影响
第10章	城镇多元文化的融合	1. 非歧视是城市政策的一个基本方面 2. 地方当局应确保移民有效参与地方政治生活 3. 城镇的文化和教育政策应该是非歧视性的 4. 提供平等就业机会必须是公共当局关注的问题 5. 多元文化融合意味着移民社区完全融入城市的社会和物质环境
第11章	城镇卫生	1. 城市环境必须有利于所有公民的健康 2. 可靠和持久的商品供应,满足人们的基本需求,是确保身体健康的主要因素 3. 地方当局必须鼓励以社区为基础的卫生倡议和参与 4. 城市卫生是一个具有国际重要性的问题,涉及市政行动与国际计划的协调
第12章	公民参与、城市管理和城市规划	1. 公民参与地方政治生活必须通过自由、民主的选举制度来保障 2. 公民参与地方政治生活也必须在地方、政治和行政结构的各个层面有效 3. 公民有权就影响社区未来的所有重大项目进行咨询 4. 城市管理和规划必须基于对城镇特色、潜力、活动、发展能力和资源的全面了解 5. 地方政治决策应基于专业团队进行的城市和区域规划 6. 政治选择是决策过程的最后阶段,应该是至关重要且易于理解的 7. 地方当局应确保年轻人参与当地生活
第13章	城市经济发展	1. 地方当局应确保当地社区的经济发展 2. 经济和社会发展密不可分 3. 城镇在经济和社会上是其周边地区或腹地的一部分 4. 经济增长和发展取决于足以生产、维持和促进这种增长的基础设施 5. 私营与公共部门之间的合作是城市经济增长和发展的重要组成部分
合计	13章	69条

2 《宪章 I》：定义城市概念和政策基准

2.1 关于城市概念和城市政策

城市和城镇一直是人们集聚的理想场所，是社区和社会生活可能发生的地方，城市吸引了那些希望在这里生活、工作、旅游，或出于文化原因去那里的人。传统上，它一直是大量资源和网络影响聚集的地区。

城市是复杂的实体。它们在城市发展和规模方面有很大差异。其身份虽然植根于历史，却在不断变化。随着时间的流逝，大多数城镇都会伴随着新的要求、理想、生活方式、生活标准演变出新的生活质量。许多城市有良好的运作，能为居民提供令人满意的生活品质和生活方式。通过政策调控和规划管理在经济发展和保持高质量环境之间取得了平衡。

按照蒙特利尔大学规划学院勒内·帕伦托（René Parenteau）教授的定义，城市政策"涉及审查资源、产品和活动之间的关系，目的是在可持续发展总体视角下确定目标、提供服务，促进市政当局、市政当局内的协会和个人的发展"[1]。

城市政策影响到整个社区，对个人的私人生活的许多方面也有影响。作为一项重大的公共干预和指导行为，它是城镇民主制度遗产的一部分。在进行城镇管理时，必须确保那些其权利和财产在很大程度上受到拟议的决定和行政行为影响的人了解这些决定和行为，听取他们的意见，从而积极参与决策过程。

2.2 城市建筑遗产保护政策和保护立法

城市建筑由一系列被认为具有持久意义的元素遗产所组成，这些元素被保存下来是为了保护城镇的身份和记忆。这些元素可能包括自然因素，即地理位置、地形和气候的结果；以及人为因素，即人类技能、艺术和文化价值的产物。

这些城市遗产是城市肌理中不可替代的重要组成部分，对城市及其居民的身份至关重要。可以为子孙后代提供一个文化参考系统，确立城市共同历史和未来的背景与意识。

城市保护需要精心构建的法律框架，为公共当局提供适当的监督和授权程序，以防止受保护的单体或建筑群的毁容、破损、重大改动、性质改变或拆除。这是因为虽然保护责任掌握在公共机构手中，但建筑单体通常由私人拥有。要对不同产权主体的建筑遗产实施保护管理，则需要一个法律框架来规范两个主体之间各自的权利、责任和冲突，以确保遗产得到保护。

保护立法应赋予当局处理城市遗产保护和维护的权力，并依法承担起保护和维护的责任。通常可以要求受保护财产的所有者进行修复工程，并在可能的情况下提供适当的财政援助。立法还应规定建立受保护的遗产区或保护区，当局将通过使用熟练工匠、传统材料、原始颜色等来控制和指导相关保护工程。

这类立法还应规定建立一份城市遗产的全面登记名录或清单。这一名录是在对城镇内历史建筑进行广泛调查后产生的，它还应尝试识别潜在威胁、适应性再利用可能性，特别是工业遗产以及潜在的新遗产。城市遗产的一个特别且经常被忽视的部分是工业化时期的产物——工厂、机器、桥梁、港口、仓库等。这些城市遗产经常受到各种无知、废弃和恶化的威胁。

2.3　城市保护的财政承诺与经济刺激

保护城市遗产是一项沉重的财政承诺，无论是在建筑或建筑群本体修缮和活化利用方面，还是在为实施国家、区域和地方保护政策提供足够的行政服务方面。资金通常超出了公共机构的资源范围，需要与私营部门合作并激励私人，例如税收和财政激励措施，以鼓励修复而不是拆除；建筑物的增值税税率不同；以低价出售历史遗产，但前提是进行全面维修和保护，尤其是在转售之前；通过长期贷款、开发循环基金等财政机制创立保护修复的基础，增加资金赞助和赞助的有效使用。

另外，保护城市遗产是可以刺激经济发展的，同时还可以使能源、原材料和基础设施得以节省成本。保护遗产通常意味着成功的城市经济复兴，可以增加城市对游客和商业的吸引力。对旧建筑，尤其是工业建筑的适应性再利用通常是合理的经济解决方案，为住房、酒店、商业/办公中心等提供机会。而且，由于保护工程通常是劳动密集型的工种，可以缓解就业压力问题。

正因为城市遗产具有巨大的社会、经济和环境综合效益，自 1975 年"欧洲建筑遗产年"在欧洲全面推进整体性保护策略以来，欧洲城市一直坚守整体性保护的原则和实施措施，将保护和保存城市遗产作为城市总体规划的基本目标。这也意味着保护规划应基于整体性方法，遗产保护团队应该由多学科人员组成，并与其他经济发展、文化、住房、环境等相关部门积极合作。

而且，历史中心区和地段的结构有利于和谐的社会平衡。通过为各种活动的发展提供合适的条件，我们的老城区促进了社会融合。通过保护老建筑，可以保存和改善一个地区的特色。这些政策规定，显然受到 1975 年"欧洲建筑遗产年"时制定的《欧洲建筑遗产宪章》的影响。

在住房规划方面，老旧住房再开发绝不能以牺牲现存的社会肌理（Social Fabric）为代价，地方当局应注意确保以康复为基础的住房计划辅之以适当的财务和财政机制，以尽可能确保原住居民能够从该地区的总体改善中受益。这是由于在城市的中心区通过老旧房产康复项目计划提供新住房，多数时候都是导致原住居民被迫离开原居住地的原因，因为他们无力支付这种康复所带来的成本增加和租金上涨。

3 《宪章 II》：迈向一种新的城市形式

3.1 可持续的城市形式

《宪章 I》概述了欧洲城镇公民的权利。这些目标范围从安全到健康，从服务和商品到平等。在 1992 年第一届城市宪章发布 15 年后，为了应对全球时代到来所带来的技术、生态、经济和社会方面的新挑战，2008 年制定的《宪章 II》提出了一种在新世纪初出现的新城市形式（a New Form of Urbanity）。

2008 年版《宪章 II》，以"新城市宣言"（Manifesto for a New Urbanity）为题。Urbanity 是一个定义比较模糊的专业术语，那些按"花园城市"模式开发建设的新城或新区被认为是 Suburbanity，即城市性状态（Urbanity）丧失或削弱的城市空间形态。

关于可持续的城市形式，《宪章 II》认为，目前城市地区的稀释是一个值得关注的问题。城市扩张通常伴随着购物区、住宅区、休闲区、工业和工艺区等区域的功能专业化，这大大减少了我们城镇的环境资本。这种基于行业的城市模式增加了能源浪费和对环境的破坏，这是一项没有未来的政策。

"在许多方面，低密度的城市无序扩张都是不可持续的开发行为模式的一个重要特征，……因为它代表的是一种在多数情况下表现为土地低效和能源低效的城市形态。"[5] 因此，《宪章 II》强调必须将我们的城镇设想为密集、紧凑的城市形式，需要尽可能少地使用资源进行维护，并允许其居民使用附近的各种城市功能和服务，以及休闲区和自然保护区。我们寻求能够节约资源、土地、能源和出行量的城镇。如果要让城市地区对所有居民，无论他们的社会地位、年龄或健康状况如何，都更容易、更可达、更有活力，我们的城镇必须更加连贯和紧凑。

城市发展的可持续性维度，包括紧凑城镇和城市、自愿和可控的流动性、对环境的尊重等方面，这些不仅是向着提高生活质量迈进的一步，也是合适的空间发展不可或缺的先决条件。只有对可持续性的承诺才能使我们的城市发展项目真正具有连贯性，并提供切实的可预期的成功前景。

3.2 可持续的城市治理

欧洲城镇是在经济、社会和环境之间达成历史性妥协的理想场所。欧洲城镇现在是繁荣的驱动力，它们是知识经济的理想环境，也是全球化进程中的关键参与者。与此同时，对面临的全球环境危机日益明显的证据越来越感到关切。必须应对环境威胁带来的挑战，面临深远的社会和经济变化，诸如工人阶级的衰落、整个地区的去工业化、社会不平等的加剧、工人阶级社区的危机、移民的增加、人口老龄化等城市问题。

城市意识到自己需要发挥的新作用，并认为自己是"集体参与者"，是主动性和创造性的中心。它们成为新的生活方式和社交网络出现的环境，以及新的社会灵活性。支持城市发展中的所有参与者采取行动，将我们的城镇变成可持续的城市空间。

城市治理的质量还在于它有能力在适当的区域内组织起来，确保地方机构的规模与其负责开发和管理的城市地区规模相匹配。

3.3　城市文化与社会文化资产

城市规划的目标就是使城镇成为知识、文化和艺术熔炉，如果不关心城镇的建筑美感，那么这个目标就会缺乏可信度。欧洲意识到，在过去的 50 年里城市景观往往在没有真正关心高建筑质量的情况下发展起来。忽视了许多城郊景观，抛弃了城镇的郊区，转向了没有灵魂、没有创意的商业性城市规划。今后，我们希望在空间发展中更多地考虑建筑维度，并在决策者和城市居民中培养一种充满活力的建筑文化。

我们的城镇有着悠久的历史，必须从城市文化的长度来对待。过去和集体记忆中的这些根源也是一种资产，有助于我们在强烈的身份认同的基础上将自己投射到未来。但并非要提倡一种单一的城市发展模式。而是要使城镇和城市在保留个性的同时，共同体现欧洲的城市蓝图，即人文主义价值、个人自由、经济繁荣、社会团结、关爱地球和生活文化的无缝结合。

城镇是我们社会的独特资产。城镇属于其公民，它们是一种经济、社会和文化资产，必须传承给子孙后代。正如梁思成和林徽因在清华大学营建学系翻译的《都市计划大纲》所作序言中指出的，"城市是人类文化综合的整体的表现，是关于'住'（最广义的'住'）的一切问题而为自己创造出来的有体有形的环境——'体形环境'。这是几千年来就存在的事实，却是至最近数十年来，它的重要性才被人类自己所认识。"[6]

4　《宪章Ⅲ》：实现更可持续的城市治理

4.1　实施 2030 议程的目标

《宪章Ⅲ》制定的背景和时局状况应该是我们所熟悉的了。城市生活经历了一系列快速转变，这与气候加速变化、新冠疫情、社会鸿沟加剧和新技术的引入有关。此外，民主问题和公民参与成为焦点，新的政治参与方式在城市环境治理中也变得十分重要。欧洲委员会地方和区域当局议会提议继续修订城市宪章，以支持地方和区域当局建设更加民主、更有凝聚力、可持续和数字化的社会。

过去 15 年的重大变革和发展对城市生活产生了重大影响，包括数字技术和人工智能的使用增加，以及民主、社会和技术领域的创新。新的《宪章 III》以 1992 年的《宪章 I》和 2008 年的《宪章 II》为基础，回应在转型时代的新挑战和新的发展形势，并以实现联合国 2030 可持续发展战略目标为指导，特别是目标 11 建设包容、安全、韧性和可持续的城市和人类住区，目标 16 促进公正、和平和包容的社会，目标 17 重振全球可持续发展伙伴关系。

《宪章 III》提出了一种更具情境性的城市生活方式，敦促欧洲委员会成员国建设可持续发展的城镇。通过提供一套经过修订的准则，指导转型时代的城市政策，促进道德治理，实现可持续发展和更大范围的团结。

作为地方、区域和国家发展的驱动力，多样性的城镇仍然是面临前所未有挑战的社会的重要资产。要实现建设更加民主、更有凝聚力和可持续的城市社会，城市居民和地方当局之间非常需要进行真正、包容和透明对话的工具。基于平等和不歧视原则，决策的包容性参与对于增强社会凝聚力和城市韧性至关重要。

4.2 未来城市发展与青年参与

地方政府应确保青年人参与本地生活，参与社区空间规划管理实践，这也会关系到城市的未来。地方当局应根据《青年人参与城市和区域生活宪章》规定的原则，确保未来公民在很小的时候就有机会参与本地生活。这种参与是确保社会凝聚力和使青年人对民主体制和组织产生承诺的决定性因素。

这一目标是通过深思熟虑的地方青年政策来实现的，该政策基于提供平等的机会和部门政策的连贯相互联系——专注于年轻人在就业、住房、环境、文化、休闲、教育、培训和健康方面的具体要求。

青年参与可以通过选举、公共审议、地方智库平台、民间社会倡议或其他工具等多种方式实现，使青年能够有效参与地方一级的规划决策和空间治理。城镇应在这些努力中发挥中心作用，通过政治教育鼓励青年参与和积极成为公民。在欧洲一些城镇的一项具体措施就是降低投票年龄，鼓励年轻人从 16 岁起参与政治协商。总的来说，青年人需要参与规划、执行、评估和决策过程。

4.3　建设明天的城市空间遗产

现在的许多城镇往往是钢筋混凝土、玻璃和沥青的堆积，缺乏过去古老城镇所具有的艺术性和宜人环境。塑造了现代巴黎的法国规划师奥斯曼男爵认为，"艺术也许是一项独立事业，但我并不认为它会因此成为一个完全与世隔绝的独立存在……；然而从另一方面来看，一栋建筑物和一幅画作或一组雕塑不一样，后者是艺术家个人情感的创造物，然而建筑则是一项更加复杂的工程，需要团队集体完成，而且只有在经过反复推敲、雕琢后才能得以完善。"[7]

当今社会"城市空间是一个客观的激情地带，而不仅仅是一种主观无意识"[8]。自然环境赋予每个城镇特色，赋予其有趣的维度，对整体城镇景观具有决定性和可识别的影响，没有这些影响，城市就会失去部分个性。需要支持城市发展中的所有参与者采取行动，将我们的城镇变成可持续的城市空间。

城镇应当是充满活力的建成环境，通过其文化多样性、文化和创意活动、旅游和文化交流，促进文化繁荣发展。在去年的中国城市规划学会年会学术对话上，我们曾探讨"今天的建设如何能够成为明天的遗产"这一话题[9]。其实，相对于单体建筑或建设项目而言，更应当关心城市或建成环境的文化品质与特色塑造，只有可持续发展的城市和城镇才有可能成为历史遗产得到保护，或是成为值得人们庆祝的地方。

5　结语

实践证明，1992 年首次通过的《欧洲城市宪章》是一个非常重要的工具，通过它以及后来的《宪章 II》和《宪章 III》，欧洲委员会的整体使命得到了有效促进和真正支持。城市宪章可以说是地方当局的一部城市宪法，一份包含城市权利和政策准则的契约书。

作为专注于欧洲城市生活质量问题和城市空间善治的实用工具，对我国的城市规划管理体系健全完善，无论在理念还是实践上都具有一定的参考价值。城市宪章侧重于生活质量问题以及城市发展和地方良好的空间治理，重点关注保护和提高市民的生活质量，特别是人们直接关心的充满争议的领域，如城市空间、交通和流动性、环境保护、气候变化、健康和社会福祉。

2024 年 10 月，在奥尔堡举行的第 10 届欧洲可持续城市与城镇大会上，来自欧洲各地的市长和城市管理者签署了一份合作宣言《奥尔堡条件》，突出了城市在欧洲可持续发展道路上的关键作用，促进其成为绿色转型的引领者，城市被认为是多层级治理体系中的关键参与者。

城市转型是一个多维度的协同过程，伴随着城市规模、区位、功能复杂系统和可变资源禀赋的不确定性，其难度也在不断增加。对于中国城镇的绿色转型发展而言可能面临更大、更严峻的挑战与考验。在日益全球化的世界中推广和传播中国传统城市文化和本土集体记忆，将其作为可持续发展的关键资产，亟需各地富有创造力的城市规划实践探索。

参考文献

[1]　CLRAE. European Urban Charter[EBOL/]. （2025-01-05）. http：//www.migm.gov.tr/kurumlar/migm.gov.tr/AVRUPA-KONSEYI/EuropeanUrbanCharter-1.pdf.

[2]　CLRAE. European Urban Charter II-Manifesto for a new urbanity[EBOL/]. （2025-02-16）. http：//mo.org.tr/UIKDocs/urbancharter2.pdf.

[3]　CLRAE. European Urban Charter III（2023）：Urban living in the era of transformations[EBOL/]. （2025-02-16）. https：//rm.coe.int/cg-2023-45-20-prov-draft-report-european-urban-charter-iii-en-rapporte/1680acca9f

[4]　张松. 欧洲遗产保护宪章及实践对中国城市保护的启示 [J]. 城市规划学刊，2024（2）：64-70.

[5]　格雷厄姆·霍顿，戴维·康塞尔. 区域、空间战略与可持续性发展 [M]. 朱献珑，谢宝霞，译. 南京：江苏凤凰教育出版社，2015.

[6]　梁思成，林徽因.《都市计划大纲》序 [M]// 编委会. 梁思成全集（第五卷）. 北京：中国建筑工业出版社，2001.

[7]　奥斯曼. 奥斯曼，巴黎的守护者 [M]. 陈晓琳，译. 北京：商务印书馆，2020.

[8]　弗朗切斯科·卡雷里. 步行景观：作为审美实践的行走 [M]. 郑涛，译. 南京：译林出版社，2025.

[9]　王富海，等. 今天的建设 & 明天的遗产 [J]. 城市规划，2024（12）：53-55.

曾鹏，中国城市规划学会理事、学术工作委员会委员、城市更新分会委员、小城镇规划分会委员，天津大学建筑学院副院长、教授

李晋轩，天津大学建筑学院博士后、副研究员

李晋轩

曾鹏

空间价值重构：一个兼容城市更新共性机制与路径差异的解释框架

1 引言

　　自 2011 年起，我国城镇化率正式突破 50%，全国各大主要城市开始向存量发展阶段加速转换。同期，国内关于城市更新的研究文献增长了近三倍（赵亚博，等，2019）。随着城市更新成为学界研究的焦点，中文语境下"城市更新"概念的指涉范畴与应用场景也同步不断拓展。回顾近年来的部分案例——从深圳大冲村和天津天拖工业区的重建，到北京崇雍大街和厦门沙坡尾的改造，再到上海北新泾老旧小区和成都曹家巷地瓜社区的营造——大量表象差异显著的城市实践已被纳入了所谓"城市更新"的同一语义范畴。

　　从表面来看，这种语义的扩张不免源自于某些政策层面的导向与影响。例如，在规划建设管理职能调入自然资源部门的总体背景下，尤其当实施城市更新行动被明确写入国家"十四五"规划后，住建部门部分政策语境中的"城市更新"俨然已将全部物质及非物质的城市实践纳入了其中。但是，另一方面，也应看到这种混乱同样来源于目前学界对于城市更新本质、机制与特性的认识不清，尚需从以下两个方面同步开展深入探究——首先，明确城市更新得以实施所依赖的各项机理，理清其中的共性机制，进而从全局角度为城市更新的导控找到有效抓手；其次，开展各类差异化城市更新路径的归并与分类，系统解析不同路径下的更新动力、主体参与和要素配置等特征属性。

　　正是由于存在着上述认知困境，在当前的部分城市更新研究中，要么依旧沿用增量时期的视角，过度强调以土地经济为中心的单一地产逻辑，要么脱离城市迭代发展的现实规律，偏离实际地追求一种公共利益至上的观点。显然，有必要

在综合回顾学界既有研究成果的基础上，创新性建构一种能够兼容城市更新共性机制与路径差异的理论框架；只有回归并完成围绕城市更新本质、机制与特性的认识论（Epistemology）解析，针对城市更新的方法论（Methodology）探索才会更加深刻，我国新时期存量发展中的精准施策与有效治理才能最终实现。

2　城市更新的共性机制在于空间价值重构

作为城市迭代发展进程中的一种"常态"，城市更新与城市的生长、停滞和衰退等其他城市实践并无本质区别（莫霞，2017；丁凡，伍江，2017；李晋轩，曾鹏，2020），同样会引发多维价值的系统性重构。近年来，存量空间上的价值重构现象已成为学界共识，并逐渐被视作城市更新的共性机制。

2.1　关于城市更新中价值重构的学界共识

阳建强（2016）曾指出，城市更新是一项综合性、全局性和战略性很强的实践，涉及城市在社会、经济和物质空间环境等诸多层面的重构。其后，围绕这一主题，若干学者在反思既往研究结论的基础上，提出了一系列卓有见地的观点。例如，王世福等（2015）提出城市更新的关键在于存量维护基础上的综合容量提升，丁寿颐（2019）认为城市更新的本质在于创造出新的、多层次的收益，着重强调了城市更新中的价值"增值"过程。在此基础上，陈浩等（2010）和何鹤鸣等（2017）将城市更新视为以空间为载体、以特定产权关系为基础的资源与利益再分配博弈，岳隽等（2016）明确了在城市更新中既有利益格局将被系统性重塑的事实，而姚之浩等（2018）则指出城市更新中必须要回应社会财富重组这一深层次议题，进一步将视角引向了价值的"再分配"环节。

显而易见，上述引文中反复提及了"利益、收益、容量、财富"等概念在城市更新中的"增值、再分配、重塑"，这并非从单一经济（地产）视角进行的考察 ❶，正如王世福、沈爽婷（2015）明确指出"（建成环境综合）容量包括建筑容量、经济容量、社会容量、环境容量等方面"，点明这是一个从综合视角看待城市更新及其价值的概念。因此，上述观点的核心共识在于，清晰地指出了城市更新在其本质上是价值增值与再分配的过程，即城市更新中广泛存在着存量空间上的全维度空间价值重构。

---

❶ 在很长时期内，受限于快速城镇化发展背景下的现实需求，关于城市更新的价值认知更加聚焦于"实践中的经济至上"和"话语中的公益优先"。在此背景下，大量研究将经济效益作为评价城市更新实施效果的核心准则，"唯经济价值论"甚嚣尘上。

2.2 城市更新通过改变"人—空间"关系促成价值重构

在主流哲学研究中，一般认同"关系论"或"实践论"的价值概念 ❶，将价值视作"客体对主体所具有的意义"（李昊，2011）。从这个角度来看，"空间的价值"即是空间对人的意义，而上述引文中的"利益、收益、容量、财富"等概念，实际上正是"空间的价值"的不同表述形式。因此，如果承认城市中的"人"是空间价值关系中的主体、"空间（及其属性）"是空间价值关系中的客体，那么，城市更新语境下的空间价值将指向"人—空间"之间复杂多样的主客体价值关系，即"具有某种属性的空间作为一种资源来满足人的各类需求的能力或程度"（周鹤龙，2016；高万辉，李亚婷，2018）。

城市更新会基于对"人—空间"关系的实际改变，来促成经济、社会、文化与生态等诸方面价值的重构。具体来说，城市更新与城市的发展、建设等实践环节一样，都带有显著的"时空性"和"社会性"特征——对于前者而言，城市更新的影响力不只局限于单一建筑内部，也会扩展至特定的时间节点的特定城市空间之上，从而影响到周边建成环境的品质、韧性、氛围等诸多方面；对于后者而言，城市更新还会对城市中的各类人群之间的社会关系产生影响，干预城市人群在就业、消费等行为中的选择倾向。

综上，正是由于城市更新会同步改变"人"与"空间"之间的主客体价值关系，因而必然会导致城市层面上人口、资源、投资等要素的流动与重新配置，最终重构特定存量空间上的多维度价值；实际上，空间价值重构正是存在于一切城市更新实践中的共性机制。

2.3 "人—空间"关系视角下空间价值的四个维度

关于在城市更新中被重构的空间价值，既往研究曾将其分解为自然、精神、历史、美学、功能、技术等诸多价值类型，但终因无法覆盖差异化更新路径的实际情况而存在显著不足（戴代新，陈语娴，2019；刘曦婷，周向频，2014；吴昆，2013；姜安印，谢先树，2010；李荷，杨培峰，2020）。尽管如此，当前学界围绕这一问题仍然形成了"人—空间"关系视角下的两点共识。首先，空间价值基于"人的需求"而被形成，不存在能脱离"人"这一主体的纯粹客观的空间价值；

---

❶ 哲学界一般认为，"价值"并非仅存于人的观念和精神之中的纯粹主观表达（"观念论"），同时也非独立于主体而存在的、事物所固有的纯粹客观属性（"实体论"或"属性论"）。国内学界广泛认同"关系论"及"实践论"的观点，即一般以"价值"这一概念来界定客体（如事物、行为、过程、结果等）对于主体（广义的"人"）所具有的"现实的"或"可能的"意义。

这里的"人"既包括作为所有者或固定使用者的"主人"（如业主、开发商、在地国企、地方政府等），也应包括不与特定空间存在所有权关系，而仅是非固定使用此空间的外部受益者或受损者"路人"（如租户、工作者、游客等）。其次，空间价值同样依托于空间的属性这一客体而存在，其中不仅包括具体的、有形的、物质性要素属性（如活动、土地、资源、生态等），也包括无形的、观念的、精神性要素属性（如艺术、社会、文化等）。

因此，根据以上共识，可以在"人—空间"关系的启示下，将空间价值进一步按照价值主体和价值客体划分为四个维度，形成城市更新语境下的"空间价值体系"（表1）。其中，"本体性"和"外部性"区分了价值主体的差异：前者由所有权人拥有并享用，其价值实现过程依赖于一次性的"交易"；而后者的服务对象是非固定的，其价值实现过程一般能够形成持续的"现金流"。另一方面，"物质性"和"精神性"则区分了价值客体的差异：前者具有均质性，很容易在不同空间中被等效替换，且其价值随着时间推移而衰减；而后者则往往具有独特性，因而很难在其他时空中被替代。以上辩证关系表明，将多样而抽象的空间价值划分入四个具有显著区别的维度，有助于构建一个脱离既往"土地"中心性单一经济（地产）视角的城市更新解释框架，以便更加深入地探讨不同城市更新路径中的价值重构逻辑分异。

空间价值的多维构成及其内涵　　　　　　　　　　表 1

价值维度	价值主体 （人的需求）	价值客体 （空间属性）	所含具体价值形式
物质—本体性价值	特定存量空间的所有者（使用权人）	特定存量空间上所承载的物质环境要素	建筑品质、空间容量、设施配置与韧性、就业承载力等
物质—外部性价值	全体城市居民	特定存量空间上所承载的物质环境要素	公共领域（公服、市政、公共空间）、消费（商业）承载力、生态资源等
精神—本体性价值	特定存量空间的所有者（使用权人）	特定存量空间上所承载的非物质性要素	社会资本（邻里关系、安全、信任）、社区依恋、地域认同感等
精神—外部性价值	全体城市居民	特定存量空间上所承载的非物质性要素	建筑形式美、历史价值、时代价值、信仰、政治影响等

3　城市更新的路径差异源自价值重构的逻辑分异

尽管统一于存量空间的价值重构过程，不同城市更新实践之间依旧存在着较大的表象差异。针对这一现象，既往实践中往往从开发形式或用地功能等角度进

行划分 ❶，但始终无法有效地解释城市更新路径的差异机制。空间价值重构的视角，将同样有助于认知城市更新中的差异化路径及其本质差别。

3.1 微观层面的价值重构逻辑分异

在城市更新的语境下，不同空间价值重构逻辑之间的分异，可以从微观局部与宏观整体的两个层面来考察。

从微观来看，由于不同的城市更新路径中"人的需求"和"空间属性"之间的重组过程有所区别，空间价值重构的逻辑分异会集中呈现在空间价值的（同维）变动、（跨维）转化和（主体间）再分配之中。其中，单一维度的空间价值会在更新前后经历质量或数量上的"增长"或"减少"，不同维度的空间价值之间有时还会出现跨维度的价值"转化"，而最终各维度空间价值的存量、变量和流量则会在特定存量空间上重组，并依据相关制度设定的治理规则与权责边界，在多元主体的趋利性博弈之下实现"再分配"。表 2 以天津市天拖工业区的再开发实践为例，示意了该路径下微观层面的空间价值重构结果。

天津市天拖工业区再开发的价值重构解析　　　　表 2

类型	同维变动	跨维转化	主体间再分配
物质—本体性价值	受建筑面积、品质提升和功能转用的影响而显著增长	部分工业厂房保留改造为区域公服和社区会所，其生产性价值向"物质—外部性"和"精神—外部性"价值转化	再分配给还迁居民、新购入业主、自持资产的开发商，以及地方企业
物质—外部性价值	因更好的公服配置和消费环境而提升质量	因部分工业遗产的改造利用而增长，服务供给多样化（转化自工业厂房的"物质—本体性"生产价值）	再分配给使用此地公服设施或商业设施的全体城市居民
精神—本体性价值	因职工离职、住户迁出而逐步灭失	—	再分配给还迁居民、新购入业主、新增租户，以及地方企业
精神—外部性价值	—	因部分工业遗产的保护利用而增长，塑造出区域地标（转化自工业厂房的"物质—本体性"生产价值）	再分配给全体城市居民

❶ 在《深圳市城市更新办法》等政策文件中，曾依据"开发形式"将城市更新划分为拆除重建、功能改变、综合整治等类型，并依据"用地功能"将城市更新划分为旧工业区、旧商业区、旧住宅区、城中村及旧屋村等类型。但是，面对城市更新治理的现实需求，上述划分方式存在显著的不足。例如，同样作为旧住宅区更新，促成旧宅原地还迁的关键在于"对违法建设面积的（部分）合法化认定"或"控规修编中的额外增容"，而促成老旧小区改造的关键则在于"自上而下的地方政府财政补贴"或"自下而上的增量空间收益确权"。显而易见，上述旧居住区更新路径中的总体流程与核心环节明显不同，针对其中某一路径的理论与经验也难以应用到其他情景上。

3.2　宏观层面的价值重构逻辑分异与城市更新的基本范式

另一方面，从宏观层面来看，在多元空间价值同步实现变动、转化与再分配的基础上，每个具体的城市更新实践中，至少都会有一个维度的空间价值出现显著增长，并成为驱动城市更新得以实施的"核心空间价值"（Core Place Value）。这是因为，城市更新的实现需要大量资源（如资本或劳动）的持续投入，而多元主体投入资源以促成城市更新的动机，就在于通过介入微观层面的价值"再分配"环节，来获取城市更新前后显著增长若干维度的"核心空间价值"的增值变现权利，最终实现城市更新的财务平衡（赵燕菁，宋涛，2021）。例如，开发商推动拆除重建式旧城改造的动机，在于通过出售增量容积形成的商品房，来获取片区内"物质—本体性价值"的增值实现；而地方政府推动街道、广场等公共空间的儿童友好型更新的动机，则在于吸引更多的外来人口定居和纳税，取得城市层面上"物质—外部性价值"的增值。

空间价值的增值实现，指向了城市更新得以实施的根本动力机制。因此，可以基于城市更新中"核心空间价值"增值实现所依赖的特定渠道，将城市更新划分为增量型、触媒型、营造型、文化型四个基本范式（表3）。需要指出，上述四类城市更新基本范式之间并非互斥的关系，某些相对复杂的城市更新项目需要同时依赖多类范式逻辑才能实施，如北京国贸CBD从老工业区向创智中心的更新转型，必须同时依赖于"物质—本体性价值""物质—外部性价值"和"精神—外部性价值"的增值实现，呈现为增量型、触媒型和文化型更新范式的时空叠加。

四类城市更新基本范式及其特征　　　　　　　　　　　表3

类型	核心增值实现渠道	主导性实施主体	实践案例
增量型范式	"物质—本体性"价值	开发商、政府、业主	城中村改造（深圳大冲村）、老工业区再开发（天津天拖）、修补型再开发（厦门老旧小区加装厨卫电梯）等
触媒型范式	"物质—外部性"价值	政府、市民、社会组织	公共空间微更新（成都猛追湾）、特色街区改造（厦门沙坡尾）、街区综合更新（深圳南头古城）等
营造型范式	"精神—本体性"与"物质—本体性"价值	业主、政府	社区营造（北京地瓜社区）等
文化型范式	"精神—外部性"与"物质—外部性"价值	业主、政府、市民、社会组织	历史街区微更新（广州永庆坊）、存量工业文创化改造（成都东郊记忆）等

3.3　空间价值导向的城市更新路径再思考

上述思辨表明，空间价值重构的逻辑分异无疑是解析城市更新路径差异的有效标尺。其中，由于城市实践中的更新动力先于更新过程而出现，宏观层面的"核心空间价值"维度选择，显然优先于微观层面的空间价值变动、转化与再分配结果而存在。因此，基于对四个城市更新基本范式之间的组合，首先能够形成有且仅有的八种城市更新"一级"路径；而在同一个城市更新"一级"路径的框架之内，"人—空间"主客体价值关系的具体重组过程还会进一步区分出城市更新中的"二级"路径差异，分别导向空间价值变动、转化与再分配的不同结果（表4）。

差异化城市更新路径的空间价值重构逻辑　　　　　　　　　　表4

时期	更新路径（一级）	更新路径（二级）	物质—本体性价值	物质—外部性价值	精神—本体性价值	精神—外部性价值
增量时期	"增量"式	早期的城中村更新、棚户区改造、存量工业用地再开发等	●	○	○	○
	"触媒"式	公共领域改造提升（街道、广场、公共设施、基础设施等）	○	●	○	○
	"增量+触媒"式	结合产业升级、公服提升或社会保障的片区（更新单元）综合开发	●	●	○	○
存量时期	"营造"式	老旧小区的修补型再开发（加建厨卫、增设电梯）、社区营造等	●	○	●	○
	"文化"式	历史文化街区保护更新、存量工业的文创转型（非正式更新）等	○	●	○	●
	"增量+文化"式	历史城区的综合再开发或有机更新（商业中心、滨水区等）	●	●	○	●
	"触媒+营造"式	高密度住区再开发（城中村有机更新）、综合性老旧小区改造等	○	●	●	●
	"营造+文化"式	特色化城市事件驱动的综合更新行动（如"城市现场展"等）	●	●	●	●

注："●"为价值显著增长，"○"为价值基本持平或减少。

值得指出，在价值重构的视角之下，不同城市更新路径之间并不具有绝对的优劣之分，而是分别适合于不同城市发展情景下的不同更新需求。从历史上看，"增量"式、"触媒"式和"增量+触媒"式三种路径的价值增值实现渠道单纯而清晰，因而在前40年的快速城镇化阶段受到推广，为中国城市经济发展做出的贡献不容忽视；相比之下，"营造"式、"文化"式、"增量+文化"式、"触媒+营造"式以及"营造+文化"式更新中的价值增值变现途径相对复杂，需要满足政府引导、市场运作、社会自觉、居民自愿等条件才能有效实现，因而直到近年才受到重视。未来，随着城市发展目标从快速扩张向有机更新的转换，持续性、渐进式、常态化的各类更新实践将会转变城市对增量发展的路径依赖，以城市品质的维护提升为导向的复合范式更新将逐渐替代既往的单一范式更新。

4　空间价值重构视角下城市更新的治理展望

城市更新必然引发空间价值重构，但不同更新路径的价值重构结果又显著不同。因此，为推动多元主体共治共享，引导城市空间价值向有序增值和公平正义的双重目标同步发展，有必要基于空间价值重构的视角深入反思城市更新中的治理问题。

4.1　优化城市更新的"空间价值链"，推动空间价值整体升维

城市更新治理已经成为国家治理现代化进程中的关键课题。关于城市更新中的共性机制与路径差异的研究显示，单一城市更新项目的实施，必然引发"核心空间价值"的显著增长，同时，又会不可避免地带动其他维度空间价值的系统性重构。然而，正如上文表 4 所列举的两级更新路径所示，对于大部分城市更新项目而言，四个维度的空间价值一般不会出现同步增长，而是可能出现某些维度空间价值的损害。

因此，在城市更新治理中，首先应改变以往以单项目为主的更新平衡模式，加快向战略更新的转变，强化城市更新作为治理工具的作用（邓兴栋，2021）。从价值重构的视角看，由于同维度空间价值的过度积累会导致真实世界中的边际收益递减，因此应通过城市总体层面的统筹安排，将在"核心空间价值"增值实现渠道上各有偏重的一系列城市更新项目组合起来，形成一条有效的"空间价值链❶"。通过推动相关联项目的彼此互补，减弱单一项目可能带来的价值损害，有助于局部与整体的协调，引发城市空间价值在全维度上的同步提升，实现"共下一盘棋"的整体升维。

4.2　尊重多元主体的"空间价值观"，创新制度促成共治共享

在存量空间上的价值重构过程中，包括政府、市场、业主、市民、社会组织在内的多元主体的共同参与既不可避免、又充满挑战（彭恺，2018）。作为"人"所特有的一种"对象性"的主客体关系描述，空间价值这一概念本身即暗示了城

---

❶ 在产业经济学研究中，一般将"企业以创造产品价值为目的所进行的设计、生产、销售、配送和售后等一系列增值活动"，称为"价值链"（Value Chain）。

市更新中的多元主体对同一空间属性的理解和认知之间必然存在固有差异，进而形成截然不同的"空间价值观"（Place Values）。在此背景下，城市空间价值整体升维的实现，还需克服多元主体参与城市更新路径选择博弈中的内源性矛盾 ❶。

四个维度空间价值之间在"量"上的不可比性，意味着绝对最优、全面共赢的城市更新路径并不存在。因此，面对多元价值观的固有差异，需要通过有效的沟通促成多方对话，确认每个主体的投入与收益意愿，共同选择出多元主体之间相对最优、有限多赢的合作模式。显然，这种价值重构视角下的"多赢"，区别于单一土地经济逻辑下"政府—市场"增长联盟的"双赢"——多元共治的关注重点不应局限于业主所享有的物质环境质量，而应更加关注空间价值生产及分配当中的结构性关系以及比例（尹稚，2021）。

作为重要的导控力量之一，城市更新的制度设计应在促进多元共治中起到重要作用，并随着城市发展的阶段演进而不断优化调整（曾鹏，李晋轩，2020）。促成多方对话的关键在于，设置一定的规则将城市更新的各个环节中多元主体选择所引发的正、负外部性内部化，实现对多元主体自我诉求的"共同话语转译"，引导多元主体的自主选择❷。未来，"中央—地方—社会"的多级城市更新制度设计仍待持续完善，确保以"人"为中心处理好空间价值重构中的各方利益平衡。

5 结语

作为一项重要的民生工程、发展工程和治理工程，城市更新已成为当前规划研究中的绝对热点之一。在此背景下，城市更新的学术内涵虽然快速外延，但仍有一定的规律可循。近年来，伴随主流研究视角从地产语境下的土地经济逻辑向以"人"为中心的空间经济逻辑的转向，空间价值重构理论愈发成为考察城市更新的共性机制与路径差异的有效解释框架。

本文立足于对空间价值重构的创新性解读，尝试开展了针对城市更新本质与机制的初步分析，仍有诸多不足之处。研究中，基于价值视角的部分结论引发了关于"空间价值链"和"空间价值观"的延伸思考，提示出城市更新治理优化的可能方向。未来，建议进一步完善空间价值重构的理论框架，深入探究空间价值整体升维与共治共享的可行性机制，以更加具体地回应我国城市存量发展的现实方法论需求。

---

❶ 该"内源性矛盾"的表现多样，最显著的是具体实践中，主导性更新主体依照自身价值观所做出的有利选择，可能会损害其他次要主体的利益，甚至引发整个城市层面的空间价值损害。

❷ 如在《深圳经济特区城市更新条例》（2021）和《上海市城市更新条例》（2021）中，都为历史风貌街区的保护修缮设定了土地发展权转移和补偿的机制，从而消解了更新实施时开发商追求"物质—本体性价值"和城市居民需求"精神—外部性价值"之间的矛盾。

参考文献

[1]　赵亚博，臧鹏，朱雪梅 . 国内外城市更新研究的最新进展 [J]. 城市发展研究，2019，26（10）：42–48.

[2]　莫霞 . 上海城市更新的空间发展谋划 [J]. 规划师，2017，33（S1）：5–10.

[3]　丁凡，伍江 . 城市更新相关概念的演进及在当今的现实意义 [J]. 城市规划学刊，2017（6）：87–95.

[4]　李晋轩，曾鹏 . 新中国城市扩张与更新的制度逻辑解析 [J]. 规划师，2020，36（17）：77–82，98.

[5]　阳建强，杜雁 . 城市更新要同时体现市场规律和公共政策属性 [J]. 城市规划，2016，40（1）：72–74.

[6]　王世福，沈爽婷 . 从"三旧改造"到城市更新——广州市成立城市更新局之思考 [J]. 城市规划学刊，2015（3）：22–27.

[7]　丁寿颐 . "租差"理论视角的城市更新制度——以广州为例 [J]. 城市规划，2019，43（12）：69–77.

[8]　陈浩，张京祥，吴启焰 . 转型期城市空间再开发中非均衡博弈的透视——政治经济学的视角 [J]. 城市规划学刊，2010（5）：33–40.

[9]　何鹤鸣，张京祥 . 产权交易的政策干预：城市存量用地再开发的新制度经济学解析 [J]. 经济地理，2017，37（2）：7–14.

[10]　岳隽，陈小祥，刘挺 . 城市更新中利益调控及其保障机制探析——以深圳市为例 [J]. 现代城市研究，2016（12）：111–116.

[11]　姚之浩，曾海鹰 . 1950 年代以来美国城市更新政策工具的演化与规律特征 [J]. 国际城市规划，2018，33（4）：18–24.

[12]　李昊 . 物象与意义——社会转型期城市公共空间的价值建构（1978—2008）[D]. 西安：西安建筑科技大学，2011.

[13]　周鹤龙 . 地块存量空间价值评估模型构建及其在广州火车站地区改造中的应用 [J]. 规划师，2016，32（2）：89–95.

[14]　高万辉，李亚婷 . 新型城镇化下城市社区公共空间的（社会）服务价值 [J]. 经济地理，2018，38（3）：92–97，141.

[15]　戴代新，陈语娴 . 城市历史公园文化空间价值评估探析——以上海市鲁迅公园为例 [J]. 同济大学学报（社会科学版），2019，30（3）：52–65.

[16]　刘曦婷，周向频 . 近现代历史园林遗产价值评价研究 [J]. 城市规划学刊，2014（4）：104–110.

[17]　吴昆 . 城中村空间价值重估——当代中国城市公共空间的另类反思 [J]. 装饰，2013（9）：41–46.

[18]　姜安印，谢先树 . 空间价值二元化：区域发展的空间演进特征 [J]. 西北师大学报（社会科学版），2010，47（1）：95–100.

[19] 李荷，杨培峰.自然生态空间"人本化"营建：新时代背景下城市更新的规划理念及路径 [J]. 城市发展研究，2020，27（7）：90-96，132.

[20] 赵燕菁，宋涛.城市更新的财务平衡分析——模式与实践 [J]. 城市规划，2021，45（9）：53-61.

[21] 邓兴栋.城市财政与城市更新——基于城市运营视角的广州思考 [EB/OL]. 2021 规划年会丨学术对话三十四：城市更新与价值重构（2021-10-01）. https：//mp.weixin.qq.com/s/ZjVbFDskFtdISq-pOvzFDw.

[22] 彭恺.新马克思主义视角下我国治理型城市更新模式——空间利益主体角色及合作伙伴关系重构 [J]. 规划师，2018，34（6）：5-11.

[23] 尹稚.城市更新不是政府砸钱的城市改造 [EB/OL]. 解码城市更新：改变的不仅是建筑环境质量，更是空间财富的分配比例（2021-10-01）. https：//3g.k.sohu.com/t/n556713958?serialId=ebe39f127db6310f225436ce861cc640&showType=.

[24] 曾鹏，李晋轩.存量工业用地更新与政策演进的时空响应研究——以天津市中心城区为例 [J]. 城市规划，2020，44（4）：43-52，105.

杨宇振，中国城市规划学会学术工作委员会委员，重庆大学建筑城规学院教授

杨宇振

资本在空间中流动：城市更新的问题、困境与理论探析

——兼谈当代中国城市更新

早在 2000 年前后，就有一些中国学者意识到欧美大规模城市更新带来的问题，并警惕中国城市更新带来的问题。发表于 2007 年的《欧美国家在城市更新与重建过程中的经验与教训》一文中谈到，1970 年代以来的美国大规模城市更新，破坏了城市社区固有的社会网络、导致贫民陷入更加贫困状态、增加城市道路拥挤和交通成本、破坏城市历史文脉，以及造成城市财政的巨大压力[1]。半个多世纪后，城市更新的进程在全球范围各大城市中推进，是资本积累危机在全球空间扩散的表征。20 世纪 70 年代前后是欧美发达资本主义国家城市更新的一个重要阶段，主要的理论思辨也产生在这一时期。当下中国城市更新正在快速展开，因此结合欧美城市更新的问题和理论思辨，反观自身的进程具有积极的意义和价值。

文章结合半个多世纪以来关于欧美城市更新的批判性讨论，探讨城市更新的不同模式，探析城市更新过程中城市规划与建筑学的工具化困境；进一步探讨对当代中国城市更新的启示，认为需要空间认识论的转换和重返鲜活和具体的日常生活，城市更新实践需要从之前的"物质空间生产"转向"社会空间生产"，城市政府需要从之前的经营型转向新的管理服务型，而这意味着城市更新内涵的转变，以及对城市规划和建筑学等学科转型的需要。

1 欧美城市更新的问题与困境：批判性视角

城市更新（Urban Regeneration）有多种内涵。在波特和肖（Libby Porter，

Kate Shaw）编著的《谁的城市复兴？城市更新战略的国际比较》❶ 中称之为一个"弹性的术语"（an Elastic Term）。城市更新有不同主体和层级性，可以指某个街区具有某种自发性的自主更新，可以指在城市政府主导下的、各种拆迁和建设强度的城市改造，也可以是政府与资本方合作的城市开发，或者就是以资本为主的某城市地段开发。一个基本问题是"城市更新是谁的城市更新"？由于主体构成的复杂性、局部城市地段和更大范围城市关系等，答案往往有着各种错综复杂的关联和纠缠。对于城市更新的定义，波特和肖的扼要回答是，对于某一城市地区"资本撤去一段时间后的再进入……无论是国家还是市场驱动"[2]（Reinvestment in a Place after a Period of Disinvestment）。这一定义抓住了城市更新的底层机制，也明示城市更新与资本和权力紧密相关。他们谈到，政府对城市"复兴"的渴望是当代城市政策的一个决定性特征，政府希望经由城市更新促进城市的经济发展，但它有消极的一面，导致社会弱势群体受到排斥，"城市更新的效果会自我强化，土地价值的增长越大，社会排斥的可能性就越大"。但城市更新的"负面"状况很少得到讨论，"我们很少听到政治家、城市倡导者或房地产开发商对将低收入人群从市中心赶走的直接和长期影响的反思。"随着全球各个城市都在寻求城市复兴，展开广泛的城市更新，"迫切需要批判性地评估这一现象的性质、影响和意义"[2]。

1.1　城市更新：资本在空间中的运动

城市更新的底层机制是资本撤出或进入带来的城市空间的变化。20 世纪六七十年代开始出现对于之前快速建设（资本的大量投入）带来各种问题，尤其是严峻社会问题的普遍质疑，其中以简·雅各布斯的《美国大城市的死与生》作为拉开这一批判帷幕的标志[3]。城市需要资本持续积累，否则危机很快出现，进而产生可能的社会动乱。芒福德说："经济走上扩张的轨道，这个手段就会迅速转变为目的，使'运转成了目标'……城市本身也变成可消费的……容器必须像它所盛的内容那样非常迅速地变化。"[4]

为了持续积累，资本在全球和地区的快速进入或撤出巨大改变城市的生产状态。它不再是之前在内部的资本积累过程产物，它受制于外来资本的快速流入或流出。只有首先从这一角度，才能够理解亨利·列斐伏尔提出的社会空间生产。他谈到，从空间中事物的生产转向空间本身的生产，是源于生产力的高度发展，以及存在一种流动经济（Economy of Flow），各种事物之间不再是相互隔

---

❶ 著名的城市规划学家约翰·弗里德曼（John Friedmann），称它是"难以忽视的一本书"（Be Hard to Ignore）。

离、孤立存在，它们在空间之中整合互动，结果之一是现代经济规划倾向于成为空间规划；生产社会化的结果使得空间成为社会性的，空间深深涉入了生产关系（劳动的组织和分化）和社会关系的再生产，涉入了日常生活[5]。资本全球化进程中城市成为经济增长机器，资本积累形态从基础层面决定了城市和城市更新的状态。1970年代后跨国公司加速在全球投资，资本积累（危机）在全球范围重构，多琳·马西（Doreen Masscy）在《劳动的空间分工：社会结构与生产地理学》中深入地探讨了这一进程，分析资本主义生产带来的全球不均衡发展[6]。这是一个改变全球各类城市的重要阶段，今天这一进程并未结束且不断加速和空间蔓延。

对于资本流出的地区和城市，它面临的是掉入衰败境地的危机，进而需要城市的复兴和更新（新一轮的资本生产与再生产）——这是一种普遍状况的存量型更新。对于资本流入的地区和城市，它需要处理的是巨大增量的建设，是资本的快速空间化——这是一种增量型更新。在资本全球化过程中，随着资本在空间中的运动，存量型更新与增量型更新交互出现，相互内含，构成城市更新的变化状态。激烈的市场竞争迫使资产者通过各种办法或创新提高竞争力。从这个"正面"角度看，资产者以及国家与地方政府的各种"办法""手段""创新政策"就是操作性的城市更新的策略，以应对接连不断的大小问题与危机。

1.2　城市更新：从管理型政府到经营型政府

1980年代以来，欧美城市展开了新一轮大规模的城市更新计划，或者也可以称之为城市再开发计划。在这一过程中，城市更新成为改变社会人群空间分布的一种社会和技术手段❶。尼尔·史密斯（Neil Smith）谈到，"自20世纪80年代以来，士绅化作为全球城市扩张的一种策略越来越普遍。中心城市重建越来越多地将住宅与各种土地用途——办公、零售、娱乐、交通——相结合，也越来越多地倾向于并渴望重建城市中心。与此同时，房地产资本、国家、零售资本和金融资本之间的合作比以往任何时候都更加无缝。这一进程在欧洲可能走得最远，在欧洲，新自由主义的'城市更新'（Urban Regeneration）已经成为欧盟、一些国家和城市的官方政策"[7]。也就是说，以城市开发主导的城市更新已经成为一种通行的官方认识与实践，成为在危机下权力生产合法性的一部分构成。

大卫·哈维曾分析1970年代以后的城市政府，普遍从之前的"管理型"政府转向"经营型"政府[8]。这是城市空间生产转变的典型表征，是从之前的"空

---

❶ 深入的理论分析和详细的案例研究可见 Andy Merrifield 和 Erik Swyngedouw 编辑的 The urbanization of Injustice（1997）。

间供给型"转变到"空间作为商品的市场化"进程。管理型政府更多是福利经济学模式下的产物，为城市市民提供包括安全、教育、医疗、基础设施等在内的各种公共服务——在这个生产逻辑下，城市规划就是一种计划性的、蓝图性的规划（城市空间按部就班的生产进度表），建筑设计就是按规划图在更加微观的尺度上实现物质空间的实践。而经营型政府更大程度上考虑将城市营销（City Marketing）给资本方，通过各种条件、办法吸引高收益类型的资本进入城市（甚至耗用城市公共税收和财政满足资本方各种需求）。在这一强制性的进程中，城市形象显示出前所未有的重要性，传递着某种"招引"信息。

2　城市更新中的城市规划与建筑学

2.1　大型项目开发与运营

在市场化的城市更新进程中，城市规划为土地创造可能高的交换价值，建筑设计是建筑空间市场化生产链条中的一环（日本建筑师伊东丰雄说，资本主义建立起技术万能的都市，而建筑师逐渐沦为将资本可视化的工具）。面对 1970 年代的城市空间实践状况，曼弗雷多·塔夫里谈到，"危机正日益严重冲击劳动的资本分配，同时也反映到建筑领域……由于经济领域的缓慢变化，比如建筑界在结果上已经落后于时代……如果禁锢在樊笼中，无论怎样出色的表演都是徒劳，而建筑师就关在这个天地里，在允许的一些通道之间绕圈子"[9]。

在这个过程中，城市形象作为城市象征资本的重要构成（结合媒体的传播），成为资本方和地方政府急于处理的对象，需要一个"看上去很美"、一种"布景式"的城市——城市规划与建筑学是其中关键性空间实践工具。在这个趋势下，各个城市开始利用自身差异性的、垄断性的历史、地理、社会资源，结合高新科技与消费主义来生产新时期各种"城市奇观"。同时在经济全球化进程中，生产高收益资本的空间成为城市更新的重要实践。高收益资本不是劳动力密集型资本，它在城市中"剥夺性积累"[10] 的结果是城市社会的两极化，它不能解决大规模失业的根本性问题。或者说，为高收益类型资本积累提供空间是在激烈市场竞争下城市更新的重要组成部分。

这类空间往往被称为"旗舰项目"（Flagship Developments），具有连接外部的高度便利性和流动性，同时具有相当的空间构成的一致性（只在规模构成上的差别），如某种总部经济综合体（国际银行、五星级旅馆、智能办公楼、大规模停车场、综合零售大型商场、国际会展中心、艺术展览馆、高级公寓共构的满足外来"高层次"人群工作、生活的空间）。城市更新中旗舰、重大项目的开发和运营已经成为一门学问，推动着城市规划、建筑学、商业地产等行业的前进，生产出庞大数量的论文和专著[11]。这些超大型项目往往用"资本密集""信息密集"替代"体力劳动密集"，用"交换价值"替代"使用价值"，它追求某种看起来先进的国际形象，点缀和拼贴各种历史符号，用雕塑、缤纷色彩、营造出一种受控的、监管的安全、彬彬有礼的妥帖和惬意氛围，进而引导着学科发展的方向。

2.2　资本、社会与空间

尼尔·史密斯曾讨论过城市更新中"士绅化"这个名词内涵、价值判断的争夺。他说，许多人会用"'街区资源再利用''升级改造''复兴'之类——用这样的方式让'士绅化'这个词蕴含的阶级和种族含义不那么外显"[12]42。史密斯提出，在 1970 年代以来普遍的城市更新中，"士绅化"现象是城市本身正在经历着经济、政治和地理上的结构调整的一部分，认为它是后现代性的关键地理。

城市建成环境吸纳大量资本，是资本积累和应对危机的"第二循环"[13]。米歇尔·德赛图曾经站在纽约曼哈顿帝国大厦顶楼鸟瞰密密麻麻、连绵起伏的城市地景，他说他看到的是贪婪资本持续密集堆叠和积累（及其贬值、衰败）的景观[14]。资本撤离后败落的城市建成环境的更新或再开发，经由"改正"上一个时期快速发展留下的和生产新的积累，是该时期资本生产与再生产的一种关键路径。因缺乏对资本积累与空间生产之间关系必要的认识，城市更新的概念往往被狭隘地限制在很小的空间尺度和经验性层面，限制在物质空间的修修补补，如某个旧街区的环境整治等，用个体经验可以感知的空间"微更新"来替代大规模的城市拆建、"重锤"的城市更新。其中尤其是存量型的城市更新，关涉在宏观层面上国家与社会、权力与资本，在中微观层面上产权（分割与置换）与空间、社会隔离和融合、城市历史与集体记忆等问题。对这些问题的忽视或者不能察觉，是主动将专业和学科完全工具化的实践。

1980 年代后北美和西欧城市更新的普遍经验是，通过基础设施的现代化、景观的自然及"人文化"、住房的拆除与再建、地方文化符号的转译或挪用等生产高交换价值、高利润的空间商品，进而通过价格工具排斥原来的居民和迎接能够支付和消费该空间的社会群体。大卫·哈维曾经详细研究了巴尔的摩港口区的城市更新过程[15]。通过对旧有居民的机巧排斥、地方历史符号的操弄，媒体和宣传的控制，以及一种弥漫着消费主义风情的空间营造，地方官员获得赞誉和升职、外来资本集团收得高额回报，但地方市民并未从中确实受益、城市没有实质性改进——事实上，经由这一城市更新过程进一步加大了社会的极化。

2.3　学科的工具化困境

1970 年代以来的欧美城市更新被批评不能直面社会的真实问题，而是提出一些虚假概念作为实践的命题。这些概念不是反省、挑战、介入作为问题根源的生产机制 ❶。哈维说："我想努力指出一点的是，虽然所有严肃的分析人士都承认贫民窟问题的严重性，却很少质疑支配我们经济体系中心的种种力量。除了资本主义市场经济的基本特征，我们什么都讨论。除了那些可能挑战经济持续性的解决办法，我们设计了各种各样的解决办法。这些讨论和解决办法只会使得我们看起来愚蠢。"[16]149

在这一过程中，由于缺乏对认识论的批判性反思，规划师与建筑师被批评成为生产隔离人群社会往来空间和掩盖这一状态的工具。城市规划在某种程度上带有一种"官方权力"的状态，是国家机器的构成，作为一种政治的工具需要处理国家在不同时期面临各种大小问题的空间实践。由于不能从分工的、局部的、固化的社会角色跳脱出来，它只能在科学化、数量化的状况下提出一些专业名词来掩盖服从于行政口号指引，彰显自身的学科属性以排拒其他专业可能的侵入。

建筑学在更大程度上是资本积累的空间与形式工具，如前述伊东丰雄讲的"资本可视化"的工具，塔夫里讲建筑界在整体上已经远落后于快速变化的社会实践，沉浸在自身学科有限的空间玩形式游戏。赫尔佐格（Jacques Herzog）认为，在历史过程中，建筑师总是与强权为伍，设计出来的建筑总是时代强权、时代精神的体现，很少被认为是更新和变革的象征；建筑师在空间形态上的创新往往直接成为商业化的工具（这一角色在 1980 年代后强化了）。建筑师难以拒绝大型或者有影响力的项目，因为这一过程是商业运作的一部分，是提升建筑师自身声望的一部分，即便这些项目将导致经济泡沫，甚至是可能的政治压迫。他认为"建筑没法改变社会，但建筑师能够做出切实的贡献" ❷。他批判那些经典理论文本（如罗西的《城市建筑学》、文丘里的《建筑的复杂性与矛盾性》）"只不过是应付建筑理论考试时临时抱佛脚的素材罢了"，在历史进程中变成一个理论空符，没有能够产生确实的社会实践影响。赫尔佐格最终被迫回退到建筑的建造活动，回退到使用者的使用需求。

---

❶ 大卫·哈维谈到，在建筑学、城市规划和城市理论领域中，太多充作生态上敏感的东西实际上都与时髦的资产阶级美学没有太大区别，那种资产阶级美学喜欢以一点绿色、少许的水以及一抹天空来提升城市。见《正义、自然和差异地理学》第十四章。

❷ 见 domus 公众号 2021 年 7 月 16 日，雅克·赫尔佐格写给大卫·奇普菲尔德的信。

3　城市更新中的空间认识论更新

3.1　重返具体的日常生活：观点与讨论

城市更新中的空间实践首先源于对空间中问题的发现和价值判断，进而连接上更大层面的空间认识论。简·雅各布斯在《美国大城市的死与生》中批评现代规划师只顾继承正统理论而忽视活生生的现实世界。她说，"城市是城市建设和城市设计中反复试验、失败与成功的巨大实验室。这是城市规划本应在其中学习、形成和测试其理论的实验室。（从业者和教师）……没有打破有各种意图、惯常的迷信、过度的简单化和符号象征的似是而非的舒适感（指在专业领域内的舒适感），也没有开始探究现实世界的探险行动" ❶[17]16, 23。

亚历山大·卡斯伯特（Alexander R. Cuthbert）同样批评专业人士对专业知识的迷信和僵化，呼吁在新阶段城市设计需要消除自身的学科边界和调整学科的内容构成，转向空间政治经济学[18]。卡斯伯特在这里指的新城市设计，不是狭隘的概念（如存在于城市规划与建筑设计之间，或三维的城市物质形态布局、物质形态关系的视觉美学推敲等），而是处理城市空间问题的总体认识和方法——城市更新存在其中，他称之为空间政治经济学。和雅各布斯的批判类似，列斐伏尔在多处谈到专业固执化的"知识恐怖主义"以及专业者伴随的超出学科边界后的各种问题，强调重构空间认识论，拒绝在抽象空间中的操作，重返鲜活的日常生活，从以物为中心的空间观走向社会空间和空间政治经济学。学界对什么是空间政治经济学有着不同的理解❷。按照列斐伏尔的观点，空间政治经济学正是基于对碎片化学科的批判基础上的认识论重建；它认识到各学科的研究对于认识总体的一部分价值，但它提倡一种辩证的运动，即从局部（包括学科）走向总体，再由总体返回局部的运动（经由这一过程的局部已经成为新生的、新状态的"局部"），既避免只困限在局部狭小空间中的认识和狭隘实践，也避免失去鲜活的日常，仅在抽象空间中的孤僻思辨；它提倡具体与抽象的创造性结合；它试图寻找可能的变革路径——包括城市规划与建筑学在内的专门学科是其中重要的构成（这也是为什么它们成为列斐伏尔、康斯坦特、雅各布斯、卡斯伯特等批判的对象）[19-21]。

---

❶　此段引用根据英文版本重译。中译本将 Symbol 翻译为"数值"不很妥当。
❷　在卡斯伯特的解释中，他虽然提及空间政治经济学拒绝基于专业和学术之别进行的知识划分，但仍然试图用理论、历史、哲学、政治、文化、性别、语用论等 10 个分类展开讨论——这种裂化的、碎片化的阐述无助于有效理解。

3.2 　城市更新中学科转型：批评和实践

　　城市规划与建筑学是现代城市更新的基本知识与技术构成。尼格尔·泰勒（Nigel Taylor）谈到从 1945 年后城市规划经历两次较大的变化，即由物质空间规划（形态设计、蓝图式规划）转向科学化（系统规划、理性过程规划、数量化表征等），再而在 1980 年代转向规划与国家政治、与新自由主义、与价值观判断之间的互动[22]。他谈到在第一次转型的过程中出现理论与实践的严重分裂，理性化、数量化的看似科学的研究与具体城市规划实践并没有太大关系，他称之为一种"伪技术主义"（False Technicism）。在第二次转型中出现了城市规划学科身份与价值认同的困境与问题：它到底是一种实质性规划实践，还是一种与专业、与技术无关的政治认知与价值判断。两次学科内涵的转型发生在城市增量型更新向城市存量型更新的进程中。他的判断是，"城市规划……是一种社会活动的形式，受一定的道德、政治和审美价值观念左右，为塑造城市物质空间环境提供指引。换句话说，城市规划是一个'道德'（政治）实践"[22]150。不管这一判断是否准确，从增量型更新到存量型更新的进程中，城市更新越来越深地卷入社会关系与矛盾冲突之中，与政治、经济和社会密切相关，这意味着学科必须由外而内重塑自身内部结构与内容构成。

　　和塔夫里的批判类似，卡斯伯特认为当代建筑学已经严重脱离社会。他说，"建筑学作为一种现象而存在是由建筑师以内部操作的方式，通过各种形式的实践、职业兴趣、一大堆奖牌，以及如高等教育项目的公共机构占用，来绘制建筑学是什么，不是什么。总的来说，建筑师的个人狂热崇拜战胜了任何进一步理论化建筑学的需求……建筑学只不过是建筑师的实践而已"[18]。类似地，弗兰姆普顿认为，"建筑学的庸俗化及其与社会日益严重的脱离，使整个专业已被驱赶至孤立的境地，所以，目前我们面临着一种矛盾的情境，这使许多聪明的、年轻的建筑师放弃了实现任何观念的希望"[23]5。弗兰姆普顿的办法是希望在"完全迎合当前流行的生产和消费方式"和"有意识地反对"之间寻找到一条道路。

　　一个启发性的阶段是，1968 年后的欧美产生了一种批判的建筑学，"超出对建筑作品的美学和功能分析。它首先询问当前建筑活动的经济条件以及对建筑实践产生决定性影响的政治决策。此外，它还试图在规划时考虑建筑学使用者的利益和需求，从而达到对建筑目的的理解"[24]。这是欧美国家在从高速发展转向存量优化的时期，这一时期产出的批判性建筑理论——以艾森曼、弗兰姆普顿等为核心成员的 IAUS 的探索——指导了后来的先锋性实践。物质空间仍然是社会行动的要素构成，城市更新——城市规划与建筑学需要主动参与、介入到社会性议题之中，介入到空间存量中复杂矛盾冲突的协调之中，需要走向社会空间的生产。

4　讨论与启示：城市更新与社会空间生产

前文提及的发表于 2007 年的《欧美国家在城市更新与重建过程中的经验与教训》，已经提出当时中国城市更新与建设中的问题，谈到"我们正在走美国城市更新之道路，并重犯美国城市更新的错误，甚至规模更为浩大，时间更为持久，而造成的负面影响也更大"[1]29。文中指出，规模巨大的城市重建使中国的城市特色逐渐消失，景观政绩工程、城市土地经营破坏城市历史文脉和旅游文化资源，城市财政不堪重负[1]。文中谈到，问题的严重性已经引起社会各界的关注——事实上，在该文发表后的近二十年间，文中提出的各种问题持续发生，中间固然有各种因素在起作用，但回到学科本体，仍然是学科缺少深入的理论研究和反省意识；结合前述的分析，在新时期城市更新需要从之前的"物质空间生产"转向"社会空间生产"；作为城市更新的主要引导甚至是主导者，城市政府需要从"经营型"转向新的"管理服务型"，而这意味着新时期城市更新内涵的转变，以及对城市规划和建筑学等学科转型的需要。

4.1　各种更新：资本的稀缺到过剩

新中国成立后的城市更新是应对不同阶段国家政策调整的产物。总体上国家宏观政策调整的底层逻辑和历史线索是从资本稀缺状况下推进工业化（改革开放前），到如何面对出口受阻、内需不足的资本过剩困境甚至是危机。随应对问题不同，中国城市更新在新中国成立以来的近四分之三世纪表现出鲜明特点，在不同阶段应对和处理不同主要矛盾，呈现出多样和差异的空间实践状态（表 1）。国家面临的问题和危机直接转换为城市问题和应对性的具体空间实践，转化成为城市更新的具体实践。

新中国成立后至今四个阶段的城市更新问题、内容和特征　　表 1

阶段	城市更新要点	主要内容和特征
第一阶段（1950—1970 年代末）	重工业优先政策下的城市低度发展	城市在财政、劳动力、政策供给方面都处在困难境地，既无大量的国家或地区投资，也无大量人口增长（数量庞大的城市青年下乡）；城市交换功能和产品的流动性被抑制到最低需求。城市政府是低度的、十分有限的管制型政府，为地方城市提供最基础的公共服务

续表

阶段	城市更新要点	主要内容和特征
第二阶段 （1980— 1990年代）	城市基础设施"补课"、住房与开发区	城市部门开始有部分财政投入城市更新，用以改善基础设施；解决城市住房问题，是该阶段城市更新的主要内容构成；提出"人民城市人民建"的方针，多方筹集城市建设资金；"开发区"是城市新空间增量与核心构成和改革的试验地，具有"破土"的意义和价值
第三阶段 （1990— 2010年代）	激进市场化改革与中国城市急速巨量更新	城市更新的"重锤"时期和粗放型城市更新阶段；城市大规模的、强力的旧房确权和拆迁加上快速的水平扩张和垂直增长的共构是这一时期普遍的城市更新形态。城市政府从教育、医疗、公共住房等公共服务事务退出，公共服务市场化和私有化，前所未有地改变城市居民的消费结构和日常生活状态
第四阶段 （2012年至今）	不均衡发展与多样策略城市更新	资本在不同地区的撤出和流入都带来城市更新。相当数量的发达城市逐渐进入存量优化和微更新阶段。通过制度改革来减少城市与外部连接、城市内部生产的交易成本，促进资本更高效率的积累，是大城市更新的路径。城市更新需要促进城市产业转型、推动内部更进一步的劳动分工以及更高的资本周转率

资料来源：笔者的分析与整理

　　改革开放后四十多年间的快速和高强度城市更新，是城市政府从"管制型"逐渐转向兼具"经营型"的过程，是之前福利经济模式下公共品的快速商品化过程（城市的要义与公共性相关，公共品的商品化某种程度上表征着城市属性的变化）。前一个时期的公共交通、医疗、教育是城市政府的供给；住房是工厂供给的职工住房。二三十年间公共品的质量与价格出现极化现象，越高质量的公共品使用价格越昂贵——它一定程度失去公共品的意义，危及权力的合法性❶。对于（国有或民营）企业而言，谁能够预判或者提前得知空间公共品的规划布局与生产（政府行为），就能在市场竞争中获益（通过信息差而不是技术创新）。因为企业的收益与政府的政策导向和决策紧密相关，因此张维迎曾经讨论到，中国的企业家主要关注政策的不确定性和制度创新，而西方的商人则更注意市场的不确定性和技术创新[14]。

---

❶ 价格的昂贵不必然体现在它本身，而在于谁能够获得公共品的可能性上（Accessibility，比如，一个高质量学校的周围出现价格惊人的学区房、大城市公园周围出现高密度开发的高价格公寓、城市中或其周边的江河湖海作为日常生活的公共品却被"私享"、计划中的地铁站周围区域提前被消息灵通的开发企业占据等——这些现象已经成为日常生活的经验）。"双生共在"是该时期城市更新的空间政治经济模型：高品质公共品空间（公共投资）被资本所密集环绕。经营型的政府对空间公共品的投资（经由政府下属的城市投资公司介入市场），一方面是其生产合法性的必要，另一方面是希望拉动周边的土地价格；而竞争性资本通过对空间公共品的邻接占有，获得某种区位优势和价格优势。在这个过程中，城市政府与资本集团互惠互利，"双生共在"。

在改革开放初期，中国城市首先通过对存量改造来改进十分落后的基础设施，增加高度紧缺的住房的供给，是一个城市"补课"的过程，总体而言它仍然是一个公共服务的福利型供给模式，尽管向外开放带来新的思想、技术和不断积累的冲突。1992 年后随着日益加深的市场化进程，主要通过前所未有大规模的快速增量推进城市更新（"大拆大建快建"），扩大城市的规模和种类，推动城市之间与城市内部的劳动分工，也意味着城市越来越卷入全球和地区的资本积累进程。1983 年费孝通就对这一问题有深刻的思考，提出"小城镇 大问题"的发展模式，但并没有得到重视。只有 2008 年全球经济衰退出现后，才将以大中城市为依托的受阻后的外向型经济，适度向内转，提出"新型城镇化"发展战略，以及从新农村建设到脱贫攻坚、乡村振兴，及县域经济的发展政策。进而在过去的十来年间，乡村的空间成为规划师、建筑师的实践领地，但由于普遍缺乏乡村认识和深入调查，许多乡村实践是简单、粗暴的城市模式移植。

4.2 实践逻辑转变：社会空间生产

"走向社会空间的生产"从根本上是"赛道转换"。哈维在《社会正义与城市》中谈到，学科内大多数理论模式要么安于现状（或对于现状的辩护）要么反向而动（Counter-Revolution）❶，"这些模式以概念形式……或将注意力从实际问题转移到无关紧要或无足轻重的问题上……因此学者需要一种革命意识的行动……这样的革命意识行动能够在一门学科内产生思想上的革命"[16]153。其中的一个基本问题是，什么是社会空间？它是一种明确指向，却有着各种不同理解，但总体拒绝纯物理的、机械的、实证主义的空间观，它有个体的和集体的人的积极行动在其中。哈维指出，"空间只有体现'重要关系'时才有意义，重要关系不能单独由某些个体认知状态和个体从中发现自我的背景来决定。因此，社会空间是由个体对围绕个体的空间象征的感觉、意象以及反应构成的复合体……社会空间是复杂的、非同质的、可能非连续的，且迥异于工程师和规划师通常用的物理空间……社会空间不仅是个体到个体、群体到群体的变量，也是实践的变量"[16]28-30。

作为整体的社会空间具有不同层次，如列斐伏尔分析的私人、混合（城市）、国家，或近端、中介和远端等 [25]；社会空间同时还具有不同维度，如列斐伏尔分析的空间表征、表征性空间和空间实践，或认知空间、感知空间和活在的空间

---

❶ 哈维对于反向而动的，或者直接翻译为反革命理论的论述很值得思考。他谈到，"反革命理论模糊、遮蔽且扰乱了我们理解现实的能力。这种理论逻辑连贯、容易操作、美观或新鲜时尚，因而通常很有吸引力且得到广泛传播。但这种理论在某种程度上与其声称所代表的现实完全脱离……把人们的注意力从基础问题转移到表层问题或压根不存在的问题上"。见《社会正义与城市》第四章。

（Lived Space）[21]。社会空间是不同层次与不同维度复杂冲突、互动和实践的结果。它抵抗空间被碎片化，空间被隔离化，它高度强调空间的总体性和内在的辩证运动。也可以通过列斐伏尔反对的空间来认识他倡导的社会空间。他的概念是，需要新的空间观（认识论）来抵抗资本主义的抽象空间，它关切日常生活的自在和愉悦，而这一空间观的核心是"社会空间"。在论述中列斐伏尔提出的一个问题对于理解"社会空间"具有启发意义。他在多处批评《雅典宪章》提出的四种需求代表了现代城市规划在抽象空间中的操作，他问，如何能够生产出一种空间知识和形式，来满足人们对于自由、创造、独立、进步、和谐、尊严的需求？[20] 社会空间就是对于这些有意义的、有生命存在价值需求的积极回应。

4.3　新空间实践：新的管理服务型

在国际经济形势持续下行的长周期中，应对经济与社会的各种问题和危机将成为空间生产的基本动力。一种特殊性的地方状态是，存量时代的城市更新需要处理两个基本问题：第一，当来自之前的土地开发和其他产业增量的城市政府财税急剧减少时，政府必然要从庞大的建成环境（存量）中生产出新的财税——作为城市更新的主体或推手的城市政府必然带有强烈目的性；第二，这需要思维方式和规划模式又一次转换，不是上一个阶段市场一次性土地商品销售的思维和物质空间规划模式，而需要经由提供改进质量的城市治理和公共服务（如公共安全、公共卫生、高品质公共空间、维护公平正义等）来生产财税。这就意味着政府属性的反转，从经营型要回归新的管理服务型（不是之前具有更多管制型属性的模式；在服务质量没有提高的状况下试图从存量中加大财税汲取必然引发社会抵抗）。这将带来城市更新社会实践模式的转变，不能耗费大量公共财政投入视觉美学的城市装扮，不是自上而下强硬的指令性操作（因公共财政的萎缩使之不能大包大揽；尽管这一过程需要一定时间，甚至是较长时间的转换），而需要基层社会的协商和共同推进，意味着政府与社会可能的更紧密的合作，上下的结合（因而"公众参与"成为这个时期的一个时髦口号；但多大程度上市民能够介入决策体系十分需要深入讨论）❶。城市更新将从上一个阶段以物质空间实践为主转向物质空间与社会空间相结合的实践路径，或者说，城市更新需要抓住契机走向社会空间生产。城市需要的不仅是高质量的物质空间（尽管它仍然需要），更是能够激发人内在自发性、创造性，促进集体交往、团结和行动的社会空间。

---

❶ 可见尼格尔·泰勒在《1945 年后西方城市规划理论流变》中关于"公众参与阶梯"的精彩讨论。

参考文献

[1] 蔡绍洪，徐和平 . 欧美国家在城市更新与重建过程中的经验与教训 [J]. 城市发展研究，2007（3）：26-31.

[2] PORTER L，SHAW. Whose urban renaissance? An international comparison of urban regeneration strategies[M]. London and New York：Routledge，2009.

[3] 斯科特·拉森 . 雅各布斯的思想与摩西式的建造：纽约市当代规划 [M]. 汪劲柏，译 . 北京：中国建筑工业出版社，2022.

[4] 刘易斯·芒福德 . 城市发展史——起源、演变和前景 [M]. 宋俊岭，等译 . 北京：中国建筑工业出版社，2005：557.

[5] 列斐伏尔 . 空间：社会产物与使用价值 [M]// 包亚明 . 现代性与空间的生产 . 上海：上海教育出版社 . 2003.

[6] 多琳·马西 . 劳动的空间分工：社会结构与生产地理学 [M]. 梁光严，译 . 北京：北京师范大学出版社，2010.

[7] SMITH N. Foreword[M]// LEFEBVRE H. The urban revolution. Minneapolis：University of Minnesota Press，2003.

[8] 大卫·哈维 . 资本的空间 [M]. 王志弘，王玥民，译 . 台北：群学出版有限公司，2010.

[9] 曼弗雷多·塔夫理 . 建筑学的理论与历史 [M]. 郑时龄，译 . 北京：中国建筑工业出版社，2010.

[10] 大卫·哈维 . 新自由主义简史 [M]. 王钦，译 . 上海：上海译文出版社，2016.

[11] SMYTH H. Marketing the city：The role of flagship developments in urban regeneration[M]. London：E & FN Spon，1994.

[12] 尼尔·史密斯 . 新城市前沿：士绅化与恢复失地运动者之城 [M]. 李晔华，译 . 南京：译林出版社，2018.

[13] HARVEY D .The urbanization of capital[M]. Baltimore：The Johns Hopkins University Press，1985.

[14] 米歇尔·德·塞托 . 日常生活的实践 1：实践的艺术 [M]. 方琳琳，译 . 南京：南京大学出版社，2015.

[15] 大卫·哈维 . 巴尔的摩之书：都市史新观点 // . 资本的空间 [M]. 王志弘，王玥民，译 . 台北：群学出版有限公司，2010.

[16] 大卫·哈维 . 社会正义与城市 [M]. 叶超，等译 . 北京：商务印书馆，2022.

[17] 简·雅各布斯 . 美国大城市的死与生 [M]. 金衡山，译 . 南京：译林出版社，2005.

[18] 亚历山大·R·卡斯伯特 . 城市形态——政治经济学与城市设计 [M]. 孙诗萌，等译 . 北京：中国建筑工业出版社，2011.

[19] 亨利·列斐伏尔 . 马克思的社会学 [M]. 谢永康，毛林林，译 . 北京：北京师范大学出版社，2013.

[20] 亨利·列斐伏尔 . 空间与政治 [M]. 李春，译 . 上海：上海人民出版社，2008.

[21] 亨利·列斐伏尔 . 空间的生产 [M]. 刘怀玉，等译 . 北京：商务出版社，2021.

[22] 尼格尔·泰勒 .1945 年后西方城市规划理论流变 [M]. 李白玉，译 . 北京：中国建筑工业出版社，2006.

[23] 肯尼斯·弗兰姆普顿 . 现代建筑：一部批判的历史，[M]. 张钦楠，等译 . 北京：中国建筑工业出版社，2004：5.

[24] 沃尔夫冈·弗里茨·豪格 . 马克思主义历史考证大辞典（第一卷）：从国家的消亡至先锋队 [M]. 俞可平，等译 . 北京：商务出版社，2021：519.

[25] 亨利·列斐伏尔 . 都市革命 [M]. 刘怀玉等，译 . 北京：首都师范大学出版社，2018：182.

张勤，中国城市规划学会常务理事、学术工作委员会副主任委员，杭州市规划和自然资源局原副局长

张勤

成人之美　润物无声

作者按：这是十年前为韦飚先生的译著《利物浦——城市中心区的更新》❶ 写的序。近两年，随着城市更新的广泛推进，接触的有关城市更新案例越来越多，但总觉得没有这本书对利物浦城市中心区更新的介绍生动、深刻。这本书对利物浦城市中心区更新案例的介绍没有以规划开篇，规划也不是它的主线，但却客观真实地体现了规划的价值和作为。规划不是孤立的，必须以具体的经济社会发展事项为依托。在很多情况下，规划只是成人之美而非尽善尽美。

原来文章的标题是《传承与创新交融的乐章》。根据今年学会年会的主题，对文章的标题做了调整。

因为实际工作中越来越多地遇到关乎城市转型、功能提升的问题，所以十分在意其他城市的相关案例。经我在杭州的同事韦飚推荐，我读了介绍"利物浦一号"案例的 *Liverpool regeneration of a city center*，收获之余，有许多特别的感想。

"利物浦一号"是英国城市中心有机更新的成功范例，产生了巨大的经济社会效益，推动了城市可持续发展。"利物浦一号"项目所在地位于利物浦的老城中心区，拥有着古老优秀的建筑遗产和通向滨水地带的良好视廊，由于缺少投资，商业业态逐渐衰落。"利物浦一号"项目的实施，为利物浦提供了大量商业、娱乐、公共活动的功能，拉动了商业效益，促进了就业；保护和传承了城市文化，提高了城市的空间品质，拉动了区域的活力，增添了城市的魅力。

---

❶ 戴维·泰勒，特里·达尔波特.利物浦：城市中心区的更新 [M]. 韦飚，译.北京：中国建筑工业出版社，2016.

城市更新是对城市发展问题的回应。英国是最早开启城镇化进程的国家，也是最早面对城市更新问题的国家。位于英格兰西北部默西河河口的利物浦，曾经是英国最重要的制造业中心。19世纪初，在欧洲工业化鼎盛时期，利物浦港承担了世界40%的贸易。随着"二战"以后世界经济结构和布局的调整，利物浦港口和传统制造业日趋衰落，当地经济深受影响，城市发展日渐萧条。1980年代初，利物浦的失业率高居英国大城市之首，贫困和社会隔离造成城市骚乱。如书中所说，"恰恰是这些低潮时刻成为利物浦发展的转折点，为这座城市带来新生的曙光"，推动了城市有机更新的进程。

城市更新需要战略的眼光——要从城市可持续发展出发审视挑战与机遇，明确城市更新的战略目标。曾任英国环境大臣的迈克尔·赫塞尔坦爵士是这个项目的倡导者。面对1980年前后利物浦面临严峻的经济社会发展问题，他从维护社会稳定、复兴城市经济的战略视角，决心要让这座历史底蕴深厚、曾经在欧洲工业化发展中举足轻重的城市再现辉煌。确定该地区不应只作为商业开发，要从更高层面整体提升环境品质，增加公共空间，连接城市内部与滨水区，促进地区城市复兴。

城市更新需要多元参与——统筹调度各方面资源共同参与。城市更新要统筹兼顾当地居民、业主的意愿和投资者的收益。赫塞尔坦爵士首先向英国重要的投资机构游说利物浦的价值，与他们一起探讨实现的途径，争取投资。相应地，利物浦建立了整合公共和私营机构，鼓励私人资本参与的相关政策。这体现了西方"协商性规划"和公众参与规划活动的价值内涵。

务实的，注重人文精神、注重低碳生态、注重文化传承的规划理念对城市更新项目的成功至关重要。在"利物浦一号"筹划和开发建设中，规划贯穿了从顶层设计到项目实施的全过程，在项目成功中发挥了重要的引领作用。"利物浦一号"的规划有很多好的经验。一是开放的规划，一方面是规划方案的征集，另一方面是公众意见的征集；二是责任的规划，长期参与利物浦城市更新计划的百殿建筑设计工程公司受托领衔编制该地区的规划；三是动态的和有弹性的规划。

空间品质是更新的载体，是理念与行动的综合体现。"利物浦一号"十分注重发挥重大项目对区域发展的影响，通过空间贯通增强项目的辐射带动能力。"利物浦一号"抵制住了大体量、高封闭性的"销品茂"（Shopping Mall）的入侵，注重遵从历史，采用局部的、植入式的有机更迭方式，依托当地历史街区的形态重构城市中心，保留原有的空间肌理及建筑尺度，以多样化的建筑来强化城市的历史底蕴。注重从体量和文化上对建筑群体的深入研究，探求各个单体之间及其与周边区域、设施的内在联系。注重"贯通性"（Permeability），保持城市肌理的系统性和完整性，通过绿色步行廊道贯通滨水区域，串联了周边区域一系列的小型公园，引导人流，促进消费。不仅实现了大型商业综合体难以达到的商业效果，而且营造了完整的公共空间系统，增强了地区功能，提升了品质。

成功的城市更新项目离不开灵活的实施机制。按照英国传统的城市规划管理体制，面对纷繁的法律程序，"利物浦一号"这样涉及较多利益主体的更新项目审批程序将会缓慢冗长。为了推动"利物浦一号"的实施，城市政府在众多开发商中选择了提倡保护历史街区风貌、整合空间系统、整体提升城市品质的高福诺公司作为领头的开发商。由政府与高福诺公司合作分步推动项目实施。在项目审批机制上，通过市议会、开发商、设计单位以及各利益主体等多方的共同努力，设立规划协调会议制度，以"混合式规划申请"（Hybrid Planning Application）的方式，加快申报和审批的节奏。在项目的实施组织机制上，利物浦市政府拥有"利物浦一号"项目场地的永久产权，高福诺公司购买了除历史保护类建筑外大部分地块 250 年的使用权。历史保护类建筑由政府及历史保护相关部门独立进行更新，其他地块由高福诺公司牵头以商业开发模式实施。高福诺公司的先期启动区，项目年收入按一定比例归利物浦市政府所有；后续分阶段开发地块，由高福诺公司出售给其他开发商进行联合开发。

经济活动的空间集聚推动了现代城市形成发展，经济的周期性波动推动城市兴衰更迭。每一座城市都将不可避免地面对更新问题。营造富有活力的城市空间，创新经济活动的组织方式，丰富经济活动的社会文化内涵，实现城市的有机更新，是现代城市可持续发展的必由之路。本书以实例的方式，展示了在一座具有悠久历史的欧洲城市中心区内进行城市更新的理念和方法，提供了一条延续城市文脉与振兴城市功能并重的发展路径。更新是创新与继承的有机统一，本书所介绍的"利物浦一号"在规划实施中政府、市民和开发商的互动，规划方法与经济手段的协同，对我国城市更新工作有重要的借鉴意义。

占玮　袁奇峰

袁奇峰，中国城市规划学会学术工作委员会委员、乡村规划与建设分会副主任委员，华南理工大学建筑学院、亚热带建筑与城市科学全国重点实验室教授、博士生导师

占玮，华南理工大学建筑学院博士研究生

制内创新：特区制度与城市创新空间发展互动解释
——以深圳、厦门为例 *

1　引言

　　中国之于世界的环境，是改革开放的内生动力。15 世纪地理大发现是人类文明史"全球化"的开端，世界市场由此开始形成。第二次世界大战以后，美国通过"布雷顿森林体系"重启了全球化的步伐，并在此之后主导了西方资本主义以跨国企业全球扩张为主要线索的经济全球化进程（Dicken，2003；Coe，2017）。经济全球化实质上包括全球化在地方的映射和地方化向全球的扩展两个过程（Swyngedouw，2004），后发国家 / 地区在全球—地方激烈互动中逐步被纳入国际劳动分工体系和全球生产网络，继而获得了发展跃升的机会。当生产资本化国际化产生之后，如何处理对外经济关系，成为发展中国家必须面对的重大战略问题。彼时"亚洲四小龙"迅速腾飞，中国认知到了技术和经济水平的差距和不足，不断摸索经济增长经验与政策，继而提出"实行改革开放"方针（吴敬琏，2022；邓小平，1978），建立"经济特区"，开始吸引外资并扩大出口提升经济发展。

　　区域之于中国的位置，以地缘优势引领发展动力。"经济特区"在沿海城市深圳、珠海、汕头与厦门率先设立，地方的比较优势在于自身的地理、文化与社会条件。比如，珠三角紧邻香港、澳门，面向香港与世界资本、技术转移，具有地理临近优势（傅高义，2013；徐现祥，2011）。厦门与台湾海峡相望，面向侨胞投资与产业转移，具有认知、文化临近的优势（姚士谋，1989）。以面向南

---

* 基金项目：国家自然科学基金面上项目"粤港澳大湾区城乡混杂地区国土空间规划技术优化研究"（编号：52478052）；国家自然科学基金青年项目"珠三角创新城区空间模式及发育机理研究——基于'创—城'融合视角"（编号：52408061）。

中国海的四个城市作为改革开放的重要先行示范，并积极融入了全球产业体系，强化了市场改革的推进。进一步形成了"经济特区—沿海开放城市—沿海经济开放区—内陆"的对外开放格局，带来中国区域经济、人口的空间变革（陆铭，2023）。

特区之于区域的集聚，以制度强化提升激励动力。经济特区是体制改革的试验场，1985 年，邓小平同志指出"深圳是个试验，经济特区还是一个试验，我们的整个开放政策也是一个试验，从世界的角度来讲，也是一个大试验"（邓小平，1993）。经济特区的意义不仅在于经济地理空间上的集聚与增长，同时制度激励作为经济绩效高速增长的途径和经验更为重要。激励具有连锁效应，当制度环境具有比较优势之后，进一步会影响经济激励，当利益被组织捕获之后，会带动技术、物质、人力资本的优化，提升城市发展的整体竞争力（黄玖立，2013）。

中国的"经济特区"是渐进式改革开放的起点，开放的区域在空间上呈现雁阵推进（徐现祥，2004）。外资大量涌入与产业技术率先提升是"经济特区"腾飞的重要标志，也称之为长期增长的近因（Proximate Causes），政治和法律制度的变革和重构则是"经济特区"增长"帮助之手"，也称之为根本原因（Fundamental Causes）。无论是对先进技术国家的学习，还是赶超战略的共同目标，抑或是财政分权与晋升激励（林毅夫，1999；Qian，Roland，1998；周黎安，等，2005），各类解释都导向了"经济特区"这一特别政策区域是先行、有效且意义深远的。

2　经济特区制度变迁与创新增长的解释与思辨

2.1　改革开放中的"经济特区"制度变迁历程

中国"增量改革"经济发展转型经历了一个漫长的过程。一方面，"摸着石头过河"的改革经验塑造了经济发展的巨大成就。另一方面，在转型过程中，统制与市场经济矛盾、冲突不断交织，孕育了中国制度变迁的历史经验。

探索中国制度与经济改革过程，并在增量改革过程中梳理重大转折与变化，辨析"经济特区"改革前后的历史线索，一定程度上可以探索"经济特区"这一中国特色制度区域的变迁原因与目标。

1978 年中共十一届三中全会确立了改革开放方针，鼓励各地（部门）的公有制企业"在自力更生的基础上积极发展同世界各国平等互利的经济合作"，标志着外商投资从"禁止"到"允许"的重大转折。

1979 年，沿海地区凭借地缘、文化优势开始了与国际市场贸易和投资活动的先行先试，"大环境"的整体转向要从具有良好营商环境的"小环境"开展试验，"出口特区"的制度开始在同年 7 月设立，构建改革开放的基地，吸引外资进行投资办厂（初始期主要以华侨和港、澳、台商人为主）。1980 年 5 月，深圳、珠海、汕头和厦门四个出口特区开始正式命名为"经济特区"。

1984 年开始了突破"计划经济为主、市场经济为辅"的框架进行国民经济的总体目标改革，此时沿海地区凭借与国际市场贸易和投资活动的先行优势，开始了第二次对外开放的浪潮。同时期"苏南模式""温台模式""珠三角模式"地域特殊经济发展类型不断兴起，从业人员与产业产值迅速提升（谢健，2006）。

然而，因为制度局部性和扩散时间性，沿海开放地区与内地其他地区产生了"制度极差"，同时国有企业和私营企业形成"价格双轨制"（计划轨、市场轨）。在 1980 年代的中后期，各类矛盾在制度扩散的进程中开始产生，在"双轨制"制约下，经济发展在指令性计划下产生社会资源缺乏活力的现象，并且滋生的腐败问题导致了各类经济资源不断浪费，市场的交易费用开始不断攀升。

增量改革的局限性日益突出，全面深化改革的举措正在不断探索。1992 年邓小平同志南方谈话强化了改革的动力，推动了改革的浪潮。党的十四届三中全会审议通过了整体改革的行动纲领《中共中央关于建立社会主义市场经济体制若干问题的决定》，建立了"充分发挥市场机制作用、打破部门与地区封锁、创造开放与竞争的大市场"的目标，进一步推进了全面整体经济改革。

从以上几个关键节点来看，"增量改革"的制度变迁是一个激烈的"渐进式过程"。譬如西方学者研究认为中国近现代的经济制度变迁和改革是各种制度实施演进交替，而首先从国有企业体制创新开始蔓延，非国有经济特别是乡镇企业，依赖于国企的制度变迁的溢出（Gary Jefferson，Thomas Rawski，1994）。也有学者解释市场经济在中国发展的原因为，市场经济能够比再分配经济（计划经济）在市场要素的分配与生产组织上更有效率、更具有竞争性，当市场接轨全球化，新的利益集团会再产生并导致社会制度和组织的再变化，形成社会与制度的分层机制（Victor Nee，1989）。值得注意的是，中国改革道路错综复杂（意识形态、文化传统、多元制度），组织和制度的变迁深嵌于市场经济与政府力量的互动演化之中（周雪光，1999）。冲突和矛盾促进了制度的更替和演进，进一步带来了优化的政策与特定的空间指向，"经济特区"便是其中特别政策导向的重要区域（图 1）。

2.2　制度变迁、经济增长与城市创新能有效互动吗？

20 世纪 80、90 年代两轮改革开放的热潮掀起，带动了国内整体经济的增长，"经济特区"在第一轮改革的伊始生产总值快速增长，而外商投资则是在 1992

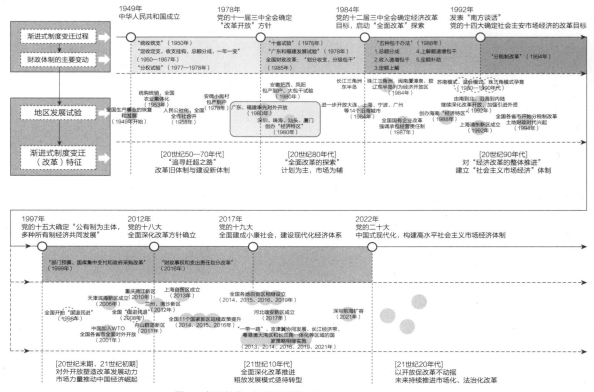

图 1　中国制度、经济改革进程与地区试验互动过程解析
资料来源：参考吴敬琏，2018；萧东连，2014；姚洋，2008 等绘制

年第二轮改革后开始了拉高增长速度。从宏观数据分析来看，深圳经济特区完成了从 1980 年 2.7 亿元到 2020 年 27670 亿元的生产总值巨变，深圳持续的经济快速增长塑造了中国改革开放的"世界奇迹"与"改革样本"，厦门、珠海、汕头因"经济特区"制度红利同样也获得了不同程度的经济增长。20 世纪 90 年代，四大"经济特区"的城市经济生产总值增长速度高位浮动，代表特区制度与组织的互动演化动态持续。21 世纪伊始，各大特区的城市经济增长速度趋于稳定，一方面代表制度与组织关系达到博弈平衡，另一方面也开始产生了"特区不特"的现象，城市在制度变迁中产生了"路径锁定"，经济增速开始放缓（图 2）。

　　总的来看，"经济特区"刺激经济的增长并拉动城市创新发展卓有成效。中国整体制度变迁过程中的特区制度改革带来了外商的经济投资（图 2），也进一步促进了全球产业体系的转移（早期主要是港、台资本），沿海地区从承接"亚洲四小龙"及发达国家地区劳动密集型产业开始，以全球贸易、跨国投资的方式实现国家 / 地区之间的要素流动，进一步促进"经济特区"的城市创新路径走向了"引进—消化—吸收—创造"（宋丽萍，2014；李敦瑞，马海涛，2013）。

　　以深圳经济特区为代表，改革开放后接轨全球生产体系（Global Production

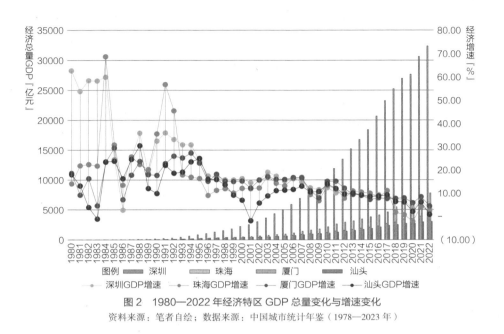

图 2   1980—2022 年经济特区 GDP 总量变化与增速变化

资料来源：笔者自绘；数据来源：中国城市统计年鉴（1978—2023 年）

Network，GPN），吸引了一大波港、台资本的投资设厂，实现了生产技术的转移。深圳紧邻香港，拥有对接世界窗口的地缘优势，同时珠三角广域的市场腹地连接深圳核心支撑其不断跃升（许学强，1988；刘云亚，2016；袁奇峰，2008）。深圳在"特区不特"的困境下进行了多轮的产业创新转型，开始向区域腹地转移制造业，同时出台一系列人才、企业创新的政策支撑创新产业发展（其中包括一系列的财政激励和市场环境培养），使得深圳成功晋升为"全球创新城市"的代表（黄哲，2023）。根据中国区域创新创业指数（IRIEC）（北京大学企业创新平台）1990—2020 年数据，四大经济特区中的三个——深圳、珠海、厦门的城市创新指数在 20 世纪 90 年代均位于全国前列，其中深圳更是一骑绝尘，整体创新指数保持在全国第一（图 3）。

3   历程中的创新："引进—消化—吸收—创造"演化中的互动

"经济特区"作为社会主义国家的生产组织方式的新实践，在改革开放初期率先开始拥有发展自主权、吸引外资并建立出口型经济的制度条件。城市创新与制度变迁在互动过程中不断重塑，同一制度在不同地域实施产生不同频亦或是偏离的城市创新路径，改革伊始的四大"经济特区"在制度激励下，因地域的地缘区位、文化关系与产业场景的不同，城市创新也呈现了不同的发展特征和路径。

从 1980—2021 年四大经济特区外商投直接资额变化来看（图 4），深圳进入

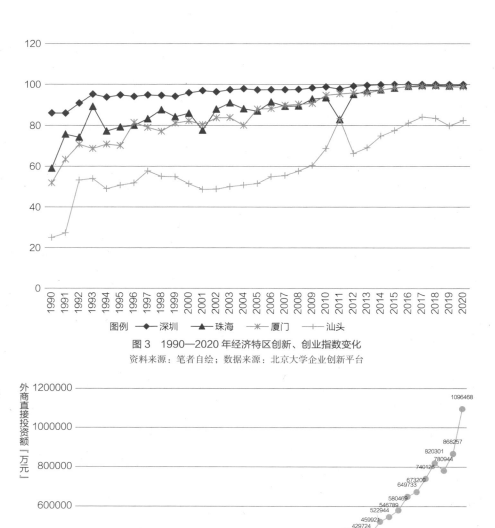

图3　1990—2020 年经济特区创新、创业指数变化
资料来源：笔者自绘；数据来源：北京大学企业创新平台

图4　1980—2021 年四大经济特区外商直接投资额变化
资料来源：作者自绘；数据来源：中国城市统计年鉴（1978—2023 年）

2000 年之后逐渐与厦门、珠海、汕头拉开差距，增速逐渐加快。作为外向型经济的特区城市，外商投资带来了资本积累的同时促进了生产技术的转移，进一步促进了特区的创新与产业发展，"引进—消化—吸收—创造"作为特区城市创新的主要路径，与制度变迁产生了互动反馈。

从经济总量与外商投资额度对比来看，深圳实现了"经济特区"制度的成功，而厦门、珠海的增长对比略显暗淡，汕头则居末位。珠海与深圳同属珠江三角洲，两大经济体因在同一区域体系内，发展条件与路径会产生交叉影响，故本研究选择深圳与厦门进行制度变迁中的创新发展历史路径对比，尝试进一步在差异中寻找问题，在问题中寻找共性。从历程中厘清不同特别政策导向的城市创新变化特征并进一步提炼，能够为制度与政策导向城市创新效能，并有效激励创新提供重要的经验切口。

3.1 "制度引领—创新引进"阶段（1978—2000 年）

1978 年，四大沿海地区近乎同时改革开放，吸引外商投资获得经济的发展，带来技术的转移并提升地区的生产力，以实现经济增长的地方目标。

3.1.1 深圳创新从口岸向关内拓展，城市政策保障"三来一补"转型

在改革开放的增量经济发展目标下，地方制度试验不断调整。首先，在原始资本积累薄弱的基础上，深圳利用廉价的土地和劳动力与香港窗口对接，引进世界外资（主要是港资）的资金、设备、技术开办"三资"企业。其次，所有制改革使得在深圳的中央部属企业、省直属企业、内地城市属下企业开展大量的合资联营合作达到快速经济增益目标，开始开办大批从事"三来一补"❶业务的企业。1980 年 8 月，深圳成立经济特区，范围约为 327.5 平方千米；1982 年深圳设立"二线关"保障特区建设，将深圳划分为关内、关外，一方面为了保证特区的制度优势，另一方面降低先行先试的试错成本。产业主体首先集中在贸易口岸和港口以便以更低的交易成本对接香港"三来一补"产业，创新主体也集中在罗湖、皇岗等口岸。

深圳通过"三来一补"实现技术转移，在产业"引进—消化"过程中不断主动调整政策以适应新的市场体系。在 1990 年代后期，深圳低廉的劳动力与土地成本优势不再，"三来一补"开始退潮，"三资"企业开始转型为资本密集型、知识密集型的高新技术产业。随着"三来一补"在关内设置各大工业区，转移技术学习也集中在这些工业区内，超过 80% 的创新主体主要集聚于罗湖中心区、福田的赛格科技园、南山科技园等园区。除了关内的产业与创新主体集聚以外，深圳市政府也同步开始谋划关外布局，通过服务配套和产业设施完善吸引了大量的产业主体进行办公设厂，如龙华坂田街道的土地出让给华为、富士康等企业，通过政策性的引导形成了创新主体的外迁集聚（图 5、图 6）。

---

❶ "三来一补"作为一种引进贸易方式，包括"来料加工""来样加工""来件装配"和"补偿贸易"四种形式。

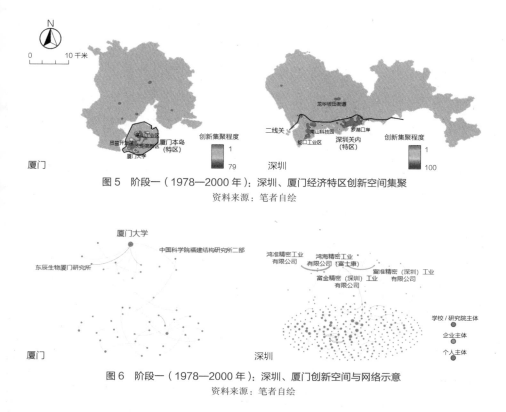

图5　阶段一（1978—2000年）：深圳、厦门经济特区创新空间集聚
资料来源：笔者自绘

图6　阶段一（1978—2000年）：深圳、厦门创新空间与网络示意
资料来源：笔者自绘

3.1.2　厦门创新在岛内小片区试验，产业条件受限影响"引进—消化"

厦门要向"小政府、大社会"的方向深化改革，走外向型经济与自由港的发展道路❶。厦门在特区设立之初拟定"自由贸易区—自由工业区—自由金融区"实行梯度推进，承担海峡两岸合作的重要经济与政治职能。1980年10月，厦门在湖里区划定2.6平方千米大小的经济特区，1984年3月，厦门经济特区扩大到整个厦门岛，同时厦门岛开始逐渐实行"自由港"的政策，加强东南经济联合与对台协作❷。此阶段，厦门外向型经济主要以轻型工业与出口创汇产品为主，并持续保持产品优势扩大出口（厦门市2000年经济社会发展战略，1988）。与深圳"三资企业"大量增长、外资市场快速扩张相比，厦门具有一定的差异。首先，深圳在后发基础上全力推进"三来一补"进行原始积累，而厦门的发展具有多重经济、社会与制度目标；其次，厦门选择食品加工、纺织服装与机械工业等作为优先发展的产业，导致产业结构存在缺乏支柱产业、产业集约化程度不高、老企业技术改造动力不足的问题，进而技术引进的产业支撑不够。

---

❶　资料来源：《厦门经济发展战略（1985—2000年）》。

❷　《国务院关于厦门经济特区实施方案的批复》（国发（1985）85号）。

围绕东渡港区设立厦门经济特区，吸引台资转移在杏林、海沧与集美等地设立台商投资区。厦门在此阶段创新主要集中在湖里区（厦门岛的西北、西南部），围绕厦门港湖里工业区的设立，周边员笃开发区、火炬高新区等开始建设大量的办公新区、住宅商品房等配套设施，并以"举债搞建设"带动厦门高崎机场与厦门大桥落地。此阶段创新主体集中在岛内的西、南部地区，创新空间并未集中向岛外迁移。主要的创新主体集聚在厦门大学、员笃开发区、笔山工业区等地区（图5、图6）。

3.2 "制度拓展—创新吸收"阶段（2001—2010 年）

世界贸易组织（World Trade Organization，WTO）的成立标志着以跨国公司全球生产网络治理和全球价值链贸易为核心线索的经济全球化秩序基本成型。跨国公司对区域的需求不再仅止于廉价的资源原材料和低生产制造成本，还着重考察区域产业供应链匹配度、本地企业的科技水平、劳动力的技术能力和物流货运组织效率等多个综合因素是否与其全球生产网络的治理相匹配（杜德斌，2005；李晓华，2010；刘清，等，2021）。随着中国加入 WTO，特区制度红利开始逐渐消失，"先行一步"优势不再，出现了空间、人口、资源、环境承载力难以为继的困局。

3.2.1 深圳创新集聚形成产业集群，吸收创新开始转向自主创造

随着各类决定与空间安排的出台，制度开始渐进式变迁，以应对传统产业集聚的边际效益递减。例如，1996 年深圳提出产业转型目标，加快"腾笼换鸟"进程，开始进行高新技术产业的升级；随后提出"国家创新型城市"的发展目标，并出台支持高新技术发展的各项决定；特区内外产业不断发展，至 2010 年深圳特区扩容至全市。一系列决策与市场形成良性互动，创新活动也随之产生集聚，以电子信息技术产业（ICT）为主要链条，联动高校与科研院所，最终形成了系列"创新空间单元"❶（表 1）。此阶段集聚再创新空间单元内部的创新主体总量共有 65076 个，特区内主要集中在南山深圳高新区、福田车公庙天安数码城和赛格科技园等产业园区，而在特区外则比较均匀地分布在市政府规划的"高新技术产业带"上的各个产业园区内（图 7）。创新主体间的网络围绕龙头企业、重要科研高校、研究院进行紧密互动，"产—学—研"各层次产生了不同程度的互动，创新网络的发展由上一阶段的技术转移开始转向了城市内部"消化—吸收"并开始了本地创新的培育，企业和个人创新专利数量开始大量增长，创新创造开始在深圳不断产生（图 8）。

---

❶ 通过集聚指数超过 90%、向边界外创新联系超过 50% 判定为"创新空间单元"。

3.2.2　厦门创新开始岛内逐步拓展，跨岛战略开始进行工业上岛

厦门此阶段开始进行"提升本岛，跨岛发展"的战略谋划，将本岛进行现代服务业和高新技术产业升级，岛外进行制造工业拓展。2005 年，厦门市委市政府在九届全会提出"金戈铁马，狂飙突进"❶的发展口号，大力推进岛外各类产业区建设（翔安火炬产业区、同安工业集中区、环东海域等）。此阶段的厦门创新活跃总量为 4605 个，虽 2010 年特区扩容至全市，但创新的发展也主要集中在岛内，在厦门大学思明校区、厦门火车站地区、湖里火炬高新区形成了不同类型的创新空间单元，岛外零碎分布一些创新空间单元，如海沧新阳工业片区、集美北部工业区、同安工业集中区（表 1、图 7）。由于厦门产业升级转型滞后，从制造产业获得大量的技术转移并进行"消化—吸收"的能力有限。从本阶段厦门的创新网络联系来看，创新主体主要集中在以厦门大学为代表的高校，企业创新总量较少，大部分创新网络均与厦门大学发生联系。同时，从创新网络的横纵向对比来看，横向上厦门未实现类似于深圳企业与个人创新爆发式增长，纵向上创新网络仍锁定在个别高校与企业、个人的集中互动中，并未扩展"产—学—研"的创新多层次互动（图 8）。

阶段二（2001—2010 年）深圳、厦门经济特区创新空间单元创新总量　表 1

城市	创新空间单元	所属行政区	创新总量
深圳	坂田片区	龙岗区	29110
	南山高新区	南山区	21698
	车公庙工业区	福田区	4635
	上步工业区	福田区	2373
	蛇口工业区	南山区	1617
厦门	厦门大学	思明区	1342
	火炬高新区市头片区	翔安区	188
	集美北部工业片区	集美区	130
	软件园片区	思明区	127
	文灶片区	思明区	104

资料来源：笔者自绘

3.3　"制度调整—自主创新"阶段（2011—2020 年）

随着国际金融危机（2008 年）席卷全球，以跨国公司全球生产研发网络治理为线索的经济全球化遭遇了巨大打击，跨国企业的国际投资急剧减少，发达国家的市场需求大幅下降。同时，由于区域经济发展不平衡、社会贫富差距拉大等矛

---

❶ https://xmtorch.xm.gov.cn/gxqdt_82627/mtjj/82690/201910/t20191008_2343244.html。

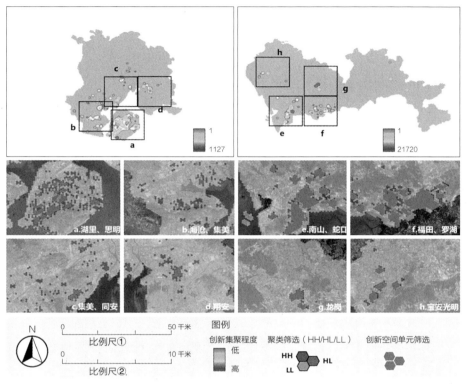

图 7　阶段二（2001—2010 年）深圳、厦门经济特区创新空间集聚与单元分布

资料来源：笔者自绘

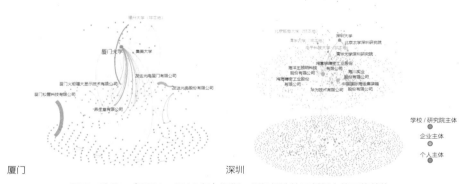

图 8　阶段二（2001—2010 年）深圳、厦门经济特区创新主体网络结构

资料来源：笔者自绘

盾，全球掀起了反全球化的浪潮。为了缓解矛盾，西方发达国家积极推动制造企业回流，并挑起贸易战与科技战。对全球生产网络的治理和重构，从效率优先转向韧性、政治经济、地缘、安全等多因素的考量（Yeung，2021）。中国在改革开放后完成了发展中国家的重要工业资产积累，但在国际环境的冲击下，要继续保持在世界产业链的核心价值区段，走向"以创新为引领"的内外双循环发展道路。

3.3.1　深圳集群扩散开始全域创新，政策支撑"产学研"创新不断互动

深圳的制度变迁不断推进城市创新，地方与国家的政策渐进式改革形成了正向反馈。2012 年，深圳发布"1+10"自主创新发展政策❶，而后在创新内生驱动转型道路上陆续推出《深圳市战略性新兴产业发展"十三五"规划》《关于促进科技创新的若干措施》《关于支持企业提升竞争力的若干措施》和《关于促进人才优先发展的若干措施》的制度配套❷，进一步强调吸引人才集聚、科研基础配套与应用场景转化。2019 年，中共中央、国务院下发了《关于支持深圳建设中国特色社会主义先行示范区的意见》，进一步自上而下强化了制度激励。

深圳在城市创新转型升级过程中不断调整政策的适配性，形成创新和制度的双向互动，完成了产业创新转型升级。此阶段的创新主体出现全域扩展的态势，在特区内外都出现了大量新兴的集聚单元。此阶段深圳创新活跃总量为487590 个，创新主体在南山区、福田区已形成数个连绵成片的巨型集聚空间单元，分别是南山区蛇口街道后海深圳湾片区—粤海街道、西丽街道—深圳高新区、福田区沙头街道车公庙—福田 CBD—华强北。与上一个阶段在原特区外地区只有零星集聚不同，创新主体在大宝安、大龙岗各个街道形成了大量的小规模集聚。

创新空间网络开始形成了紧密的"产—学—研"合作体，创新主体的数量较上一阶段仍然持续、大量地增长，重要的创新主体分布在不同的企业、高校与研究院内部，其中创新主体集聚总量较高有南山深圳高新区、福田 CBD、龙华坂田科学城等（表 2）。南山高新区孕育了大量的中小企业与科技性大企业，高校科研院所围绕企业紧密互动形成面向应用型场景的创新生态；龙华坂田科学城则是典型的围绕龙头企业创新集群，以华为、富士康等重要企业作为强创新主体，上下游产业链围绕在其周边进行生产、活动，形成技术邻近创新集群（图 9、图 10）。

阶段三（2011—2020 年）深圳、厦门经济特区创新空间单元创新总量　表 2

城市	创新空间单元	所属行政区	创新总量
深圳	高新区深圳湾片区与留仙洞片区	南山区	164665
	深圳高新区龙岗园区（坂雪岗科学城）	龙岗区	76434

❶ "1"是一个核心文件《关于努力建设国家自主创新示范区实现创新驱动发展的决定》；"10"则是《关于深化科技体制改革提升科技创新能力的若干措施》《关于促进高技术服务业发展的若干措施》《关于促进科技和金融结合的若干措施》等一系列将创新战略落到实处的具体文件。

❷ 相关政策强调吸引支持自主创新的海外高层次科技领军人才、人才团队以及建设国家基因库、国家超级计算深圳中心、鹏城实验室、大亚湾中微子实验室等基础科学研究机构。

续表

城市	创新空间单元	所属行政区	创新总量
深圳	前海与蛇口自贸区	南山区	53561
	福田 CBD	福田区	52174
	深圳高新区光明园区 TCL	光明区	13953
厦门	火炬高新区创新城	湖里区	3624
	火炬高新区市头片区	翔安区	2520
	软件园片区	思明区	2243
	大学城片区	集美区	1172
	创新园片区	湖里区	767

资料来源：笔者自绘

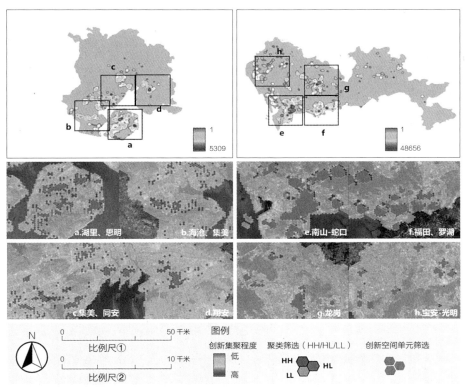

图 9　阶段三（2011—2020 年）深圳、厦门经济特区创新空间集聚与单元分布

资料来源：笔者自绘

3.3.2　厦门创新空间在岛内外集聚，"产学研"创新模式路径锁定

厦门在上一阶段错失产业转型的机会后，开始陆续进行产业创新改革。2011年国家"十二五"规划纲要提出"建设厦门两岸区域性金融服务中心"，厦门市在本岛东部规划了 22.8 平方千米打造以金融业、高端服务和总部办公等为核心的

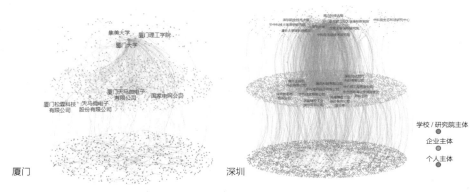

图 10　阶段三（2011—2020 年）深圳、厦门经济特区创新主体网络结构
资料来源：笔者自绘

功能片区。厦门本岛开始进行高端化发展，环湾开始进入新城化发展。《厦门市"十三五"战略性新兴产业发展规划》《厦门市"十三五"科技创新发展规划》开始提出围绕"创新驱动发展"主线，加快建成国家创新型城市、国家自主创新示范区、科技和金融结合试点城市的发展目标。

此阶段的创新主体呈现"岛内发展集中、岛外拓展零星"的特点，创新活跃总量为 40530 个。岛内集中分布的创新空间开始连片产生一些连绵创新地区，如湖里区——湖里火炬高新区创新城、思明区——思明软件园片区，上一阶段存续创新空间单元持续提升，如湖里火炬高新区、厦门大学思明校区、思明厦门火车站片区与思明软件园片区；岛外创新空间单元较上一阶段增加了一些新的创新单元，如集美区——集美杏林锦亭、后溪工业区与大学城等，同安区——工业集中区同明、草堂路片区，翔安区——翔安火炬高新区市头片区。

无论是创新空间单元特征，还是创新网络反映的特征，均与深圳上一阶段相似。一是，厦门的创新网络发展滞后于深圳，并未完成自主创新的集聚与溢出。二是，创新主体数量虽有显著的增长，但"产—学—研"创新网络中的中心仍然是以围绕厦门大学为核心构筑，中小企业与龙头企业创新主体数量远低于深圳。厦门创新路径的变迁虽然已经从"消化—吸收"进入了自主创新阶段，但创新的结构仍然与上阶段并无差异，创新网络的互动产生了路径依赖（图 9、图 10）。

3.4　制度变迁中的深圳、厦门城市创新空间、路径发展对比

"摸着石头过河"意味着国家—地方的不断互动试验，中央向地方分权带来了市场经济的不断增长，地方在分权基础上获得的利益一定程度上促进了渐进式改

革的不断发生。城市的经济、创新发展则是在不断变迁的制度框架下产生的一系列动作（李刚，2023）。在改革开放进程中，"自下而上"的市场经济私有化确立和"自上而下"的公有制经济改革相互影响（huang，2008；hamm，2012），带来了国家、地方经济腾飞。"经济特区"则是选取沿海地缘优势的城市作为开放窗口，作为重要的制度试验场地，以改革促发展形成先行区并成为全国样本。

受制度变迁方式、地缘环境影响、文化传统扎根与产业创新场景的影响，深圳、厦门在制度变迁与城市创新空间的互动反馈上呈现各异的特征（图 11）。

首先从制度变迁的历时性来看，厦门与深圳均在城市空间上实现了规模扩张，但深圳实现规模增长的同时，内源动力持续产生，形成了多类型、多尺度的"创新空间单元"。制度主动提升，带来了创新要素不断"集中—扩散—集中"发展，深圳内部已经开始全域创新化，并且作为区域创新中心向区域腹地进行创新转移和扩散（许文博，2023）。制度与组织交互作用决定了制度变迁的方向，在激励结构中演化出来了组织和制度的共生关系（周雪光，2011）。深圳在"经济特区"制度区域设立后形成了一系列渐进式变迁动作，强化了组织的激励作用。深圳城市创新实现了"引进—消化—吸收—创造"的城市创新转型路径的成功，高校研究院的科学研究链接，加上龙头企业的成长（华为、腾讯、比亚迪等）与大量中小企业的创业孵化带动了本地"创造—创新"不断发生与升级。厦门本岛创新持续提升，但岛外创新空间发展的动力不足，一系列制度的被动提升，虽带动市场向外拓展，但城市创新的路径转型缓慢，创新网络逐渐形成"锁定"，仍以本岛创新、单一创新主体中心性强的特点为主（图 12）。

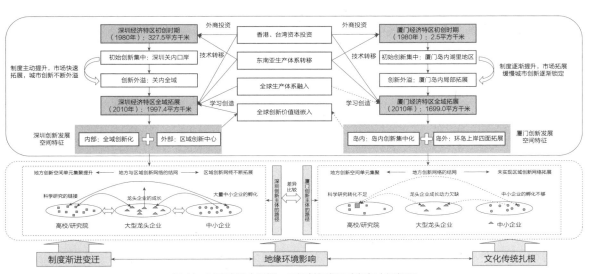

图 11 制度变迁中深圳、厦门创新发展路径与内涵解释
资料来源：笔者自绘

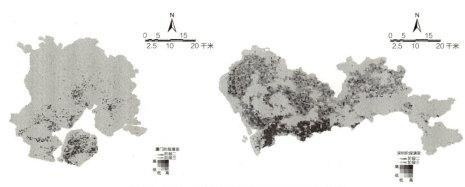

图 12　深圳、厦门创新空间演化历时性二元分析
资料来源：笔者自绘

　　从地缘环境来看，深圳紧邻香港，率先获得香港、台湾资本的投资和产业转移，并且拥有珠三角广域的腹地支撑，是深圳经济腾飞和创新领先的重要影响因素之一。厦门虽是面向台湾的前沿地带，拥有国家期望的制度先行试验，但现实基础连接弱于深圳和香港。其次，厦门是全国独特且有魅力的"岛—湾"型地理环境，虽深圳、厦门制度的拓展都是先从先试区开始逐渐向外，但厦门由本岛到跨岛一体化发展建设难度要大于深圳"关内—关外"拓展。

　　从产业创新场景来看，连接香港的珠江三角洲凭借"外引内联"融入全球生产网络，并成为重要的生产节点（许学强，1988），珠江三角洲中产生了村镇多类工业化、城市多样产业化的场景吸引了大量的流动人口涌入，而深圳更是凭借制造业与创新产业的场景吸引了多样化的创业、创新人才。深圳自"经济特区"设立之后建立的一系列政策调整与城市发展布局支持了城市创新创业场景，如深圳通过低廉的土地价值和劳动成本，合资联营引进"三来一补"产业投资设厂。在全球生产网络重构与金融风暴之后，深圳政府通过一系列的制度的提升支持创新发展，激活人才与创新创造产业的自主提升，形成了政府与市场双向反馈。回看厦门，创新稳步提升但并未创造创新、创业场景，在闽台金三角的产业腹地联系相较于深圳之于珠三角落后，同时厦门引进外资产业的集聚程度不够，产业规模积累未能达到一定程度并完成转型，引进产业的"消化—吸收—创造"的能力偏弱，故不能形成创新空间从岛内到环岛的爆发式增长，大量的创新仍然集中在岛内。

　　从文化扎根来看，"来了就是深圳人"代表着深圳是一个全新的移民社会结构，"深圳精神"正如诺斯所言存在"集体意向性"（North，1990；王吉勇，2016）。正是这样的社会结构与彼时的社会主义市场经济改革相匹配，使得私有化企业与个人的权益得到了充分的保障和激励，企业积极向上发展，强化城市创新发展。厦门属于闽台文化圈，改革开放后吸引众多海外侨胞回来创业、发展。厦门虽也是以移民社会结构为主，但以华侨为主体的移民群体具有地域文化和裙带联系的强化，在制度组织行为的非正式约束要强于深圳的移民社会。

4　结论与展望

中国的"经济特区"是一个在国家—地方结构中产生制度变迁并产生深远影响的典型案例，特区制度的形成带动了地域经济快速腾飞，同时也带动了一系列产业创新转型，以谋求高质量、可持续的发展。然而，增长是个动态的过程，制度也在动态过程中不断演化，制度变迁在边际上可能是一系列规则、非正式约束、实施的形式及有效性变迁的结果。

经济发展与制度变革互相影响，创新则是进程中附加值变化较高的动作和路径。研究进一步解释了"经济特区"这一特殊制度创造、演变的历程与机制，对深圳和厦门两个"经济特区"展开了政策与创新空间发展分析，进一步揭示了特区城市实现了"制内市场"的经济增长，同时在"外引内联"中形成了不同尺度、类型的创新空间与网络。研究建构创新与制度周期互动的关系，并拓展"制内市场"概念（郑永年，2021），尝试用"制内创新"的特区试验为中国城市/区域创新发展研究提供进一步研究思考和互动解释。

值得注意的是，创新与制度的互动过程动态且复杂，本文借由特区这一特殊案例进行制度和创新空间发展的互动解释必然存在特殊与局部性。无论是制度还是创新的激励最终都指向人本身，人所处的地域、文化与拥有的心智惯习都影响了最后的选择集合（North，1990），对激励的反馈也是如此，本研究进一步也将强化思考。同时，研究进一步展开需要跳出中国看世界，将其他国家制度和区域创新发展的经验进行进一步思考，以甄别制度与创新互动的特殊和普遍性。

参考文献

[1]　DICHEN P. Global shift：Reshaping the global economic map in the 21st century[M]. New York：Sage，
　　　2003.

[2]　COE N M，HESS M，YEUNGT H W，et al. 'Globalizing' regional development：A global production
　　　networks perspective[M]//Economy. London：Routledge，2017：199-215.

[3]　SWYNGEDOUW E，HEYNEN N C. Urban political ecology，justice and the politics of scale[J].
　　　Antipode，2003，35（5）：898-918.

[4]　吴敬琏 . 中国经济改革进程 [M]. 北京：中国大百科全书出版社，2023.

[5]　邓小平 . 邓小平文选第三卷 [M]. 北京：人民出版社，1993.

[6]　傅高义 . 邓小平时代 [M]. 北京：生活·读书·新知三联书店，2013.

[7]　傅高义 . 先行一步——改革中的广东 [M]. 广州：广东人民出版社，2013.

[8]　徐现祥，王贤彬，高元骅 . 中国区域发展的政治经济学 [J]. 世界经济文汇，2011（3）：26-58.

[9]　姚士谋，王德，叶枫 . 厦门经济特区经济辐射功能与发展趋势 [J]. 地理学报，1989（2）：140-146.

[10]　陆铭 . 大国治理——高质量发展与地方间竞争的空间政治经济学辨析 [J]. 经济社会体制比较，2023（3）：
　　　94-103.

[11]　黄玖立，吴敏，包群 . 经济特区，契约制度与比较优势 [J]. 管理世界，2013（11）：28-38.

[12]　徐现祥，李郇 . 中国城市经济增长的趋同分析 [J]. 经济研究，2004（5）：40-48.

[13]　林毅夫，蔡昉，李周 . 中国经济转型时期的地区差距分析 [J]. 经济研究，1998（6）：5-12.

[14]　QIAN Y，ROLAND G. Federalism and the soft budget constraint[J]. American economic review，1998，
　　　88（5）：1143-1162.

[15]　周黎安，罗凯 . 企业规模与创新：来自中国省级水平的经验证据 [J]. 经济学（季刊），2005，4（3）：623-
　　　638.

[16]　谢健 . 区域经济国际化：珠三角模式、苏南模式、温州模式的比较 [J]. 经济理论与经济管理，2006（10）：
　　　47-51.

[17]　JEFFERSON G H，RAWSKI T G. Enterprise reform in Chinese industry[J]. Journal of economic
　　　perspectives，1994，8（2）：47-70.

[18]　NEE V. A theory of market transition：From redistribution to markets in state socialism[J]. American
　　　sociological review，1989，54：663-681.

[19]　周雪光 . 西方社会学关于中国组织与制度变迁研究状况述评 [J]. 社会学研究，1999（4）：28-45.

[20]　萧冬连 . 筚路维艰：中国社会主义路径的五次选择 [M]. 北京：社会科学文献出版社，2014.

[21]　姚洋 . 作为制度创新过程的经济改革 [M]. 上海：格致出版社，2008.

[22] 道格拉斯·诺斯. 制度、制度变迁与经济绩效 [M]. 刘守英，译. 上海：上海三联书店和上海人民出版社，1994.

[23] 宋丽萍. 区域创新系统绩效评价及创新能力提升路径研究 [D]. 北京：中国地质大学，2014.

[24] 李敦瑞. 国内外产业转移对我国产业迈向全球价值链中高端的影响及对策 [J]. 经济纵横，2018（1）：123-128.

[25] 马海涛，方创琳，王少剑. 全球创新型城市的基本特征及其对中国的启示 [J]. 城市规划学刊，2013（1）：69-77.

[26] 许学强，胡华颖. 对外开放加速珠江三角洲市镇发展 [J]. 地理学报，1988（3）：201-212.

[27] 刘云亚，韩文超，闫永涛等. 资本、权力与空间的生产——珠三角战略地区发展路径及展望 [J]. 城市规划学刊，2016（5）：46-53.

[28] 袁奇峰，等. 改革开放的空间响应——广东城市发展 30 年 [M]. 广州：广东人民出版社，2008.

[29] 黄哲. 基于全球—地方视角的深圳区域创新系统演化机制研究 [D]. 广州：中山大学，2023.

[30] 厦门市 2000 年经济社会发展战略 [J]. 计划经济研究，1988（9）：27-37.

[31] 祝影，杜德斌. 跨国公司研发全球化的空间组织研究 [J]. 经济地理，2005，25（5）：620-623.

[32] 李晓华，吕铁. 战略性新兴产业的特征与政策导向研究 [J]. 宏观经济研究，2010（9）：20-26.

[33] 刘清，杨永春，蒋小荣，等. 基于全球价值链的全球化城市网络分析——以苹果手机供应商为例 [J]. 地理学报，2021，76（4）：870-887.

[34] YEUNG H W. The trouble with global production networks[J]. Environment and Planning A：Economy and Space，2021，53（2）：428-438.

[35] 李刚. 广州开发区的科创转型及空间响应研究 [D]. 广州：华南理工大学，2023.

[36] HUANG Y. Capitalism with Chinese characteristics：Entrepreneurship and the state[M]. Cambridge：Cambridge University Press，2008.

[37] HAMM P，KING L P，STUCKLER D. Mass privatization，state capacity，and economic growth in post-communist countries[J]. American Sociological Review，2012，77（2）：295-324.

[38] 许闻博，王兴平，陈秋伊. 制造业企业迁移和城市创新格局演化互动——基于 51 家深圳企业的实证 [J]. 城市规划学刊，2023（3）：92-99.

[39] 周雪光. 权威体制与有效治理：当代中国国家治理的制度逻辑 [J]. 开放时代，2011（10）：67-85.

[40] North D C. Institutions，institutional change and economic performance[M]. Cambridge university press，1990.

[41] 王吉勇. 共同城市：深圳移民城市的空间转型与城市治理探索 [J]. 规划师，2016，32（11）：33-38.

[42] 郑永年，黄彦杰. 制内市场——中国国家主导的政治经济学 [M]. 杭州：浙江人民出版社，2021.

陈宇琳　陈冬冬　吴俊妲　高超　王崇烈

王崇烈，北京城市规划学会城市更新与规划实施专业委员会委员、村镇规划专业委员会专家委员，北京市城市规划设计研究院城市更新规划所所长、正高级工程师

高超，北京市城市规划设计研究院城市更新规划所主任工程师、正高级工程师

吴俊妲，北京市城市规划设计研究院城市更新规划所高级工程师

陈冬冬，北京市城市规划设计研究院城市更新规划所工程师

陈宇琳（通讯作者），中国城市规划学会学术工作委员会委员，清华大学建筑学院城市规划系副教授，北京市城市规划设计研究院城市更新规划设计研究院城市更新规划设计研究所副所长

城市发展转型背景下规划职能的重塑

——基于北京城市更新实践的思考 *

1　城市发展转型背景下规划行业面临的挑战

中国自改革开放以来持续高速的城镇化发展创造了人类历史的奇迹。我国常住人口城镇化率从 1978 年的 18% 跃升至 2024 年的 67%，已迈入城镇化中后期。随着增量扩张放缓，城市发展重心逐步从大规模开发建设向存量优化与品质提升转变，规划行业面临前所未有的挑战。一方面，随着城市发展模式的转型，过去支撑高速城镇化发展的土地财政难以为继，传统规划需求大幅缩减，市场竞争愈发激烈，规划师群体的职业焦虑也随之激增。另一方面，虽然有待更新的建筑规模巨大，据住房和城乡建设部数据，全国需改造的城镇老旧小区超 16 万个，涉及建筑面积超 40 亿平方米，此外还有大量的低效工业园区、城中村及历史街区，但由于存量空间改造不仅涉及建筑物理空间的更新，更需要统筹经济平衡、社会治理、产业升级、文化传承等多元诉求，对规划师的要求远超传统规划范畴，规划师又深感力不从心。

面对城市发展模式的深刻转型，传统以增量规划为主导的规划技术体系、人才培养模式和机构运营机制，在应对精细化、多元化的存量空间治理需求时，暴露出明显的不适应性。在存量更新时代的新赛道上，规划师如何突破传统技术思维局限，规划机构怎样实现业务模式创新，成为关乎行业存续发展的关键命题。既有研究对于我国发展转型背景下规划行业的转向多有探讨，主要集中于借鉴国际经验和研究学科性质两个视角。然而，由于中国国情的特殊性，以及当前城市

---

*　基金项目：本文受国家重点研发计划（编号：2022YFC3800301、2023YFC3804802）、国家自然科学基金项目（编号：52478062）资助。

发展转型调试期的复杂性，迫切需要深入规划行业内部探究底层逻辑的转变方向。为此，本文将基于对北京近年来开展的城市更新实践工作的梳理，对我国规划行业的走向提供来自行业内部的观察和思考。下文将结合北京规划实践，从规划的工作性质、工作内容、工作机制和工作逻辑等维度开展分析，最后总结规划范式的转型，以期对理解新时期规划的潜在价值与可能作为有所启发。

2　规划实践的转型

2.1　工作性质：从静态的蓝图绘制走向动态的实施陪伴

传统规划工作往往侧重于通过编制宏大蓝图，描绘城市未来发展的理想图景。这种"蓝图绘制"式规划是城市建设时期的重要引领，但在城市更新阶段却暴露出局限性。城市更新面临的复杂关系、多元诉求和变化现实，使静态蓝图难以应对不确定性。为此，规划需要从以供找需转向以需定供，将静态蓝图转变为动态适配机制的不断迭代。在北京商务中心区（北京 CBD）三十多年从谋划、建设到更新的发展历程中，规划的职能不断变化体现出规划工作性质从静态蓝图绘制向动态实施陪伴的转变。

1993 年至 2019 年期间，北京 CBD 凭借数版关键的"静态规划"实现了快速建设发展。1993 年，国务院批复的《北京城市总体规划》提出要在东二环至东三环之间设立商务中心区的构想。1999 年编制完成的《北京市区中心地区控制性详细规划》明确了北京商务中心区的初始范围。2002 年以来，随着《北京商务中心区控制性详细规划》的正式发布，北京 CBD 进入全面规划与快速发展阶段（图 1）。2009 年北京 CBD 为进一步扩展商务功能，向东扩展至东四环，并编制了《北京商务中心区东侧地区控制性详细规划》，形成今天的基本格局。国贸中心、华贸中心、北京银泰中心等一批超甲级写字楼逐步投入运营，诸多全球知名企业来到北京 CBD。2013 年随着《北京 CBD 核心区城市设计导则》的编制，CBD 核心区在指

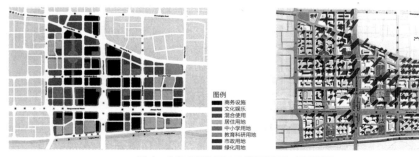

图例
- 商务设施
- 文化娱乐
- 混合使用
- 居住用地
- 中小学用地
- 教育科研用地
- 市政用地
- 绿化用地

图 1　北京 CBD 用地功能规划图与总平面图
资料来源：参考文献 [1]

导下始建，高品质办公楼宇进一步聚集，功能更加完善的国际化现代商务中心区加快形成。

  2019 年以来，随着北京市进入存量更新阶段，北京 CBD 也进入了注重内涵提升和动态服务的高品质发展时期。2020 年，北京 CBD 被纳入北京自贸试验区和国家服务业扩大开放综合示范区，进入"两区"建设的国际化发展新阶段。同年编制《北京商务中心区规划建设实施评估与优化提升规划研究》和《北京商务中心区城市更新研究（CBD 商务楼宇更新策略研究）》，通过详细的实地调研和体检评估，审慎反思前期规划的实施情况，从优化功能配置、营造活力空间、提升保障水平等方面提出针对性的城市更新策略[2]（图 2、图 3）。

图 2　北京 CBD 存量建筑类型梳理

资料来源：参考文献 [3]

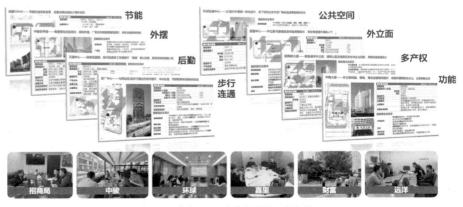

图 3　北京 CBD 实施问题调研与归纳

资料来源：参考文献 [3]

这一时期北京 CBD 也开始实行责任规划师制度,深刻落实规划工作向动态服务的转变。责任规划师发挥专业咨询、多方协商、宣教培训、推动共治等专业作用,为规划编制和实施落地提供全过程、陪伴式的诊断评估和智库服务(图 4)。这一时期的规划目标也开始向"实施陪伴"转型。规划师不再止步于完成规划方案编制,而是将工作延伸至规划实施的全过程。在项目启动阶段,规划师深入社区开展调研,与居民、企业、政府部门等多方主体充分沟通,了解他们的需求和顾虑,共同制定符合实际情况的更新计划;在建设过程中,规划师定期跟踪项目进展,根据现场实际情况和新出现的问题,及时调整优化方案;项目建成后,规划师还会持续关注项目运营情况,收集使用者反馈,为后续的更新改造提供参考。北京 CBD 范围内的永安里、化石营、智能电网研发中心等在途项目,从方案策划到实施路径、从城市设计到灯光照明,都经过了责任规划师的全过程跟踪、多部门沟通,以及持续的专业意见反馈。

图 4　北京 CBD 责任规划师组织参与专家交流、联合设计等活动
资料来源:左,参考文献 [4];右,参考文献 [5]

静态蓝图式规划指导了北京 CBD 从谋划构想到近二十年的快速建设。这些静态规划构建起空间骨架与功能体系,推动区域从概念落地到国际化商务中心成型。而进入存量更新阶段,面对功能相对单一、空间品质待提升等问题,CBD 及时转变规划方法,通过规划实施评估、城市更新研究等"服务型规划",以需定供提出功能优化、活力空间营造等城市更新策略,同步落实责任规划师制度,实现从规划编制到项目落地的全周期陪伴服务,构建规划"评估—干预—迭代"的动态适配机制。北京 CBD 作为北京城市的一个缩影,其发展历程很好地呈现了规划职能从静态蓝图绘制到陪伴城市生长的转型,凸显了规划目标向贴合多元主体需求、激活存量空间价值的转向。

2.2　工作内容:从硬性的空间设计走向软性的制度构建

随着我国城镇化发展进入相对成熟的中后期,城市发展的动能来源逐步由增量扩张向存量挖潜转移。如何通过城市更新，激发存量空间资源的活力，促进城市的可持续发展，这就要求规划师的工作重心从过去以空间资源配置为核心的"空间设计"逐步转向以利益再分配为核心的"制度构建"。在北京城市更新工作推进过程中，规划师在制度建设中发挥的重要作用很好地体现了规划技术体系从空间设计向制度构建的转向。

在北京城市更新实践中，规划师持续探索了超特大城市"减量发展"的城市更新工作方法。在工作方法上，规划师率先探索了城市更新专项规划的工作定位与目标，开展了"全市域、全要素、全流程"的更新体系研究，阐述北京城市更新的目标、策略、空间、方法、组织、实施的规划方案，并通过"陪伴式、下沉式、破圈式"的全口径更新项目跟踪，在"自下而上"的项目化推进工作机制中发现与剖析问题，摸索城市更新的科学规律，进而提出政策需求清单，列出后续更新任务（图 5）。在工作成果上，支撑了《北京市城市更新行动计划（2021—2025 年）》《北京市城市更新专项规划（北京市"十四五"时期城市更新规划）》《北京市城市更新条例》等重要文件出台，并围绕《北京城市总体规划（2016年—2035 年）》实施，持续完善城市更新政策体系。

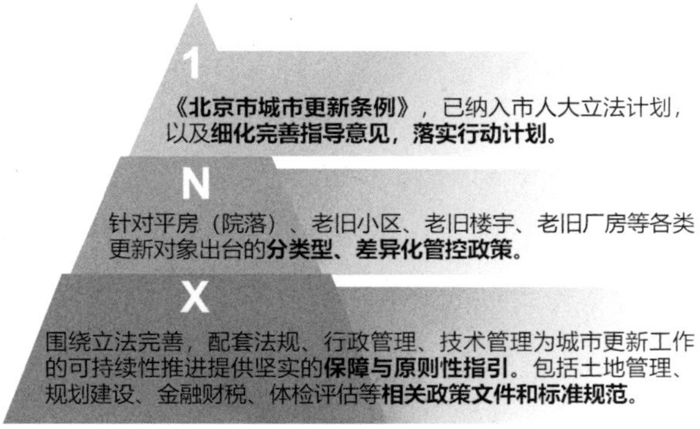

图 5　北京城市更新政策体系
资料来源：笔者自绘

伴随五年多的工作实践，规划师也不断明晰对城市更新工作的认识，建构与逐步修正适配于制度设计的规划技术要点。一方面，贴合北京城市更新特点，逐步明晰了北京城市更新的对象、目标，提出了以街区为单元、以存量建筑为主体、以功能环境提升为导向的小规模、渐进式、可持续的北京城市更新内涵。在此基础上，构建了北京城市更新分级分类分圈层空间体系、街区统筹规划方法体系、多元共治组织体系的宏观层面基本框架，探索实践了"四步走""八清单"的街区更新统筹规划方法，并纳入控规编制体系（图 6）。另一方面，规划师在《北京市

图6　北京城市更新专项规划技术体系
资料来源：参考文献 [6]

城市更新条例》的起草工作中，进一步厘清市场与政府的关系，提出各级政府职责的细化方案，明确规土与资金创新政策，进一步明晰资源与主体的关系，通过识别、界定存量空间资源类型，对位资源类型与管理部门、责任主体。同时，完善区域统筹更新机制，初步构建从城市更新项目生成到落地实施的全周期规划编审框架，推动城市规建管转型。

客观而言，北京城市更新工作仍处于摸索阶段，适配于城市更新的规划技术体系仍需规划师的不懈坚持与持续投入，依托项目端与政策端的双向发力，持续完善覆盖空间设计与制度创新的规划技术体系，从而更好地支持城镇化"成熟期"的城市更新模式构建，激发市场参与城市更新项目的动力，推动城市更新推进机制不断完善（图7）。

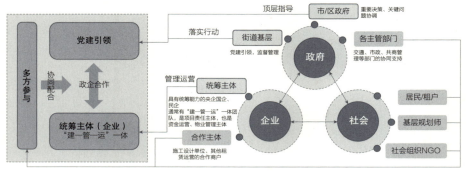

图7　城市更新多元协同共商共治平台
资料来源：参考文献 [6]

2.3　工作机制：从单一的政府主导走向多元的协商共治

传统规划往往由政府主导推动，侧重于通过空间管控手段，对城市空间的功能、形态、指标等进行规范和约束，以实现城市的有序发展。这种单向的空间管控模式在一定程度上保障了城市建设的规范性。但随着社会需求日益多元化、复杂化，逐渐暴露出决策滞后、公众参与不足、资源分配失衡、社会活力受限等问题，难以满足民众对高品质生活的期待。为破解发展困局，规划实践迫切需要从单一的政府主导向多元主体的协商共治与服务型模式转型。服务型规划不再将管理视为目的，而是以满足多元人群的需求为核心，通过优化资源配置、创新服务供给、提升治理效能，实现规划从"管理工具"向"服务载体"的蜕变。北京市近年来围绕产业空间和居住空间更新开展的若干实践，很好地体现了规划实施机制从政府主导向多元共治的转变。

2.3.1 产业空间提升：以北京市朝阳区朝外大街沿线片区更新为例

北京市朝阳区朝外片区曾是北京较早发展的区域性商业中心之一，随着三十多年的发展，周边众多商圈兴起，朝外大街沿线的公共空间环境、楼宇业态、商业氛围却渐渐显得陈旧，竞争力逐步减弱，提升改造需求迫切。2022年初，朝阳文旅发展集团与上海盈展集团达成合作，对朝外片区更新进行整体策划。随后，在朝阳区政府统筹下，将更新改造拓展到街道、广场，展开了朝外大街沿线商业办公楼宇与公共空间整体规划、联动更新、分期实施的片区更新工作。项目形成了政府投资带动、自主投资改造、引入社会资本参与以及带动周边多主体投入的多维度投资模式，用1.21亿元公共空间改造投资撬动周边楼宇约9.65亿元社会投资，片区整体更新成效显著[7]（图8）。

在朝外大街沿线片区更新的过程中，规划师支撑政府部门主动服务，极大提升了项目推进的效率。朝外大街沿线片区更新项目经遴选入选了由北京市委城市工作办组织、北京市城市规划设计研究院提供技术支持的北京市城市更新示范项

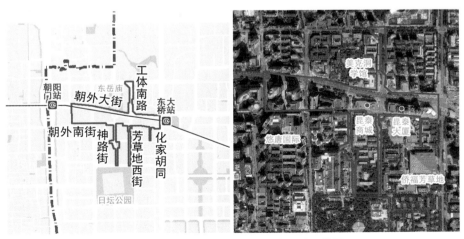

图8　北京市朝阳区朝外大街沿线片区更新区位图

资料来源：笔者自绘

目。入选后，规划相关部门通过定期收集问题堵点，开展持续分析研究，以协调会形式寻求破题路径。例如，为破解项目资金难题，市委城市工作办协调建设银行北京分行，在产权主体和融资运营主体分离条件下，以项目经营权为融资标的，以未来经营收益作为还款来源，为盈展集团提供期限 10

图 9　昆泰商城（THE　BOX 朝外 A 区）户外悬空 LED 光影篮球场
资料来源：北京朝阳文旅发展集团有限公司提供

年的 1.7 亿元信贷资金。又如，项目拟在楼体外新建全球首个户外悬空 LED 光影篮球场，但面临建筑规模指标和审批难题。规划从街区指引、衔接审批路径等角度确定指标来源，结合建筑面积计算规范修订工作细化落实设计方案及相关数据，在深入研究篮球场项目特点后采用低风险模式办理审批，规证核发仅用时 0.5 个工作日，为朝外片区升级改造提供了强力支持（图 9）。

2.3.2　居住空间改善：以北京市丰台区马家堡 68 号院 2 号楼危旧楼房改造为例

马家堡路 68 号院 2 号楼建于 1977 年，为区属直管公房，共 90 户，建筑结构差、年久失修，无独立厨房、卫生间，存在较大安全隐患。2023 年启动更新，采取居民决策的"原拆原建"模式，政府积极引领设计、施工等专业人员与居民深入交流，实施主体组织居民全程深度参与。项目发挥居民的"主人翁"精神，实现由传统的政府"送餐"到该模式下居民"点菜"的模式转变，居民角色由传统的"要我改"转化为该模式下的"我要改"，实现居民出资占比高达 69%[8]（图 10）。

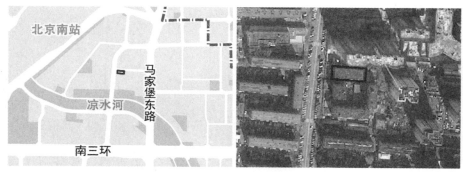

图 10　马家堡 68 号院 2 号楼区位图
资料来源：笔者自绘

规划赋能在危旧楼房改造中发挥了重要作用。建筑规模指标是危旧楼房改造的核心问题，既是成套化改造、改善居住条件的必要条件，也为补充配套服务空间、提升人居品质提供了基础。北京市《关于开展危旧楼房改建试点工作的意见》（京建发〔2020〕178号）早在2020年即提出非成套化住宅可适当增加厨卫，危旧楼房可适当增加配套设施。但在减量发展的背景下，各区建筑规模指标有限，特别是中心城区需实现动态零增长，危旧楼房的建筑规模增量指标来源成为难题。为此，在《北京市城市更新条例》制定过程中，规划团队积极回应实践中的难点堵点问题，研究提出为了满足安全、环保、无障碍标准而增设的必要附属设施（如电梯、消防楼梯等）可不计入各区建筑管控规模；在严格落实总规"双控"要求的前提下，为保障居民基本生活、补短板的公共设施类改造、危旧楼房成套化改造等增加的规模计入各区建筑管控规模，可以由各区单独备案统计，进行全区统筹，为危旧楼房改造增量提供了法治保障与路径支撑。

最终，马家堡68号院改建得以将2号楼从原有的4层扩建为地上6层，居室改为成套住宅，户均增加17.48平方米，并增加电梯、无障碍通道等设施，改善居民居住条件（图11）。同时，扩建出地下一层作为公共服务配套用房，满足居民日常购物需求。后续出台的《关于进一步做好危旧楼房改建有关工作的通知》（京建发〔2023〕95号）等政策对建筑规模增加的类型、比例、计容规则等内容进行不断深化细化，居民对美好生活的向往有了坚实的实现基础，参与积极性不断增强。

可以看出，北京在存量更新阶段积极探索规划实践转型，政府角色从过去"主导者"转变为"协调者"，搭建公众参与平台，吸引企业、社会组织、居民等多元主体参与规划全过程。在这一过程中，规划借助技术手段精准分析需求，动态调整方案，并通过协同合作，发挥专业力量优势，提升规划实施与管理水平，构建起多方协同、以人为本的新型规划范式，成为城市可持续发展的催化剂。

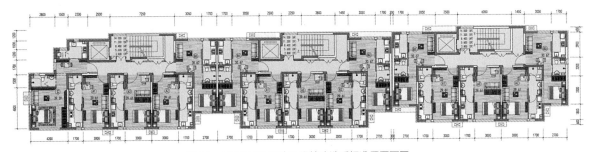

图11 马家堡68号院2号楼改造后标准层平面图

资料来源：丰台城市更新集团提供

2.4　工作逻辑：从约束的功能管控走向激励的需求引导

过去以功能分区主导的规划模式多将城市空间机械地划分为居住、商业、工业等单一功能区域，配合以功能为主导的管控思路，通过严格的用地性质、开发强度等指标限制，确保城市运行的秩序性。这种模式在城镇化快速推进阶段，有效实现了城市空间的规模化开发与功能集聚，但也造成职住分离、公共空间碎片化、城市活力不足等问题，难以适应多元化的城市发展需求。如今，规划实践面向的是多元化的产权主体，迫切需要探索以产权为基础的复合利用，打破传统空间功能的固化边界，鼓励居住、商业、办公、休闲等功能在同一区域内有机融合，打造更具包容性和多样性的城市空间。通过政策激励、市场机制和协商共治，引导产权所有者参与城市更新与空间优化，激发市场活力与社会创造力，实现城市空间资源的高效配置与可持续发展。北京市近年来围绕经营设施和公服设施融合的实践探索，体现了规划工作逻辑从功能管控向需求引导的转变。

2.4.1　经营设施配公服：以北京市丰台区南中轴国际文化科技园为例

北京市丰台区南中轴国际文化科技园前身为大红门服装商贸城，曾是大红门地区规模最大、最具代表性的批发市场。2021年10月底，大红门服贸商城关停腾退，原有建筑面临商业布局老旧、立面风格不统一且材质陈旧、通风采光条件不足、设备老化等问题。2022年10月，项目启动改造升级，开展违建拆除，实施结构加固和机电更新，增加室内中庭、室外屋顶花园等交互空间，成为集产业办公、商业配套、人才公寓等多种业态于一体的高品质园区[9]（图12）。

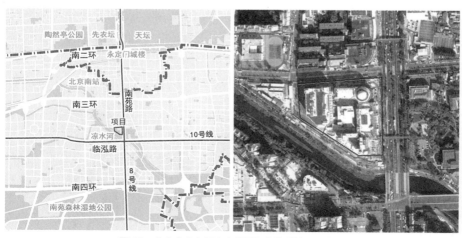

图12　北京市丰台区南中轴国际文化科技园区位图
资料来源：笔者自绘

园区在更新过程中打破了传统功能分区界限，在以"科技＋文化"为主题、新一代信息技术为主导、元宇宙为特色的产业功能之外，提供了丰富的公益性配套设施，在19.5万平方米的园区总建筑规模中，有30%的面积用于生活配套、产业配套及公共服务。其中，一期西楼引入餐饮、银行、超市、创意直播基地等产业服务配套，二期南1楼与建信住房合作打造约1.9万平方米、近500套的"寓见未来"人才公寓，南2楼则打造1万平方米的孵化器和联合办公业态。这种复合利用模式，模糊了传统功能边界，构建起工作、生活、休闲一体化的创新社区，满足了入驻企业及人才的多元需求，极大提升了空间利用效率与城市活力（图13）。

图13 北京市丰台区南中轴国际文化科技园更新改造示意图
资料来源：南中轴（北京）国际文化科技发展有限公司提供

2.4.2 公服设施配经营：以文旅场所配套餐饮服务政策为例

在传统功能分区导向的规划下，文旅场所功能较为单一，餐饮服务等配套功能常被边缘化，与主体功能严格区分。随着人们精神生活需求的快速增长，为满足市民和游客在图书馆、博物馆、文化馆、美术馆、剧场、公园、景区等文旅场所的餐饮消费需求，引导、支持文旅场所提供基本配套餐饮服务，推动文旅场所服务更加多元化、便民化，北京市于2024年底出台了《关于优化文旅场所配套餐饮服务的若干措施（试行）》（京文旅发〔2024〕89号）。

该政策打破功能分区的限制，规定在保障文旅场所主体服务功能的前提下，可参照本市建设用地功能混合使用相关规定，将文旅场所内不超过10%的服务设施用于餐饮服务。这一举措推动文旅场所从单一功能分区向功能复合利用转型，让游客在享受文化、旅游服务的同时，便捷地满足餐饮需求，提升文旅体验的连贯性与丰富度。

　　此外，该政策明确了公益一类事业单位、公益二类事业单位的文旅场所提供餐饮服务的具体路径，明确了办理国有资产出租出借手续和相关证照等具体程序，明确了无房屋产权的文旅场所可以通过开具证明的方式办理相关业务。这一系列规定尊重了不同性质文旅场所的产权主体地位，通过明确产权主体在配套餐饮服务中的权利与操作流程，引导产权主体积极参与到文旅场所的功能完善与运营优化中，激发市场活力，提升文旅场所的服务效能与运营效率，促进文旅产业的高质量发展。

　　可以看出，北京已开始了空间规划利用策略向复合利用与产权引导的转型，一方面突破功能单一化局限，通过复合利用手段破解城市空间低效利用困境，释放存量空间潜力价值，同时以弹性空间设计动态响应现代社会日益多元的动态化需求，避免功能固化导致的供需错配。另一方面改变以往以功能为主导、依靠行政手段配置资源的思路，向以产权为基础的引导逻辑转变，尊重各类产权主体合法权益，通过明确产权权责边界、规范产权流转程序，赋予产权主体更大的自主决策权和运营灵活性，依托市场化机制引入多元业态，激发投资与创新活力。

3　规划职能的重塑

　　伴随我国城镇化步伐的逐步放缓，城市发展重心由外向拓展到内向挖潜转变，激活存量空间资源的更新动能将成为支撑城市高质量发展的关键。在此背景下，规划师的角色也需要重构，其工作范畴、技术体系和实施路径必将经历系统性转型。这一过程不仅体现为技术工具的迭代，更折射出城市治理范式的根本性变革。本文基于对北京近年来开展的城市更新实践的梳理，发现在城市发展转型背景下，规划职能正在工作性质和工作机制的两大转变驱动下，逐步形成空间设计与制度构建相耦合的规划实施全生命周期循环，以及功能管控与需求引导相融合的空间治理多主体共治闭环（图 14）。

　　在规划实施全生命周期循环中，在增量扩张阶段，规划师以"空间设计"为核心，编制空间发展蓝图，通过"功能管控"实现土地开发效率最大化。在存量更新背景下，规划逻辑转向"制度构建"与"实施陪伴"下的空间活化再利用。规划师需突破传统空间管控技术边界，深度介入城市更新的全生命周期：从前期功能谋划和空间匹配设计，到中期产权协商、利益平衡，再到后期社区营造和产业运营维护。工作重点从"蓝图绘制"转向"实施陪伴"，要求规划师具备空间优化、政策设计、协调治理、资管运维等统筹和整合能力。

　　在空间治理多主体共治闭环中，由增量发展时期政府市场的同向互动逐渐向

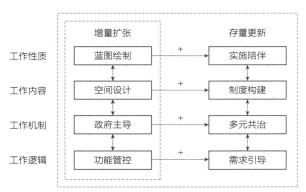

图 14　从增量扩张阶段到存量更新阶段规划范式的转型
资料来源：笔者自绘

依托存量治理时期政府、市场、公众的多方博弈共治转变。规划师将扮演重要的"价值翻译者"角色，从"技术专家"转型为"社会过程组织者"，其核心能力从空间设计转向政策机制协同。这要求规划师既要将政策语言转化为主体、公众可理解的城市更新方案，又要将居民诉求有效向政府反馈，持续支撑可操作、可复制的政策机制出台。

　　总之，在我国城市发展深刻转型之际，传统发展路径的惯性依然很大，新的制度体系尚未健全，在这样一个挑战与机遇并存的时代，迫切需要规划师主动谋划、寻求突破，积极探索规划事业的新天地！

参考文献

[1]　北京商务中心区管理委员会 . 北京商务中心区控制性详细规划 [R]. 北京：北京商务中心区管理委员会，2002.

[2]　陈冬冬，王崇烈 . 北京商务中心区存量空间更新治理的经验与思考 [J]. 城市设计，2022（3）：32-41.

[3]　北京市城市规划设计研究院 . 北京商务中心区城市更新研究（CBD 商务楼宇更新策略研究）[R]. 北京：北京市城市规划设计研究院，2021.

[4]　北京规划自然资源 . 朝阳而治·向阳而生 | 朝阳区责任规划师"葵花籽"2023 精彩答卷 [EB/OL].（2024-01-22）. https://mp.weixin.qq.com/s/Wf_TkA7rSY38MLQOtWvzEw.

[5]　北京规划自然资源 . 朝阳而治·向阳而生 | 葵籽深耕·年筑佳境——朝阳区责任规划师"葵花籽"深入参与城市更新、持续打造高品质公共空间 [EB/OL].（2025-05-12）. https://mp.weixin.qq.com/s/5yQegQOChwK470so72N86w.

[6]　高超，陈思伽，王崇烈 . 超特大城市更新专项规划编制技术体系研究——以北京为例 [J]. 规划师，2024（2）：17-23.

[7]　韦平，朱梦娇，梁钦东，等 . 朝阳区朝外大街升级改造一期工程及 THE BOX 朝外年轻力中心项目 [J]. 城市设计，2024（3）：104-107.

[8]　杨晨辉，王成钢 . 城市更新背景下危旧住宅"原拆原建"改造模式研究——以北京市丰台区马家堡 68 号院 2 号楼危房改造为例 [J]. 建筑经济，2024，45（5）：32-38.

[9]　李岩，郭睿，袁剑辉 . 以科技产业为核心的城市更新实践——以南中轴国际文化科技园为例 [J]. 城市建筑空间，2024，31（10）：8-12.

熊健，中国城市规划学会常务理事、学术工作委员会委员，上海市绿化和市容管理局副局长，正高级工程师

何颖，上海市城市规划设计研究院总规分院工程师，同济大学建筑与城市规划学院博士研究生

宋煜，上海市城市规划设计研究院院长三角研究中心主任，高级工程师

宋何熊

煜颖健

强化价值引领、回归技术内核：国土空间规划的转型思考与路径探索

1 引言

国土空间规划是国家空间治理现代化的主要手段。在生态文明建设和高质量发展的双重压力下，在城镇化的步伐放缓的大趋势之下，规划工作将面临更加复杂艰巨的任务：如何统筹好全域全要素，如何做好存量更新的同时兼顾各方面的利益诉求，如何将数字化的技术手段植入到规划当中以促进规划工作开展，等等。解决这些问题都需要通过价值导向和技术工具的持续协同与相互赋能，来促进国土空间规划科学性的提升，并推动空间治理的现代化。

2 以价值引领重塑规划转型创新路径

价值是行业发展的灵魂，只有实现价值导向的根本转变，才能够从本质上重塑规划的路径与方式。传统规划曾一度强调技术工具性，忽视价值导向，导致"重指标、轻人本""重建设、轻生态"等问题。随着城镇化速度放缓、生态文明体制改革以及"人民城市"重要理念的提出，规划正经历从"技术本位"向"价值引领"体系创新的深刻转型。这一转型的核心一方面在于重新确立人在城市发展中的主体地位，通过创新性空间设计和科学性空间规划，与时俱进地满足人民对宜居环境和美好生活的需求[1]；另一方面则在于要解决城市发展动力不足、发展模式有待转型等一系列当下城市面临的问题与挑战[11]，重新激发城市空间的持续创新活力。因此，规划价值的创新，本质上是对城市发展问题的审视与思考，对城市发展目标的重新定义，是对人的价值逻辑的呼应，也是对空间价值、生态

价值、人本价值等根本命题的回应。

2.1　基于空间价值创造的规划创新

国土空间价值是政府、企业、居民等主体通过对"资源—资产—资本"的生产、交易或消费，得到的一系列可满足多元主体需求的服务与产品，并使人类社会与自然系统共同受益，空间价值生产和实现流程实质即"资源—资产—资本"的流转和转化 [3]。在全新的国土空间规划时代，规划的最终目的绝非仅仅是空间格局的优化或提供空间要素保障，而是创造空间价值。在增量发展阶段，城市通过大规模土地出让迅速积累资产和财富，推动城市规模与经济体量快速攀升。然而，进入存量发展阶段后，这些沉淀的资产逐渐暴露出结构性矛盾：一方面，早期粗放供给导致空间功能与市场需求严重脱节，大量低效闲置资产难以转化为可持续的现金流；另一方面，分散化的产权格局和过于严苛的用途管制使得要素流转受阻，规划既难以撬动资源重组，又因路径依赖延续着增量时代的管控逻辑，反而成为束缚空间价值激活的体制性障碍。这种供需错配、时空过剩与要素孤立的叠加效应，正倒逼规划从"规模驱动"向"流量运营"范式转型，即要从为形成固定资产的建设过程服务，到为资源形成资产后最终产生权益而服务，从而探索规划服务发展的"第二增长曲线"。这也要求规划需要在实际操作过程中进行定制化设计，包括按项目需求确定土地用途、容积率和使用年限，从一次性批租向持续性年租转变等 [4]，也就是让规划更精准地服务于项目，更能体现空间资产的价值所在。

2.2　基于生态文明价值的规划创新

传统工业化模式强调人类的主体地位，未充分考虑人类活动给自然生态系统带来的巨大成本，这种单向度的价值取向导致生态阈值被持续突破，全球环境危机日益加剧。而生态文明以人与自然和谐共生为价值取向，从根本上重构了人与自然的价值关系，将生态系统的完整性和稳定性作为空间开发的先决条件。国土空间规划体系改革正体现了生态文明导向下空间供给侧结构性改革的新要求，是按照国家空间治理现代化的要求进行的系统性、整体性、重构性构建。高质量国土空间格局的构建应以人与自然和谐共生为逻辑起点，以生态文明视角重构人与自然的关系，以碳中和带来的发展范式转型重新解构国土空间开发利用模式、资源配置方式和空间组织形式 [5]；在生态空间、农业空间和城镇空间的优化布局中统筹考虑经济效益、生态效益和社会效益，推动国土空间利用由服务于经济增长的价值导向向服务于生态环境保护、支撑经济社会可持续发展、强调"生产、生活、生态"相互协调的多元目标转变。

2.3　基于以人为本价值的规划创新

关涉空间规划最根本的是"以人为本"的价值取向，需要践行"人民城市人民建，人民城市为人民"重要理念，把人的感受度作为最根本的衡量标尺，把宜居、宜业、宜学、宜游、宜养的城市建设摆在突出位置，从满足人的需求、提升人的体验、实现人的发展出发塑造良好人居环境、提升城市空间品质与风貌。这种以人为本的价值导向要求既要重视空间的多样性，也要注重文化历史的深层积淀，更需要关注人的体验和感受。同时，城市中的每个人才是空间的使用者，需要通过参与式规划，从广泛动员、深度调查、共同决策、共同建设、共同维护的完整工作闭环入手，建立全过程的共建模式，使空间营造过程成为凝聚社会共识和认同感的过程。

3　以技术内核夯实规划科学性的根基

技术是人类在认识世界和改造世界过程中积累的系统性知识、方法、工具及实践能力的总和，技术的核心价值在于将抽象知识转化为可操作的解决方案，以此来达到提高工作效率、优化决策和推进技术创新的目的。从这个角度来讲，技术是任何专业领域的"核心算法"，是推动行业进步的关键支点，对于规划行业亦是如此。

规划领域的技术体系并非简单的工具集合，而是在城市发展过程中，通过理论与实践长期互动、融合的结果。当下，城市发展正面临国土空间规划体系的重构、城市发展模式的转型，以及人工智能等新技术的迅猛渗透等多重变革。在外部环境充满不确定的背景下，回归专业初心，深入探寻空间利用的底层规律，强化技术内核并构建具有本土特色的规划理论与技术，从而稳固行业的根基并推动行业焕新，已基本达成共识[6, 7]。在对规划的底层逻辑和技术内核的理解上，有学者认为，现代城乡规划形成的基础及其发展至今最为本质性的内容就是对土地使用的公共管制，因此规划的内核是基于公共性基础上的土地使用管制[8]。有学者认为，规划的核心是调节"政府—市场—社会"权利关系，保障不同群体利益，兼顾效率与公平，避免城市分化[9]。也有学者提出，生态文明建设优先是国土空间体系构建的核心价值观，全面实现高水平治理是国土空间规划体系构建的根本依据，引领高质量发展和缔造高品质生活是国土空间规划的主要抓手[10]。但总的来看，规划的技术内核都是以空间资源配置为核心，整合形态规律认知、生态环境约束和多元协同治理机制的复杂适应性系统。其底层逻辑始终围绕"空间利用效率与公平的帕累托最优"展开，即需在纷繁复杂的各种关系中实现空间正义。

因此，回归技术内核并非从零起步，也不是另起炉灶，而是要立足空间属性，把握城市发展阶段的变化，并充分利用新技术新方法理解城市发展规律、提升规划的科学性，是一个循序渐进、守正创新的过程，而在这个过程中，需要重点关注与强化三方面内容。

3.1　立足空间属性，拓展全域全要素的规划技术

国土空间规划改革的一个重要变化就是治理对象拓展至"国家疆界范围所构成的包括领土、领空、领海在内"的全域空间，从"城"覆盖到全域，从陆域延伸到海洋和低空，从建设用地扩展到全要素[11]。这就要求规划要发挥其技术所长，立足空间，把握各要素在空间上的特点与相互作用关系，但也不能一味地将"城"的规划技术思维延续至自然空间，或简单地延续传统土地利用单要素、计划性的技术思路，导致本土性乡村空间规划理论技术方法的缺失[7]。正如各类土地使用活动会产生积极的外部性和消极的外部性，针对全域全要素的规划技术要关注各类要素的演变规律、机理解析、功能内涵以及相互关系，通过对外部性的推演来组织和安排各类空间资源配置，从而推动国土空间格局优化与高质量发展。

改革后的国土空间规划编制工作，在不断摸索的过程中积累经验，探索应用资源环境承载能力和国土空间开发适宜性评价，以及国土空间利用状况评估和风险评估，研判空间安全、利用、品质等方面问题和气候变化、人口变化等可能带来的风险挑战等，但仍不足以完全支撑空间格局的优化，后续还需要通过叠加农业、生态、产业等影响城市空间格局的功能性要素分析，加强功能协同，筑牢国家生态安全屏障，同时分类引导城镇空间集聚高效布局和绿色转型发展。

3.2　把握需求变化，探索动态适应的规划技术

规划是对空间使用行为及其逻辑的一种干预。以往的增量规划时代，强调为增长而规划、以规划蓝图描绘为主，而当城市发展进入人口增长放缓、发展模式变革的存量更新时期，规划则更需要研究真问题、回应真需求[11]，解决已存在的各类空间问题，并接受各种前置条件的约束[12]。例如城市更新的过程可能会带来空间权属重构、用地性质改变带来资源价值变化，规划编制技术必须关注空间背后的复杂权益，只有基于充分的利益协调，将规划实施成本纳入空间方案一并考虑，并为后续利用提供明确规则，才可能获得最优化的规划"综合解决方案"。

与此同时，需求的变化、目标的变动是不断发生的，这就需要改变已有静态的、终极式的思维方式，采用动态的、过程式的思维方式建立技术方法。例如，

超大城市人口的流动性日趋增强，规划技术也出现了以"场所—流动"的"静态—动态"契合视角，基于合理的"职—住—流"静态空间布局和动态运行组织、"空间结构—交通模式"的耦合研究等[13]。同样，不同产业类型所集聚的就业群体具有显著的人口特征差异，这种差异直接影响了其对公共服务和基础设施的需求特征。以技术密集型产业为例，其从业人员普遍呈现出年龄结构年轻化、学历层次高端化、职业流动性显著化的特点。这种独特的群体特征对产业园区规划提出了差异化要求——在空间布局上需要更多考虑年轻群体的生活方式偏好，在设施配套上应当侧重高素质人才的专业需求，在环境营造上则需要适应高频次人员流动带来的空间使用特性。这也要求规划从业者们一方面应充分考虑目标就业群体的结构性特征，实施精准化的空间资源配置策略；另一方面也需要适应产业需求的变化，创新空间制度设计的技术方法，强化空间的包容性和功能用途转换的可能性，更好地适应未来发展的需要。

3.3　利用技术创新，洞察空间发展规律，提升规划技术水平

以互联网、大数据、人工智能等新兴技术为驱动力的科技革命，正为城乡空间发展注入创新活力，同时也提供了认识感知城乡人居环境的全新角度。以往的规划技术往往被认为更多是基于实践经验的技术，而以人工智能、大数据为代表的新技术将推动规划技术从"经验驱动"转向"科学驱动"，并推动空间规划走向数智化，实现空间规划的范式转型。

在此过程中，规划技术一方面需要利用技术创新更好地理解空间发展规律。以"15分钟生活圈"为例，其目标理念在于通过优化城市空间资源配置来提升居民生活服务的可达性与均衡性。然而，要使这一理念真正落地见效，必须借助大数据分析、时空行为建模等方式，系统性地把握居民日常活动的时空特征与行为规律，从而为"15分钟生活圈"的规划实施提供科学依据和技术支撑。另一方面，在更好发挥技术效能上，人工智能等新兴技术正展现出巨大的应用潜力。以美国城市规划领域的研究实践为例，学者们开始运用自然语言处理（NLP）技术对区划法规（Zoning Codes）进行系统性分析，通过文本挖掘和语义分析等方法，深入研究形式基础法规（Form-Based Codes，FBCs）的采用情况及其对城市空间形态的影响[14]。这种技术驱动的分析方法不仅能够提升规划标准制定的科学性，还能为区划制度改革提供数据支持和决策依据。

除此之外，在城市空间发展的客观规律认知与智能技术手段持续破题的基础上，未来的城乡规划决策也将进一步朝着智能化与精准化的方向推进[15]。规划决策将会在利用融合多源数据的信息模型（CIM）和数字孪生系统后，完成由"感

知—分析—决策—反馈"蓝图向"感知—分析—决策—反馈"演化的过程，最终完成"感知—分析—决策—反馈"的闭合循环优化。在此智能化的规划范式之下，一方面可以有效提升规划的效率与水平，另一方面能够在动态过程中对规划方案予以调适和优化，因此能够有力促进城市空间治理迈向新的精准高效阶段。

4　以技术与价值协同探索存量时代控制性详细规划转型路径

控制性详细规划编制管理是上海规划管理工作的重要组成部分，多年来结合社会经济发展的新形势新要求，不断做出更新探索，经历了从无到有、从单一到系统、从粗放式到精细化的演变，建立了一套全面、系统的控规管理制度。然而面向存量语境，上海控规在基本实现"全覆盖"的情况下，面临新的要求与挑战。

4.1　存量时代的特点与挑战

从规划对象的特征来看，不同于增量发展阶段，存量阶段的现状基本为已开发建设用地，可供整体拆除重建、增容转型的成片空间十分有限。其次，既有空间资源为众多产权人共有，政府无法简单地进行产权归集，出现了由原权利人进行更新、原权利人和市场开发主体合作等多种开发方式。此外，更新发展方式也具有多样性。除了传统新建方式外，改扩建、功能转换、建筑修缮、环境整治等需求日益增多。以上特征必然使得控规向协商式、长周期、定制化转变，也必然要求控规的工作思路和方法进行转变。

从规划的目标要求来看，高品质空间需求促进技术方法迭代升级。面向空间品质提升任务，传统控规中的设计思维仍有待进一步强化，特别是在低碳、韧性、历史保护等新要求下，控规需要强化新理念贯通，更加聚焦高效能管理，深化控规技术转型[16]。

从规划的组织方式来看，高水平治理要求推动工作组织机制转变。传统控规编制以政府意图为主导，公众参与往往容易流于形式，而对于与多主体协商复杂议题，则缺乏程序性机制保障。存量阶段控规编制需要从政府主导走向多方共商，通过"自上而下"与"自下而上"相结合的方式，形成多主体共赢的治理路径。基于此，有必要对控规的定位价值进行再思考。

4.2　存量时代控规定位价值的再认识

控规具有法定属性和技术属性，是具有法定拘束力的文件，是指导地块开发、更新的主要技术工具。同时，控规也是"优化城乡空间结构、完善功能配置、激发发展活力的实施性政策工具"。

在新的时代背景下，控规需要面对城市发展的多维目标，在价值层面和技术层面体现民生、人文、经济、生态等发展理念，推动城市发展更具活力与生命力。针对规划地区不适应发展目标和理念的问题，通过整合各种资源和方法，提供一个全面的、系统的解决方案，需要更有效地响应城市发展的多元诉求，通过统筹空间资源、资产资金、更新政策等多要素，形成更具针对性和可操作性的举措；同时，为确保问题的根本解决和长期效果，还应促进建立多元共治机制，贯穿规划、建设、运营管理全过程。也就是说，控规需要在强化公共政策属性的基础上进一步向综合解决方案的定位转变。

4.3　控规技术方法的再思考

在此定位作用下，控规的技术方法也应围绕当下需要解决的实际问题进行优化与升级，从被动应对向主动适应转变。比如为更好地平衡刚性与弹性，控规技术需要对分区传导规则进行进一步深化细化，如北京出台了《北京市建设用地功能混合使用指导意见（试行）》，细化了不同阶段、不同层面的功能混合规则，使之既能符合上位导向要求，又能满足市场需求。再比如，为更好地应对低碳韧性等新理念和新要求，规划需要在不同层面探索技术方法，在详规层面应加强风险评估与识别，形成城市片区尺度的气候风险空间分布图，探索不同类型不同片区的气候适应性规划途径，运用风环境模拟等新技术优化空间方案等。此外，为了更好地提升空间品质，规划应避免大拆大建的模式，而是以伴随式的服务、针灸式的改造、多元活动的营造，推动社区进行渐进式、定制化的更新，与多方主体搭建起社区共治的网络，为社区的可持续更新迭代奠定良好的基础。

5　结语

国土空间规划的转型不仅是技术方法的革新，更是价值理念的重构。面对复杂多变的内外部环境，规划需坚守"技术为基、价值为魂"的发展路径，立足空间属性，拓展全域全要素资源的规划技术，以动态适应性技术回应多元需求，以数字化手段提升决策科学性。同时，规划价值的创新应始终坚持生态文明的理念，以人民为中心，平衡效率与公平，重新激发空间价值与活力。而要实现该目标，规划更需要发挥好整体性、系统性的优势，在价值引领、思维转型、技术迭代、组织方式等多方面加强创新协同，不断增强城市应对复杂挑战的能力，推动城市在可持续发展道路上稳健前行，实现人与自然的和谐共生、经济与社会的可持续发展。

参考文献

[1]　王树声.中国城市规划传统的现代意义 [J].城市规划,2019,43(1):50-57.

[2]　杨保军,郑德高,陈鹏,等.城市规划的使命担当 [J].城市规划,2023,47(11):4-9.

[3]　王伟,郑雅文,刘诗盈.逻辑·工具·机制:CSPON 赋能国土空间价值提升的三重视角 [J].城乡规划,2024(4):12-21.

[4]　赵燕菁.规划创新与转型:推动实现资源资产价值 [N].中国自然资源报,2024-10-17(003).

[5]　武占云,郝庆,王旭阳,等.国土空间高质量发展困境及其纾解——基于碳达峰碳中和视角 [J].中国国土资源经济,2024,37(2):4-10,28.

[6]　段进,石楠,闫凤英,等."规划教育的规划"学术笔谈 [J].城市规划学刊,2025(1):1-10.

[7]　吴志强,郭仁忠,张兵,等."国家空间规划系统化建构"学术笔谈 [J].城市规划学刊,2024(5):1-11.

[8]　孙施文.关于城乡规划学科知识体系的若干思考 [J].城市规划学刊,2024(5):29-33.

[9]　张京祥,林怀策,陈浩.中国空间规划体系 40 年的变迁与改革 [J].经济地理,2018,38(7):1-6.

[10]　杨保军,陈鹏,董珂,等.生态文明背景下的国土空间规划体系构建 [J].城市规划学刊,2019(4):16-23.

[11]　熊健,林华,黄普,等.国土空间规划编制技术标准制定的关键问题与主要思路 [J].城市规划学刊,2022(6):80-87.

[12]　王世福,李欣建,赵渺希,等.中国城乡规划学科转型面临的挑战与跨学科重构 [J].规划师,2024,40(12):1-6.

[13]　李峰清,赵民,黄建中.论大城市空间结构的绩效与发展模式选择 [J].城市规划学刊,2021(1):18-27.

[14]　SALAZAR-MIRANDA A,TALEN E. An AI-based analysis of zoning reforms in US cities[J]. Nature Cities,2025(2):304-315.

[15]　吴志强,张修宁,鲁斐栋,等.技术赋能空间规划:走向规律导向的范式 [J].规划师,2021(19):5-10.

[16]　熊健,宋煜,杜凤姣.关于深化国土空间规划编制技术研究的若干思考 [J].上海城市规划,2025(1):7-13.

王新哲，中国城市规划学会学术工作委员会委员、总体规划专业委员会委员、城市影像专业委员会委员、总体规划专业委员会秘书长，上海同济城市规划设计研究院有限公司常务副院长，教授级高级工程师

王新哲

市县国土空间总体规划战略价值认识与作用发挥 *

1 引言

自然资源部领导在国务院新闻办公室《中共中央 国务院关于建立国土空间规划体系并监督实施的若干意见》的新闻发布会上强调"新的国土空间规划要成为能用、好用、管用的规划"。但正在审批的国土空间总体规划却面临着是否能用、好用、管用的疑惑。处理好规划内容与部门事权的关系，通过规划体系优化落实总体规划是总体规划批复后亟待解决的问题。

国土空间总体规划的深层改革正面临着核心悖论：既要突破部门事权藩篱实现战略引领，又需依托事权体系保障实施效能。这一矛盾本质是空间治理现代化的必经阵痛，折射出规划从"技术工具"向"治理平台"的范式跃迁。本文通过"价值认识—事权重构—优化实践"的递进分析，揭示国土空间规划中战略导向与实施导向的动态平衡逻辑，并通过战略思维、专项协同、近期规划等技术工具增强总体规划的作用发挥。

2 以战略思维体现规划价值逻辑、超越空间事权

国土空间总体规划是我国空间治理体系现代化的重要制度创新，旨在统筹资源保护、开发与区域协调发展。其在空间治理和地方发展中发挥了关键作用，但也面临诸多现实挑战。比较突出的问题是战略性的缺失、综合性的不足。

---

* 基金项目：国家重点研发计划项目"国土空间优化与系统调控理论与方法"（编号：2022YFC3800800）资助。

2.1　理解空间规划的战略性

空间规划的战略性讨论由来已久，就目前形成的编制内容，缺乏战略性是被诟病的问题之一。但不可否认规划成果有战略性。

传导上位规划是落实国家战略的重要举措：规划通过"三区三线"划定（如全国生态保护红线达 319 万平方千米），将粮食安全、生态安全等国家战略转化为空间约束。这种"自上而下"的战略传导机制，通过建设用地指标分配，倒逼城市发展模式转型，本质是以空间约束推动城市发展转型的实现。

提升城市空间的合理性与功能性：城市规划的核心价值之一是提升城市空间布局的合理性。科学合理的空间布局能够使城市功能区分明确，避免资源浪费和功能重叠，提高城市空间的利用效率。而通过居住区、商业区、工业区的合理划分，也能提高区域间的协同效应，促进城市的功能复合与流动性。

推动经济发展与产业结构优化：城市规划不仅仅关注城市的空间布局，还关注城市的经济发展方向，能够引导资金、技术、人才等要素向优势产业集中，促进城市经济的持续增长。通过规划和政策引导，城市能够在全球经济竞争中占据有利位置。

保障社会公平与促进民生改善：城市规划在改善民生、保障社会公平方面同样具有重要作用。通过合理的居住、教育、医疗等公共服务设施的规划，能够有效缩小不同社会群体之间的发展差距，增强社会的凝聚力和和谐性。尤其是在快速城市化过程中，如何平衡不同群体的利益，确保城市发展的包容性，是城市规划必须关注的重点。

维护生态环境与促进可持续发展：通过科学的生态环境规划，能够有效降低城市发展对自然环境的负面影响，保障城市的生态系统服务功能。绿色空间、绿色交通、节能建筑等元素的加入，不仅提升了城市的宜居性，也推动了低碳经济的发展，增强了城市的可持续性。

2.2　在规划成果中彰显空间规划的战略价值

在规划成果中简明的逐层递进式逻辑不但有助于实现各要素之间的功能联系，而且也符合人们的阅读习惯，采用目标导向、问题导向的逻辑结构的文本规划"可读性"大为增强❶。"上海2035"总体规划报告形成了以目标导向为逻辑的文本结构，体现了总体规划的战略价值。但随后其他城市的国土空间总体规划在成果

❶　王新哲，黄建中 . 城市总体规划文本表达技术实践特征与思考——以《上海市城市总体规划（2017—2035 年）》为例 [J]. 城市规划，2020，44（9）：85–92.

制作的阶段，出于对文本统一性的考虑，采用了依专项分类构建的文本逻辑，特别是删除了"非空间"类的内容，使得文本的"可读性"降低，也不利于规划的执行与传播。

各个城市可以通过行动方案的编制，明确规划政策背后的目标，增加规划文件的逻辑性与战略性。作为经典的战略性规划，大伦敦规划也采用了住房、公共设施、经济、文化与遗产等分类型的逻辑结构，但清晰的条标方便了检索。如应对气候变化的数条发展政策，分别出现在"绿色基础设施和自然环境"与"可持续基础设施"章节中，可以形成更有目标导向、逻辑性的行动政策指引或补充规划导则（SPG：Supplementary Planning Guidance）❶。

2.3　理顺市县层级空间规划与发展规划的关系

空间规划与发展规划作为国家治理的重要工具，其关系本质上是空间资源与经济社会发展的系统性统筹问题。提升空间规划的战略性，需在把握其内在逻辑与运行规律，构建以空间治理现代化为目标的核心规则体系。

在"多规"共存时代，城乡规划、土地利用规划与发展规划虽然存在着事权重叠、内容不一的状况，但各个规划均以综合性、战略性作为重要的目标，适应了经济社会的发展。《中共中央 国务院关于建立国土空间规划体系并监督实施的若干意见》（以下简称《若干意见》）标志着空间规划体系的确立，但在此之前的2018年12月，中共中央、国务院发布《关于统一规划体系更好发挥国家发展规划战略导向作用的意见》强化国家层面发展规划的统领作用、空间规划的基础作用，并在文末提到了"省级及以下各类相关规划编制实施参照本意见执行"。由此形成了发展规划与空间规划并存的状况。党的二十届三中全会进一步明确"发挥国家发展规划战略导向作用，强化国土空间规划基础作用，增强专项规划和区域规划实施支撑作用"，出于对规划体系的片面理解，大量国土空间总体规划在审批阶段删除"非空间事权"内容，造成战略性的缺失。

黄亚平（2022）总结了发展规划与空间规划的目标及战略协同，指出各级规划的关系。市县需要一个统领性、综合性的发展蓝图和指引，在战略和空间方面可以做到"合一"❷。王新哲等指出市县规划是较为明确的地方规划，经省级政府审

---

❶ 上海规划资源.【研究】《大伦敦规划2021》：全维度应对气候变化 [EB/OL].（2021-07-06）. https：//mp.weixin.qq.com/s?__biz=MzI5NjAzMzU0Mw==&mid=2651021414&idx=4&sn=3f4f23353ad8833c952ce83ec1300c1d&chksm=f7bd4c0ec0cac51851c1d15b90922f9c9ed47e5838d2f0d8c495dfb2f53346825c917eef25c5&scene=27.

❷ 黄亚平.市县发展规划与国土空间规划的关系与融合互促 [EB/OL].（2022-01-20）. http：//www.planning.org.cn/news/view?id=12138.

批的国土空间规划具有战略和基础作用，无疑在基础作用之上还有引领作用，而五年的发展规划应处于落实的作用。所以从规划关系来看，应该是强调空间规划的引领作用，发展规划的落实作用。不应一味强调"以发展规划为依据"❶。本轮国土空间总体规划的战略性体现在落实国家战略、体现在发展转型上，虽然强调问题导向，但在统一的成果范式引导下，对于城市问题缺乏具体对应的策略。未来随着动态维护的推进，在城市层面应形成发展规划与空间规划合一的行动指引，这在部分省市如广州、湖北等已经有了实践探索。

3　以专项规划增强规划实施效能、构建共治平台

除了战略与空间的关系外，国土空间规划中的空间事权也较为复杂，比较典型的是"分区"与"系统"，"分区"是指在空间政策导向上存在显著差异的地域❷。而"系统"则是由各类要素构成的具有特定职能的网络，可包括交通、能源、水利、农业、信息、市政、教育、医疗等，其事权往往分布于各职能部门。与专项规划的关系是规划体系中的核心议题，其动态协调机制在不同阶段需要差异化应对。

3.1　规划编制体系中的功能定位分化

总体规划的"底盘性"作用：在"多规合一"阶段，国土空间规划承担着整合各类空间诉求、消除规划冲突的基础性功能，通过"三区三线"划定形成刚性管控框架。此时强调专项规划服从总体规划，本质是建立统一的空间治理秩序。

专项规划的"专业性"特征：当基础框架建立后，专项规划作为专业领域的技术工具的价值凸显。建立空间性专项规划编制目录清单是厘清各领域空间编制需求、规范专项规划编制管理的有效手段，也是本轮国土空间规划改革的创新手段之一❸。这种清单保障了"总一专"之间的互动，但在总体规划编制完成后，应尊重专项规划的"专业性"特征，一方面体现在具体领域的系统性、专业性，另一方面专项规划也包含了"特定地域"的规划，这种"特定地域"一种是对于总体规划降尺度的深化，一种是跨地域的重新审视，如流域规划、都市圈规划等

❶ 王新哲，薛皓颖，姚凯.国土空间总体规划编制的关键问题——兼议省级国土空间规划编制 [J]. 城市规划学刊，2022（3）：50–56.
❷ 赵民，程遥.试论国家空间规划体系的分层分类建构——基于"分区"与"系统"逻辑的探讨 [J]. 城市规划，2025，49（3）：4–11.
❸ 郑华，董小珊，唐知发，等.长沙市国土空间专项规划与总体规划衔接路径 [J]. 规划师，2024，40（4）：81–87.

往往聚焦于跨界地区，可以有效弥补按行政区切块编制造成的整体性、系统性问题。

3.2 规划实施阶段的范式转换

本轮规划由于同步进行规划管制的改革，强调规划的严肃性，编制过程中的总体规划部分充当了规划许可的平台，特别是"一张图"平台作用的推广，总体规划的"实施"作用得以强化彰显。但总体规划的本质特征是战略性与结构性，当总规转入实施阶段后，应实现三个转变：

管控逻辑：从"被动约束"转向"主动引导"，在空间规划体系建立和总体规划编制阶段，各地往往通过专项规划编制目录清单的方式，引导各有关部门同步编制专项规划，及时在总体规划编制阶段进行系统统筹，取得了较好的效果，但由于城市的复杂性，不可能解决所有问题，在总体规划编制完成后的实施阶段，应更加"宽容"地接纳专项部门的要求，主动引导、适应空间的诉求。其本质是在维护总体规划战略框架的前提下，释放专业领域的技术优势与创新活力。

治理模式：从"单向传导"转向"协同共治"，建立部门间空间要素交换机制，这种动态调适关系本质上是空间治理现代化的体现，既保持总体规划的战略定力，又释放专项规划的专业活力。

技术方法：从"静态蓝图"转向"动态维护"，多情景模拟预判专项规划实施可能引发的空间连锁反应，通过建立"刚性底盘 + 弹性系统"的复合型规划体系，实现空间资源的高效配置和精准治理，推动规划体系向智慧化、精细化方向演进。

3.3 专业深化的制度保障

技术衔接标准：建立分级分类的"精准适配"对接机制。实现从"被动适配"向"主动优化"的范式转变。在空间维度将专业需求转化为空间管控适应性（点状设施避让线性设施等原则）；在价值维度，在专业目标（效率）与总体规划目标（公平）间建立帕累托最优平衡点；在时间维度建立与总体规划周期错配的响应机制（如 5G 基站布局需匹配技术迭代周期）。

行政协同流程再造：部分城市优化城市规划体系，提出专项规划的相关规定，如《南京市国土空间专项规划编制和审批管理办法》提出"专项规划报批前，应当取得市规划和自然资源行政主管部门出具的'国土空间专项规划核对意见'"。但这个"核对意见"仍然强调的是专项规划对于总体规划的"符合性"要求，文件中罗列的"与国土空间规划强制性内容是否存在矛盾冲突，是否对国土空间规划实施产生重大影响"也表明了核对的主要内容是强制性内容，非强制性内容如何处理文中并未规定，笔者认为应容忍甚至鼓励专项规划对总体规划进行优化，非强制性内容可以对总体规划进行优化，或者允许差异的存在。推行"专业审查—空间校核"并联审批。同步开展空间合规性审查和工程技术审查，将专业方案纳入详细规划的编制与审查中。

明确规划的效力位阶：无论是特定地区还是特定系统，后期编制的规划都会对现有规划进行优化，在未来的一张图精确化管控的体系下，会出现各类规划"打架"的现象，应该像法律一样，有较为明确的"效力位阶"❶。如作为跨区域层面的基础设施规划与下位规划不一致时，不必对下位规划进行频繁改动。

4　以近期规划实现规划优化适应、推动动态维护

国土空间总体规划在实施过程中的动态维护，是确保规划适应经济社会发展需求、平衡刚性与弹性的关键环节。其核心在于通过制度设计和技术手段，既维护规划成果的严肃性，又实现动态调整的灵活性。

4.1　动态维护的必要性与矛盾焦点

国土空间规划需应对人口流动、产业升级、生态修复等动态变量。现实需求驱动动态调整维护。但同时规划经批复后具有法定约束力，随意修改将削弱权威性。

规划作为空间治理工具，需同时满足"确定性供给"与"不确定性应对"的双重需求。依据系统论原理，总体规划的严肃性体现为对复杂系统的稳态控制，而动态维护则是通过负反馈调节维持系统动态平衡。两者构成"结构稳定性"与"过程适应性"的辩证统一。

国土空间规划强调"实施性"，将项目清单作为重要的抓手，但在具体操作中出现了较多的问题。一方面对于"项目"的理解不同，总体规划中的"项目"与具体建设的"项目"有何不同并不清晰，在规划公示、公布阶段，出现由于项

---

❶ 法律效力位阶是指每一部规范性法律文本在法律体系中的纵向等级。《中华人民共和国立法法》第九十八至一百条规定：宪法具有最高的法律效力；法律的效力高于行政法规、地方性法规、规章；行政法规的效力高于地方性法规、规章；地方性法规的效力高于本级和下级地方政府规章；省、自治区的人民政府制定的规章的效力高于本行政区域内的设区的市、自治州的人民政府制定的规章。第一百零三条规定同一机关制定的法律、行政法规、地方性法规、自治条例和单行条例、规章，特别规定与一般规定不一致的，适用特别规定；新的规定与旧的规定不一致的，适用新的规定。

目过于具体，引发各相关主体的不同意见的状况 ❶。在总体规划批复以后，出现了项目清单跟不上变化的状况，以至于省级规划主管部门要出台动态调整项目清单的规定 ❷。另一方面不可否认的是尽管设计方竭尽全力去"分解"规划实施进程，其"项目"基本是近期需要考虑的内容，远期的内容相对较少，这就造成了规划内容在时序上的不对应。上海总体规划创设了"行动规划大纲"，有效地解决了时序上的问题，但是否与总体规划同步编制一个近期规划或第一年的行动计划仍然是一个未解决的问题。本轮国土空间总体规划绝大多数城市并未编制"近期规划"，济南市较早发布了近期规划的公示稿❸，但并未解决与总体规划的关系问题。

4.2 动态维护的实践路径

对于总体规划进行"维护"的需求客观存在，自然资源部提出"五年评估 + 年度体检"机制，通过监测数据（如耕地保护、生态红线）触发规划优化。2019 年自然资源部办公厅《关于开展国土空间规划"一张图"建设和现状评估工作的通知》要求依托平台，以一张底图为基础，整合叠加各级各类国土空间规划成果，实现各类空间管控要素精准落地，形成覆盖全国、动态更新、权威统一的全国国土空间规划"一张图"。并要求将国土空间规划成果与相关材料、审查意见等进行挂接，动态建立审查任务"一棵树"，关联管理每个阶段及每次审查的成果，便捷查询调阅成果图纸、审查报告、修改意见等❹。

与直接修改总体规划成果不同，"一张图"系统建立了动态维护的平台，使总体规划成果数据保持相对稳定，以此作为下位规划合法性的重要依据。对于维护机制，还缺乏统一的认识，应尽快建立相关的机制。维护是一种主动的、预防性的措施，在不改变规划本体成果的情况下，通过机制建设调整实施措施，维持系统的运行。维护无需改动原规划成果，而是由规划编制部门认可后将相关文件上传"一张图"系统。

---

❶ 中国科大校友.中国科技大学将建赣州校区？绝无可能！[EB/OL].（2024-07-21）.https://mp.weixin.qq.com/s/r82XR5Gy6_IPYIegPn6I3w.

❷《海南省自然资源和规划厅出台 15 条政策措施 强化自然资源要素保障推进投资扩容增效》提出符合"三区三线"管控要求的单独选址项目，按程序动态新增列入市县国土空间总体规划"国土空间规划重点建设项目清单"，作为项目用地用海审批依据。来源：https://lr.hainan.gov.cn/ywdt_312/zwdt/202405/t20240510_3660649.html。

❸ 济南市自然资源和规划局.济南市国土空间近期规划（2024—2030 年）（公式稿）[EB/OL].（2024-09-03）. http://nrp.jinan.gov.cn/art/2024/9/3/art_119899_5015832.html。

❹ 自然资源部.国土空间规划"一张图"建设指南（试行）.[R].北京：自然资源部，2019.

4.3　近期规划的阶段性作用

近期规划在城乡规划时代已经出现，2002 年建设部发布《近期建设规划工作暂行办法》，推动全国近期建设规划的编制，近期规划作为与发展规划同步落实空间的作用得以体现，但近期规划"严格依据城市总体规划"的原则很难体现。在空间规划体系建设中《若干意见》及自然资源部的相关文件中并未提到近期规划，但"五年一评估"要求总体规划相应做出应对，同时经过多年的"维护"，"一张图"系统上的总体规划相比原成果已经发生较大的变化，需要对总体规划本体的维护。从目前的规划实践来看，以近期规划作为载体是北京市和上海市的共同选择。北京市 2021 年完成首次总规实施评估，批复了《北京市国土空间近期规划（2021—2025）》。上海连续开展总规年度监测、实施评估和国土空间近期规划工作，批复了《上海市国土空间近期规划（2021—2025 年）》。

当前规划体系未明确近期规划的法定效力，北京、上海的机制设计是在总体规划文本中"埋下伏笔"。如北京市总体规划规定：采取完善规划实施机制、优化调整近期建设规划和年度实施计划等方式，确保城市总体规划确定的各项内容得到落实，并对规划实施工作进行反馈和修正[1]。赋予了近期规划和年度实施计划的修正权。上海市总体规划创新了行动规划机制，建立了"1+3"的成果体系，明确了行动规划在规划编制体系中的地位。行动规划是时间维度衔接战略性规划与实施性规划的重要载体，也是真正能够统筹并实现"多规合一"的空间政策平台[2]。

现有体系下，较为合理、便捷的解决方案是将近期规划作为广义的"总体规划"成果，作为总体规划在时间维度上的落实，是城市总体规划成果的有机组成部分，同样的还有评估报告、局部修正报告等，共同构成"总体规划"成果包，一定程度上解决了近期规划的法定地位问题。

5　结语：走向韧性治理新范式

战略导向与实施导向的空间规划是现代化治理的核心操作系统。其终极价值在于构建"空间即战略"的新型治理范式：通过空间秩序重构发展逻辑，借助空间权力平衡利益格局，运用空间创新激活变革动能。这要求超越传统的空间事权，在制度层面实现三大跃迁：

价值跃迁：从资源管控到战略经营。空间规划的价值跃迁本质是重构"空间与发展"的底层逻辑。战略导向的规划则需转向"空间即资本"的主动经营范式，强调生态价值显性化、空间创新资本化、全域价值协同化。

权利跃迁：从部门分割到系统治理。重构"权力与责任"的配置规则。将分散的部门事权转化为系统治理能力，使空间规划从"技术工具"升级为"治理操作系统"。

技术跃迁：从静态蓝图到动态演化。使规划从"按图施工"的工程思维转向"生命体养护"的有机思维，通过技术赋能实现"刚性底线守护"与"弹性战略响应"的动态平衡。

价值、权利与技术跃迁构成空间治理现代化的"黄金三角"：价值跃迁提供目标牵引，权利跃迁重塑动力机制，技术跃迁夯实实施基础。唯有如此，空间规划才能真正成为引领高质量发展的"战略操作系统"，而非亦步亦趋的"空间记账簿"。

段寒潇，浙江大学公共管理学院博士研究生

赵志荣，中国城市规划学会学术工作委员会委员，浙江大学公共管理学院院长、求是讲席教授、博士生导师

赵志荣
段寒潇

国际比较视野下的中国城市气候治理

1 引言

　　全球气候变化已成为当今世界面临的最严峻挑战之一，国际社会与国家层面已经采取多种应对策略。1992 年《联合国气候变化框架公约》是全球首个应对全球变暖的国际公约。1997 年《京都议定书》要求工业化国家在 2008—2012 年期间将温室气体排放量在 1990 年的基础上减少 5%。该协议是人类历史上第一个具有法律约束力的减排文件，同时也明确了阶段性的全球减排目标以及各国承担的任务、国际合作的模式。该协议实施后，二氧化碳减排额以市场交易的方式在世界范围内流通。2015 年《巴黎协定》承诺将全球平均气温较前工业化时期上升幅度控制在 2 摄氏度，并努力将温度上升幅度限制在 1.5 摄氏度以内。截至 2025 年，全球已有超过 190 个国家加入该协定。各国在气候政策上的雄心愈加明确，致力于通过制定更高的减排目标和实施更严格的气候政策来应对和缓解气候变化。将应对气候变化的措施主要分为减缓和适应两大类已经成为全球的共识（Vijaya Venkata Raman，等，2012）减缓措施旨在减少温室气体排放，缓解气候变化的速度和程度；适应措施则侧重于降低气候变化带来的不利影响，增强社会和生态系统的韧性（Howarth，等，2024）。

　　城市也在逐步成为气候治理的主体行动者之一。城市消耗了全球大部分的能源与资源，也成为全球温室气体排放的主要来源（Bulkeley 等，2012）。据国际能源署（IEA）统计，全球约 70% 的二氧化碳排放与城市相关。同时城市也非常容易遭受气候变化的影响，面临财政冲击与基础设施损害（Ryan，2015）。越来越多的研究表明，地方层级和区域城市正在成为气候治理的重要参与者和低碳经济转型的关键突破口（Bulkeley，等，2013；Bulkeley，Castán Broto，2013）。例如欧盟排

放交易计划（EU-ETS）、区域温室气体倡议（RGGI）等区域性的减排计划相继涌现（Cole，2015）。为促进气候治理，不少地方层级都采取了减缓与适应行动。其中减缓行动的重要路径是发展低碳经济，适应行动最核心的是提高城市抗灾能力与韧性。IPCC（2023）预测，如果全球主要城市能够实现低碳发展，全球温室气体排放量有望减少30%。2019年联合国气候行动峰会上，66个国家和100多个地方政府宣布了到2050年实现净零碳排放的雄心。第26届联合国气候变化大会（COP26）更是设定了地方和市政府集体发声的"城市、地区与建筑环境"主题日，将城市绿色低碳发展提到前所未有的高度。纽约市提出了到2050年实现碳排放量较2005年减少80%的目标，并明确了建筑、交通等重点领域的减排策略。

　　在城市气候治理中，已经有一些成就，同时也面临许多挑战。欧洲的许多城市，如哥本哈根和阿姆斯特丹，在可再生能源利用、绿色交通和建筑节能等方面取得了显著进展，体现了其在行动层面的积极实践和有效成果（Dhakal，等，2017）。美国的州政府通过制定多样化的气候政策，如气候行动计划和跨州合作的总量控制与交易计划，推动了碳减排目标的实现。加利福尼亚州通过《加州全球变暖解决方案法案》等立法和行政命令，推动了可再生能源和清洁能源领域的发展。日本城市在能源效率提升、绿色交通和城市绿化等方面也取得了显著成效，这些行动表明发达国家在气候治理中不仅有明确的意识和科学的分析，还能够通过具体的政策措施取得实际成果。然而，发展中国家在应对气候变化的行动中仍面临诸多挑战，如巴西的亚马逊雨林保护问题、越南面临的海平面上升和洪水等挑战，以及中东地区面临的水资源短缺和高温干旱等气候挑战，这些都表明发展中国家在气候行动中需要更多的支持和合作，以实现可持续发展目标。

　　本文的研究问题是中国城市气候治理的发展与演变情况如何。我们讨论了目前中国气候治理整体的进展，并借助文本分析比较了中国与美国加利福尼亚州、印度城市，并总结了中国特点。本研究基于"意识—分析—行动"（Awareness-Analysis-Action，简称"3A"）框架，聚焦气候举措维度，拓展并深化了相关理论。首先，通过梳理2007年以来中国国家层面的气候变化政策文件，勾勒出中国城市气候治理的历史脉络。接着，以2010—2024年中国城市的低碳政策文本及气候适应规划为基础，运用文本分析法探究其气候治理进展。最后，对比美国加州等发达国家地区与其他发展中国家（如印度）的城市气候行动，剖析中国城市气候行动的特点。当前，国际气候行动研究多聚焦于发达国家，发展中国家的相关研究及知识积累不足（Zhai，等，2019）。本研究从气候行动的认识与梳理出发，补充发展中国家有关气候行动的研究。通过"意识—分析—行动"框架，拓展了国际上对城市气候行动的认知。对比美国、印度与中国城市的气候行动发现，中国城市在行动和意识方面突出，但在分析方面有待加强。实践意义上，中国作为全球最大发展中国家和碳排放国，其气候转型经验与挑战对全球气候治理意义重大，也为其他发展中国家提供了新思路。总结中国城市气候研究的进展、机遇与挑战，凸显了地方层级参与气候治理的重要性，为地方实践提供指南，同时助力中国优化政策执行路径，实现碳达峰、碳中和目标。

我们在引言部分梳理了全球国家与城市层应对气候变化的行动，点明当下城市面临的机会与挑战。第二部分回顾现有文献在意识、分析和行动维度有关地方气候政策的内容。第三部分提出研究框架。首先，分析中国气候行动的演进趋势及特点；其次，结合文本分析方法，对低碳和适应政策在意识、分析和行动层面进行扎根分析，总结中国城市在气候减缓与适应方面的特点与不足；最后，比较中国与世界其他国家在气候治理方面的差异。第四部分总结全文，得出结论与政策建议。

2　研究综述

意识、分析、行动的三维分析最早在英国气候变化适应中心的一份对政策实践者的指南中初见雏形（UKCIP，2003）。2006 年，加利福尼亚气候变化中心的一份研究报告将其归纳为意识—分析—行动问题框架（California Climate Change Center，2006）。这一框架的基本逻辑是有了相关意识后，进行更全面的理解与分析，最后实施行动。在气候变化的每一个行动层级，都需要具备意识、分析能力与行动能力，才能真正推动实施。

气候变化的意识受到学者关注。相关研究聚焦于意识如何影响地方气候行动，以及何种因素会影响气候意识。Tang 等（2009）分析加州 53 个土地利用计划，发现当地官员对气候变化的认知和分析能力较低。Michaelowa 等（2017）评估了 109 项跨国气候治理协议，从减缓目标、激励机制、基线定义和监测核查程序四个维度展开研究，结果令人担忧：约一半的倡议不符合关键标准，仅不到 15% 的倡议满足三项及以上标准。这凸显了跨国气候治理协议在应对气候变化中的不足，尤其是在填补"缓解差距"方面，反映出全球气候治理意识层面的倡议虽多，但实际效果和科学性仍有待提升，推动全球气候行动的意识凝聚和目标设定仍需改进。此外，研究还探讨了影响气候变化意识的因素。例如，经历气候变化灾害会提升当地社区和居民的气候行动意识，进而推动地方气候政策的采纳（Khatibi，等，2021）。知识的积累与传递可能是形成地方气候行动意识的基础。Tang 等（2009）的研究指出官员的卸任以及退休潮降低了机构气候知识形成系统的可能性。市政组织内个人的努力、市政规模以及外部专业知识的应用也会影响气候政策采纳（Dannevig，等，2012）。公众参与、知识与意识等可以通过行为经济学的方式来鼓励和激励公众（Khatibi，等，2021）。

在分析维度，Lu 等（2023）综述了各个国家低碳城市实验的规范性愿景、实践、评估方法及其相互作用，他们发现 2010 年之前的研究主要集中在碳排放和城市经济领域，但随后逐渐扩展到城市交通、社会、水资源和土地利用等多个领域，并愈发强调包容性低碳城市实验指标。2015 年后，学者们开始采用基于更大样本的计量经济学方法，如双重差分法（DID）。这表明低碳城市实验的研究视角和方法不断拓展和深化，从单一领域向多领域延伸，从定性分析向定量分析转变，为低碳城市发展提供了更科学全面的理论支撑。泰国地方政府通过 LoDAT-SH 方法论，提供低碳发展、灾害韧性、社区参与和财务考量的评估工具，助力城市贫困人口的住房设计，体现了其在提升城市贫困人口抗灾与低碳发展能力方面的积极行动（Sarigiannis，等，2017）。Rodrigues 等（2024）对南北半球沿海超大城市的气候挑战进行了分析，发现全球南方国家在经济状况、社会不平等问题和治理能力上与发达国家存在明显差距，这些因素成为适应气候变化的关键障碍。

在气候行动实践方面，Tian 等（2023）基于不同基准情景，分析了加拿大代表性城市公交车队电气化政策的有效性和减排潜力，推动政策制定者在交通等关键领域采取更有效的减排措施，助力低碳发展。Zengerling（2018）比较了德国和中国在城市可持续发展中的政治责任与问责制度，德国的气候行动主要依赖于地方自主性。而中国则强调问责机制，注重在城市层面严格控制温室气体排放，推进老工业基地和资源型城市的低碳转型，划定生态红线，并通过向上负责的方式评估成效。影响地方政府实施气候政策的因素也受到关注。Martins 和 Ferreira（2011）指出，地方政府在能源、废物、交通和规划等关键政策领域的权力范围对气候变化倡议的发展至关重要。同时，受多级政府管辖的气候政策领域（如公共交通、土地规划和水资源）可能面临治理困境（Ryan，2015）。此外，资金和组织资源对城市气候政策的有效实施至关重要（Holgate，2007；Aylett，2014）。Puppim De Oliveira 等（2013）对中国、印度和印度尼西亚城市的减排政策研究发现，政策的主要驱动力并非直接与气候变化相关，而是与地方经济社会关切紧密相连。

3　中国城市气候治理的政策分析与国际比较

3.1　"意识—分析—行动"（3A）框架

"意识—分析—行动"（3A）框架包括三个关键要素。第一，意识（Awareness）：指资源管理者对气候相关风险的认识程度。第二，分析（Analysis）：

指资源管理者将气候风险信息转化为具体规划和管理活动的能力，它是识别并评估气候风险对城市各个方面的冲击。第三，行动（Action）：指管理者为应对气候变化风险而采取的具体措施。行动应该识别并量化能够达成减排的具体例子，包括了细化的减缓及适应政策、工具与策略。

环境和公共政策学领域的研究者已经开始完整地应用这一框架进行分析。加州将其用于分析其应对气候变化影响的机遇与挑战，发现需提升意识、分析能力和行动力以适应气候变化，同时强调适应与减缓是应对气候变化的互补策略（California Climate Change Center，2006）。Moser 和 Luers（2008）运用案例研究法发现，加州沿海地区的管理者对于气候变化的风险意识以及分析能力薄弱，从而限制了个人与机构采取进一步的适应行动。Kumar 和 Geneletti（2015）发现，印度城市的空间规划在整合气候变化问题方面意识水平较低。多数城市未将主动适应气候变化纳入规划，更多关注传统物理和经济问题。规划者的分析能力总体处于中等水平。在将气候变化问题转化为具体行动方面，印度城市表现不佳，分析结果与实际行动之间存在明显差距。

尽管现有的研究框架为观察地方层面的意识与行动提供了一定的知识基础，但在指导性方面仍存在明显不足。具体而言，对于意识和分析这两个维度究竟涵盖哪些具体内容，目前仍缺乏清晰的界定，导致相关认识与分析较为模糊。为了弥补这一缺陷，本文引入了目标管理理论，并借鉴奥斯特罗姆提出的将社会环境与自然生态视为重要因素的社会生态系统（Social-Ecological System，SES）框架，对原有的"意识—分析—行动"框架进行了补充与完善（图 1）。我们期望通过这种改进，能够推动该框架在气候行动认识领域中的知识积累，进而促使地方政府在气候行动方面提升自身的意识与行动能力，从而有力地促进地方气候实践的深入发展。

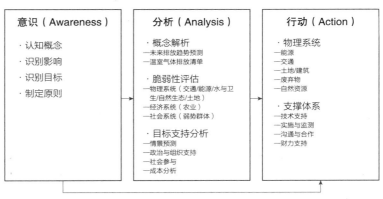

图 1 "意识—分析—行动"（3A）框架

资料来源：笔者自制

在气候意识维度，本文借鉴目标管理理论（Management by Objectives，MBO）。该理论由彼得·德鲁克于 1954 年提出，主张通过上级与下级协商设定目标，将组织总体目标分解为部门和个人目标，确保一致性（Peter，1954）。Locke（1968）进一步强调目标的明确性和难度对绩效的积极影响，提出反馈机制来调整行为以更好地实现目标。基于此，本文在气候意识层面不仅关注对气候变化的认知、影响识别和脆弱性认识，还将目标与原则的制定纳入考量范围，以更好地衔接意识、分析和行动，为地方政府提供更清晰的气候行动指导。

气候分析包含了对影响气候变化的主要来源、理解未来发展趋势和不确定性、识别气候变化对各个方面的冲击和印象。尽管前人研究提到了脆弱性评估，但是围绕目标支持相关的分析并没有形成系统化思想。本研究将目标支持分析总结为情景预测、政治与组织支持、社会参与和成本分析。

现有文献尚未系统总结气候行动。Tang（2009）指出，气候行动包括气候减缓和适应相关的政策、工具与策略，涉及自然环境、建筑和人类健康等领域，且强调多部门及利益相关者的合作是实施气候政策的关键。Ostrom（2009）则认为，克服公共管理中的"公地悲剧"需要资源系统和治理系统的支持，以及行为主体的互动与结构审查。基于此，本研究将气候行动归纳为两个核心维度：物理系统和支撑体系。物理系统是气候行动的基本对象，支撑体系则围绕技术支持、实施与监测、沟通与合作以及财力支持等关键要素展开，旨在推动气候行动的有效实施。

3.2　中国气候治理的政策演变

我们用二十多年以来国家针对气候变化的政策文件，梳理了中国城市气候治理的历史脉络。2007 年到 2015 年是中国气候行动的启动阶段，重要标志是《中国应对气候变化国家方案》的发布。该方案提出了坚持减缓与适应并重的原则，奠定了中国注重减缓和适应的基础。同年，中国提出发展低碳经济，开启了低碳区域实施的序幕。2008 年，世界自然基金会（WWF）在中国启动低碳城市发展项目。2009 年，国务院将应对气候变化作为重大战略，明确了 2020 年温室气体排放控制目标。政策试点是中国国家治理领域中的一项重要策略，也是中国探索"由点到面"可行发展路径的一种重要方法（刘宏玉，等，2019）。2010 年，国家发展和改革委员会公布第一批低碳城市试点名单，标志着中国正式开启低碳城市试点政策，遴选不同发展阶段和资源条件的地区探索低碳经济发展模式。2011 年，国务院印发《"十二五"控制温室气体排放工作方案》，提出绿色发展概念，强调节能减排，积极应对气候变化。2013 年，深圳、上海等七个省市启动碳排放权交易试点，推动企业减排市场化机制。从"十二五"时期起，气候治理成为中国环境治理的重要组成部分，并在城市层面广泛展开（俞海，2011）。

2016—2020 年是中国气候行动的发展阶段。在生态环境保护方面，明确了区域绿色协调发展、加强达标排放与污染减排、实行环境风险全程管控、强化生态修复、加快制度创新等目标（王金南，等，2015）。2016 年，中国人民银行等七部委联合发布有关构建绿色金融的指导意见，推动绿色金融体系的建设。2017 年，国家发展和改革委员会公布了第三批低碳城市试点名单，进一步扩大了试点范围。这一阶段，试点城市不仅在数量上有所增加，而且在低碳行动的深度和广度上也有了显著提升。例如，一些城市开始探索建立低碳社区、低碳园区，推动低碳理念在更小尺度上的落实。该阶段的低碳行动不再局限于能源和工业领域，而是向交通、建筑、农业等多个领域扩展。同时，公众参与意识逐渐增强，绿色出行、垃圾分类等低碳生活方式逐渐普及。

2021 年至今，中国的低碳行动进入深化阶段。2020 年 9 月，中国提出 2030 年前碳达峰、2060 年前碳中和的目标，为低碳行动指明方向。各地纷纷制定碳达峰方案，明确时间表和路线图。上海、北京等城市提出 2025 年左右碳达峰目标，积极在能源转型、产业升级等方面采取措施（王灿，等，2020）。2021 年，中国政府构建 "1+N" 气候政策体系，明确碳达峰碳中和的时间表、路线图和施工图，涵盖能源、工业、交通等重点领域。同年 7 月，全国碳排放权交易市场启动，覆盖电力、钢铁、化工等高耗能行业，并逐步向国际化发展。中国积极参与国际碳市场规则制定，与欧盟等地区开展合作研究，推动碳市场国际化接轨（张希良，等，2021）。

在意识层面，中国对气候变化的认知从初步认识到全面普及和强化，全社会认知水平不断提升。在分析层面，中国在温室气体排放分析、未来趋势预测以及可持续发展与城市气候行动结合方面的能力不断提升，关注城市气候适应和脆弱群体评估等议题。在行动层面，中国气候行动从试点探索到全面深化，取得实质性进展。2010—2025 年，中国发布 8 项气候减缓或适应核心试点项目，启动 11 批城市气候试点计划，覆盖超 180 个城市。这表明中国通过自上而下的政策试点推动地方行动，试点政策是分析地方行动的重要窗口。

3.3 中国城市气候治理的政策文本分析

我们分析了 2010 年至 2025 年期间 64 个低碳与适应型试点城市发布的 73 份行动方案。基于 3A 框架，从意识（Awareness）、分析（Analysis）和行动（Action）三个维度来探讨城市气候治理的特点，并分析其时间演进和城市间的差异。

本研究选取了 73 份政策文本作为研究基础，包括 59 份低碳政策文本和 14

份气候适应型城市文本，涵盖地方政策文件、规划纲要和行动计划。数据来源于北大法宝数据库及各政府官网。低碳政策文本包括城市低碳发展行动计划和实施方案，气候韧性文本则涉及城市气候适应性规划和韧性城市建设指导意见，重点关注城市应对气候变化的适应能力和韧性提升措施。研究采用内容分析法，通过将文本数据转化为可分析的编码，揭示文本中的主题、模式和趋势。首先，筛选得到73份文本。其次，研究人员运用Nvivo质性软件独立对文本进行编码与分类，并由第三位研究人员校对，确保编码的准确性与一致性，提高结论的信度与效度。对有争议的内容通过讨论协商达成一致。

我们借鉴Tang等人（2010）的研究，对政策文本中的广度和深度进行计算。广度的计算方法是数值不为0的政策文件数量除以总的文件数量。每个标准的深度是可能取值为0，1，2。其中0表示没有提及，1表示计划或承认要开展，2表示已经有明确的行动或结果。所以深度计算方式为每个标准的总得分之和除以该标准被提及的文本数量与理论最大值（2分）的乘积。研究结果见表1，中国气候意识无论在广度还是深度上都较高，但对于气候影响的识别显著得低，只有20%的城市提到了这一项。在分析维度，整体提的广度和深度都不如意识或者行动维度，尤其是在脆弱性评估方面。行动维度涉的广度和深度保持在较高水平。

在意识维度，无论是低碳还是适应型城市都普遍会提到气候变化或者低碳相关概念。在识别目标和制定原则方面两类城市也相对较高，甚至适应型城市比低碳城市提得更多。结合广度与深度的二维分析，虽然城市普遍提到了气候变化，但在深度认知上仍有不足，许多地方仅停留在对相关概念的提及，并未深入理解气候概念的内涵。从地方识别深度上来说，识别目标的深度最强，这表明中国城市通过认知和制定目标来构建他们对地方气候行动的理解。尽管识别低碳或适应的影响被大多数适应型城市所采纳，但只有极少数的低碳城市提及，这可能一方面反映出低碳城市与适应型城市建设重点的差异，也表明应对气候变化对于城市而言可能尚未成为一项自觉的行动。

分析维度被提及的广度明显低于意识以及行动维度，这说明中国城市在分析气候影响方面的不足。我们对分析维度进行了分组划分：概念解析、脆弱性评估和目标支持分析。我们发现虽然概念解析已经是被提及最多的内容，但也不超过50%。在脆弱性评估方面和目标支持方面进行分析的城市数量更少（14.9%和28.8%）。三方面在深度方面的值相差不大，说明多数城市在分析程度上的同质性较高。研究进一步细化了低碳和适应型城市的分布比例，发现低碳城市在概念解析上有稍高的提及率，但在脆弱性评估方面远不如适应型城市，目标支持分析相比适应型城市也略逊一筹。总体而言，适应型城市在意识维度的广度和深度上普遍优于低碳城市，表现更为均衡。

　　行动维度在提及广度上比意识和分析维度高，这说明中国城市的气候行动涉及广泛；而且多数城市在应用深度方面超过 70%，说明有实际的气候行动推进。我们将中国的气候行动分为物理系统和支撑系统，在物理系统中，超过 90% 的城市提到了要发展可再生能源与太阳能。这与分析维度对能源供应和需求的分析具有内在一致性。如果从两类城市区别来看，适应型城市在物理系统方面的行动提及率只有一半左右，远低于低碳城市。但是适应型城市在支撑系统的提及程度和应用深度均高于低碳城市（表 1）。

中国气候治理维度分析　　　　　　　　　　　　表 1

维度	总体		低碳城市		适应型城市	
	广度	深度	广度	深度	广度	深度
意识	**68.2**	**86.5**	**62.9**	**86.8**	**88.3**	**83.1**
认知概念	97.3	72.5	98.3	73.7	93.3	67.9
识别影响	20.5	86.7	5.2	83.3	80.0	87.5
识别目标	84.9	97.6	82.8	97.9	93.3	96.4
制定原则	69.9	89.2	65.5	92.1	86.7	80.8
分析	**24.0**	**69.5**	**19.5**	**69.3**	**41.4**	**71.1**
概念解析	43.8	71.7	47.4	74.1	30.0	81.3
脆弱性评估	14.9	68.6	6.7	68.8	46.7	66.1
目标支持分析	28.8	69.9	26.2	67.9	38.7	74.0
行动	**70.1**	**71.5**	**71.8**	**69.5**	**63.9**	**76.7**
物理系统	68.0	72.6	71.1	70.6	55.9	74.3
支撑体系	72.7	70.2	72.6	68.3	73.3	79.5

3.4　中国城市与其他国家城市的比较分析

　　我们在表 2 中列出了中国、美国加利福尼亚州和印度城市在 3A 框架下各自的特点。由于广度涉及指标的采纳，深度涉及提及城市的应用深度，在我们实际过程中发现城市提及广度的差异性远大于应用深度，因此在对三个国家进行比较时主要比较采纳程度。研究用 1—5 分的打分制来评判各国城市在意识、分析和行动上的差异性。其中 5 分表示覆盖率极高，4 分表示显著较高，3 分表示中等水平，2 分表示显著较低，1 分表示尤其不足。分数分布情况见表 2。总体来看，中国在意识和行动维度的提及率与应用程度均处于较高水平,这表明中国在气候行动的规划与实施方面取得了显著进展。然而,在分析维度,提及率却明显偏低。这一现象反映出中国城市的气候行动在很大程度上依赖于自上而下的政策推动,外在动机较强,而内在驱动力相对不足。

在意识板块,中国在认知概念、识别目标和制定原则方面的广度表现尤为突出,但在识别气候变化影响方面则相对薄弱(20.5%)。在编码过程中我们发现,中国地方政府在设定气候目标时表现出显著的专长,能够制定出具体且具有强制性的指标,例如,明确要求 2020 年相比 2015 年单位二氧化碳排放强度下降18%。在分析板块,概念解析相比于其他国家的城市处于中等水平,提及未来排放趋势预测的城市较少。脆弱性评估在中国城市中的提及尤其不足。目标支持分析中我国城市最看重的是政治与组织支持,即通过上级政府的转移支付以及政策优惠实施低碳或者适应政策,这也反映了中国城市的气候行动与上级政府紧密相关的特点,对于上级政府的依赖性和负责性更高。在行动板块,中国相比其他国家的城市在广度与深度方面都比较高。物理系统中的支持可再生能源发展,支撑体系中的实施与监测(比如目标责任制与奖惩机制)、沟通与合作(跨部门协同与跨组织合作)这两个领域也是中国政府的强项,呼应了认知维度中形成目标方面极高的得分。

三个国家"意识—分析—行动"维度比较分析　　　　表 2

维度	指标		中国	美国加利福尼亚州	印度
意识	认知概念		5	5	2
	识别影响		1	4	2
	识别目标		5	4	1
	制定原则		4	4	1
分析	概念解析	未来排放趋势预测	2	4	1
		温室气体排放清单	3	4	3
	脆弱性评估	物理系统	2	2	4
		经济系统	2	—	5
		社会系统	2	—	4
	目标支持分析	情景预测	2	—	1
		政治与组织支持	3		2
		社会参与	2		4
		成本分析	1	4	1

续表

维度	指标		中国	美国加利福尼亚州	印度
行动	物理系统	能源	5	4	1
		交通	4	4	5
		土地/建筑	3	3	2
		废弃物处理	3	4	5
		自然生态	4	1	3
	支撑体系	技术支持	4	—	—
		实施与监测	5	3	2
		沟通与合作	5	4	5
		财力支持	4	2	4

4 结论

本研究聚焦于中国城市气候治理的发展与演变情况，拓展了"意识—分析—行动"（3A）框架的具体维度和内容。我们运用文本分析方法解析了 73 份城市低碳与适应行动方案，进而总结出中国城市气候治理的特点。首先，通过梳理 2007 年以来中国国家层面的气候变化政策文件，我们总结了中国气候治理演进的启动、发展和深化这三个阶段。分析发现，中国善于采用政策试点的方式因地制宜地推广气候治理措施。其次，我们对 64 个城市的低碳和适应政策文本进行分析。结果表明，中国在气候意识中的概念识别、目标设定与原则制定中表现较好，但在识别气候变化影响以及脆弱性评估方面的认识不足。中国城市在气候分析维度上的提及程度较弱，其中脆弱性评估的欠缺尤为突出。但是从低碳城市到适应型城市的建设过程中，这方面的分析有所提高，表明国家政策的大方向是正确的。在行动层面，中国城市的物理系统和支撑体系都较为完善，尤其体现在支持可再生能源发展和实施与监测方面。最后，与美国加利福尼亚州、印度的城市相比，中国城市在意识和行动维度的提及率和应用程度较高，但在分析维度的提及率低，表明中国的气候治理多依赖自上而下的目标分解与监督检查落实，内在驱动力不足。

基于这项研究，我们对国内外的城市气候治理提出相关政策建议。在中央政府层面，应加强对地方政府在气候转型分析方面的引导，激发地方政府气候行动的内在动力，确保其在气候行动中能够精准施策、高效执行。中国地方政府可以进一步完善气候脆弱性评估、情景预测与成本分析。城市可以通过建立科学的评估模型和数据监测系统，准确识别气候变化对本地的影响，从而为制定针对性的气候减缓与适应策略提供依据。对其他发展中国家的启示在于，国家应重视对地方政府的赋能，制定明确且具有可操作性的气候目标和政策框架，为地方政府提供清晰的行动指南。通过设定具体的减排目标和适应策略，引导地方政府有序开展气候治理。未来研究可以继续探索影响地方异质性的因素。同时扩大分析范围，不仅关注低碳试点和气候适应型城市试点政策，还应涵盖更多减缓与适应政策，以全面评估和指导城市应对气候变化的行动。

参考文献

[1] AYLETT A. Progress and challenges in the urban governance of climate change: Results of a global survey[M]. Cambridge: MIT, 2014.

[2] BULKELEY H, CASTAN BROTO V, EDWARDS G. Bringing climate change to the city: Towards low carbon urbanism?[J]. Local Environment, 2012, 17 (5): 545-551.

[3] BULKELEY H, CARMIN J, CASTÁN BROTO V, et al. Climate justice and global cities: Mapping the emerging discourses[J]. Global Environmental Change, 2013, 23 (5): 914-925.

[4] BULKELEY H, CASTÁN BROTO V. Government by experiment? Global cities and the governing of climate change[J]. Transactions of the Institute of British Geographers, 2013, 38 (3): 361-375.

[5] CALIFORNIA CLIMATE CHANGE CENTER. Preparing for the impacts of climate change in California: Opportunities and constraints for adaptation[R]. California Climate Change Center, 2006.

[6] COLE D H. Advantages of a polycentric approach to climate change policy[J]. Nature Climate Change, 2015, 5 (2): 114-118.

[7] DANNEVIG H, RAUKEN T, HOVELSRUD G. Implementing adaptation to climate change at the local level[J]. Local Environment, 2012, 17 (6-7): 597-611.

[8] DHAKAL S, RUTH M. Creating Low Carbon Cities[M].Berlin: Springer International Publishing, 2017.

[9] DRUCKER P. The practice of management[M]. London: Routledge, 2007.

[10] HOLGATE C. Factors and actors in climate change mitigation: A tale of two South African cities[J]. Local Environment, 2007, 12 (5): 471-484.

[11] HOWARTH C, ROBINSON E J Z. Effective climate action must integrate climate adaptation and mitigation[J]. Nature Climate Change, 2024, 14 (4): 300-301.

[12] IPCC. Climate change 2023: Synthesis report[R]. Geneva: IPCC, 2023.

[13] KHATIBI F S, DEDEKORKUI-HOWES A, HOWES M, et al. Can public awareness, knowledge and engagement improve climate change adaptation policies?[J]. Discover Sustainability, 2021, 2 (1): 18.

[14] KUMAR P, GENELETTI D. How are climate change concerns addressed by spatial plans? An evaluation framework, and an application to Indian cities[J]. Land Use Policy, 2015, 42: 210-226.

[15] LOCKE E A. Toward a theory of task motivation and incentives[J]. Organizational Behavior and Human Performance, 1968, 3 (2): 157-189.

[16] LU H, FU Y, XIA C, et al. Low-carbon urban experiments from vision to reality: A systematic review of the literature from 2005 to 2020[J]. Climate Policy, 2023, 23 (8): 1058-1077.

[17] MARTINS R D, Ferreira L C. Climate change action at the city level: Tales from two megacities in Brazil[J]. Management of Environmental Quality: An International Journal, 2011, 22 (3): 344-357.

[18] MICHAELOWA K, MICHAELOWA A. Transnational climate governance initiatives: Designed for effective climate change mitigation?[J]. International Interactions, 2017, 43 (2): 123-145.

[19] MOSER S C, LUERS A L. Managing climate risks in California: The need to engage resource managers for successful adaptation to change[J]. Climatic Change, 2008, 87 (S1): 309-322.

[20] OSTRON E. A general framework for analyzing sustainability of social-ecological systems[J]. Science, 2009, 325 (5939): 419-422.

[21] PUPPIM DE OLIVEIRA J A, DOLL C N H, BALABAN O, et al. Green economy and governance in cities: Assessing good governance in key urban economic processes[J]. Journal of Cleaner Production, 2013, 58: 138-152.

[22] RODRIGUES E A, CARVALHO A R DE, FERREIRA M L, et al. Beyond the rising tide: Towards effective climate policy in coastal urban centers[J]. Land, 2024, 13 (12): 2071.

[23] RYAN D. From commitment to action: A literature review on climate policy implementation at city level[J]. Climatic Change, 2015, 131 (4): 519-529.

[24] SARIGIANNIS D A, KONTOROUPIS P, NIKOLAKI S, et al. Benefits on public health from transport-related greenhouse gas mitigation policies in Southeastern European cities[J]. Science of the Total Environment, 2017, 579: 1427-1438.

[25] TANG Z, BRODY S D, QUINN C, et al. Moving from agenda to action: evaluating local climate change action plans[J]. Journal of Environmental Planning and Management, 2010, 53 (1): 41-62.

[26] TANG Z, HUSSEY C M, WEI T. Assessing local land use planning's awareness, analysis, and actions for climate change[J]. International Journal of Climate Change Strategies and Management, 2009, 1 (4): 368-381.

[27] TIAN X, WAYGOOD E O D, AN C, et al. Achieving urban net-zero targets through regionalized electric bus penetration and energy transition[J]. Transportation Research Part D: Transport and Environment, 2023, 120: 103797.

[28] UK Climate Impacts Programme. Climate change and local communities: How prepared are you?[R]. Oxford: UK Climate Impacts Programme, 2003.

[29] VIJAYA VENKATA RAMAN S, INIYAN S, GOIC R. A review of climate change, mitigation and adaptation[J]. Renewable and Sustainable Energy Reviews, 2012, 16 (1): 878-897.

[30] ZENGERLING C. Action on climate change mitigation in German and Chinese cities-A search for emerging patterns of accountability[J]. Habitat International, 2018, 75: 147-153.

[31] ZHAI P, YUAN Y, YU R, et al. Climate change and sustainable development for cities[J]. Chinese Science Bulletin, 2019, 64 (19): 1995-2001.

[32] 刘宏玉, 范炳良. 政策试点的产生机制及偏离效应分析——以中央发动的政策试点为例 [J]. 领导科学, 2019 (4): 60-64.

[33] 王灿, 张雅欣. 碳中和愿景的实现路径与政策体系 [J]. 中国环境管理, 2020, 12 (6): 58-64.

[34] 王金南, 蒋洪强, 刘年磊. 关于国家环境保护"十三五"规划的战略思考 [J]. 中国环境管理,2015,7 (2): 1-7, 95.

[35] 俞海. 中国"十二五"绿色发展路线图 [J]. 环境保护, 2011 (1): 10-13.

[36] 张希良, 张达, 余润心. 中国特色全国碳市场设计理论与实践 [J]. 管理世界, 2021, 37 (8): 80-95.

冷红，中国城市规划学会理事、学术工作委员会副主任委员，哈尔滨工业大学建筑与设计学院教授，自然资源部寒地国土空间规划与生态保护修复重点实验室主任

王心阳，哈尔滨工业大学建筑与设计学院博士研究生

王心阳 冷红

面向中国式现代化进程的寒地城市人居环境质量提升

——规划价值和作为 *

1 引言

中国式现代化是中国共产党领导的社会主义现代化，是人口规模巨大、全体人民共同富裕、物质文明与精神文明相协调、人与自然和谐共生、走和平发展道路的现代化。这一发展路径突破了西方以资本扩张为中心、两极分化、生态掠夺的传统模式，为全球城市发展贡献了中国智慧。改革开放以来，我国城镇化率从1978 年的 17.9% 跃升至 2024 年的 65.2%[1]。城市作为现代化的重要载体，承载着经济转型、社会融合与生态治理的核心使命。党的二十大报告明确提出"以中国式现代化全面推进中华民族伟大复兴"，在此背景下，城市发展亟需从规模扩张转向质量提升，尤其需关注特殊地域类型城市的差异化需求。

寒地城市作为我国"三区四带"生态安全格局与"双碳"战略的关键节点，其人居环境质量提升具有特殊意义。据统计，我国寒地城市覆盖东北、西北地区的多个省份，常住人口超 1.5 亿，冬季供暖能耗占全国建筑总能耗的 40% 以上[2]，且面临生态脆弱性加剧[3]、公共服务设施供给不足[2]、人口外流[4] 等复合挑战。然而，既有研究多聚焦于普适性城市发展范式，对寒地城市在中国式现代化进程中的战略价值缺乏系统性解析。西方寒地城市依托高福利制度与低人口密度实现宜居性，而我国寒地城市需统筹超大社区治理、能源结构转型与地域文化传承，这要求规划实践必须突破桎梏，回归"以人民为中心"的发展本质[5, 6]。

* 基金项目：国家自然科学基金项目"小城镇收缩与社会—生态系统韧性的耦合协调及差异化规划调控研究——以东北地区为例"（编号：52278056）。

本研究立足于中国式现代化的理论框架，以寒地城市为切入点，揭示其人居环境质量提升的规划逻辑与实践路径。通过解析中国式现代化的本土化特征，进而提出寒地城市规划应对的重点作为和价值。研究旨在回答两个核心问题：第一，中国式现代化如何指引寒地城市人居质量环境提升的价值导向？第二，如何看待寒地城市人居环境质量提升的规划价值和作为？本文的探索不仅为寒地城市可持续发展提供理论支撑，更为全球高纬度地区城市转型贡献中国方案。

2　中国式现代化进程对寒地城市人居环境质量提升的要求

在中国式现代化的宏大叙事下，寒地城市正面临着多维度的转型挑战。本章聚焦中国式现代化"五位一体"的核心要求，系统剖析寒地城市在人口规模协调、共同富裕推进、双文明协同、生态安全维护以及和平发展支撑等五大领域面临的深层挑战。这些挑战既折射出区域发展不平衡不充分的现实困境，也揭示了寒地城市在新时代构建新发展格局中亟待突破的关键瓶颈，其破解对实现全国范围内的现代化协调发展具有重要示范价值。

2.1　收缩型城市的人口流失与空心化挑战

人口规模巨大的中国式现代化要求在发展过程中充分考虑中国 14.08 亿人（2024 年）的现实国情，这是世界上最大规模人口的现代化。第七次全国人口普查显示，东北三省总人口较 2010 年减少约 1100 万，降幅达 10%[7]。哈尔滨、沈阳、长春等寒地中心城市虽保持一定吸引力，但多数寒地中小城市（如鹤岗、鸡西、阜新）人口流失显著。年轻人向京津冀、长三角、珠三角流失严重，导致本地劳动力短缺，老龄化率远高于全国水平[8]。在此发展背景下，要求充分考虑东北地区寒地城市的人口收缩现状及年龄结构，并考虑其衍生的"空城化"与住房过剩、基础设施利用率下降等问题，建设以人为本的高质量城市。同时，东北地区作为国家最大的商品粮基地，应合理安排城乡人口比例，平衡城镇高质量发展与乡村振兴的人口储备，从人口出发切实提升寒地城市品质。

2.2　老龄化社会的城乡公共服务均等化挑战

全体人民共同富裕的中国式现代化要求寒地城市人居环境在建设过程中推进城乡深度融合，达成不同地区、不同年龄的居民对基础设施的共享，实现城市基础设施分配均等化。2024 年黑龙江省城镇化率 62.7%，虽略高于全国平均水平，但与国内较发达地区相比存在例如农村经济发展滞后、产业投入不足、第三产业发展速度缓慢等问题[9]。此外，还存在城乡居民收入差距、城乡基本公共服务差距显著的现象[10]。同时，东北地区老龄化严重，寒地气候对老龄人口的健康有一定程度的影响，这要求寒地城市在品质提升过程中重点关注老龄友好城市建设，同时需要建设全年龄周期友好的健康城市[11]。

2.3 老工业遗产活化与地域文化传承的挑战

物质文明和精神文明相协调的中国式现代化要求寒地城市发展中将物质财富和精神财富相结合，重视寒地城市的工业遗产以及与之相伴相生的工业文化，重视东北乡村特色及多元民族文化，以文化建设更好地促进寒地城市发展。东北老工业基地的工业遗产既是历史的见证，也是城市更新的重要阵地。目前部分工业遗产因产业结构调整被闲置，面临资源枯竭、建筑老化等问题，亟需进行工业遗产转型[12]。这不仅是空间功能的更新，更是工业精神的延续。同样，具有东北寒地特色的乡村文化和多元民族文化，也需要通过重塑空间精神加以呈现，使寒地城市人居环境的物质空间和特色文化协同发展。

2.4 严寒气候环境下生态保护与利用的挑战

人与自然和谐共生的中国式现代化要求寒地城市必须保护生态环境，坚持"冰天雪地也是金山银山"，在优先保护自然的前提下高质量发展寒地城市人居环境，寻求东北地区城市经济发展与生态保护的平衡。作为国家粮食和能源基地，东北地区依托全球稀缺的黑土资源，承担全国30%的商品粮供应，原油产量占全国近40%[13]。大小兴安岭、长白山等生态屏障为东北地区发展提供了森林、湿地等资源，为生态旅游、康养、寒地特色种植和冰雪经济等产业提供可能，需通过绿色发展模式为可持续经济奠定基础。同时，寒地城市需通过生态基础设施降低生态脆弱性，提高生态韧性，建设气候适应性城市。

2.5 口岸城市和平发展的环境提升与治理挑战

走和平发展道路的中国式现代化要求寒地城市的发展要面向世界高水平开放，按照互惠共赢的国际合作原则，重点发展口岸城镇建设，为维护世界和平和全球可持续发展添砖加瓦。黑河、绥芬河等边境城市是"一带一路"向北开放枢纽，对俄贸易额占全国近四分之一。大力建设口岸城镇，强化边疆治理与区域稳定，筑牢和平发展的安全屏障，创新区域合作模式，是有效拓展和平发展的可实践路径（图1）。

综上，中国式现代化进程对寒地城市人居环境质量提升提出了系统性要求。

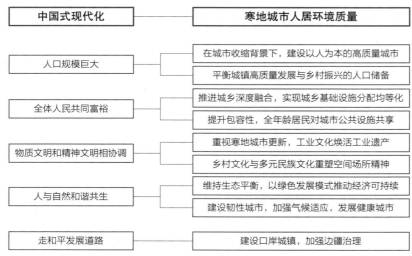

图1 中国式现代化进程中寒地城市人居环境质量提升的挑战

必须统筹协调人口规模、共同富裕、文化传承、生态保护与开放发展五重维度，通过多维度的系统施策，最终实现寒地城市人居环境的高质量发展，在保障国家粮食安全、生态安全、边疆安全的基础上，建设人与自然和谐共生、物质精神共同富裕、全龄友好且独具文化魅力的现代化寒地城市，为中国式现代化提供具有寒地特色的实践样本。

3 寒地城市人居环境质量提升的规划价值

中国式现代化对寒地城市人居环境质量提升提出了系统性要求，城乡规划作为空间治理的核心工具，在应对人口收缩、促进共同富裕、协调物质精神发展、平衡生态保护与开放合作等方面具有重要价值和意义，具体体现为以下五方面。

其一，破解人口收缩与老龄化挑战，重塑寒地城市发展动能。城乡规划手段能够通过系统性空间干预破解"人地失衡"矛盾，重构适应人口结构剧变的可持续发展框架，做到控制收缩建成区边界、集中公共服务设施、推动存量用地更新。这不仅是重建代际、区域、城乡之间的空间资源分配正义，更是对"寒冷地区是否注定衰退"这一命题的颠覆性回应。

其二，推进城乡要素双向流动，构建共同富裕的空间载体。城乡规划作为重构价值交换链、激活要素配置效率的核心工具，通过空间载体创新，构建全季节要素流动网络，建立基于特色资源的城乡双向增值循环。

其三，激活工业文明与地域文化，塑造特色精神空间。城乡规划在东北老工业基地振兴中，已超越传统的空间形态设计，成为激活城市文化基因、重构地域认同的系统工程。通过工业文明与地域乡土文化的空间转译，寒地城市得以突破气候与历史包袱，塑造兼具情感温度与发展韧性的特色精神空间。

其四，创新生态价值实现路径，筑牢绿色发展根基。生态空间是寒地城市人居质量环境提升的重要因素，促进提升公共空间质量和人居健康指数。城乡规划通过国土空间刚性管控筑牢生态安全底线，优化国土空间格局。将冰雪资源纳入循环经济体系，形成生态保护与经济发展互馈机制，使寒地生态资源从被动保护对象转变为区域发展新动能，为绿色低碳转型提供空间支撑。

其五，构建沿边开放新格局，创新国际合作空间范式。城乡规划是东北地区寒地城市从"边缘"转向"门户"的关键工具，通过跨境空间整合，形成开放合作与边疆安全相平衡的空间秩序，重塑东北亚区域合作的空间支点。

总体而言，城乡规划在寒地城市现代化进程中已从传统空间形态设计升维为复合型治理平台，其深层价值在于其作为复杂系统干预工具的能力。通过空间资源配置协调人口、经济、生态、文化等多维度发展目标，实现了空间治理工具从"被动应对"向"主动赋能"的范式转型，推动寒地城市从"生存型"到"品质型"人居环境的跨越式发展。这种空间治理能力的提升，正是实现中国式现代化内涵要求的关键支撑。

4 寒地城市人居环境质量提升的规划作为

在中国式现代化的进程中，寒地城市人居环境质量提升的规划作为可以归结为"三精双协同一适应"。"三精"指精明收缩、精致更新、精准适配；"双协同"指城乡融合与产业发展相协调、生态建设与经济发展相协调；"一适应"指构建气候适应型城市（图2）。

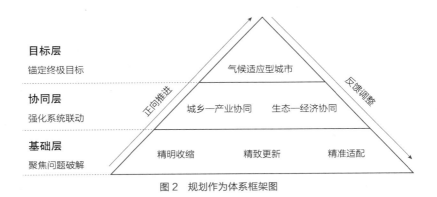

图2　规划作为体系框架图

4.1　寒地城市人居环境质量提升规划重在"精"

4.1.1　精明收缩

东北三省是收缩城市最为集中的典型代表区，当前已呈现出十分明显的区域性城市收缩现象。针对现有问题，衣霄翔等学者提出，应通过技术准备、制度保障、市场调节的"组合拳"，积极适应人口收缩趋势，稳步优化人地关系和土地资源配置，促进建设用地高质量发展[14]。吕慧芬等学者指出，城市收缩虽然意味着经济增长迟缓，但同时是进行城市空间优化调整和品质提升的机遇，应控增量、挖存量，创新政府主导和充分公众参与相结合的方式，实现空间布局优化，结构功能调整升级，城市生活品质提升[15]。鹤岗市政府及鹤岗市城市规划设计院正视城市的收缩问题，以合理精简与城市环境整治为出发点，采取一系列适应收缩现象和趋势的手段：建设棚户区安置点，将城市荒废地块改为城市公园及公共停车场，对采煤沉陷区进行生态自然修复等。黑龙江省的齐齐哈尔市、伊春市陆续开展"撤街设镇"，强身健体，提升了城市集聚度，减少了管理成本和行政成本，提升了公共服务效率和水平。

东北寒地城市的精明收缩，还应跳出"规模扩张"的传统路径，转向以质量提升、功能优化为核心的可持续发展模式。通过产业创新激活经济、空间重构适配人口、政策保障留住人才、生态治理筑牢屏障，最终实现"收缩中提质"与"老龄化中焕新"，为中国式现代化提供"东北范式"。这一过程需动态平衡政府引导与市场机制，在守住民生底线的同时激发内生动力，在人口减少的背景下实现人居环境从"量"到"质"的跃升，最终形成紧凑高效、生态韧性、特色鲜明的寒地城乡发展新模式。

4.1.2　精致更新

寒地城市人居环境质量提升中的"精致更新"，是以精细化空间设计为基底，注入文化活力，推动城市更新与存量空间活化利用，实现人居环境品质的优化与可持续发展。

精细化设计为脉，促进存量空间精致焕新。哈尔滨市将闲置工业用地转化为社区公共空间，通过精细化空间治理与功能重塑，结合冰雪景观植入冬季活动功能，激活低效空间，实现"留改拆建"的精准平衡。哈尔滨中华巴洛克历史文化街区通过最大限度恢复历史文化建筑原业态、提升品牌级次和业态丰富度两种方式规划引入业态，在更新过程中注重精致点位打造，全过程做好历史文化建筑保护开发利用创新实践，避免大拆大建。

文化为魂，助力产业精致升级。饶河县以赫哲族文化为内核，通过系统性挖掘与创新性转化构建"看赫哲，到饶河"民俗旅游新范式，在守护文化根脉与重构现代体验中实现精致化升级，推动乡村旅游高质量发展。

未来的更新实践需强化"设计精度"与"文化深度"的协同，从数据精细化、人群精细化和参与程度精细化的方向推动城市更新从"冷资源"向"热场景"的可持续转化，在延续地域文明根脉的同时，塑造具有现代品质的寒地人居环境。

4.1.3 精准适配

针对老龄化高、青壮年外流等结构性矛盾，东北地区大部分城市已将适老化改造纳入城镇老旧小区改造计划，养老服务体系初步完善。多地构建"15分钟养老服务圈"，增设社区日间照料中心、老年活动室等设施，提升服务可达性[16]。现阶段政府正充分借助冰雪旅游热契机，发挥地区特色优势，利用湿地、森林、温泉等特色资源，积极推进生态养老产业发展，整合了一批集休闲度假、医疗服务和养老服务于一体的旅游健康综合体[17]，拓展了养老服务的新形式。

然而，当前的"适配"多聚焦老年群体，未来需重点推进跨年龄段服务衔接，关注托育、教育等青年和中年群体需求，加强"适配"的广度和深度。将人口和空间的高质量发展紧密结合，回应各年龄群体对美好生活的需求，促进代际和谐，构建适应东北地区年龄结构的覆盖全龄周期的"医养学乐为"服务体系。

4.2 寒地城市人居环境质量提升规划重在"协同"

4.2.1 城乡融合与产业发展协同

城乡融合是中国式现代化的必然要求。黑龙江省通过粮食产能巩固、基础设施补短板、产业融合升级、生态价值转化、制度改革突破、治理能力提升等举措，初步构建了具有寒地特色的城乡融合发展模式[18]。东北地区依托冰雪资源优势，通过冰雪旅游、装备制造、文化创意等产业协同，形成城乡联动的经济网络。丹东新鸭绿江大桥周边规划"边境特色小镇"，通过混合用地模式促进贸易、文旅、居住功能融合，加强城乡要素流动，既维护边疆安全又拓展了和平发展新路径[19]。

未来需继续优化完善资源配置，因地制宜布局特色产业，缩小城镇公共服务设施与公共服务质量差距，提升人居环境整治效应，实现人居环境与生活质量提档升级，缩小东北地区城镇化和全国平均水平的差距。

4.2.2 生态建设与经济发展协同

在东北全面振兴的战略背景下，生态修复与经济协同发展正成为寒地城市突破资源型发展桎梏的关键路径。通过重构生态安全格局激活土地价值，依托寒地特质培育特色经济，东北地区探索出生态保护与产业转型协同推进的"双生模式"。

重构全域生态安全空间格局，进行生态本底保护与修复，以产业协同驱动生态经济转化。黑龙江省方正县、鹤岗市等地将废弃矿山、采煤沉陷区转化为绿色产业基地，植被恢复率达 80% 以上 [20]，并衍生出生态文旅、工业遗址改造等新业态。这种空间功能的重构本质上形成了生态安全格局的动态保护机制，既修复了自然本底，又通过产业创新实现了生态价值的可持续转化，使得生态安全与经济发展协同演进。

面向中国式现代化要求，东北寒地城市需进一步打通"冰天雪地—绿水青山—金山银山"的价值转化通道。一方面，强化绿色产业集群与科技赋能，拓展寒地测试产业至储能、高端装备等领域，推动 5G、AI 技术与生态监测、智慧农业深度融合，激活寒地黑土资源资产化潜力。另一方面，深化区域协同与开放合作，以哈长城市群为纽带，联动牡丹江跨境贸易、佳木斯现代农业等特色组团，打造东北亚生态经济走廊，让生态红利切实转化为惠民成果。

4.3   寒地城市人居环境质量提升规划重在"适应"

寒地城市因其特殊的气候条件使人居环境质量提升面临复杂的挑战。现有理论已从生态韧性、社会韧性导向探讨气候适应性规划理念发展，并从不同城市尺度探究寒地城市气候对不同人群的热舒适度和身心健康的影响 [21]。

应对严寒气候地区的极端低温和气候变化风险，规划应遵循源头防控、风险缓释、系统韧性的核心理念，同步提升基础设施应对长期气候变化的适应韧性以及抵御短期极端灾害的防护效能。

在宏观战略层面，需强化规划在气候韧性城市建设中的战略引领作用，系统制定城市气候适应性发展的目标体系、实施准则及行动框架。通过推进海绵城市工程、气候适应性城市营建以及生态基础设施网络构建，全面提升城市群应对气候波动的弹性调节能力 [22]。

在中观实施层面，应建立基于地形特征与风险分级的差异化防控策略，通过布局具有复合防灾功能的城市蓝绿基础设施网络，强化空间系统对气候灾害的协同抵御能力。同步完善防灾减灾空间体系，在整合区域生态空间网络与保护机制的基础上，搭建气候风险智能监测与应急响应的规划决策平台，实现极端气候事件的全周期动态管控 [23]。

寒地城市人居环境提升还需以气候适应性为底层逻辑，不但要从疏解的视角去建设韧性城市，更要主动适应，引导气候适应型规划体系构建。通过城乡规划整合绿色基础设施、"平急两用"设施与韧性空间网络，实现"趋利避害"与"功能弹性"的双重目标。未来需进一步探索寒地特色规划技术标准，强化跨区域协作与全生命周期管理，推动寒地城乡向宜居、低碳、安全的方向转型。

5 结论及展望

中国式现代化的进程下，寒地城市人居环境质量的提高要求抓住"以人为本"的准绳。人口规模巨大的中国式现代化要求寒地城市在收缩的背景下注重城市的高质量发展，平衡城镇高质量发展与乡村振兴的人口储备。全体人民共同富裕的中国式现代化要求寒地城市深度推进城乡融合，实现城乡基础设施分配均等化。在此基础上提升包容性，实现全年龄居民对城市公共设施共享。物质文明和精神文明相协调的中国式现代化要求寒地城市在更新过程中重视通过工业文化焕活工业遗产，在乡村发展中注重乡村文化和多元民族文化重塑空间场所精神。人与自然和谐共生的中国式现代化要求寒地城市在发展过程中维持生态平衡，建设韧性城市，加强气候适应，促进健康城市发展。走和平发展道路的中国式现代化要求寒地城市加强边疆治理，重视口岸城镇的建设。

城乡规划对于提升寒地城市人居环境质量的价值在于破解人口收缩与老龄化挑战，重塑寒地城市发展动能；在于推进城乡要素双向流动，构建共同富裕的空间载体；在于激活工业文明与地域文化，塑造特色精神空间；在于创新生态价值实现路径，筑牢绿色发展根基；在于构建沿边开放新格局，创新国际合作空间范式。

寒地城市人居环境质量提升的规划作为可以归结为"三精双协同一适应"。"三精"指精明收缩、精致更新、精准适配；"双协同"指城乡融合与产业发展相协调、生态建设与经济发展相协调；"一适应"指构建气候适应型城市。

寒地城市人居环境高质量发展对中国式现代化建设有着重要的推动作用。中国式现代化提出寒地城市人居环境质量提升的要求，并通过规划手段加以实践。现有经验已经表明，城乡规划学科在寒地城市人居环境高质量发展的进程中，在理论和实践上始终朝着中国式现代化的目标迈进，并取得了一定的成果。

在现有城乡规划理论和实践的基础上，未来东北地区寒地城市人居环境质量的提升既面临独特的挑战，也存在潜在的机遇。在气候条件的刚性约束和生态脆弱性的背景下，东北寒地城市人居质量的提升，需跳出传统"补短板"思维，转向"气候特质赋能城市"的创新范式。通过理论本土化，构建中国寒地城市理论体系，进行技术跨界融合和治理模式创新，将严寒从"发展劣势"转化为"特色优势"，为中国式现代化筑牢寒地城市根基，为全球寒地城市可持续发展提供中国方案。

参考文献

[1] 马佳妮，叶超 . 都市社会理论的生态线索及其实践路径 [J]. 地理科学进展，2024，43（1）：125-132.

[2] YANGYI SONG，AO DU，TONG CUI. Using the degree-day method to analyze central heating energy consumption in cities of Northern China[J]. Sustainability，2024，16（3）.

[3] 孙澄 . 寒地建筑与城镇建设 [J]. 西部人居环境学刊，2020，142（2）：4-4.

[4] 李吉品，郭晓光 . 东北跨省流出人口的家庭化迁移及其影响因素研究 [J]. 人口学刊，2018，40（2）：105-112；封 3.

[5] 冷红，曲扬，袁青 . 寒地城市规划研究回顾与展望 [J]. 科技导报，2019，37（8）：20-25.

[6] 单丹 . 寒地城市宜居空间营造方法研究 [J]. 城市发展研究，2015，22（9）：16-19.

[7] 于强，王大为 . 着眼于中长期发展解决好东北三省人口流失问题 [J]. 中国经贸导刊，2022（3）：77-78.

[8] 李秀霞，崔永静，陈奇，等 . 东北地区人口收缩的经济效应与对策响应 [J]. 人口与经济，2023（1）：71-86.

[9] 胡雪飞，初凤荣 . 黑龙江省城镇化建设面临的问题及对策研究 [J]. 中国商论，2017（10）：120-121.

[10] 李丹，裴育 . 城乡公共服务差距对城乡收入差距的影响研究 [J]. 财经研究，2019，45（4）：111-123，139.

[11] 王晗，刘鉴，房艳刚 . 东北地区人口老龄化的多尺度时空演变及影响因素 [J]. 地域研究与开发，2021，40（6）：147-153.

[12] 曾锐，李早 . 城市工业遗产转型再生机制探析——以上海市为例 [J]. 城市发展研究，2019，26（5）：33-39.

[13] 何艳芬，马超群 . 东北黑土资源及其农业可持续利用研究 [J]. 干旱区资源与环境，2003，17（4）：24-28.

[14] 衣霄翔，王淑钰，张郝萍，等 . 人口收缩背景下城镇建设用地的挑战与出路——以我国东北三省为例 [J]. 城市规划学刊，2023（6）：68-78.

[15] 吕慧芬，荣丽华，闫煦 .“精明收缩”理念下东北林区城镇规划应对——以内蒙古根河市为例 [J]. 现代城市研究，2020（3）：33-37.

[16] 王曼茹，陈冠锦，郝可盈 . 沈阳市老旧小区适老化改造的需求分析及策略研究 [J]. 辽宁经济，2023（3）：33-36.

[17] 哈尔滨市人民政府 . 关于印发哈尔滨市居家社区养老服务示范区建设实施方案的通知 [Z]. 哈尔滨：哈尔滨市人民政府，2024.

[18] 高帆 . 城乡融合发展是中国式现代化的必然要求 [J]. 人民论坛，2024（18）：13-18.

[19] 邹冰 . 边境城镇的经济、民族文化、生态协同发展路径研究——以丹东为例 [J]. 黑龙江民族丛刊，2017（4）：47-52.

[20] 张远景，刘嘉博，朱逊，等 . 国土空间生态修复视角下采煤沉陷区生态修复路径——以鹤岗市中心城区为例 [J]. 规划师，2022，38（2）：95-101.

[21] 冷红 .“寒地城市空间气候适应性设计”主题沙龙 [J]. 城市建筑，2017（1）：6-15.

[22] 金瑛，修春亮 . 寒区城市的生态韧性及规划策略 [J]. 上海城市规划，2022，6（6）：24-31.

[23] 郑艳，翟建青，武占云，等 . 基于适应性周期的韧性城市分类评价——以我国海绵城市与气候适应型城市试点为例 [J]. 中国人口·资源与环境，2018，28（3）：31-38.

张凯，西安建筑科技大
学建筑学院博士研究生

段德罡，中国城市规划
学会学术工作委员会委
员、乡村规划与建设分
会副主任委员，西安建
筑科技大学教授、博士
生导师

李铭华，西安建筑科
技大学建筑学院硕士
研究生

王雅琪，西安建筑科
技大学建筑学院硕士研
究生

王
雅
琪

李
铭
华

段
德
罡

张
凯

乌托邦：城乡空间现代化的价值灯塔 *

1 引言

　　当今世界正经历"百年未有之大变局"，技术井喷式发展引发社会结构与空间
利用方式深度嬗变 [1, 2]。同时，人工智能、生物工程等新兴技术颠覆了资源获取范
畴、劳动形态和价值分配体系 [3, 4]，正重塑人类对地球资源的开发利用方式 [5]。技
术变革呈现显著的两面性：一方面，技术创造了前所未有的物质丰裕与连接可能 [6]；
另一方面，技术剥夺导致利益分化、身份认同危机与生态风险 [7]。此趋势下，社
会愈发陷入"无锚之境"——既有价值坐标系遭受冲击，国家与个体在技术洪流
中面临发展的多重不确定。技术理性主导的资源分配正加深社会结构固化，人类
对理想之境的共同追求被迫直面现实裂痕，即如何避免在技术革新中陷入城乡空
间价值异化 [8]。

　　乌托邦作为人类文明永恒的价值灯塔，其当代价值恰在于对"无锚之境"的
有效回应 [9]。吴良镛先生"永远建不完的理想城"论断，揭示了乌托邦不是僵化
的蓝图，而是动态的想象过程这一本质特征。观察工业革命以来城乡演化轨迹可
见，每一次技术变革均在重塑人类对理想人居的构想：从空想社会主义社区实验
到信息时代的智慧城市，乌托邦始终扎根特定时代的技术土壤与认知范式，成为
突破现实困境的思想锐器 [10]。其存在形态既可以是短暂迸发的批判性想象（如乌
托邦文学中的警示场景）[11]，亦可以是渐进式的社会改造创想（如田园城市理论
的实践转化）。关键在于，乌托邦通过触及个体深层次的价值诉求，将技术革新转

---

* 教改项目：本文受到西安建筑科技大学研究生教育改革研究项目（编号：HGG202402）、西安
建筑科技大学教改项目（编号：JGC220202）资助。

化为人类共同愿景的价值支撑。当下技术导致城乡空间价值异化，消解了人居的意义感，乌托邦精神恰恰在于唤醒人类自主构建理想之境的能力，这种能力既包含对技术理性的审慎反思，更蕴含对"可能性空间"的创造性建构[12]。

　　在技术、社会与空间的复杂互构中，乌托邦的当代意义超越了传统城乡二元对立框架，不再是脱离现实的空想，而是与技术革命相伴相生的社会变革，带来社会及人居理想日新。作为一种反思与促进社会变革的关键运作方式，其开放性重拾兼具公平性与前瞻性的理想，始终含纳着从发展禁锢中夺回人类理想的炽热渴望。当下，对想象力的重新发掘与践行已然成为一种极具现实意义的乌托邦行为。中国式现代化因其文化连续性、包容性和创造性，生长出新的发展内涵。立足全球发展，审视中国式现代化蕴藏的乌托邦意涵，能够为技术革新影响下的社会变革和空间转型提供价值依循。有鉴于此，本文所探讨的乌托邦源流及构想，致力于对具有人类普遍价值的中国式现代化思想展开深刻解析。

2　理论解析：乌托邦及其理论模型

2.1　乌托邦源流考述

　　自 1516 年托马斯·摩尔首次提出乌托邦概念以来，该思想便始终保持着对现实社会的批判性关怀。摩尔构建的财产公有、按需分配等社会理念，奠定了乌托邦思想的核心价值——追求自由、平等与和谐的社会秩序[13]。在这一思想影响下，后世对乌托邦的探索既作社会构想，也尝试将其显化为可感知、可践行的空间蓝图。回顾既往乌托邦的演替，按照其时代背景、实践特征可分为以下三个主要阶段（图 1）：

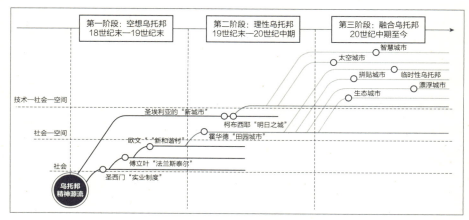

图 1　乌托邦构想的演进脉络谱系

第一阶段：社会理想构念下的空想乌托邦（18 世纪末—19 世纪末）。工业革命引发的社会分化，催生了以圣西门、傅立叶、欧文为代表的空想社会主义。他们通过深刻揭露资本主义的剥削本质，试图构想一个回归原始公社的朴素世界，并重构社会道德秩序[14, 15]。这一阶段的乌托邦构想充满浪漫主义色彩，但由于忽视人性本质的复杂性，同时未能正视技术进步对城乡发展的积极推动作用，最终都不可持续。

第二阶段：空间生产驱动下的理性乌托邦（19 世纪末—20 世纪中期）。技术虽隐含社会矛盾激化的可能，但也被视作改造社会的重要力量。伴随技术进步，乌托邦构想开始具备实践理性。霍华德的"田园城市"理论开创性地从数与制度层面进行社会改良探索，并吸纳当时的技术优势建构起空间载体，形成社会、空间紧密联结的乌托邦模型[16]；其后柯布西耶的"明日之城"则展现了技术乌托邦主义的思想，提出集中、立体、融合自然、疏密有致的城市空间模型，以期依托现代建筑技术与理性规划重塑社会秩序[17]。二者分别代表了社会改良派与技术治理派两种乌托邦构想范式。

第三阶段：多元技术耦合下的融合乌托邦（20 世纪中期至今）。历经前人探索，此阶段已形成较为成熟的乌托邦构想，如后现代主义者提出"拼贴城市""临时性乌托邦"等弹性空间设想[18]，强调对技术异化的批判与人文价值的回归；技术乐观主义者坚持技术改造社会的核心观念，借助前瞻技术畅想城市物质系统[19]，探索"智慧城市""太空城市"等未来城市模型；生态关切者主张生态正义，立足人与自然的本源联结，畅想"生态城市""漂浮城市"等自然共生的可持续城市系统[20, 21]。在这一阶段，乌托邦模型的价值内涵趋向多元并始终关注技术、社会、空间三元要素的平衡关系。

2.2　乌托邦理论模型

回溯乌托邦源流可见，其源于现实批判并通过技术、社会与空间的创造性融合构筑理想之境，其建构逻辑在于以人—产关系（技术）、人—人关系（社会）、人—地关系（空间）为实践维度形成三元要素交互调适的动态模型。其中，技术以人—产关系为核心，可归于生产力的范畴，且技术变革可影响生产力要素，包括劳动者、劳动资料与劳动对象，是推动生产发展与时代更迭的核心驱力；社会以人—人关系为核心，是涉及经济、社会、文化等非物质维度的关系集成；空间以人—地关系为核心，是非物质要素的物质空间承载，是人文空间与自然基底交互所型构的综合系统（图 2）。

这一复杂体系在技术革新下不断重塑生产资料、生产方式及劳动者结构，进

而重构所有权关系、阶级地位与分配方
式，深刻影响社会发展路径。但是，新技
术涌现初期往往缺乏成熟的管制体系，其
应用与发展常伴随社会矛盾与空间问题的
激化。这种不确定性会催生普遍焦虑，促
使现实批判者重新审视既有秩序，并激发
乌托邦式的社会构想，继而通过前瞻性的
未来城市方案，推动社会运行与空间实践
创新。而当新的时代矛盾浮现时，这一运
行体系又能突破既有范式，形成更具超越
性的新乌托邦构想。由此，乌托邦的演进

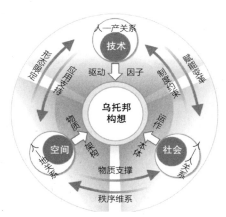

图2　乌托邦"技术—社会—空间"
三元要素交互模型

始终遵循"建构—批判—再建构"的螺旋轨迹，最终凝练为兼具未来想象与现实
干预能力的社会—空间范式。

　　总之，乌托邦理论模型是包含技术、社会、空间三元要素的统一体。技术作
为驱动因子，决定社会、空间的构想尺度，社会作为运作本体，是技术与空间的
构想依据，空间作为物质架构，是技术与社会的表观呈现。驱动因子、运作本体
与物质架构三者联结，构成乌托邦模型的基础框架。在此之上，三元要素两两交
互影响，运行模式具体为：①技术—社会：技术创新生产力、调整生产关系，是
社会变革与稳定的核心力量，社会则利用制度约束技术滥用，缓解技术的负面影
响；②技术—空间：技术引导人类的思维想象，框定空间构想的边界，空间支持
技术应用，也作为技术外化的表现；③社会—空间：物质空间承载社会形态，通
过规训人类行为，保障社会运行，社会则通过建构制度调和人—地关系，维系空
间稳定。可见，在此交互逻辑之下，技术支撑社会与空间构想，社会约束技术滥
用与空间索取，而空间承载社会与呈现技术，基于此些关系的调和，最终实现乌
托邦模型的显化构想。此外，还需要明确的是，乌托邦模型具有明显的时代性，
其构想有赖于构想者所处的时代，既受时代技术影响，也受限于特定阶段的社会
意志与价值趋向。

3　技术之殇：技术革新下的社会与空间演变

3.1　当代前沿技术梳理

　　当代前沿技术作为社会、空间演化转型的结构性动因，是驱动乌托邦再构想
的重要触媒。对技术体系的系统性考察，是研判社会演化与空间困境的关键步骤。

研究基于技术系统论框架，将当代前沿技术划分为六大核心板块：信息技术、生物技术、能源技术、材料技术、先进制造技术和空间技术（表1）。

当代前沿技术发展特征梳理与典型技术代表　　　　表 1

核心技术板块	发展特征	典型代表
信息技术	成为社会智能化的核心引擎 正在重塑社会的信息获取、计算能力和全球连接方式	·生成式人工智能 GPT-4 ·量子计算系统 ·6G 通信与全球卫星互联网 ·"星链" 低轨卫星群
生物技术	从基础科研走向临床与产业的深度融合 对生命系统的干预能力跃升，正在重塑医疗模式	·CRISPR 基因编辑技术 ·mRNA 技术平台 ·异种器官移植技术
能源技术	向高效、清洁、可持续方向重构 将深刻改变能源结构与城市运行逻辑，是全球碳中和转型的关键支柱	·钙钛矿叠层光伏组件 ·全固态电池技术 ·核聚变净能输出装置 ·直接空气碳捕获系统（DAC）
材料技术	驱动新一轮技术跃迁 从 "发现材料" 转向 "设计功能"，为各前沿领域提供底层支撑	·室温超导材料体系 ·超表面光学与元材料 ·二维材料体系 ·高熵合金材料
先进制造技术	由集中式流水线走向智能、柔性、分布化系统 成为重塑产业链与供应链韧性的关键抓手	·增材制造技术 ·智能机器人 ·人形机器人
空间技术	由国家航天转向面向社会的基础设施化演进 推动地空一体化发展，拓展人类活动边界并重塑地理格局	·SpaceX 星舰可复用系统 ·低轨星座全球覆盖网络 ·电动垂直起降飞行器（eVTOL）

（1）信息技术。信息技术正快速演进为社会智能化的核心引擎。生成式人工智能 GPT-4 显著提升认知自动化水平，推动知识工作模式重构；量子计算在比特数扩展和误差控制上取得突破，虽仍处实验阶段，却在密码学和材料模拟等方面展现潜力；通信技术迈向 6G 和全球卫星互联网融合，"星链" 等低轨项目正在构建全球覆盖的新型网络基础设施。这些进展正重塑社会的信息获取、计算能力和全球连接方式。技术革新正深刻重塑信息基础设施与社会联通方式，促使城市空间组织与公共服务供给体系向智能化、泛在化方向演进，成为重构实体与虚拟空间的要素流动格局、推动人地关系系统性变革的重要驱动力。

（2）生物技术。生物技术正从基础科研走向临床与产业的深度融合。基因编辑实现首个商业化治疗，预示遗传病从控制走向根治；异种器官移植试验性成功，拓宽了器官供体来源。上述突破不仅重塑了公共健康体系，也要求城乡空间在医疗服务布局与健康导向环境建设上作出响应，引发规划治理尺度与伦理议题的适配嬗变。

（3）能源技术。能源系统正在朝着高效、清洁、可持续方向重构。钙钛矿叠层光伏突破效率瓶颈，推动低成本分布式能源普及；全固态电池提升电动交通安全性与续航能力；核聚变首次实现实验净能输出，展现终极清洁能源前景；直接空气碳捕获（DAC）等负碳技术进入试点，为实现近零碳提供技术支撑。能源技术的跃升重塑了城市运行逻辑与能源基础设施体系，为绿色城乡空间构建与低碳发展路径提供了重要技术前提。

（4）材料技术。材料创新正在驱动新一轮技术跃迁。室温超导若能实现，将彻底革新电力、交通与计算系统；超表面光学与元材料使器件趋于超薄、智能和集成，赋能 AR 设备、隐身技术等新应用；二维材料、高熵合金在能源、生物医疗、电子领域持续拓展。材料技术推动建筑、交通与基础设施系统的轻量化与集成化转型，为未来城乡形态的柔性构造与生态适应提供底层支撑。

（5）先进制造技术。制造模式正由集中式流水线走向智能、柔性、分布化系统。增材制造已应用于航天整机与医疗植入物，提升设计自由度与资源效率；智能机器人广泛部署于工业和物流场景，人形机器人进入量产，预示人机协作进入新阶段。制造技术变革推动产业空间布局从集中型走向网络化和多中心协同发展，带动城乡功能重构与职住空间联动模式的深度变革。

（6）空间技术。空间技术正由国家航天转向面向社会的基础设施化演进。SpaceX 星舰等可重复使用系统极大压降了太空进入成本，为星座通信、探月登陆、空间商业打通路径；低轨星座构建全球覆盖网络，服务通信与遥感产业；电动垂直起降飞行器（eVTOL）等空中交通工具进入示范运营，重塑城市出行模式与空间组织。空间技术的发展促使城市边界与空间组织方式跨越地理约束，推动从地表治理向地空协同的多维空间规划模式演进。

3.2　技术革新及其社会—空间变革

通过梳理，可以发现当代技术呈现出群体性突破的态势，未来技术发展甚至将超越人类既有想象的边界。当代人工智能、量子计算、基因工程、新能源等前沿技术不断涌现，正在根本性改变传统的资源稀缺性假设。资源的形态与总量正由稀缺发展至相对富足，生产资料的多元化与技术能力的下沉使得"人人皆可创造价值"成为可能。在此背景下，依附传统管理的资源调配方式已无法适配技术变革而重构的生产体系，生产联系已然突破物理边界，寻求更大范围乃至全球范围的深度网络联结。深入揭示当代技术影响下的生产变革趋势与社会、空间演化困境，对于规避技术风险、研判技术趋势以及推动新时代人本主义乌托邦构想具有重要意义。

3.2.1　技术影响下的社会问题透视

技术革新在提升物质资源供给效率的同时，也因发展初期的认知局限与监管缺位，使城市微观社会矛盾加速显现，具体表现为：

（1）劳动替代与技能断层。人工智能与自动化技术在制造、物流、客服等领域的广泛应用，正快速压缩中低技能岗位空间，造成结构性失业加剧。新兴岗位虽有所增长，但技能门槛高，原有劳动者转岗难度大，形成明显社会就业断层，尤其对青壮年蓝领人群影响显著。

（2）算法支配与认知操控。以推荐系统和生成式 AI 为核心的技术平台日益控制信息传播路径，用户长期暴露于算法优化的过滤信息中，形成"信息茧房"。虚假生成内容、深度伪造技术也使公众在健康、政治、消费等领域更易受误导，削弱公共舆论的理性基础。

（3）创作劳动贬值与数字寄生化。AI 工具大规模介入设计、写作、插画等创意行业，直接替代自由职业者的部分核心劳动。平台主导下的提示型创作，正把个体劳动者推向被剥削的边缘角色，使原本自主的数字劳动者沦为低报酬、高替代性的工具附庸。

3.2.2　技术影响下的空间困境解析

空间维度的问题更为凸显，技术广泛嵌入重塑城市空间形态、资源配置逻辑与区域功能分工，带来显著的空间问题与治理挑战，具体表现为：

（1）空间空置与区域衰退。随着制造业加速向高附加值与智能化中心集聚，传统工业区逐步被边缘化，厂房停产、设施闲置现象频现。同时，远程办公、线上消费等新业态冲击线下空间使用需求，大量商业综合体与办公楼宇出现租售低迷、功能闲置等问题。空间空置叠加就业流失与青年外迁，不仅削弱了区域吸引力，也导致原有城市功能与社会网络的断裂，形成以空间退化为外在表征的区域衰退态势。

（2）空中交通分层与城市空间分割。城市空中交通正由商业化试点向日常服务拓展，但集中于核心区和为高收入人群服务，边缘区域无法受益，形成"上层空中快线、下层交通拥堵"的城市出行分层，反映出技术在城市空间中的不均等配置与权利分裂。

（3）数字资源集中与接入不平等。先进算力中心与 AI 平台服务集中于大都市，如北京、硅谷、班加罗尔等，而广大边缘地区和乡镇缺乏必要的网络与设备接入。这种算力的地理不平衡使弱势地区在医疗、教育、金融等方面难以享受智能化红利，陷入新一轮技术性边缘化。

4　发展危机：技术驱动下的社会与空间变革

4.1　技术驱动的发展情景推演

人工智能、量子计算与生物技术的叠加突破，正推动人类社会向"数字共生"形态转型。信息和数据成为新型生产要素，技术发展已具备支持资源丰盈、劳动解放未来图景的潜质。麦肯锡研究表明，未来 15 年全球三分之一经济活动将源于技术突破[1]，但区域渗透差异显著，可能形成"技术群岛"与"数字荒漠"并存的撕裂格局，迫使人类重新划定技术伦理边界。

4.1.1　技术驱动的社会转型

技术重构社会再生产体系，推动生产关系从"土地—劳动—资本"向"数据—算力—协议"框架转变。算法作为新型决策介质，正瓦解传统线性权力结构，建立去中心化治理网络。正如《纽约时报》专栏作家克莱尔·凯恩·米勒所言："算法虽没有是非观，但不能就此忽视它对社会造成的影响"。未来的社会治理或将走向人类负责价值判断，人工智能提供决策推演，共同推动技术向善的制度保障。当技术研发成为社会生产的基本面，它将推动价值分配从单一的产出或资本回报模式，转向涵盖贡献度、网络效应与协同创新的多维补偿体系，算法与协议不再仅是辅助工具，而成为协商与决策的核心介质，使权力结构从线性层级向去中心化网络转变，各治理节点在实时数据与协同规则中持续重组，驱动社会系统性变革。在技术公平的社会语境下，资源获取工具的便捷性成为人们普遍的权利共识，财力寡头也将致力于成为算力寡头，资本积累引发的阶级分异将被削弱，这种个体碎片化的发展壮大趋势将会逐步消解群体化的家国概念。

4.1.2　技术驱动的空间转变

数字孪生技术推动空间本体经历"脱域—再嵌入"，实体空间价值由数据流动性、算力密度与生态效能重新定义。技术发展进一步驱动空间向工厂化与立体化演进，同时重塑实体空间的形态逻辑。例如农业生产"上楼"通过物联网传感器构建起轻量级工业化场景，不仅实现空间功能的重组，更催生"农业—能源—信息"的代谢闭环。光能转化率与土地利用率突破平面约束，垂直绿墙搭载微生物修复模块，将废气转化为生物燃料，通过数字孪生系统模拟生态系统的碳氧循环，使人工环境的生态代谢效率接近自然系统。这种"功能模块化 + 算法调度"模式突破了平面约束，在垂直维度形成复合集聚效应。据国家成都农业科技中心研究

---

[1] 麦肯锡全球研究院 . The next big arenas of competition Arenas are industries that transform the business landscape EB/OL. TOP 创新区研究院，2025–04–01. https：//finance.sina.cn/cj/2025–04–01/detail–inerrhrs7537604.d.html.

数据表明，20 层楼高的立体种植架气雾栽培工厂，在温度湿度均匀调控方面比传统温室节能 40%，亩产效率相较于传统农田高出 120 倍有余❶（表 2）。

技术驱动下空间特征推演   表 2

特征	核心要素	驱动模式
赛博化	数字孪生模型、AI 算力、区块链	虚实空间功能融合
工厂化	无人化替代、智能制造	功能分区灵活调配
立体化	生态代谢、垂直效率	空间生产复合集聚

4.2 技术失控导向的发展困境

4.2.1 技术伦理失序的社会风险

技术既是推动时代进步的核心引擎，也蕴藏着社会重构的深层力量。技术演进与社会适应机制的脱节，正引发"生产力重塑—关系链重构—组织模式再造"的系统性风险。在效率至上的技术逻辑下，社会分化、价值空心化与劳动异化加速显现。

（1）技术决策失控。无约束的技术应用易沦为资本与权力的操控工具。算法决策可能固化既有利益分配，弱化公共价值考量，导致空间正义与社会正义双重失衡。例如自动驾驶算法优先保护车辆而非行人时，技术中立性掩盖了伦理选择背后的价值偏见。

（2）个体价值迷失。在以效率与控制为目标的技术逻辑下，个体的情感、认同与价值常常被边缘化，标准化技术系统压缩人类创造力空间，城市生活趋向同质化。技术主导的社会组织模式，使人们在高度标准化的系统中丧失自我表达的空间，难以获得对自身劳动与生活意义的积极反馈，陷入对自我价值的持续怀疑与失落中。

（3）智力劳动异化。作为技术中立的算法一旦被算法开发者或控制者滥用，可能会产生算法歧视、"信息茧房"和"回音室"效应、算法霸权等问题。例如算力资本通过算法驱动劳动控制，元宇宙中的虚拟劳动可能进一步模糊工作与生活界限，如"游戏化任务"诱导用户无偿贡献创意数据，造成脑力生产下的新型劳动剥夺。

（4）社会共识消解。随着数字技术深度介入社会治理，公共空间正从实体场所向网络平台迁移，原本依托共同经验和地方记忆形成的群体认同，被精准推送

---

❶ 寿光晟泰农业 . 中国建成 20 层"钢铁农场"！种菜不用太阳，一年收 6 季？ EB/OL. 百度百家号，2025-04-04. https://baijiahao.baidu.com/s?id=1828750511258941756.

的碎片化信息所割裂，ChatGPT 等生成式 AI 可能替代人类叙事权威，最终导致主流意识形态话语权失落。面对多样化价值诉求和分散的利益格局，不同群体在纷繁复杂的信息场中各据一隅，社会对话被关停，公共议题难以形成交集，公共决策的执行效果不断弱化，集体意志和信任基础迅速消解。

4.2.2　技术应用无序的空间困境

技术驱动的空间生产释放效率红利的同时，正与人类作为既有的生产生活逻辑产生系统性冲突。在技术爆炸与场域混沌下，空间功能与人文需求脱节，形成"数据化解构—算法化控制—算力化垄断"链式困境。在数据化解构阶段，虚拟现实与物联网技术将物理空间抽象为信息流、行为流与能量流的集合体，地理属性被数据流动性取代，场所精神、文化记忆等不可量化的价值维度被算法过滤，空间简化为效率优先的对象；在算法化控制阶段，深度学习模型主导空间资源配置决策，例如通过人流热力图自动调整商业设施布局，却忽视老年群体对街头茶馆的情感依赖，导致空间功能与人文需求脱节；在算力化垄断阶段，算力与数据资源成为空间生产的核心资本，技术寡头通过算力资本掌控虚拟土地定价权，形成"数据殖民"的新霸权。这种技术演进链条，易使得空间困境从潜在风险演变为系统性危机。

（1）空间代谢衰退。技术理性通过构建封闭式技术闭环，将自然生态代谢简化为参数化调控模型，割裂了"物质—能量—信息"空间交互的整体性关联。工具理性对生命网络的殖民导致能量转化失衡与物质循环断裂。根据"耗散结构理论"，开放系统依赖能量交换维持有序，封闭系统必然因能量失衡走向崩溃，生态韧性随技术依赖度提升呈指数衰退，空间从有机生命体退化为机械功能容器。

（2）空间熵增失序。算法霸权通过数字身份认证与文化符号阈值等框架，将多维社会关系与生态多样性压缩为数据集合。这种逆向作用于"分形理论"揭示的系统演化规律，过度追求确定性控制导致微观涨落多样性消失。技术赋能的"伪低熵态"通过消除系统固有的内在属性，构建表面稳定的线性秩序，实则将空间推入"刚性化陷阱"，使系统弹性响应能力被技术边界锁定，任何超认知框架的扰动都将引发不可逆解构。

5　技术向善：中国式现代化的价值导向

5.1　中国式现代化的价值阐释

在技术革新加速重塑人类社会的当下，"中国式"现代化发展理念蕴含的人与自然、物质和精神文明、人与技术的关系，不仅框定了社会发展的价值面向，而且系统性超越了工业文明的发展范式。挖掘"中国式"现代化所具有的全球普遍价值，以技术伦理为纽带、乌托邦精神为价值锚点，构建跨越技术限制和地域局限的人类价值体系。这种乌托邦范式的独特性，在于将技术理性与人文关怀相融合，将技术驱动的社会重构锚定为全球可持续发展，并提供兼具现实性与理想性的实践框架。进一步从虚实相融的空间生产视角，解构技术革新背景下中国式现代化空间重构逻辑：一方面，技术赋能既有物质空间的使用方式，如先进制造技术通过解放劳动力，挖掘空间的生产生活价值；另一方面，数字孪生空间正逐步成为生产生活新的价值增长点，如元宇宙、孪生城市等新的实践正不断拓展虚拟网络与人交互的可能场景。

具体而言，"中国式"现代化是规避城乡空间价值异化，迈向人类命运共同体的可持续发展之道，其突出价值体现在发展不脱离人民、技术不脱离价值、空间不脱离文化。中国式现代化的价值意涵，并非是技术主导论的扩大化并构建新话语体系，而是立足人类共同价值，构建技术驱动下全球人地关系和谐的社会发展模式，其关键在于实现"人地和谐"的理想空间图景，而非单纯追求经济或技术的指数增长。乌托邦绝非悬浮于现实之上的空想楼阁，而是锚定价值共识、指引社会建构的实践蓝图。因此，重构规划对未来空间的系统设想与组织能力，使乌托邦成为一种可能性的现实动员框架，引导社会资源在更大尺度和更长周期中走向优化分配，保障人民福祉与生态可持续。从价值维度来看，中国式现代化导向的乌托邦包括以下特征：①超越"技术霸权"与"发展排他"窠臼。"中国式"现代化价值坐标系的乌托邦内涵强调技术革新的"全球公共性"。②体现了生态文明对工业文明弊端的修正。"中国式"现代化语境中的乌托邦，追求物质丰裕与精神丰盈的统一。③以"中国叙事"共筑人类命运共同体。中国式现代化的乌托邦价值，本质上是对"人类何去何从"的哲学回应。

5.2 依循技术向善的未来空间场景

依循中国式现代化价值内涵与乌托邦"技术—社会—空间"理论框架的深度耦合，形成以物质实体空间为基础的真实场景、虚实交织的人机交互场景，再到完全摒弃掉物质实体转为信息数据流为基础的绝对虚拟上载空间的场景谱系。在"中国式"现代化价值锚定下，未来空间重构需通过三重技术边界框定实现向善转向：①生态永续原则。在技术演进中遵循人地关系和谐规律，将新型技术嵌入生态修复、生物栖息地模拟以及人工环境碳减等工程实践，使技术干预严格遵循自然系统演化规律。②公平共享原则。技术进步以普惠化为基准，通过技术弥补城乡发展鸿沟，以人为核心的发展导向，规避技术剥夺、算法控制。③安全可控原则。技术革新及应用需建立完善的伦理监管框架，对信息采集、数据加密、溯源和使用，建立完善的伦理审查制度，确保信息、数据和技术的安全使用。从价值内涵析出"技术向善"原则，引导中国式现代化人本、生态、文明价值内涵浸润技术变革。在此过程中，技术向善的终极目标是通过动态平衡机制实现创新可控，在虚实共生的新文明形态中，为乌托邦愿景铺设人类命运共同体可实操的路基。在"技术向善"理念的指导下，构想未来空间场景是对空间概念本身的重构（图3）。

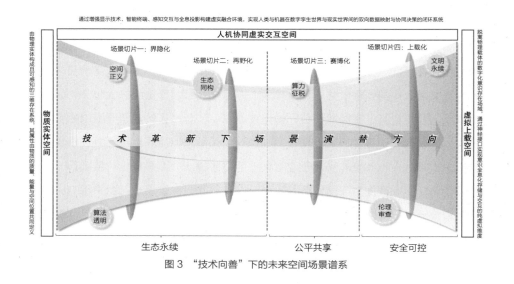

图3　"技术向善"下的未来空间场景谱系

（1）界隐化。界隐化标志着空间认知范式的根本性转变，其本质是技术介入下物理边界与数字规则的深度融合。这种技术赋能的空间弹性，重构了公共性与私密性的关系，通过物联网、数字孪生与智能感知系统的深度嵌入，既打破刚性分区逻辑，又通过技术消解物理边界，构建自由与秩序共生的弹性空间。在界隐化场景中，道路根据车流密度自动重组车道功能，空间根据人流密度实时调整，白天作为共享办公空间的光能走廊，夜晚则转化为社区菜园的透明屏障……这种"无界有度"的伦理框架下，空间便于分时共享灵活使用，一座建筑可同时容纳咖啡馆、托育中心与垂直农场，其价值不再依赖固定功能，而是复合多种可能。

（2）再野化。再野化体现为对工业文明空间生产逻辑的批判性超越，其理论内核是"逆向规划"指导下的生态正义重构，强调生态理性的空间复归，通过拆解空间功能分区，重构人地关系。例如将工业遗址更新改造为荒野记忆馆、将传统建设用地恢复为具有自组织能力的生态基质、构建垂直绿化系统等。这种"第二自然"并非原始荒野的复刻，而是通过基因编辑技术与生态算法，培育出适应城市微气候的杂交生态系统，使人类从空间消耗者转变为"生态保育员"，在技术中介下重建生态正义。

（3）赛博化。空间通过数字孪生在现实世界构建可编辑的空间生态，使得人可以通过视网膜投影目睹多元的空间场景，借助可穿戴触觉装备感受真实活动；城市治理依托"元宇宙沙盘"预演政策效果，拆除高架桥的交通影响、暴雨内涝的疏散路径均在计算机中完成方案模拟；社会关系突破物理束缚，残障艺术家在虚拟画廊举办全息画展，其作品通过 NFT 协议与实体美术馆联动拍卖；老年社区通过脑机接口接入"记忆元宇宙"，将口述史转化为可交互的全息场景。赛博化立足于建立虚实协同的空间治理生态，算法不再是统治工具，而是集体理性的分布式表达。

（4）上载化。上载化标志着物理空间退化为基础设施，人类彻底摆脱生物躯壳的桎梏。人的脑神经活动被量子扫描仪全息记录，这些意识单元可在虚拟端口中自由重组，转化为可存储于分布式云端的"数据生命体"。科学家团队以光速形态攻克可控核聚变难题，诗人将思维波动直接编码为全息诗境，青藏高原的数据中心深埋冰川之下，通过地热能为意识矩阵供能，太平洋海底数字光缆成为跨洋旅行的量子通道。上载化既释放了人类创造力的终极形态，也迫使文明重新定义生命、死亡与存在的本质。

6　人本复归：当代规划的价值与作为

6.1　嵌入新智能技术，搭建规划善治之桥

6.1.1　重塑规划的价值内核：从思维孤岛到知识集成

乌托邦式思维超越了当前的社会限制，希冀通过构建一个理想社会的蓝图，贯彻着改善社会状况的宏愿，其与规划的价值内核关联紧密。首先，城乡规划领域中的乌托邦思维为城乡空间转型提供了新的思考维度。不同时代失败或异化的改善城市的乌托邦实践项目，可以成为批判、透视不同愿景与冲动的棱镜，反思其中牵绕的利益、价值主张。具体而言，乌托邦式的思维架构起注重个体幸福与社会和谐的社会及其空间承载，还强调全局的生态平衡与可持续发展。其次，乌托邦式的规划思维确保并避免人类社会价值消弭和意义虚无，关联着当下城乡社会及空间利用的塑造逻辑。根植于特定时代的技术、社会，具有直面不同时代空间、人地关系等一系列变化的潜力。坚守以人为本的价值理性，促进科技向善。最后，乌托邦式思维是桥接跨学科研究及应用的现实主义路径。乌托邦思维激发着不同学科以新的技术逻辑、社会逻辑和空间使用逻辑重构乌托邦之境。不同研

究的独立发展，最终汇流在一起形成多元且无限的可能场景。

6.1.2　拓展规划的社会维度：从技术理性到社会链接

规划作为嵌入社会运行的重要机制，其核心价值在于从目标模糊与技术不确定性中"发现秩序"——以理念引领或项目驱动的方式，为乌托邦理想的落地提供行动路线。然而，传统规划长期陷入"空间本位""数据理性"的思维定式，将城市与社会的发展简化为土地利用、功能分区与基础设施的物理布局，忽视了社会关系网络、文化认同与人文精神的深层链接。这种技术理性主导的空间规划范式，正随着技术对数据和信息处理能力指数级增长而形成数据崇拜与工具化倾向，加剧丧失对社会发展的想象力。如若规划沦为对数据模型的机械推演与技术指标的精准计算，便背离了其诞生之初承载的社会理想——一种基于有限信息、运用想象能力连接可能性，为价值主张编织实践路径的创造性活动。重拾乌托邦精神中"想象可能性"的使命，本质是对规划初心的回归，让规划成为引领社会向美好未来演进的持久动力。社会理性的规划逻辑，强调规划实践不是技术与数据叠加，而是基于对人类全面发展的深刻理解——在空间布局中预设公共交往的场景，在产业规划中融入公平分配的机制，在生态治理中培育共生共荣的价值共识。从图纸上的功能分区到真实生活中的意义建构，让规划真正成为编织社会理想的经纬线。唯有如此，乌托邦实践才能完成从物理空间改造到人类文明的升维，让规划不仅塑造人居空间的形态，更滋养社会的良知、升华人类的灵魂。

6.2　利用新空间技术，构筑规划价值之锚

6.2.1　重构空间：从空间生产到空间正义

乌托邦并非仅是蓝图式的畅想，它浸润于其所在的技术环境和社会结构。总体来看，不同时期的空间技术表征了理性、集权，抑或民主、自由，进而公平、正义之精神，因此，实现乌托邦既需要空间承载，又需要批判当下及过去的空间生产方式。而面向技术革新促发下的未来乌托邦，规划干预并非仅停留在空间与技术耦合下的形式层面，即以固定形式构想未来、理想城乡，建构所谓的理想秩序。正如哈维所认为的，"所有这些空间形式的乌托邦，最终都对人类欲望具有压迫性。因为它们的实施源于权力的专制行使，而非解放的渴望"。因此，乌托邦式思维重构既有空间利用范式将秉承以下三点要义：一是空间正义，规划师身份再确认下的空间正义追求；二是决策正义，规划从"政府服务"到"集体决策"的工具延伸，预见性和调节性工具；三是技术正义，从乌托邦到城乡规划实践的转化，将乌托邦式的理想转化为具体的城乡规划实践。遵从上述正义之观，即要求

规划者突破传统空间的限制，以空间正义为统摄不再局限于某种固定的最终状态，而是激发对创造不同城市和多样化生活方式的思考。通过与科技协同，建设既符合现代生活需求，又能确保可持续发展的理想空间。

6.2.2　共生发展：从国别主义到人类愿景

任何乌托邦式理想的替代方案，都潜藏于当下的需求和演变趋势之中。在技术飞速发展的时代背景下，从国别主义走向人类愿景，以中国式现代化蕴含的价值为指引，通过规划引导来重拾人类社会的意义，是当下乌托邦式理想构建发展的重要价值锚点。中国倡导的人类命运共同体理念，强调世界各国在追求本国利益的同时兼顾他国合理关切，在谋求本国发展中促进各国共同发展。在技术发展的浪潮中，规划不仅关注技术本身的进步，更注重技术如何服务于人类社会的整体福祉，如何促进社会公平正义、增进人类共同利益。这种规划面向，有助于在技术发展中保持人类社会的价值导向，避免技术异化带来的负面影响。从国别主义到人类愿景的转变，是乌托邦式理想构建发展的必然趋势。人类愿景的实现需立足当下需求，顺应演变趋势，通过规划引导技术发展和社会进步，为重拾人类社会的意义提供了可行路径。在未来的发展中，只有秉持人类共同愿景，才能构建出真正符合人类共同期待的乌托邦式理想，让技术发展真正成为推动人类社会进步的强大动力。

7　结语

规划以对人类未来的持续想象为内核，借由政策、空间与技术的创新实践，始终扮演着引领文明迈向理想的重要角色。作为不同时代人类对至善未来的场景化构想，乌托邦的生命力恰恰根植于技术革命对固有秩序的冲击与重构——当今日技术创新浪潮裹挟着忧虑与希望、恐慌与期待奔涌而来，人类再次站在铺就乌托邦梦想基石的关键节点。在此进程中，规划的价值绝非局限于技术红利的享用或常规问题的解决，而是需要以超越性视野重思技术革命对生产生活的深层影响，回归预测性学科洞察未来的本质属性。唯有在全人类共创乌托邦的宏大图景中坚守价值认知、锚定理想坐标，规划才能真正引领城乡人居环境成为承载公平、多元、持续、包容与智慧的理想载体，让技术革命的力量最终指向人类对美好未来的永恒追寻。

参考文献

[1] 邢丽菊，杨惠迪 . 全球数字治理：形势、挑战与中国方案 [J]. 世界社会科学，2025（2）：46-63，243.

[2] 王锋 . 数字社会的空间构成及其治理重构 [J]. 浙江学刊，2025（3）：165-173，240.

[3] 李雨燕 . 人工智能时代劳动变革的五重向度 [J]. 吉首大学学报（社会科学版），2024，45（6）：35-43.

[4] 张杨，卢鑫 . 守正与创新：人工智能时代的劳动价值论研究 [J]. 海派经济学，2023，21（2）：14-27.

[5] 刘祖兵 . 人工智能全球治理中的技术地缘政治风险及应对——从 DeepSeek "出海"遭遇国际围堵谈起 [J/
OL]. 海南大学学报（人文社会科学版），1-12[2025-05-09]. http：//doi.org/10.15886/j.cnki.hnus.2025
02.0263.

[6] 钟业喜，严万杰 . 人工智能重塑社会生产时间秩序的内在机理与应对策略 [J/OL]. 重庆大学学报（社会科
学版），1-13[2025-05-09].

[7] 刘丹凌 . 从风险社会到数智风险社会：逻辑变迁与智反性知识策略 [J]. 南京社会科学，2024，（12）：123-
132.

[8] 武小西 . 对人类增强技术的建构主义辩护——以社会平等问题为考察中心 [J]. 哲学研究，2024（12）：84-
94，124.

[9] 邬晓燕 . 数字化社会的乌托邦幻象与合理重建 [J]. 自然辩证法通讯，2022，44（4）：102-108.

[10] 尹才祥 . 理想还是幻想："辩证乌托邦"从理论到实践 [J]. 学术论坛，2016，39（7）：16-20.

[11] 陈晓兰，戴炜珺 . 西方空想社会主义小说中的城市乌托邦 [J]. 上海大学学报（社会科学版），2007（4）：
99-103.

[12] 谢遥 . 城市的乌托邦？——论城市权利的基础、困境与可能 [J]. 现代城市研究，2020（8）：122-131.

[13] 赵晓萍，张宏峰 . 解构"乌托邦" [J]. 南方建筑，2004（3）：79-81.

[14] 李宏 . 三大空想社会主义的核心价值及其空想根源 [J]. 中国轻工教育，2015（5）：27-29.

[15] 许耀桐 . 空想社会主义对人类理想社会的不懈追求 [J]. 中国党政干部论坛，2020（9）：13-17.

[16] 叶超 . 城市规划中的乌托邦思想探源 [J]. 城市发展研究，2009，16（8）：59-63，76.

[17] 李浩 . 理解勒·柯布西耶——《明日之城市》译后 [J]. 城市规划学刊，2009（3）：115-119.

[18] 童明 . 关于现代建筑的凝视《拼贴城市》的写作背景及其理论意涵 [J]. 时代建筑，2021（5）：176-184.

[19] 隋文君 . 智慧城市理念在城市规划中的应用研究 [J]. 智能建筑与智慧城市，2021（7）：68-69.

[20] 吴志强，韩婧，赵倩，等 .300 年未来城市方案：特征梳理与本质思考 [J]. 城市规划，2025,49（2）：4-12.

[21] 周志，赵华 . 梦想的世界：设计史上的乌托邦方案 [J]. 装饰，2021（1）：52-63.

李 袁奇峰
刚

袁奇峰，中国城市规划
学会学术工作委员会委
员、乡村规划与建设分
会副主任委员，华南理
工大学建筑学院、亚热
带建筑与城市科学全国
重点实验室教授、博士
生导师

李刚，华南理工大学建
筑学院博士后

珠江三角洲的创新转型与空间模式 *

改革开放初期，珠江三角洲（以下简称珠三角）依托临近香港的优势率先对外开放，承接全球（特别是香港等"亚洲四小龙"）的产业转移，成就了"世界工厂"（傅高义，2008）。一方面，以"三来一补"企业和乡镇企业为主体，自下而上形成量大面广的农村工业化（田莉，等，2013），形成大量专业镇产业集群（沈静，等，2005）；另一方面，国家自上而下设立经济特区、开发区，通过招商引资集聚产业，形成大量"政策性产业空间"（袁奇峰，等，2022）。21世纪以来，随着我国加入世界贸易组织，珠三角进一步嵌入到全球生产网络之中，改革开放以来孕育的本土企业在全球产业链中快速成长，同时以深圳为代表的创新创业开始繁荣（李子彬，2020），珠三角从"世界工厂"走向"创新湾区"，从多项指标来看，创新发展取得很大成就（樊德良，等，2019）。

截至2021年，广东省PCT国际专利申请数量为26079件，占全国比重达38.16%，在全国31个省级行政区（不含港澳台地区）中，连续9年排名第一。从2thinknow历年发布的"全球创新城市指数"来看，珠三角在全球创新城市500强中的数量越来越多，且城市的排名不断上升，深圳排名从2011年的93名跃升至2021年的26名，广州排名从2011年的232名跃升至2021年的51名。从发明专利申请数量来看，近四十年经历"万、十万、百万"级的跃升，2011—2020年期间的发明专利申请数量达到128.91万条。本文聚焦珠江三角洲的创新发展历程、路径及其空间模式。

---

* 基金项目：国家自然科学基金面上项目"粤港澳大湾区城乡混杂地区国土空间规划技术优化研究"（编号：52478052）；国家自然科学基金青年项目"珠三角创新城区空间模式及发育机理研究——基于'创—城'融合视角"（编号：52408061）。

1　从"世界工厂"到"创新湾区"

1.1　从全球到地方，再到全球

1.1.1　承接全球产业转移与本地创新孕育（20 世纪 80、90 年代）

改革开放后的 20 世纪 80、90 年代，珠三角主要是以"三来一补"（来料加工、来样加工、来件装配和补偿贸易）的形式，承接香港、台湾地区的制衣、制鞋等劳动密集型制造业转移；以乡镇企业吸收外来资金和先进技术，所谓的"嫁接外资"；而这些"三来一补"企业、乡镇企业后来逐渐转型、改制为民营企业。与此同时，更加正规化的外商投资也进入到珠三角，从最初的食品、日化等传统制造业逐步拓展到电子、汽车等高技术制造业。如此形成"前店后厂"模式，成就了珠三角的"世界工厂"（许学强，等，2009）（图 1）。

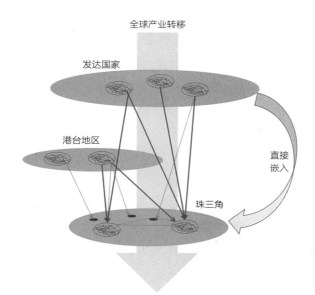

图 1　珠三角 20 世纪 80、90 年代的产业与创新发展模式

在此过程中，一方面是通过模仿创新、反求工程、技术学习，孕育了一批本地企业的诞生与成长。典型如顺德裕华风扇的故事（费孝通，2014），前身是北滘粮油副食加工厂，1968 年与北滘轻木厂合并，转产塑料制品，1976 年决定转产电风扇，通过香港的顺德老乡学会技术，取得市场信息，之后发展迅速，成为改革开放初期的明星企业。

笔者参访的广东生益科技股份有限公司是类似的，于 1985 年在东莞成立，最初以模仿学习起步，主要产品为覆铜板，通过不断地引进国外先进的设备与技术推动产品迭代升级，之后逐渐成长起来。其成立之初是一家中外合资企业（以港资为主）——美加伟华生益敷铜板有限公司,1993 年改组为股份公司,1998 年上市。从 2013 年至今,生益科技的硬质覆铜板销售量持续保持全球第二。

另一方面是基于外商投资形成卫星平台式的技术转移。例如,我国台湾鸿海集团于 1988 年在深圳龙华成立电子代工厂——富士康,很快成长为全球 3C 产品（计算机类、通信类和消费类电子产品）的主要代工厂之一,其技术来自于母公司,从发明专利合作网络就能够显性地反映其中的技术联系。广州的宝洁、LG 等外资企业也是类似的。直到现在,招商引资、吸引外资依然是地方政府推动产业与经济发展的工作之重。

1.1.2 本地创新崛起与反向嵌入全球（21 世纪以来）

自 20 世纪 90 年代以来,珠三角的民营企业逐步发展起来,特别是进入 21 世纪后,市场孕育下各式各样的创新创业逐渐繁荣,民营企业一波接一波地不断涌现,它们依赖创新、创造创新,催生本地创新的崛起,而它们又反向嵌入到全球产业体系之中（图 2）。这归因于对内改革与对外开放的深入。

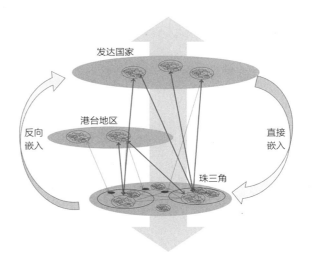

图 2　珠三角 20 世纪 90 年代末以来的产业发展模式

一方面,对内改革鼓励民营企业发展、确立民营企业的合法地位,1992 年邓小平南方谈话,明确经济体制市场化改革的方向,民营企业迎来了更好的舆论环境,1997 年党的十五大明确提出"非公有制经济是我国社会主义市场经济的重要组成部分",为民营企业建立了合法的产权体制。另一方面,2001 年我国加入世界贸易组织,对外开放的深入则为民营企业发展创造了更为广阔的空间。正是在这样的大环境下,珠三角的民营企业开始崛起。

而 2008 年的高新技术企业税收优惠政策进一步加持了企业创新发展。我国出台高新技术企业扶持政策,最早是 1991 年颁布的《国家高新技术产业开发区税收政策的规定》，开始在国家级高新区内认定高新技术企业，它们可享受 15% 的企业所得税率优惠政策，需要强调的是局限在国家级高新区内。2008 年《中华人民共和国企业所得税法》实施，高新技术企业税收优惠政策被推广放大到全国范围，不再局限在国家级高新区内，成为企业推动创新的政策动力。这是 2011—2020 年发明专利申请数量剧烈增加的重要原因。

（1）"三来一补"企业、乡镇企业转型或改制

到了 20 世纪 90 年代，改革开放后孕育的"三来一补"企业、乡镇企业逐渐成长了起来，同时体制的束缚也逐渐凸显，这些企业陆续开始转型、改制，在 20 世纪 90 年代末至 21 世纪初达到高潮。这些企业家即所谓"84 派"，他们诞生在一个没有产权、现代企业制度的时期，是珠三角民营企业的探路者、开拓者。

以美的为例（陈春花，2019）：1968 年何享健等筹资开办"北滘街塑料生产组"，生产塑料瓶盖等，1975 年转升为公社所属企业，成为"顺德县北滘公社塑料金属制品厂"，开始生产五金制品，1980 年开始生产电风扇，并注册"美的"商标，经过 20 世纪 80 年代的快速发展后，美的与其他乡镇企业一样开始面临"产权关系模糊、经营机制退回"的困境，企业改制随之开始。

1988 年，美的进行了第一次股份制改革，方式为所谓"五二三"模式，政府占股 50%、企业占股 20%、职工占股 30%。1992 年进行了第二次股份制改革，成立广东美的集团股份有限公司，镇政府公务员和美的员工都有一定比例的股票认购凭证。1993 年，美的在深交所上市，但改制后的美的依然是政府控股。2001 年，美的管理层收购政府的所有股份，真正实现了民营化改制，逐渐发展成为我国家电行业的领军企业。

近年来，美的持续加强研发投入，通过跨界融合、人工智能、数字仿真上的技术突破，不断创新升级产品，布局全球优势研发资源，构建六大研发中心，涵盖 33 个研究领域，形成从共性基础技术到个性化关键技术的技术图谱，专利授权维持量达 5.7 万件，授权发明专利连续四年家电行业第一。

（2）体制内人员"下海"创业

改革开放以来，体制内人员"下海"就是市场经济改革的试水者，也是造就民营企业的中坚力量，最具代表性的是所谓的"92 派"。在 20 世纪 90 年代，一大批政府机构、科研院所的知识分子辞职下海，他们不同于所谓"84 派"以集体企业起步，从一开始就是按照现代企业制度创办市场化的股份制企业，是真正的民营企业。

其中就有耳熟能详的王传福创办的比亚迪（成杰，2010）。王传福 1987 年毕业于中南工业大学（现中南大学）冶金物理化学专业，同年进入北京有色金属研

究总院攻读硕士，而后留院工作。1993 年，北京有色金属研究院在深圳成立深圳比格电池有限公司，王传福出任总经理，但是公司体制的约束促使他走上了创业的道路。1995 年，王传福创办比亚迪，从生产电池、面向海外市场起步，2000年前后先后成为摩托罗拉、诺基亚等跨国公司的电池供应商，2005 年前后通过模仿创新进入汽车领域，2014 年前后进一步通过自主创新进入新能源汽车领域。

（3）海外留学人员创新创业

海外留学人员怀揣着像硅谷的创业家、梦想家一样的梦想，回国创新创业，所谓"99 网络派""网络海归派"是典型体现，海外留学人员创新创业成为珠三角民营企业崛起中的一个重要类型。

以作者参访的千岸科技（全称为"深圳千岸科技股份有限公司"）为例。千岸科技是创立于 2010 年的一家跨境电商企业，创始人何定是美国伊利诺伊大学计算机学博士毕业生，在美国读书时就通过在 eBay 转卖国内生产的航模赚得第一桶金，2008 年回国做起跨境电商，2010 年创立千岸科技，是最早在亚马逊开店铺的创业者。千岸科技主要经营在画材（其中主要是马克笔）、运动健身器材、智能家电等三个领域，创立马克笔品牌 Ohoho、音响品牌 Tribit、运动户外品牌 Sportneer 等自主品牌，在 2022 年，营业额达到 17 亿元，其中 Ohoho 马克笔是其最主要的一个品类，占到其销售额的 1/4，在美国和欧洲站点均占据同类产品热销榜的第一名。

（4）市场孕育下各式各样的创业逐渐繁荣

一批改革开放孕育的民营企业成长壮大，特别是进入 21 世纪后快速成长，造就了华为、比亚迪、腾讯、美的等巨型企业，而 21 世纪以来创立的大疆、希音等也成为明星企业，更加重要的是造就了量大面广的中小企业。这些民营企业，从无到有，依靠创新立足于市场之中，市场导向的创新是它们的基因，它们不断地创造创新，由此催生了珠三角本地创新的崛起。

而这些民营企业又深深地嵌入在全球产业网络、全球创新网络之中，有的从模仿国外产品起步（如腾讯），有的从代理国外产品起步（如华为），有的从跨国企业的供应商而壮大（如比亚迪），有的通过引进国外设备与技术来开展生产（如生益科技），有的面向全球市场（如千岸科技），有的发展走向全球布局（如华为）。由此形成本地创新崛起与反向嵌入全球。

1.2 "全球—地方"的互动作用

进一步探究来看，珠三角从"世界工厂"走向"创新湾区"，得益于"全球—地方"的互动作用，这在经济地理、创新地理的相关研究中可以寻求到很好的理论支撑与解释。

全球化指的是在交通、通信技术发展带来的时空压缩不断地推动下，通过贸易、资金流动、技术创新、信息网络和文化交流，使各国经济在世界范围高度融合并相互依赖的过程。地方则是具有独特属性的区域，地方性是指区域之间的差异，由于长期的文化、制度、认同等因素的积累，使得某些"地方"具备了其他"地方"所不具备的内在条件（周尚意，等，2011）。

1.2.1　全球化与地方性的关系

在 20 世纪 70、80 年代，对于区域经济的崛起，首先是形成了新区域主义的解释与研究，立足于区域的地方性，强调"地域体"（Territoriality）的社会、制度及环境对经济发展起到根本性的推动作用（苗长虹，等，2002）。无论是产业区与产业集群研究，还是加利福尼亚学派的新产业空间研究，亦或是技术创新学派的创新环境研究，均强调是区域内生的"地方性"对地方经济崛起的作用（贺灿飞等，2014）。

但是，随着经济全球化的深入，经济全球化越来越成为形塑各个国家和地区产业集聚与重构中不可忽视的力量，新区域主义对于现实世界的地理现象解释开始面临挑战，因此把"区域"和"地方"发展置于全球化的研究视角下逐渐成为共识。一方面，强调新区域主义研究指出的地理临近、集体学习、社会资本、非贸易相互依赖等内生要素对区域发展的推动作用；另一方面，也强调全球化背景下区域内外联系互动对地方发展的作用（汪涛，等，2003）。

事实上，全球化和地方性是相互交织、相互嵌入的复杂地理过程。在全球化和地方性两股强大力量的共同作用下，本地性的区域会通过管治调整以便于嵌入全球网络，我国在嵌入全球化过程中，采取的是渐进式改革开放模式；而全球化的经济活动在跨国化布局中，也会根据不同地域的地方性进行调整。这两个并行而又交织的过程被称为"全球地方化"，过程是复合的、动态的、跨尺度的，既包括全球向地方的下沉，也包括地方向全球的嵌入。

跨国企业的本地带动、人才流动（留学归国）对本地的作用、本地企业在全球产业网络中的升级、本地企业反向嵌入发达国家等，这些"全球—地方"的互动机理在珠三角都有鲜活的体现，是珠三角的产业与创新发展、成就珠三角"世界工厂"并走向"创新湾区"的很好解释，从珠三角发明专利申请合作网络也可窥视到"全球—地方"的互动作用（图 3）。

1.2.2　"全球—地方"互动下的区域产业与创新发展

（1）跨国企业的本地带动

跨国企业以 FDI 投资在本地形成卫星平台式的产业集聚，这些跨国企业为了进一步降低成本、获取市场、提升盈利和增强竞争力，更愿意作为链主企业以合

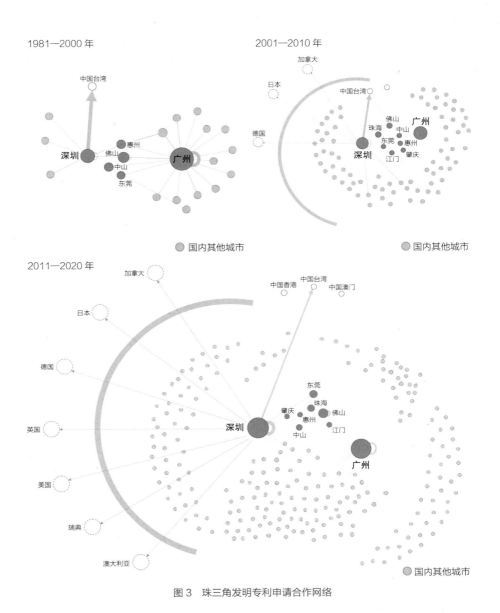

图 3　珠三角发明专利申请合作网络

资、外包、委托代工等形式把地方企业纳入其供应链，而为了满足跨国企业的技术标准和生产要求，本地的供应链企业主动提升自身技术能力，跨国企业也会帮扶指导这些本地供应商，由此形成本地带动（Ernst D，2002）。同时，跨国公司的外源集聚积淀了本地人才，这些人才流转到本地企业，亦或自主创业，也会带来本地产业与创新发展（李晓华，2010）。

（2）人才流动（留学归国）对本地的作用

对于后发国家而言，留学归国人才是本地产业与创新发展重要资源，无论是在韩国、我国台湾等，还是在我国大陆都是共同的经验。在我国台湾，20 世纪 70

年代效仿韩国设立工业技术研究院，旨在吸引海外留学人才回台，其中最为著名的要数张忠谋，于 1985 年受邀回台担任工业技术研究院院长，开辟半导体代工模式，主导了台积电的筹设与发展。

在我国大陆，留学人员创业园（简称"留创园"）则是集中缩影。自 1994 年我国第一个留创园——金陵海外学子科技工业园在南京成立以来，留创园从无到有，从小到大，迅猛发展。根据《2022 年度人力资源和社会保障事业发展统计公报》，截至 2022 年末，全国共有留创园 372 家，入园企业超过 2.5 万家，9 万名留学回国人员在园就业创业，其中省部共建留创园 54 家。

（3）本地企业在全球产业网络中的升级

在全球化的背景下，本地企业都是深深地嵌入在全球产业链、全球供应链之中，都是全球价值链上的一个环节。一方面，为了满足国际化的技术标准与客户需求，它们会主动提升自己的技术水平，同时作为全球产业链、供应链上的一个环节，它们也自然跟着产业的升级而不断升级。

另一方面，为了获得更高的附加值，它们会向价值链的高端部分攀升。康江江等（2019）研究分析了中国企业在苹果手机全球价值链中的价值分配和角色变化，发现中国企业的地位不是一成不变的，而是在不断攀升。许树辉（2011）也以同样的视角考察了广东韶关市，同样发现本地企业在全球价值链中的攀升，从而推动了本地产业升级。

（4）本地企业反向嵌入全球

一种是本地成长起来的企业为了跟上世界最先进的技术水平，往往选择在发达国家进行 R&D 外包或者设立海外 R&D 机构，反向嵌入于发达国家。著名企业华为在海外设立 R&D 机构，构建国际化研发合作网络，把创新网络延伸到海外技术领先国家和目标销售市场，通过与国际一流的公司设立联合研发中心嵌入当地的区域创新系统，通过与国外领先企业成立合资公司、与全球高校强化合作、投资前沿技术团队等方式，构筑起轮轴式的全球创新网络（胡欣悦，等，2016；张永凯，等，2017）。还有则是通过跨国并购吸收海外创新资源，实现"全球—地方"的创新结网（王秋玉，2018）。

1.2.3 "全球—地方"互动下的区域创新系统发展

在"全球—地方"互动下，珠三角逐步形成了本地化的区域创新系统。这主要归因于两个方面：一方面，通过对内改革，主动协调区域创新政策和治理制度安排；另一方面，通过对外开放，全球生产网络地域嵌入与区域创新系统发展演进相互作用。但需要注意的是，"全球—地方"的互动作用对区域创新系统有正效应也有负效应。

（1）主动协调区域创新政策和治理制度安排

在创新后发国家或区域，为实现与跨国公司全球生产网络形成稳定协作和战略耦合，政府会有目的地协调组织区域资产（Regional Assets）、制度安排和创新政策，为区域创新体系抓住跃升机遇奠定重要基础（刘逸，2018）。

Liu Weidong 等（2006）通过分析跨国汽车企业在中国的投资和布局，发现强势政府在引入跨国公司以及引导全球资本驱动本地产业技术创新升级中的重要作用。刘鹤等（2012）分析了全球石化产业的演进历程、机制和模式，认为"进口替代型"国家和"出口替代型"国家的政府分别以本国市场和本国资源开采权为谈判筹码，迫使跨国企业提供技术和资金共同发展本地产业，从而达到推动区域产业技术升级的目的。

Yang Chun 等（2015）学者分析了深圳市政府在 2008 年金融危机之后，如何因应全球生产网络的动态，并通过建设创新城市、发展战略性新兴产业等一系列政策改变区域资产（Regional Assets），推动深圳区域创新系统由跨国企业驱动型（TNC-Driven Innovation）转向本土企业自主型（Indigenous Firm-Initiated Innovation）。

在创新后发国家 / 地区的区域创新系统创新塑造和发展中，地方政府不但通过资源布局、创新政策等制度安排营造良好的创新环境（符文颖，等，2013），甚至通过投资企业和研发机构而成为重要的创新主体直接参与到创新网络的构建之中。在创新后发国家或地区，制订创新政策框架明确发展目标，构筑技术溢出的全球通道，并把创新政策积累在区域资产条件优厚的地区，把握住国际生产研发网络重构的机遇，培育嵌入全球创新系统、本地企业自主的区域创新系统，是推动创新发展的重要措施（张战仁，等，2015）。

（2）全球生产网络地域嵌入与区域创新系统发展演进相互作用

跨国公司的全球生产网络布局和治理是区域经济全球化的重要线索，其地域嵌入是区域创新系统组织建构的重要力量（Bathelt H，等，2004）。跨国公司通过供应链采购、生产外包以及技术转让构筑了知识传播的全球通道（Global Pipelines），进而促进了国际技术转移至其他后发国家或地区，成为输入地区域创新系统发展的基础。为了满足跨国企业的采购、外包、代工的技术标准和生产要求，本地企业主动提升自身技术能力和生产效率，进而带动本地集群企业的创新和区域创新系统的发展，这也被称为本地轰鸣（Local Buzz）。

本地轰鸣某种程度上是区域通过吸收跨国投资、跨国贸易、人才移民等跨国技术转移，营造其技术吸收能力（Technological Absorptive Capacity），并通过技术外溢效应（Spillover Effects）推动本地创新系统的发展。大量实证研究表明，某个特定区域的创新网络与全球创新网络实现相互嵌入能显著提升区域创新能力，比如贺灿飞等（2017）、曹贤忠等（2018）、段德忠等（2019），基于产品出口、专利合作、产业链关联、知识产权贸易等不同领域的数据勾勒全球生产网络的组织结构变动与区域创新绩效的关联。

（3）"全球—地方"的互动作用对区域创新系统的正负作用

区域创新系统是地域嵌入的、以创新为目标的社会组织结构，是区域路径创造、发展、更新的重要内生要素。为便于知识溢出、信息交流、集体学习而形成创新主体的地理集聚，又进一步强化创新知识、创新网络在特定区域的积累递增效应，构成区域独特的创新环境、竞争优势和产业基础，进而成为区域路径创造和选择的前置条件（王缉慈，1999；Bathelt H，等，2004）。

在经济全球化的影响下，知识溢出（Knowledge Spillovers）并不仅限于区域内，在特定的条件下（组织临近、制度临近），跨集群、跨区域也会进行知识的创造、交流和传播。通过跨国并购、进出口贸易、吸纳跨国投资、全球生产网络整合等方式，"全球—地方"互动对本地知识技术溢出、创新系统发展、集群创新能力有显著带动作用，强化了区域的路径创造与更新能力（杨锐，等，2008；刘炜，等，2010；曹贤忠，2017）。

然而，全球生产网络地域嵌入下形成的区域创新系统也可能对区域路径形成负向锁定。比如，文嫮等（2005）研究了上海浦东集成电路产业升级的经验，认为全球领先企业扮演了价值链的治理者角色，通过非核心技术的转移、技术标准的制定来协调、控制价值链各个环节并捕获了价值创造的绝大部分。本地产业网络在与全球领先企业互动中，一方面承接了技术扩散、服从其提出的标准和要求，从而实现产业的"过程升级"（提升生产效率）；另一方面，受到全球领先企业在专利陷阱、法律政治、技术联盟等方面设置壁垒的制约，无法实现全面升级和发展自主，被长期锁定在价值链的"低价值区段"。

2　从"点状创新"到"区域创新"

2.1　基于"创新空间单元"的分析方法

总体方法路线为：第一，利用发明专利申请数据，以 500 米 × 500 米空间网格为基准，按照十年为一个阶段，分别按 1981—1990 年、1991—2000 年、2001—2010 年、2011—2020 年，进行网格计数并可视化，以此反映创新空间格局的演变；第二，利用 2011—2020 年发明专利申请数据，通过空间聚类分析识别"创新空间单元"；第三，以"创新空间单元"为节点，利用发明专利的联合申请人信息进行网络分析。

2.1.1　空间聚类分析法：识别"创新空间单元"

空间聚类分析法常用于识别空间中具有统计显著相关性的高值（HH）聚类、低值聚类（LL），以及低值围绕高值（HL）和高值围绕低值（LH）的异常值聚类。本研究的"创新空间单元"识别主要运用空间聚类分析法，具体如下：

第一步，将广佛都市区划分为 500 米 ×500 米的网格，将发明专利申请人转为地理空间落点，形成创新主体落点，连接空间网格与创新主体落点进行计数，视作网格创新强度，即网格参与发明专利的次数。

第二步，利用 Arc GIS 的"聚类与异常值分析"（Anselin Local Moran's I）工具，将识别的高值（HH）、低值围绕高值（HL）聚类初步判定为创新集聚区。计算公式如下。

空间关联的 Anselin Local Moran's I 统计数据如下所示：

$$I_i=\frac{x_i-\overline{X}}{S_i^2}\sum_{j=1,j\neq i}^{n}w_{i,j}(x_j-\overline{X}) \tag{1}$$

式中，x_i 是要素 i 的属性，X_j 是要素 j 的属性，$\overline{X}$ 是对应的平均值，$w_{i,j}$ 是要素 i 和 j 之间的空间权重（本研究测度为专利合作联系，不设权重），并且：

$$S_i^2=\frac{\sum_{j=1,j\neq i}^{n}(x_i-\overline{X})^2}{n-1} \tag{2}$$

式中，n 等于要素的总数目。

统计数据的 z_{I_i} 得分的计算方法如下：

$$z_{I_i}=\frac{I_i-E[I_i]}{\sqrt{V[I_i]}} \tag{3}$$

其中：

$$E[I_i]=-\frac{\sum_{j=1,j\neq i}^{n}w_{ij}}{n-1} \tag{4}$$

$$V[I_i]=E[I_i^2]-E[I_i]^2 \tag{5}$$

置信度选择默认 95%，根据 z 值，识别出 HH、LL、HL、LH 四类网格。

第三步，辅助以高新技术企业、孵化载体等多元数据，结合行政边界、产业园区边界等进行人工校正，最终综合划定"创新空间单元"。

2.1.2　社会网络分析法：刻画创新网络

利用专利联合申请人信息，建立两两关系矩阵，利用 Gephi、Arc GIS 软件，以联系频次、度中心度等指标，进行拓扑网络、空间网络测度与可视化。其中，联系频次即两个节点之间的关系次数，度中心度是测度节点在网络中核心地位的程度指标，计算公式如下：

$$O_i = \sum_{j=1}^{n} T_{ij}, \quad i \neq j \qquad (6)$$

式中，O_i 为节点 i 的度中心度，n 为节点数量，T_{ij} 表示节点 i 与节点 j 联系频次。

2.2 从"广深两极"到"两个都市区"

2.2.1 "广深两极"阶段（20 世纪 80、90 年代）

在 20 世纪 80、90 年代，珠三角的创新活动主要集中在广州、深圳（图 4）。广州的创新主体主要是高校、研究院所，发明专利申请量排名前五的分别是华南理工大学、中国科学院广州化学研究所、中山大学、华南农业大学、中国科学院广州能源研究所；深圳的创新主体则主要是企业，发明专利申请量排名前五的分别是华为、中兴、富士康、奥沃国际科技、TCL（表 1）。

广州、深圳 1981—2000 年期间发明专利申请量前五名的主体　　表 1

排名	广州	数量（条）	深圳	数量（条）
1	华南理工大学	163	华为	166
2	中国科学院广州化学研究所	134	中兴	79
3	中山大学	121	富士康	45
4	华南农业大学	30	奥沃国际科技	26
5	中国科学院广州能源研究所	29	TCL	13
—	小计	477	小计	329
	全市总计	2044	全市总计	1489
	占全市的比例	23.34%	占全市的比例	22.10%

2.2.2 广、深两极为主，同时外围崛起（2001—2010 年）

到了 2001—2010 年，珠三角的创新活动总体上还是集中在广州、深圳（图 4）。在广州，发明专利申请量排名前十的依然以高校、科研院所为主，有两家企业分别位列第八、九名：一是旭丽电子，母公司是我国台湾的光宝科技，2000年在广州开发区投资建厂，落户广州科学城；二是威创视讯，是广州开发区成长起来的留学人员创业企业，2004 年从西区搬迁到广州科学城（表 2）。

在深圳，发明专利申请量排名前十的主体全部是企业，其中又以华为、中兴、比亚迪、海川实业、腾讯、康佳等本地企业为主，富士康、群康科技两家台资企业也位列其中（表 2）。但是，需要强调的是，富士康、群康科技是卫星平台式

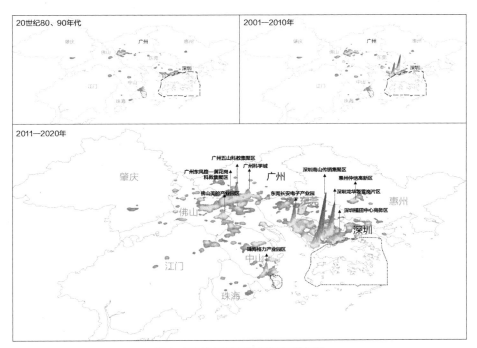

图 4　珠三角发明专利申请量三维视图

广州、深圳 2001—2010 年期间发明专利申请量前十名的主体　　表 2

排名	广州	数量（条）	深圳	数量（条）
1	华南理工大学	1605	华为	26926
2	中山大学	1765	中兴	20287
3	华南农业大学	620	富士康	12352
4	暨南大学	503	比亚迪	2639
5	广东工业大学	423	海川实业	2136
6	华南师范大学	364	腾讯	1808
7	中国科学院广州化学研究所	333	群康科技	1082
8	中国科学院广州能源研究所	250	康佳	1059
9	旭丽电子	213	TCL	652
10	威创视讯	202	宇龙计算机通信	575
—	小计	6278	小计	69516
	全市总计	20591	全市总计	94526
	占全市的比例	30.49%	占全市的比例	73.54%

的，本质上就是生产工厂，它们的研发创新还是在台湾地区，只是在我国大陆有专利申请的布局，也就是它们的专利申请不代表有本地的创新活动，广州的旭丽电子、佛山北滘的顺达电脑（2001—2010 年的发明专利申请量排名佛山第一，共计 1190 条）等是同样的情况。

　　同时，在佛山、珠海、惠州，改革开放后孕育的一些本地企业开始崛起，它们的创新活动也以发明专利的形式表现出来，形成了一些极点。从2001—2010年的发明专利申请数量来看，佛山北滘的美的共计348件，位列佛山第二；在珠海，格力电器、金山软件、炬力集成电路三家企业位列前三，分别为271件、115件、113件；惠州的TCL共计179件，位列全市第一。

2.2.3　以两个都市圈为主的区域网络化格局（2011—2020年）

　　到了2011—2020年，发明专利申请的空间分布更加广泛，说明创新活动的分布更加广泛，出现显著的区域化特征（图5、表3）。从各个城市来看，广州发明专利申请主体仍然是以高校、科研院所、大型国有企业为主，同时也看到以视源电子为代表的一些本地企业的创新发展，视源电子是广州开发区培育成长起来的本地企业，坐落广州科学城；深圳发明专利申请主体仍然呈现以本地企业为主的特点，同时也看到深圳先进技术研究院、深圳大学等创新成效的显现（表4）。

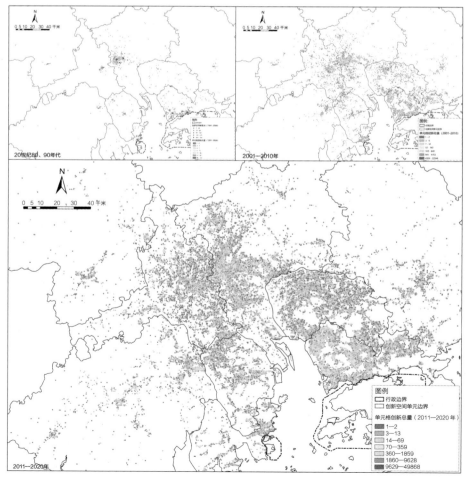

图5　珠三角2011—2020年的创新空间格局

珠三角 9 市 2011—2020 年期间发明专利申请量　　　　表 3

排名	城市	数量（万条）	排名	城市	数量（万条）
1	深圳	55.31	6	中山	4.10
2	广州	28.68	7	惠州	3.62
3	东莞	14.34	8	江门	2.74
4	佛山	13.60	9	肇庆	0.95
5	珠海	5.89	总计		129.23

广州、深圳 2011—2020 年期间发明专利申请量前十名的主体　　表 4

排名	广州	数量（条）	深圳	数量（条）
1	华南理工大学	22496	华为	50572
2	南方电网	15634	中兴	32842
3	广东工业大学	11788	腾讯	26964
4	中山大学	8618	富士康	14350
5	华南农业大学	5150	平安集团	12202
6	视源电子	3476	华星光电	11721
7	暨南大学	3056	努比亚	10257
8	华南师范大学	2992	比亚迪	8417
9	广州大学	2592	深圳先进技术研究院	6729
10	广汽集团	1791	深圳大学	5773
—	小计	77593	小计	179827
	全市总计	286818	全市总计	553045
	占全市比例	27.05%	占全市比例	32.52%

　　佛山、东莞、珠海、惠州呈现龙头企业独大的共同特征。在佛山，美的一家独大，拥有发明专利申请量 22655 条，远高于第二名佛山科学技术学院的 4526条；在东莞，OPPO 有发明专利申请量 32190 条，VIVO 有发明专利申请量 13922条，远高于第三名广东小天才科技有限公司的 4026 条；在珠海，格力共有发明专利申请量 28671 条，远高于第二名珠海市魅族科技有限公司的 2322 条；在惠州，TCL 共有发明专利申请量 7949 条，远高于第二名广东中迅农科股份有限公司的1102 条。

　　中山、江门、惠州三市呈现均衡分布特征，内部未出现一家或者几家独大的龙头型主体。中山排名第一的是华帝股份有限公司，拥有发明专利申请量 956 条；江门排名第一的是五邑大学，拥有发明专利申请量 1692 条；肇庆排名第一的是肇庆学院，拥有发明专利申请量 413 条。

　　另外一个显著的特征是网络化。利用 2011—2020 年的发明专利申请的空间落点，共识别出 164 个"创新空间单元"。通过发明专利申请人合作联系，对珠三角创新网络进行刻画发现，"创新空间单元"呈现两个都市区的格局——广佛都市区、深圳都市圈（图 6、图 7），这与珠三角城市群的空间结构是一致的〔袁奇峰，等，2019〕。不过二者内在的机理不同的，深圳都市圈的创新网络以企业间合作为主，广佛都市区的创新网络则以校企合作、国企总部与子公司的联合为主。

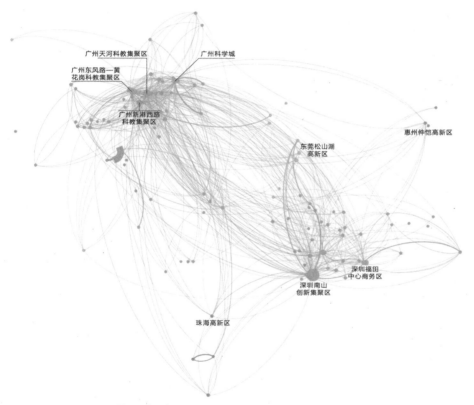

图 6　珠三角 2011—2020 年发明专利合作的拓扑网络

2.2.4　珠三角的"创新空间单元"特征

　　在珠三角 9 市中，"创新空间单元"最多且面积最大的城市深圳，其"创新空间单元"面积仅为城市建成区面积的 13.04%，创新总量占整个城市的 77.01%；广州的"创新空间单元"面积占城市建成区面积的 6.85%，创新总量占整个城市的 57.98%；在深圳、广州之后，依次是东莞、佛山、珠海（表 5）。

　　在深圳都市圈，南山创新集聚区以中兴、腾讯等为龙头，龙岗坂雪岗片区以华为为龙头，福田中心商务区以平安集团为龙头，发明专利申请量位列深圳"创

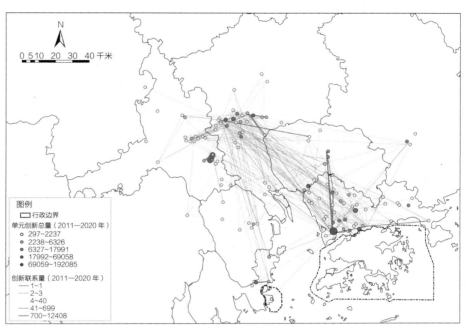

图 7 珠三角 2011—2020 年发明专利合作的空间网络

珠三角 9 市"创新空间单元"面积及创新总量一览表　　　　表 5

排名	城市	"创新空间单元"总面积（平方千米）	占全市建成区比例	"创新空间单元"创新总量（万条）	占全市的比例
1	深圳	125.25	13.04%	42.62	77.01%
2	广州	90.75	6.85%	17.40	57.98%
3	东莞	19.75	1.65%	7.71	25.71%
4	佛山	39.25	24.34%	5.54	40.73%
5	珠海	11.50	7.52%	4.03	68.45%
6	中山	9.50	6.43%	0.82	19.97%
7	惠州	7.00	2.45%	1.27	34.90%
8	江门	1.25	0.79%	0.17	6.15%
9	肇庆	1.00	0.79%	0.06	6.37%

新空间单元"前三、珠三角前十。从网络中心度来看，南山创新集聚区、南山大学城、福田中心商务区排名位列珠三角前十名（图 8）。

在广佛都市区，天河科教集聚区、广州科学城、东风路—黄花岗科教集聚区，这三个"创新空间单元"发明专利申请数量排名位于前列。从网络中心度来看，天河五山科教集聚区、东风路—黄花岗科教集聚区、新港西路科教集聚区、广州科学城位列珠三角前十（图 8）。

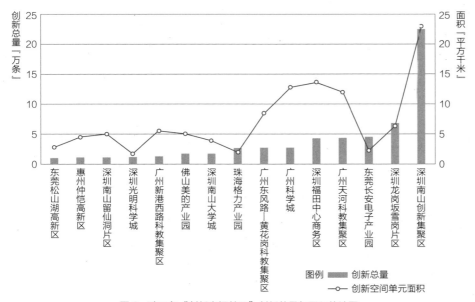

图 8　珠三角"创新空间单元"创新总量与面积统计图

2.3　珠三角两个都市区的创新空间特征

2.3.1　广佛都市区的创新空间特征

广佛都市区包括广州和佛山两市，是我国最早推动同城化的地区，也是我国首个"双万亿"GDP 的都市区。广佛两市地域相连、历史相承、文化同源、产业协同互补，在地理相邻、市场驱动、政府助力等多重因素作用下，逐渐形成一体化的都市区。广佛都市区不仅是生产组织一体化的典型区域，也是创新要素高频互动的创新区域。利用 2011—2020 年间的发明专利申请数据，广佛两市共计有发明专利申请 42.28 万条，对广佛都市区进行"创新空间单元"识别，共识别出 58 个"创新空间单元"（图 9）。

这 58 个"创新空间单元"以仅占广佛两市 1.4% 的用地，却集聚了两市 67.1% 的专利成果和 43.7% 的创新主体，地均创新强度高达 2072.9 人次 / 平方千米。其中地均创新强度最高为 23777 人次 / 平方千米，即十年间该单元每平方千米用地上的创新主体共参与了 23777 条发明专利申请。总体来看，广佛都市区的创新空间呈现"一区多核多点"的格局（图 9）。

"一区"是指创新集聚核心区，即广州中心城区连绵成片的创新集聚区，具体是以广州环城高速为界，以中山路—黄埔大道、环市东路—中山大道西、新港西路为主要东西向轴线，串联天河五山、珠江新城、越秀黄花岗、越秀东风路、中山路、海珠新港西路等主要创新集聚区。"多核"包括广州科学城创新极核、广州

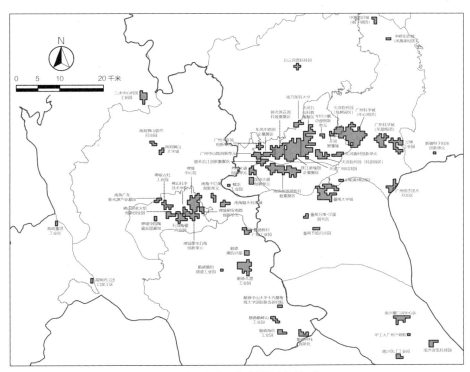

图 9　广佛都市区的"创新空间单元"

大学城创新极核、南沙中心城区创新极核、禅城中心城区创新极核、顺德北滘创新极核。"多点"是指外围点状分布的"创新空间单元",沿着广州绕城高速分布,如白云区的民营科技园、广州开发区西区、南沙咨询科技园、南沙珠江工业园、南海狮山大学城与软件园、三水中心科技工业园等(刘鹏飞,等,2024)。

　　在广佛两市 42.28 万条发明专利申请中,合作申请的数量为 5.45 万条,其中都市区内的合作联系 4.02 万条,去除无地址信息的联系后,共获得 3.90 万条合作联系。在 3.90 万条合作联系中,合作双方在不同"创新空间单元"的合作共2.26 万条,占 58.0%;合作双方在同一"创新空间单元"的合作共 0.88 万条,占22.6%;其中一方在"创新空间单元",另一方不在"创新空间单元"内的合作占11.7%;合作联系的双方均不在"创新空间单元"内的仅占 7.7%。由此可见,广佛都市区内的发明专利申请合作联系主要发生在不同"创新空间单元"之间以及同一"创新空间单元"内部。

　　以 58 个"创新空间单元"为节点,对广州都市区创新的空间网络进行刻画可知,其呈现"鱼骨放射状"的空间结构特征(图 10、图 11)。一方面,形成串联广州中心城、广州开发区、禅城中心城区的创新联系中轴;另一方面,以中轴为骨架,形成与外围创新极核、极点的放射状联系。

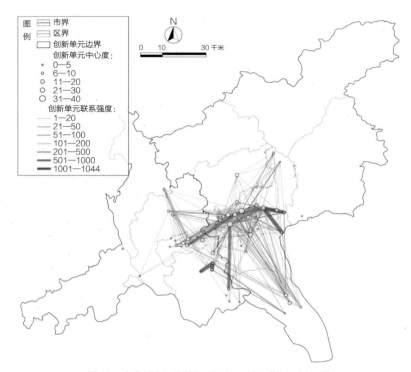

图 10　广佛都市区的创新网络空间结构："鱼骨放射状"

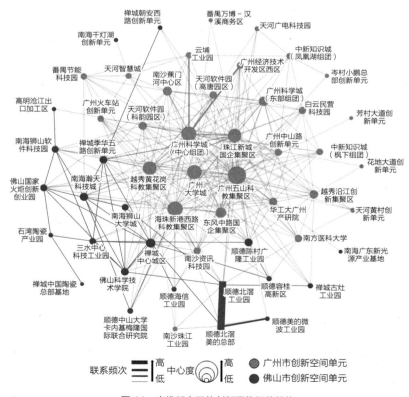

图 11　广佛都市区的创新网络拓扑结构

2.3.2　深圳都市圈的创新空间特征

深圳都市圈主要包括深圳、东莞和惠州三个城市，利用 2011—2020 年间的发明申请专利数据，深圳都市圈共计有发明专利 51.59 万条，对深圳都市圈的"创新空间单元"进行识别，共识别出 54 个"创新空间单元"，以 6.2% 的建设用地，集聚了三城 67.8% 的发明专利申请和 58.3% 的创新主体，地均创新强度达到 3394 人次 / 平方千米，总体形成"两区多点"的格局。

"两区"指的是创新集聚的核心区：一是深圳南山创新集聚区，包括南山高新区、大学城、蛇口工业区、南油工业区等片区；二是福田创新集聚区，包括福田中心商务区、华侨城等片区。"多点"包括深圳光明科学城、深圳龙岗坂雪岗片区、东莞松山湖高新区、东莞长安镇电子产业园、惠州仲恺高新区等"创新空间单元"（图 12）。

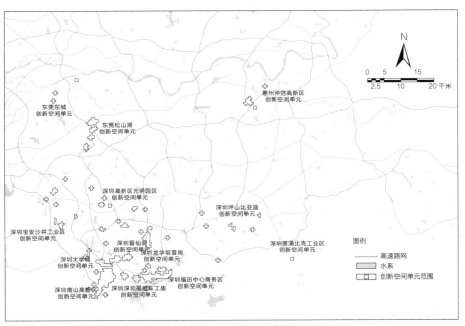

图 12　深圳都市圈的"创新空间单元"

在深圳都市圈的 51.59 万条发明专利申请中，合作申请的数量共计 8.7 万条，其中都市圈内的合作联系 7.2 万条。整体上形成了以深圳南山创新集聚区为中心的放射状格局，联系最为密切的是深圳南山创新集聚区—深圳光明科学城—东莞松山湖高新区（图 13）。

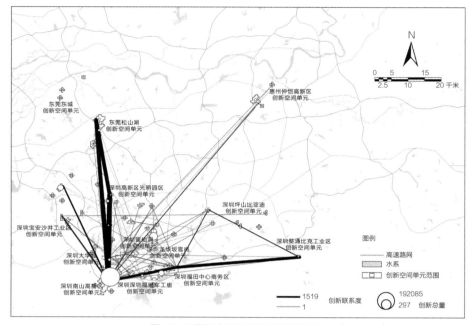

图 13　深圳都市圈的创新网络空间结构

3 "创新空间单元"的类型与模式

3.1 产业集群类型：五类

集群（Cluster）概念最早由波特提出，他认为集群有利于创新，进而推升国家 / 区域竞争力（迈克尔·波特，2007）。波特的集群理论与马歇尔提出、意大利学者复兴的产业区（Industrial District）理论异曲同工（苗长虹，2004）。以此为源头兴起了产业集群的研究（王缉慈，2010）。借鉴其研究成果，基于集群特征，可将珠三角创新空间分为五类：马歇尔式、轮轴式、卫星平台式、国家力量依赖式、混合式（图 14）。

马歇尔式产业区的特征是，中小企业密集分布在产业集聚区范围内，并形成密切的正式与非正式的本地协作网络。广州科学城是典型案例，集聚了 2716 个创新主体，在广佛都市区的 58 个"创新空间单元"中排名第一，主要是内生孵化的科技型中小企业，名列前茅的有，视源电子在 2011—2020 年的发明专利申请数量在广州排名第六，威创视讯、金发科技、京信通信也位列前二十名以内。此外广州科学城也落户了中国科学院广州生物医药与健康研究院等科研院所，以及南方电网等大型国有企业的研究院、子公司，它们也是专利申请的大户。

轮轴式产业区是指以一个轴心企业为核心，如佛山的美的、珠海的格力、东莞的 OPPO 和 VIVO、惠州的 TCL 等，集聚它的子公司、上下游产业链企业以及衍生

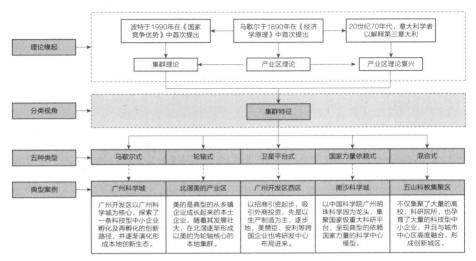

图 14 基于产业集群的珠三角"创新空间单元"类型

企业形成的集聚区。以美的所在的顺德北滘工业园为例（图 15），在顺德北滘工业园中集聚了美的集团的制冷设备、电热电器、生活电器、洗涤电器、白色家电技术创新中心等多个子公司和研发中心，同时围绕美的集团，在北滘工业园中集聚了众多的上下游零配件以及同行业企业。此外通过美的员工离职创业也孵化出了一些企业，如同在顺德北滘工业园的云米电器科技公司，创始人陈小平原为美的集团电饭煲公司总经理，2014 年开始辞职独立创业，从事智能净水器、冰箱等智能家电生产。

传统的卫星平台式产业区是指跨国企业等外来投资建设分支工厂形成的产业集聚区，是生产制造基地而不是创新区，但是随着嵌入本地的深入，这些跨国企业也会将研发中心布局进来，如此形成卫星平台式的研发中心集聚区。以广州开发区的西区为例，以招商引资起步，吸引外商投资，先是以生产制造为主，逐步

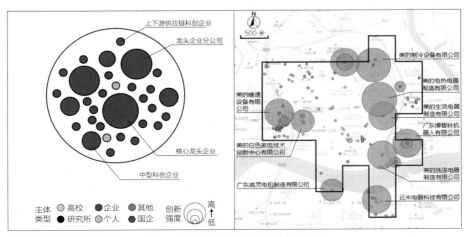

图 15 顺德北滘工业园的创新主体构成

地，美赞臣、安利等跨国企业也将研发中心布局进来。

国家力量依赖式产业区是指大型政府投资或政府背景的研究机构（如军事基地、国防工厂、武器研究室、大学等）或其分支机构集聚区。广州南沙科学城以中国科学院广州明珠科学园为龙头，集聚国家级重大科研平台，包括广东空天科技研究院、广东智能无人系统研究院、广州软件应用技术研究院、广州物联网研究院，呈现典型的依赖国家力量的科学中心模型。

混合式是指兼具上述四种类型产业区的多个特征，以天河五山创新集聚区为例（图 16）。一方面是集聚了华南理工大学、华南师范大学、华南农业大学、暨南大学等众多高校，以及中国科学院广州能源研究所、中国科学院广州化学研究所等众多科研院所，它们都是广州发明专利申请量名列前茅的主体；另一方面，还有众多的中小企业，有校企、科研院所附属企业或改制企业，有高校教师、毕业生以及科研院所的科研人员创办的企业，也有因产业链、交通便利、生活配套完善等因素集聚的企业。这些中小企业广泛分布在产业园、产业楼宇中。这些产业载体主要有几个来源：一是政府主导的原广州天河高新区（1991 年设立的国家级高新区）、天河软件园建设的产业载体，如天河科贸园等；二是各高校、科研院所的科技园等，如广州能源研究所的能源大楼等；三是市场开发的写字楼，如保利中宇广场等；还有一些村集体物业与工业园，如长湴创新园等。

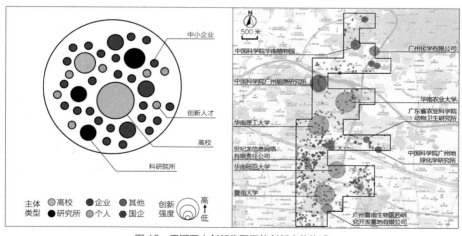

图 16　天河五山创新集聚区的创新主体构成

3.2　创新系统模式：三型

创新系统理论、"三螺旋"创新模型等理论认为"官、产、学、研、创"是五大要素（图 17），一种理想的模式是以大学、科研机构为源头的"政府扶持、科

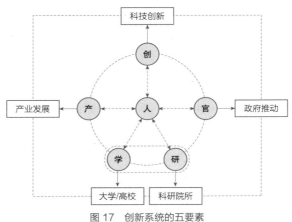

图 17   创新系统的五要素

技成果转化"，但是在珠三角，这样的路径并不鲜明，而以企业为主体、以市场为导向的创新才是最为活跃、最具价值的创新路径。在珠三角，"创新空间单元"的创新系统模式总体上有如下三种。

模式一：政府培育、创新创业。政府划定政策性产业空间，营造良好的营商环境，实施特别的产业政策、创新政策，同时引领创新空间供给与建设，吸引科技人才创新创业，孵化科技型中小企业，逐渐成长的本地企业形成本地化的产业集群，衍生形成本地化的创新创业生态，由此形成创新集聚区。深圳南山创新集聚区、广州科学城都是这样的创新发展路径。

模式二：产业先行、创新升级。其中又有两种路径，一是外源型产业集聚进而带来研发中心的进入，政府以优惠政策、廉价土地等成本要素吸引外资企业集聚，随着嵌入本地的深入，这些跨国企业也会将研发中心布局进来，形成一定的本地创新，如广州开发区的西区；二是以"三来一补"企业、乡镇企业发展起步，先是实现了产业的发展，在发展壮大过程中不断寻求创新升级，如顺德北滘工业园、东莞长安镇电子产业园。

模式三：科教引领、创新集聚。在大学、科研院所集聚地也容易形成创新集聚。一是教师、研究人员、毕业生等创新创业；二是大学、科研院改制或附属企业的发展；三是政府也往往邻近科教区布局科技园区、创新园区，扶持创新创业，而随着这些企业的集聚，会带来上下游产业链企业的集聚，如此形成创新集聚区，如广州五山科教集聚区、广州东风路—黄花岗科教集聚区。

4   结语

改革开放以来，珠三角承接全球产业转移，先是成就了"世界工厂"，而后本地创新逐步发育，进一步嵌入到全球产业体系、创新网络之中。一方面，"向全球学习、为全球生产"；另一方面，民营企业合法地位的确立，建构了产权保障，是本地企业发展起来的根本基础；此外，2008 年的高新技术企业税收优惠政策进一步加持了企业创新的发展，由此孕育了"本地轰鸣"。总体来看，珠三角经历了"从全球到地方，再到全球"的产业发展路径，以及"引进、消化、吸收、再创新"的创新发展路径，当前逐步从"世界工厂"走向"创新湾区"，创新发展成效显著。

在空间上，珠三角经历了从"点状创新"走向"区域创新"的巨变，从广、深两极走向广州、深圳两个都市圈的格局，近年来，创新活动出现显著的区域化、网络化特征。从发明专利申请数量来看，广州以高校、科研院所以及大型国有企业为主导，同时也看到本地企业的崛起；深圳则以本地企业为主导，同时高校、科研院所引进或建设带来的创新产出也逐渐显现；佛山、东莞、珠海、惠州则呈现龙头企业独大的特征；中山、江门、惠州则分布均衡，未出现独大的龙头型主体。

以"创新空间单元"解构珠三角创新空间格局，"创新空间单元"最多且面积最大的城市为深圳，其"创新空间单元"面积仅为城市建成区面积的 13.04%，创新总量占整个城市的 77.01%；广州的"创新空间单元"面积占城市建成区面积的 6.85%，创新总量占整个城市的 57.98%；在深圳、广州之后，依次是东莞、佛山、珠海。基于产业集群、创新系统进行分析，珠三角"创新空间单元"的类型与模式可总结为"五类三型"。

参考文献

[1] 傅高义 . 邓小平时代 [M]. 北京：三联书店，2012.

[2] 田莉，梁印龙 . 半城市化地区的工业化与土地利用：基于我国三大区域三个百强县 / 区的分析 [J]. 城市规划学刊，2013（5）：30-37.

[3] 沈静，陈烈 . 珠江三角洲专业镇的成长研究 [J]. 经济地理，2005（3）：358-361，382.

[4] 袁奇峰，李刚，薛燕府 . 产业集群视角下广州开发区的科创转型与空间响应 [J]. 城市规划学刊，2022（4）：95-102.

[5] 李子彬 . 我在深圳当市长 [M]. 北京：中信出版社，2020.

[6] 樊德良，罗彦，刘菁 . 全球视角下的粤港澳大湾区创新发展研究 [J]. 南方建筑，2019（6）：6-12.

[7] 许学强，李郇 . 改革开放 30 年珠江三角洲城镇化的回顾与展望 [J]. 经济地理，2009，29（1）：13 -18.

[8] 费孝通 . 行行重行行：中国城乡及区域发展调查 [M]. 北京：群言出版社，2014.

[9] 陈春花 . 顺德 40 年：一个中国改革开放的县域发展样板 [M]. 北京：机械工业出版社，2018.

[10] 成杰 . 王传福传：比亚迪神话 [M]. 北京：中国华侨出版社，2010.

[11] 周尚意，唐顺英，戴俊骋 .“地方”概念对人文地理学各分支意义的辨识 [J]. 人文地理，2011，26（6）：10-13，9.

[12] 苗长虹，樊杰，张文忠 . 西方经济地理学区域研究的新视角——论"新区域主义"的兴起 [J]. 经济地理，2002（6）：644-650.

[13] 贺灿飞，郭琪，马妍，等 . 西方经济地理学研究进展 [J]. 地理学报，2014，69（8）：1207-1223.

[14] 汪涛，曾刚 . 新区域主义的发展及对中国区域经济发展模式的影响 [J]. 人文地理，2003（5）：52-55.

[15] ERNST D. A new geography of knowledge in the electronics industry? Asia's role in global innovation networks[M].Honolulu：East-West Center Policy Studies series，2009.

[16] 李晓华 . 模块化、模块再整合与产业格局的重构——以"山寨"手机的崛起为例 [J]. 中国工业经济，2010（7）：136-145.

[17] 康江江，张凡，宁越敏 . 苹果手机零部件全球价值链的价值分配与中国角色演变 [J]. 地理科学进展，2019，38（3）：395-406.

[18] 许树辉 . 基于全球价值链视角的欠发达地区产业升级研究——以韶关汽车零部件产业为例 [J]. 经济地理，2011，31（4）：631-635，654.

[19] 胡欣悦，孙飞，汤勇力 . 跨国企业国际化研发合作网络结构演化——以华为为例 [J]. 技术经济，2016，35（7）：1-5，26.

[20] 张永凯，李登科 . 全球化视角下中国本土企业创新网络演化分析——以华为技术有限公司为例 [J]. 世界地理研究，2017，26（6）：92-100.

[21] 王秋玉 . 跨国并购对全球—地方创新网络的影响研究 [D]. 上海：华东师范大学，2018.

[22] 刘逸 . 战略耦合的研究脉络与问题 [J]. 地理研究，2018，37（7）：1421-1434.

[23] LIU W, DICKEN P. Transnational corporations and 'obligated embeddedness'：Foreign direct investment in China's automobile industry[J]. Environment and Planning a，2006，38（7）：1229-1247.

[24] 刘鹤，刘洋，金凤君 . 全球石化产业的演进历程、机制及模式研究 [J]. 世界地理研究，2012，21（1）：72-85.

[25] YANG C. From strategic coupling to recoupling and decoupling：Restructuring global production networks and regional evolution in China[M]//The Competitiveness of Clusters in Globalized Markets. London：Routledge，2016：80-97.

[26] 符文颖，JAVIER REVILLA DIEZ，DANIEL SCHILLER. 区域创新系统的管治框架演化——来自深圳和东莞的对比实证 [J]. 人文地理，2013，28（4）：83-88.

[27] 张战仁，杜德斌 . 跨国研发投资与中国发展影响研究——基于中国创新自主发展基础的面板联立方程分析 [J]. 地理科学，2015，35（8）：976-983.

[28] BATHELT H, MALMBERG A, MASKELL P. Clusters and knowledge：Local buzz, global pipelines and the process of knowledge creation[J]. Progress in human geography，2004，28（1）：31-56.

[29] 贺灿飞，陈航航 . 参与全球生产网络与中国出口产品升级 [J]. 地理学报，2017，72（8）：1331-1346.

[30] 曹贤忠，曾刚 . 基于全球—地方视角的上海高新技术产业创新网络效率探讨 [J]. 软科学，2018，32（11）：105-108，119.

[31] 段德忠，杜德斌，谌颖 . 知识产权贸易下的全球地缘科技格局及其演化 [J]. 地理研究，2019，38（9）：2115-2128.

[32] 王缉慈 . 知识创新和区域创新环境 [J]. 经济地理，1999（1）：12-16.

[33] 杨锐，胡宇杰，王缉慈 . "地方—全球"力量下地方产业集群升级——地方企业商业模式创新与地方能力 [J]. 科学发展，2008（1）：97-105.

[34] 刘炜，刘逸，李郇 . 全球化下珠三角本土企业创新网络的演变及影响因素研究——基于顺德东菱凯琴集团和珠海德豪润达集团的对比实证 [J]. 经济地理，2010，30（8）：1316-1321，1394.

[35] 曹贤忠 . 基于全球—地方视角的上海高新技术产业创新网络研究 [D]. 上海：华东师范大学，2017.

[36] 文嫮，曾刚 . 全球价值链治理与地方产业网络升级研究——以上海浦东集成电路产业网络为例 [J]. 中国工业经济，2005（7）：20-27.

[37] 刘鹏飞，袁奇峰，占玮，等 . 广佛都市区创新空间单元与创新网络研究 [J]. 城市规划，2024，48（9）：45-56.

田琳，同济大学建筑与城市规划学院博士研究生

程遥，中国城市规划学会学术工作委员会副秘书长，同济大学建筑与城市规划学院副教授

黄建中，中国城市规划学会学术工作委员会副主任委员兼秘书长，同济大学建筑与城市规划学院教授

企业联系视角下都市圈核心—外围产业联系
——以上海及其周边城市为例

1 引言

现代城市地区的发展已经进入了一个新阶段，其特征是空间分工的深化和重构。具体而言，价值链两端的设计、研发、营销等职能越来越集中在高端城市，而制造业则逐渐分散并搬迁到周边的中小型城市，这反过来又会在周边形成新的集聚区后影响中心城市。然而，这不一定是分散的空间梯度，因为可能会形成跨越地理和行政边界的外围—核心联系。这种经济地理现象可以用"城市网络外部性"理论来解释——中心城市的集聚外部性延伸到其地理边界之外，而一些外围城市则从中"借用规模"，通过城市网络共同产生外部性（Capello，2000；Hesse，2016）。以大都市集聚形式出现的区域经济发展增长极也导致了周边地区的被动和主动整合。特大城市边缘的中小城市（城镇）不仅作为其经济活动的载体，而且在更大区域的工业网络中处于重要地位，面临着巨大的机遇和挑战。

自 1978 年改革开放和 2001 年加入世界贸易组织以来，中国经济发展迅速，日益融入全球生产网络，推动了当地产业空间组织的演变。这表现在地理空间中是产业分工的逐渐专业化，以及城市之间人员、物流、资本和信息的频繁流动。因此，城市群和大都市区等大型城市空间组织已经形成和发展，并成为产业链优化和重组以及参与全球竞争的重要空间载体（申明锐，等，2023）。发达中心城市周围的小城市显示出建立跨边界经济联系的趋势。后者也开始积极将"融入大都市圈"作为提升其在区域生产网络中地位的重要战略选择。例如，一些先行区，如粤港澳大湾区和长三角地区的跨边界产业合作实践，催生了飞地经济模式，甚至出现了"反向/双向飞地"等形式（曹贤忠，曾刚，2022；罗彦，等，2023）。

为了验证上述现象，本研究从企业联系的角度出发，以上海附近的昆山、太仓和嘉善三个县级市为例。从宏观角度来看，本研究利用三个时间点的企业总部分支机构数据，构建了上海都市圈的城市网络，并对产业联系的演变进行了纵向观察。从微观角度来看，本研究基于在三个城市分发的 144 份企业问卷，通过描述性统计分析探讨了它们与上海产业联系的详细表现，并定性解释了原因。最后，讨论了有关研究结果的规划影响，即如何建立跨边界外围核心产业联系。

2　研究方法和数据

2.1　研究对象

本研究选取了与上海接壤的太仓、昆山、嘉兴三个县级市。其中太仓和昆山隶属于江苏省苏州市，嘉善隶属于浙江省嘉兴市。三市经济发达，2023 年国内生产总值分别为 1734.94 亿元、514.06 亿元和 908.11 亿元，第二、三产业比重较高；三市城镇化率高（2023 年均超过 70%），常住人口分别为 84.8 万、214.85 万和 66.4 万。这三个城市都距离上海不到 30 分钟的高速铁路车程，属于上海都市圈的核心，与上海有着密切的联系。近年来，随着区域产业空间分工的深化，上海产业结构升级，带动了腹地经济发展。因此，上海周边中小城市的产业空间组织正在发生深刻变化，需要从外部影响的角度重新认识。

2.2　研究设计

公司或企业是区域生产链中的关键"参与者"。在市场的驱动、政府的引导和其他参与者的影响下，他们的行为和决策（如重新定位、分支、交易、合作、投资等）建立了城市间的产业联系；相反，产业联系可以通过企业的内部和外部联系以及前向和后向联系来体现。

在此基础上，本文的实证研究以企业为视角，分为两部分。第一部分是宏观城市网络研究，旨在纵向了解上海都市圈产业联系演变的全貌。研究区域延伸到上海城市—区域 16 个县级单元，上海中心城区的多个市辖区合并为一个单元，而上海郊区的 6 个单元则保留下来；在上海以外，除 3 个案例研究城市外，本部分还包括其他 6 个县级单位进行比较分析。

对于企业关联，我们获得了 2001 年和 2008 年中国经济普查的数据，以及工商局 2018 年企业登记的数据 ❶。本研究仅关注两类企业，即制造业和生产性服务

❶ 这些数据集提供了当年全国各行业所有企业的统计信息，包括企业名称、成立时间、地址、城市、行业类别、员工人数等。这两种数据集之间存在差异，但由于样本量大，企业列表和信息全面，因此可以进行比较分析。

业。然后，参考 Cheng 和 LeGates（2018）的方法，我们应用 SQL 根据企业名称的匹配来识别总部（总部、集团等）和分支机构（分支机构、分厂、分部等），并将其作为企业总部—分支机构联动对进行处理❶。接下来，我们根据每个链接所处的单位总结了它们的总部和分支机构，然后将它们转换为"城市对"的有向矩阵。接着，以分析的单元为节点，以"城市对"的数量为边的权重，构建了上海都市圈的城市网络。最后，将这些城市网络在 ArcGIS 平台上可视化，以描述三个城市与上海之间产业联系的演变。

第二部分是微观问卷数据分析，以便更深入地探讨其特点和原因。2018 年 9 月至 11 月，我们在三个案例城市发放了企业问卷，内容包括企业基本信息、产业链上下游联动企业分布、服务和技术联动、员工城际通勤、未来投资城市选择等。最终共收集到 144 份有效问卷（太仓 73 份，昆山 37 份，嘉善 34 份）。然后，我们应用描述性统计分析方法来探索这三个城市与上海之间产业联系的具体表现。同时，结合对企业管理者的访谈等材料，我们定性地解释了这一现象的原因。

3　研究结论

3.1　宏观视角：产业关联的演化特征

图 1 显示了 2001 年至 2018 年研究区域内基于企业联系的城市网络的变化。总体而言，生产性服务业和制造业网络的密度都在增加，但在空间组织方面存在差异。制造业企业逐步向外围扩散——2001 年至 2008 年，联系方向主要从上海向外围，表明制造业总部仍留在上海，分支机构向外围扩散；然而，到 2018 年，周边地区指向上海的联系更加紧密，这表明一些企业的总部也迁出了上海中心城区，或者周边地区的企业在上海设立了分支机构。与之形成鲜明对比的是，虽然生产性服务业在上海郊区出现了近域扩散，但在大都市圈规模上往往呈两极分化，即总部高度集中在上海，总部与分支机构的联系方向主要指向上海中心城市的外围城市，这表明上海大都市圈已经形成了一个分层的网络结构。在某种程度上，这一结果证实了 Scotts（2001）的观点，即高度模块化的制造业分布在更广阔的空间区域，不受地理位置的限制，而以生产性服务业为代表的高附加值和高品位产业对地理位置更敏感，更有可能形成集聚。生产性服务业嵌入整个生产链，很难完全分工，它们提供的服务往往是无形的，需要在企业之间以及企业与客户之

---

❶ 在企业联动中，总部执行管理决策和发布指令，而分支机构执行命令，总部对其分支机构具有控制作用，可以假设总部所在的城市拥有更大的控制权。因此，企业总部与分支机构的联动是有方向性的。

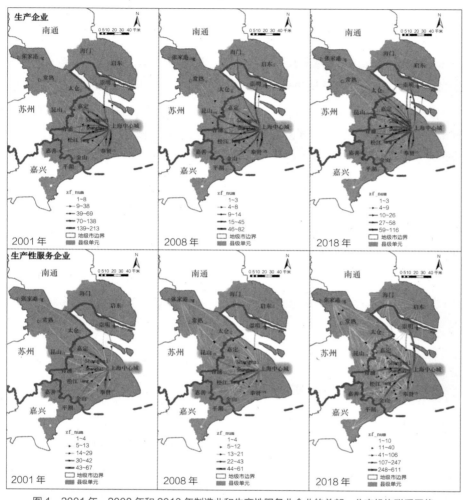

图1　2001年、2008年和2018年制造业和生产性服务业企业的总部—分支机构联系网络

注：连接线越粗，链接数量越多；箭头的方向表示从总部到分支机构的方向

间传递信息。为了应对具有巨大不确定性的市场，生产性服务企业选择集中在中心城市以降低成本，并相互紧密联系，形成灵活的网络系统。

　　就周边县级城市与上海之间的"城市对"数量而言，昆山排名最高，其次是张家港、江阴、太仓和常熟，甚至相当于（或超过）自己所在的地级市或省会城市。可以看出，在区域分工中，某些城市正通过利用其专业化优势逐步展示其重要地位。以昆山为例，近年来，昆山抓住国际资本加速流入长三角地区的机遇，积极发展出口加工贸易，吸引投资，主动共享上海部分现代服务功能，吸引大量企业入驻，成功实现了外向型经济和错位发展。早在2002年版的城市总体规划中，昆山就考虑了与上海接轨的发展；2016年，昆山市《国民经济和社会发展第十三个五年规划》进一步明确了"接轨上海"的战略目标，提出要充分发挥上海作为经济、金融、贸易、航运、研发中心的作用。同样，太仓于 2003 年首次明确了"连接上海"的发展战略，并在"十三五"规划纲要中提出要"融入上海"，积极对接上海，承接溢出功能，实现同城效应。相对地，与上海接壤的嘉善和平湖与上海的联系远少于昆山和太仓，甚至少于与上海不接壤的张家港和常熟。尽管嘉善从早期到现在也一直强调与上海连接的战略，但由于其开发土地的限制、主城区与上海的距离以及未能跟上投资吸引力，它并没有复制昆山的成功。

综上所述，随着上海都市圈分工的深化和整体经济水平的提升，生产性服务企业的空间两极分化进一步加剧，制造业企业逐渐向外围扩散，产业的整体空间格局趋于网络化，企业的跨区域组织促进了生产要素在更大范围内的频繁流动。

3.2 微观视角：联系形成的机制解释

根据调研受访企业，三个城市受访企业的行业类型不同，但都主要集中在电子信息、机械制造、新能源和新材料行业。从企业类型来看，都包含一定比例的外商投资成分，包括外商或香港 / 澳门 / 台湾投资、中外合资或合作经营等。昆山外商（或港澳台）投资企业比例最高，嘉善由于历史因素有很多台资企业，太仓民营和国有企业比例最高。从企业规模来看，它们集中在两个极端——大型（年产值 1 亿至 5 亿元）和微型（年产值低于 1000 万元），太仓的小型和微型企业比例明显较高，昆山的大型和超大型企业比例较高。按员工人数划分，员工人数在 300 人以下的小微企业所占比例最高，太仓员工人数在 50 人以下的企业所占的比例最高。

受访企业选择在三个城市落户的原因非常一致（图 2），其中"临近上海"和"招商优惠"排在前两位，其次是"交通便利""临近上下游企业"和"城市文化氛围"。至于受访企业目前投资来源自哪个城市，以及他们未来想投资哪个城市（图 3），数量最多的是企业所在省份。但值得注意的是，第二个最常见的城市是上海。同样，如图 4 所示，就受访企业的上下游配套企业（如原材料供应商、零部件制造商、销售代理等）和技术咨询合作者（对于没有自己研发中心的企业）而言，上海仅次于各自企业所在省份。这意味着，在三市与上海的产业联系建设中，市场力量在一定程度上已经超越了行政壁垒。

上述结果表明，跨边界产业联系是企业独立"用脚投票"的结果，也受到地方政府政策的影响。企业选择在这三个城市落户的关键原因是靠近上海，可以获得生产服务、技术、人才、劳动力、信息和其他资源，同时享受相对较低的土地租金和当地工业园区的优惠政策。考虑到所有因素，这些都是最大化其利益的选择。

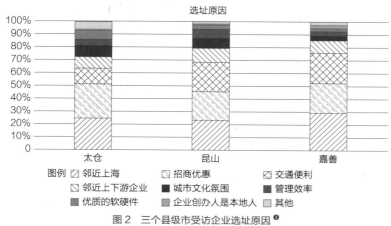

图2　三个县级市受访企业选址原因 ❶

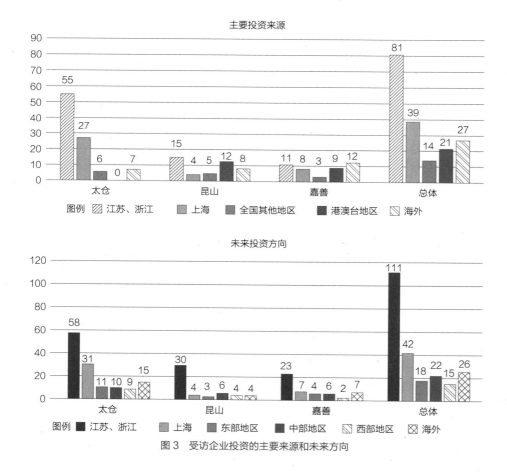

图3　受访企业投资的主要来源和未来方向

---

❶　总数大于被调查公司数量144的原因是，这个问题是一个多项选择题，以下显示相同情况的
　　数字也是如此。

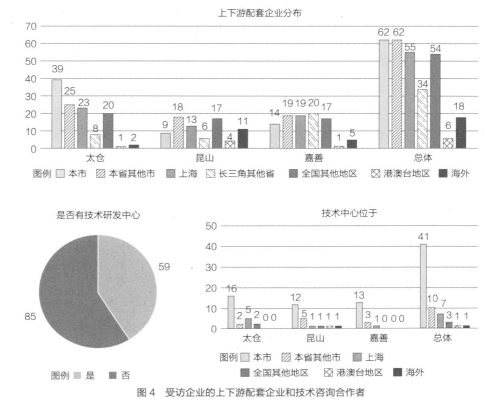

图 4　受访企业的上下游配套企业和技术咨询合作者

4　进一步讨论和结论

全球化时代的城市竞争已经转变为大都市及其周边地区之间的城市区域竞争。作为区域经济增长的引擎和区域经济一体化的"前沿"，大都市区不再是孤立经济体的集合，而是一系列与中心城市有着密切经济联系、共同分配资源的中小城市。作为网络中的任何节点城市，全产业发展模式都是不可持续的。都市圈经济的主要特征是中心—外围联系，即综合资源配置和产业垂直分工（申明锐，等，2023）。因此，都市圈外围的中小城市不应继续传统的自给自足模式，而应寻求与中心城市和其他城市的合作，向城市区域经济模式转变。

本文得出以下规划启示：首先，正如我们的城市网络分析所示，上海的经济与腹地城市密切相关。更确切地说，上海作为具有国际影响力的大都市的崛起，背后是上海都市圈整体的崛起，而上海都市圈的崛起依赖于中心与腹地的共同互动，以及不同层次城市之间建立密切的分工协作体系。上海都市圈要发展成为全球都市圈，需要进一步促进经济产业结构优化升级和产业分割，促进核心功能集中和高度发展，引导其他功能有序向外转移。上海周边城市应抓住都市圈产业空间组织演变和功能溢出的机遇，在发展定位中考虑自身的比较优势，准确承接上海溢出的具体功能，以提升其在城市网络中的地位。

其次，区域专业化分工的前提是城市之间密切合理的功能联系，因此重塑区域治理的整体架构以指导产业组织的空间重构和大都市地区专业化节点的发展非常重要。除了上海大都市区，这也适用于中国其他大都市区。打破"行政经济"模式造成的市场分割，建立完善的区域协调机制，促进生产要素自由流动，实现"1+1>2"的整体效益。政府应在不突破行政边界的情况下，搭建城市间合作平台，协调区域合作中的发展定位、城市规划、政策支持等问题，然后引导企业和社会通过市场化手段丰富合作内容，企业应及时向政府反馈合作中存在的问题，弥补市场失灵和政府失灵。

最后，回到大都市圈外围小城市的视角，尽管本文的三个案例城市因靠近上海而吸引了越来越多的转移产业，但企业问卷分析的结果表明，为了使这些中小城市能够持续吸引优质企业入驻，从而真正实现融入上海城市区域，应考虑以下两点：一是，灵活、有针对性地优化投资激励和人才引进优惠政策，通过政策创新优化经济发展软环境；二是，他们应该为引进的人才和劳动力提供住房和更高水平的公共服务。

参考文献

[1] CAPELLO R. The city network paradigm：Measuring urban network externalities[J]. Urban Studies，2000，37（11）：1925-1945.

[2] HESSE M. On borrowed size，flawed urbanisation and emerging enclave spaces：The exceptional urbanism of luxembourg，luxembourg[J].European Urban and Regional Studies，2016，23（4）：612-627.

[3] 申明锐，王紫晴，崔功豪. 都市圈在中国：理论源流与规划实践 [J]. 城市规划学刊，2023，（2）：57-66.

[4] 曹贤忠，曾刚. 长三角一体化背景下创新飞地合作特征与发展路径 [J]. 上海城市管理，2022，31（5）：19-26.

[5] 罗彦，邱凯付，刘菁. 多尺度流空间视角下的粤港澳大湾区跨界实践与研究 [J]. 国际城市规划，2023，38（5）：40-46.

[6] MARSHALL A. Principles of economics[M]. London，Macmillan，1890.

[7] MASSEY D. Spatial divisions of labour[M]. London，Macmillan，1984.

[8] MASKELL P. Knowledge creation and diffusion in geographic clusters[J]. International Journal of Innovation Management，2001，5（2）：213-237.

[9] 贺灿飞. 区域产业发展演化：路径依赖还是路径创造 ?[J]. 地理研究，2018，37（7）：1253-1267.

[10] HESS M，YEUNG H W. Whither global production networks in economic geography— Past，Present，and Future[J]. Environment and Planning A：Economy and Space，2006，38（7）：1193-1204.

[11] FRENKEN K，BOSCHMA R A. A theoretical framework for evolutionary economic geography：Industrial dynamics and urban growth as a branching process[J]. Journal of economic geography，2007，7（5）：635-649.

[12] FRÖBEL F. The new international division of labour: Structural unemployment in industrialised countries and industrialisation in developing countries[M]. Cambridge: Cambridge University Press, 1980.

[13] SCOTT A. Locational patterns and dynamics of industrial activity in the modern metropolis[J]. Urban Studies, 1982, 19 (2): 111-141.

[14] GIULIANI E, BELL M. The micro-determinants of meso-level learning and innovation: Evidence from a Chilean wine cluster[J]. Research policy, 2005, 34 (1): 47-68.

[15] BOSCHMA R. Proximity and innovation: A critical assessment[J]. Regional Studies, 2005, 39 (1): 61-74.

[16] TAYLOR P J. Specification of the world city network[J]. Geographical Analysis, 2001, 33 (2): 181-194.

[17] LIU Y J, REN S M. Industrial division, industrial reorganization and producer services development[J]. Science Technology and Industry, 2006, (8): 1-4.

[18] CASTELLS M. The rise of the network society[M]. Malden: Blackwell Publishers, 1996.

[19] TAYLOR P J, HOYLER M, WALKER D R F, et al.A new mapping of the world for the new millennium[J]. The Geographical Journal, 2002, 167: 213-222.

[20] ALDERSON A, BECKFIELD J. Power and position in the world city system[J]. American Journal of Sociology, 2004, 109 (4): 811-851.

[21] CHENG Y, LEGATES R. China's hybrid global city region pathway: Evidence from the Yangtze River Delta[J].Cities, 2018, 77: 81-91.

[22] SCOTT A J. Global city-regions: Trends, theory, policy[M]. Cambridge: Oxford University Press, 2001.

汪芳，中国城市规划学会学术工作委员会委员，北京大学建筑与景观设计学院教授、流域人居系统研究中心主任

闫甲祺，北京大学建筑与景观设计学院硕士研究生

杜安琪，北京大学建筑与景观设计学院硕士研究生

董颖，北京大学城市与环境学院博士研究生

董　杜　闫　汪
安　甲
颖　琪　祺　芳

古镇地方性空间的"主客"竞争及其对居民满意度影响：兼论规划的价值 *

古镇作为我国重要的历史文化遗产和旅游资源，承载着丰富的历史文化内涵和独特的地域特色，是推动乡村振兴、实现区域协调发展的重要举措。然而在旅游开发过程中，居民生活需求与游客观光需求往往聚焦同一空间，进而导致其由原生地方性向建构地方性转变，出现居民生活异化、原住民流失等问题，影响到古镇旅游的可持续发展。在旅游古镇持续的更新过程中，规划应当展现"以人为本"的价值导向，关注旅游与居民生活的平衡，实现"生活性"与"旅游性"的共生。基于此，本文以云南和顺古镇为案例地，围绕规划的价值载体、价值主体与价值协调展开，聚焦公共空间中的"主客"空间竞争进行研究（图1）。

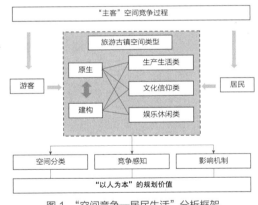

图1　"空间竞争—居民生活"分析框架

资料来源：笔者自绘

1　空间竞争行为与感知相关研究

1.1　空间竞争的概念界定与内涵

空间竞争源于空间资源的稀缺性，不同利益主体在同一区域内对空间资源的需求导致竞争[1]。在旅游地，空间是多群体竞争的核心资源[2]。既有研究可归

*　基金项目：国家自然科学基金项目（编号：52308042、52130804）。

为两类：基于社会空间理论的研究主要关注旅游地空间重构，表明居民在空间竞争中处于弱势，但具有一定能动性[3]，强调居民的空间抗争与行动策略[4, 5]，但多聚焦于居民与其他主体的竞争，较少关注居民与游客之间的竞争；而基于社会冲突理论的研究关注利益相关者围绕土地空间资源的竞争，研究冲突的成因、表现形式等[6, 7]，近年来也关注空间冲突、社会文化冲突等[1, 8]。心理学中的冲突类型被引入，构建了土地利用冲突模型，用于评估旅游社区中的冲突[9, 10]。然而，冲突理论存在局限性，假设旅游人数增加必然导致冲突，但实际中冲突可能随旅游业发展而缓解[11]。这种竞争并非绝对对抗，而是包含协商与合作[12, 13]。

1.2 公共空间中的"主客"空间竞争行为与感知

公共空间是旅游地的重要组成部分，居民与游客因活动需求差异而发生空间竞争，这种竞争不仅涉及物理空间，还包括社会和文化空间[14, 2]。空间竞争可从行为和感知两维度分析。

空间竞争行为维度上，城市尺度大数据显示居民与游客的时空行为特征不同，竞争主要发生在地标附近[15, 16]。在历史街区、村落和景区等微观尺度，通过实地观察等方法发现主客活动存在兼容与互斥的情况，活动错位可化解矛盾[17, 18]。空间感知是基于客观环境的物质属性进行心理加工从而形成的主观的综合体验[19]，而空间竞争感知角度的研究较少，多采用量表问卷测量主体对空间竞争的感知，部分研究结合结构方程模型探讨感知对居民满意度的影响[20, 21]，但对空间竞争感知的全面探究不足。

空间竞争改变了居民的空间利用方式，进而影响其生活满意度。研究表明，游客对公共空间的占据可能导致居民的挤出效应，引发居民对不公正感的感知，从而影响其幸福感[22, 23]。过度旅游时，主客关系紧张，游客不规范行为可能引发冲突，削弱居民的心理幸福感[24, 25]。此外，游客增加带来的拥挤、噪声、交通拥堵等问题会降低社区的宜居性和生活质量[26]。然而，居民和游客之间的社会接触也可能带来积极互动，减少心理距离，改善居民对生活质量的看法[27, 28]。

2 研究设计

本研究选取了云南省和顺古镇作为案例地，并以其旅游开发区作为研究范围。结合行为和感知两个维度研究公共空间的"主客"空间竞争，并进一步探讨它对

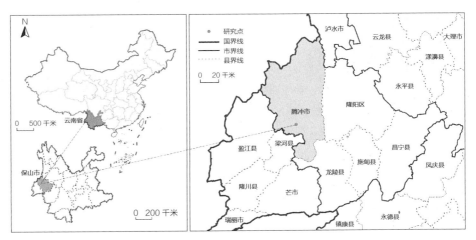

图 2　和顺古镇区位图

资料来源：笔者自绘

居民满意度的影响。和顺古镇位于中国西南边陲的腾冲市（图2），始建于明代，由汉人屯军发展而来，受中原文化影响极深，其空间格局、社会秩序、文化等与宗族联系紧密，是典型的宗族聚落。和顺古镇自古注重聚落空间营建，公共空间类型丰富、结构完整，在居民的生活里扮演着重要角色。然而，随着旅游的发展，居民日常生活空间和游客游览消费空间高度融合，空间竞争现象显著，针对"主客"空间竞争有较强代表性。

在研究问题提出和研究设计的基础上，本研究首先通过实地观察与访谈等方法，从空间行为入手，分析和顺古镇公共空间中"主客"空间竞争的表现、类型和分布，并总结古镇居民在空间竞争影响下的行为策略；然后通过问卷调查获取居民的空间竞争感知信息，通过问卷数据分析古镇居民的空间竞争感知特征。本次调研于 2023 年 4—5 月开展，受访者年龄分布以中青年为主，男性占46.35%，女性占 53.65%，男女比例较为均衡。职业方面，政府或事业单位职员占 31.25%，个体工商户和旅游从业服务人员分别占 11.98% 和 14.06%，学生群体占 19.79%。调研对象以原住民为主，共 156 位，占 81.25%，其余 36 位多为嫁入或来古镇做生意的人。55.73% 的受访者居住时间达 20 年以上，居住 5 年以下的占 11.46%。总体来看，调查样本涵盖了不同性别、年龄和职业状况的人群，且原住民占比较大，具有较强的代表性。研究使用结构方程模型探讨空间竞争感知对居民公共空间满意度和生活满意度的影响。结构方程模型一般由测量模型和结构模型两部分构成，变量分为潜在变量和观测变量，在问卷中体现为各个题项，测量模型可以反映观测变量和潜在变量之间的关系，结构模型则是反映变量间的影响关系。

3　规划的价值载体：旅游古镇"原生—建构"空间分类

规划落实价值的主体在于"空间"。受开发影响，旅游古镇部分"生活导向"的居民日常空间转向"观光导向"的游客空间。由于空间资源的有限性和主客需求差异，居民与游客在不同的空间类型与功能上展开竞争（图3）。从空间类型来看，旅游驱动下的古镇城镇化进程促使居民行为模式趋于现代化，居民的活动逐渐向更加匹配的建构空间转移。与此同时，一些富有地方特色的建构公共空间也对游客表现出较高的吸引力，成为游客偏好的活动空间，故两类人群的空间竞争更多地集中在建构空间中。

从空间功能来看，生产生活类公共空间是居民的高频活动场所，其活动可分为以基本生存为前提的必要性活动（如通行、停车、洗衣、购物等）和基于"熟人社会"模式的休闲、邻里交往活动（如乘凉、闲聊、棋牌等，以老年人为主）。而这些空间既是旅游活动的关键物理载体（如街巷、停车场），又与居民生活场景共同构成吸引游客的人文景观。由于居民高度依赖这类空间，且游客与居民的空间利用侧重点不同，二者之间极易发生激烈竞争。文化信仰类公共空间中，部分宗教景观是居民开展信仰活动的重要场所，居民和游客的活动很少在时空上重合，而参与旅游开发的文化空间功能往往发生了改变，并逐渐从居民的日常生活中脱离出来，成为游客体验和感受和顺传统文化的重要景点。同时，作为地方文化的创造者和传承者[29]，居民有着强烈的主人翁意识，这驱动着居民主动与游客分享这一类型空间，如部分宗祠。娱乐休闲类公共空间中，和顺古镇的居民历来就十分重视对自然景观的利用和人工景观的建造，因此留下了许多风景优美、尺度舒

（a）原生公共空间—生产生活类　　（b）原生公共空间—文化信仰类　　（c）原生公共空间—娱乐休闲类
　（月台、十字街集市、洗衣亭）　　　　（庙宇、未开放宗祠）　　　　（水口园林、双虹桥、黑龙潭）

（d）建构公共空间—生产生活类　　（e）建构公共空间—文化信仰类　　（f）建构公共空间—娱乐休闲类
　　（街巷、部分农田）　　（图书馆、抗战博物馆、开放宗祠）　　（陷河湿地、野鸭湖、文体广场）

图3　和顺古镇"原生—建构"公共空间类型
资料来源：笔者自摄

适的公共空间供居民娱乐休闲。然而，随着旅游的开发，这类原生的公共空间逐渐被游客占据，居民也主动从中退让出来。与此同时，和顺古镇也面向游客和居民新建了许多娱乐休闲场所，居民的活动逐渐向这些新建空间转移。由于娱乐休闲类空间的容量一般较大，且居民和游客的活动互不干扰，两者往往能够和谐共享这类空间。

4　规划的价值主体：旅游古镇"居民—游客"竞争感知

4.1　空间竞争感知

空间竞争并非只是游客争夺与占用空间，居民与游客之间也绝非完全的对立关系，两者在时空重合时往往会发生许多正向的社会、文化互动，这促使居民感知到空间竞争积极的一面，同时也会弱化游客争夺空间这一感受。因此，居民对空间竞争的感知不能仅考虑是否感受到游客争夺空间这一个层面，还应该考虑到居民对空间竞争现象的认知加工及主体间的协作与互动产生的意义，从多个维度对其进行测量。

空间竞争作为一种客观、复杂的地理现象，其感知是由实体因素向更高层次递进的过程。具体而言，居民对空间竞争的感知首先建立在对实体要素的判断上，然后是由此而产生的心理感受，最后是更高层次的文化意义。行为认知指对空间竞争表现出的实体要素的判断和认知，从居民视角来看，包含空间使用权争夺以及游客在利用公共空间过程中对居民产生的负外部性[30]。心理感知指居民在空间竞争的影响下而产生的心理感受。文化感知是指对公共空间内空间竞争产生的文化意义的理解。据此，构建居民对空间竞争感知的三维结构及其 16 个测量指标，结合实地调研情况设置具体测量题项及结果（表 1）。

测量维度及题项　　　　　　　　　　　表 1

维度	题项	来源	均值	标准差
行为认知	旅游业加剧了街道和部分公共场所的拥挤	Kim, Uysal, Sirgy, 2013[26]	3.964	0.957
	游客带来了一定程度的噪声		3.755	1.022
	公共空间经常被占用		3.813	1.026
	去公共场所不如以前方便	Ouyang, Gursoy, Sharma, 2017[34] Sánchez-Fernández, Álvarez-Bassi & Ramon Cardona, 2018[42]	3.615	1.101
	污染增多，环境受到了破坏		3.354	1.193
	游客不遵守图书馆、寺院等公共场所的行为规范		3.516	1.038
	在空间中的活动容易受到游客的干扰		3.495	1.121

续表

维度	题项	来源	均值	标准差
心理感知	有游客活动的公共场所让我感到舒适、放松	Linwei et al.，2021[41] 管婧婧，程诗韵，董雪旺，2022[43]	3.849	1.065
	有游客活动的公共场所让我感到安全		3.755	1.052
	旅游增强了我对公共空间的归属感		3.917	1.030
	在公共空间中喜欢和游客交谈并感到满意		3.885	1.006
	游客很尊重我		3.698	1.089
文化感知	与游客聊天能够增长我的知识和见闻	Kim，Uysal，Sirgy，2013[26]；Lin，Chen，Filieri，2017[36]	4.219	0.808
	游客对文化和遗产古迹的欣赏提升了我的文化自豪感		4.339	0.705
	一些历史古迹重新恢复人气		4.344	0.721
	旅游提升了公共空间的文化氛围		4.156	0.848

行为认知视角来看，拥挤、噪声和空间占用三项得分最高，与实地调研相符。居民对拥挤的感知来源于街巷狭窄且允许车辆通行，尤其是旅游高峰期。而部分居民未感受到拥挤的存在，一是和顺古镇淡季长于旺季时间；二是游客集中于核心区，其他区域的居民受影响小。居民对噪声的感知主要体现在居住于旅游核心区的居民。此前常有居民投诉酒吧的音乐声扰民问题，后政府对酒吧的打烊时间做了严格要求，夜晚噪声问题得以缓解。针对公共场所的使用，一方面，游客的到访带来的拥堵使得街道通行速度变缓；另一方面，一些公共场所如图书馆等采取的针对游客的验票措施一定程度上影响了居民的进入。图书馆的大量游客和停车困难等情况让居民感到公共空间被占用，而一些无此类空间需求的居民则对此没有感知。

心理感知视角来看，和顺古镇居民对空间竞争的心理感知整体较为积极。和顺古镇的公共空间品质普遍较高，具备大量产生舒适感的因素，如充足的设施、宜人的微气候、优美的风景。尽管游客的出现会降低少数群体的舒适度，但对大多数人而言其影响微不足道。和顺古镇治安状况良好，旅游开发公司在古镇入口设置检票亭，要求游客实名购票进入，提升了居民对公共空间的安全性感知，64.58% 的居民认为有游客活动的公共场所让人感到安全，这与以往研究结果不同[26]。此外，古镇缺乏夜生活，也减少了危险事件的发生。和顺古镇居民归属感较强。一方面，和顺古镇公共空间格局在旅游开发中保持了乡土性特征，居民与公共空间的情感联系并未消失；另一方面，旅游增强了居民对古镇空间的正面认知，重塑了地方身份的积极意义[31]，73.96% 的居民认为旅游增强了归属感。然而 10.94% 的居民则认为旅游使他们丧失了一定程度的使用权，对公共空间产生陌生感和疏离感。

文化感知视角来看，居民对空间竞争带来的文化影响感知非常强烈，古镇公共空间承载着独特的地方文化，居民作为文化传承者，在与游客互动中赢得尊重和认可，激发了强烈认同感与自豪感[29]。86.98% 的居民认为与游客交流能够增长知识和见闻，这种互动是一种双向凝视，居民通过游客也能够了解外界文化。对于空间文化意义的感知，91.66% 的居民认同"一些历史古迹重新恢复人气"，84.38% 的居民认为公共空间的文化氛围变好。旅游开发后，政府和投资商修缮了历史文化空间，新建博物馆，并举办民俗表演活动，这些举措让大部分居民感觉文化氛围有所改善。然而，这些文化展演主要针对游客，存在夸大和虚构成分，不一定反映真实的地方传统文化。少数居民同样意识到旅游对传统文化的冲击，如图书馆、宗祠等文化空间的"变味"和古镇古朴氛围的消退。

4.2　满意度评价

空间竞争最直接的影响是居民对空间的使用和感受，进一步影响了居民的日常生活。本研究将公共空间满意度定义为居民对古镇公共空间的整体感受和主观评价，基于文献综述，采用实际满意度、与期望比较的满意度以及新增的满足活动需求三个指标进行衡量[32]。生活满意度则采用单维多题项测量，选取现有量表[33] 中的三个题项，包括对当前生活的满意度、幸福感以及与预期比较的满意度，均使用Likert 5 级量表进行测量，测量结果见表 2。居民对古镇公共空间和自身生活整体较为满意，但对古镇公共空间和生活有着更高的期望。

居民满意度测量　　　　　　　　　　　　　　　表 2

项目	题项	来源	均值	均值
公共空间满意度	古镇目前的公共空间可以满足我的活动需求	韩春鲜，2015[44]	3.984	3.816
	对古镇公共空间的整体满意程度		3.828	
	古镇目前的公共空间和我期待的一样		3.635	
生活满意度	我现在的生活接近理想	Kim，Uysal & Sirgy，2013[26]；Jia et al.，2023[33]	3.682	3.910
	我现在感到幸福		3.990	
	总的来说，我对自己的生活很满意		4.057	

5　规划的价值体现：旅游古镇"地方—适应"影响机制

"以人为本"的原则下，协调各方的利益并实现其对空间合理满意的使用反映了规划的本质价值。在尚未开发时，居民满意度来源于古镇"地方性"所具有的自然特质和文化特性，而随着商业化的开发，古镇"原生"空间转化为"建构"

空间，居民同样受这一转化过程影响，满意度受空间竞争感知影响，呈现"适应性"特征。

空间竞争感知中，行为认知与心理感知分别反映居民对空间竞争认知强度的外在与内在表现，认知强度越高，居民日常生活受干扰越大，对古镇公共空间和生活的满意度就越低。居民的情感反应是对事件认知评估的一个重要补充维度[34]，居民在公共空间的积极情绪与满意感显著相关[35]，且感知到的社会文化效益正向影响生活满意度[36]。

5.1　空间竞争感知对居民满意度的影响机制

通过 SmartPLS4.0 构建结构方程模型，首先对测量模型进行检验，空间竞争感知量表和满意度量表的信度与效度均符合标准，表明调查问卷量表具有良好的测量质量。根据交叉负荷、Fornell-Larcker 标准检验区别效度，潜变量的指标载荷均大于交叉载荷，符合交叉负荷标准。相应潜变量的 AVE 平方根值均大于相关的相关系数，量表的各个变量具有较好的区别效度。进一步运用方差膨胀因子 VIF 进行诊断，各变量 VIF 均小于 5，表明结构模型不存在共线性严重的问题。在结构模型检验中，内生变量空间满意度和生活满意度的 R^2 值分别是 0.323 和 0.529，Q^2 值分别为 0.280 和 0.227，表明模型对空间满意度具有中等解释力，对生活满意度解释力较强，且均具有较好的预测相关性。

运用软件的 Bootstraping 方法来检验路径系数的显著性，如图 4 所示，行为认知对公共空间满意度存在显著负向影响（$\beta=-0.173$，$t=2.864$，$P<0.01$），而行为

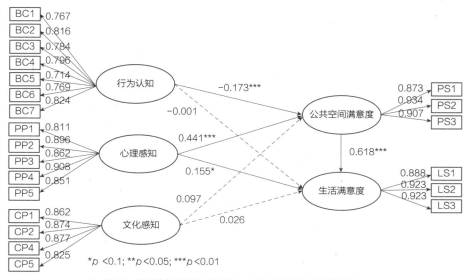

图 4　空间竞争感知与居民满意度关系的结构方程模型结果
资料来源：笔者自绘

认知对生活满意度不具有显著影响（$\beta=-0.001$，$t=1.663$，$P>0.1$）；心理感知对公共空间满意度存在显著正向影响（$\beta=0.441$，$t=4.656$，$P<0.01$），对生活满意度存在正向影响（$\beta=0.155$，$t=4.468$，$P<0.1$）；文化感知对公共空间满意度（$\beta=0.097$，$t=0.976$，$P>0.1$）和生活满意度（$\beta=0.026$，$t=0.871$，$P>0.1$）均不具显著影响；公共空间满意度对生活满意度存在显著正向影响（$\beta=0.618$，$t=8.513$，$P<0.01$）。

采用 Bootstraping 方法进行中介效应检验，结果见表3。公共空间满意度对行为认知和生活满意度之间的中介效果在 $\alpha = 0.05$ 的显著性水平下显著，因为行为认知对生活满意度没有显著影响，所以公共空间满意度对行为认知和生活满意度之间的关系起到完全中介效果。公共空间满意度对心理感知和生活满意度之间的中介效果在 $\alpha = 0.01$ 的显著性水平下显著，因为心理感知对生活满意度具有显著影响，所以空间满意度对心理感知和生活满意度之间的关系起到部分中介效果。

中介效应检验   表 3

路径	路径系数 β	T 统计量	P 值
行为认知→公共空间满意度→生活满意度	−0.107**	2.557	0.011
心理感知→公共空间满意度→生活满意度	0.273***	4.055	0.000

注：* 表示 $P<0.05$，** 表示 $P<0.01$，*** 表示 $P<0.001$。

5.2 空间竞争感知与居民满意度的关系分析

研究结果表明，公共空间满意度显著正向预测居民的生活满意度。和顺古镇居民的日常生活高度依赖公共空间，公共空间是其生活的重要组成部分。这一结果验证了自下而上的溢出理论，即特定生活领域的满意度会垂直溢出到整体生活满意度[37, 38]。因此，提升公共空间满意度是改善居民生活质量的有效途径。

行为认知与公共空间满意度呈显著负相关，表明居民对竞争行为的感知会降低其对公共空间的满意度。活动干扰和噪声的影响作为主要竞争行为感知，对居民生活造成直接影响。此外，拥挤、空间占用、可达性降低和停车场设置不合理等问题也影响居民的评价。行为认知对生活满意度的直接影响不显著，主要通过公共空间满意度间接实现。其一，和顺古镇旅游呈现淡旺季特征，竞争行为仅在旺季较为突出，居民未长期受到困扰；其二，和顺古镇的旅游业在新冠疫情期间停摆了近两年，旅游业的价值被重估，居民希望有更多的游客到访，对一些负面影响有更高的容忍度。既往研究也表明，在危机情况下，旅游地居民对旅游开发成本的感知会显著下降[12]。此外，生活满意度是多维概念，竞争行为的影响相对较小。已有研究也表明，感知成本对居民生活满意度影响不大，居民更关注旅游业带来的好处[33, 39]。

心理感知对公共空间满意度有显著正向影响，并以此作为中介对生活满意度产生有限的直接效应。这表明在空间竞争中，空间需求的满足和积极的人际互动能够带来积极情感，提升居民的满意度。具体而言，居民在公共空间中的舒适度和安全感受到的影响越小，满意度越高。归属感的提升也让居民与公共空间的联结更深，带来内心的满足感。此外，良性的主客交往对居民满意度意义重大，当居民因与游客交流获得愉悦和尊重时，会拉近心理距离，提升公共空间满意度和整体生活满意度。

文化感知与公共空间满意度及生活满意度的关系在统计学上均不显著。相较以往研究中旅游文化效益感知与居民满意度正相关的关系不一致[40]，这种差异化结果可能源于案例地的环境因素，经济欠发达地区往往更看重其他维度的影响，尤其是旅游的经济影响。在和顺古镇，居民对空间竞争的文化意义感知强烈，但这些感知未显著影响满意度。原因可能包括：一是深层次的主客文化交流频率低，未对居民产生持续积极影响；二是居民对文化展演活动带有"他者"定位，参与度不足，精神文化生活未显著改善。尽管居民认同游客对历史古迹的欣赏提升了文化自豪感，但这些积极影响未惠及居民，生活满意度未因此提升。这说明规划不仅需要关注物理空间的合理利用，还应重视文化空间的保护和传承，避免文化空间被商业化消解，保留和提升文化空间的使用价值。

6　结论与讨论

本文以云南和顺古镇为例，从行为和感知两个角度研究了古镇公共空间中"主客"空间竞争的表现、特征及其对居民满意度的影响，并提出了空间规划设计和旅游管理实践的建议。主要结论如下：①以旅游古镇"原生—建构"空间分类作为规划的价值载体，和顺古镇的空间竞争在不同类型公共空间中表现出显著差异，生产生活类公共空间与建构空间竞争激烈。②以旅游古镇"居民—游客"竞争感知作为规划的价值主体，居民对空间竞争的感知可从行为认知、心理感知和文化感知三个维度进行分析。尽管对拥挤、噪声等问题有强烈感知，但居民仍感到舒适和安全，并从主客交往中获得幸福感和尊重，对空间竞争的积极看法多于消极感知。③以旅游古镇"地方—适应"影响机制作为规划的价值体现，不同感知维度对满意度的影响不同：行为认知负向影响公共空间满意度并间接影响生活满意度；心理感知正向影响公共空间满意度和生活满意度；文化感知对两者的影响不显著。

在旅游开发成熟的古镇社区中，空间分类呈现"原生—建构"特征，居民在与游客的空间竞争过程中通过能动性行为争夺空间权益，空间利用逐渐形成"地方—适应"的秩序，空间关系更为和谐、包容。但在此过程中，居民传统生活方式和文化仍受到现代性的冲击。合理的空间分时使用规划能够进一步协调居民与游客的利益，避免因旅游开发导致居民生活质量下降，同时满足游客的旅游需求。尽管居民对公共空间的文化氛围有所感知，但这种商业性文化展演与居民日常生活的联系并不紧密，未来通过规划手段，如举办富有本地特色的文化活动、合理控制游客流量等，促进主客互动，也将会提升居民的文化自豪感和生活质量，增强居民对旅游发展的认同感，进一步充分体现规划在旅游古镇中的重要价值。

参考文献

[1] 曾蕾，杨效忠. 地理学视角下空间冲突研究述评 [J]. 云南地理环境研究，2015（4）：48-54.

[2] 张戬，赵振斌，刘阳，等. 景村融合背景下乡村旅游社区冲突类型结构与形成机制——以肇兴侗寨为例 [J]. 经济地理，2022（11）：216-224.

[3] 黄秀波. 生存的政治：民族旅游发展中社区居民的空间争夺与利益博弈 [J]. 湖北民族学院学报（哲学社会科学版），2018（6）：29-34.

[4] 孙九霞，周一. 日常生活视野中的旅游社区空间再生产研究——基于列斐伏尔与德塞图的理论视角 [J]. 地理学报，2014（10）：1575-1589.

[5] 吴志才，张凌媛，郑钟强，等. 旅游场域中古城旅游社区的空间生产研究——基于列斐伏尔的空间生产理论视角 [J]. 旅游学刊，2019（12）：86-97.

[6] HJALAGER A M. Land-use conflicts in coastal tourism and the quest for governance innovations[J]. Land Use Policy，2020（94）：104566.

[7] 王建英，邹利林，李梅淦. 基于"三生"适宜性的旅游度假区潜在土地利用冲突识别与治理 [J]. 农业工程学报，2019（24）：279-288，328.

[8] 李渊，谢嘉成，王秋颖. 旅游空间行为冲突评价与空间优化策略研究——以鼓浪屿为例 [J]. 地理与地理信息科学，2018（1）：92-97.

[9] BROWN G，RAYMOND C M. Methods for identifying land use conflict potential using participatory mapping[J]. Landscape and Urban Planning，2014（122）：196-208.

[10] 陈诚，赵振斌，黄燕. 西部乡村旅游社区社会景观敏感度分析——以甘南郎木寺镇为例 [J]. 地理研究，2017（5）：899-912.

[11] MCKERCHER B，HO P S，DU C，H. Relationship between tourism and cultural heritage management：evidence from Hong Kong[J]. Tourism management，2005，26（4）：539-548.

[12] RÉGO C S，ALMEIDA J. A framework to analyse conflicts between residents and tourists：The case of a historic neighbourhood in Lisbon，Portugal[J]. Land Use Policy，2022（114）：105938.

[13] 曹诗图. 旅游城市空间竞争探析 [J]. 地域研究与开发，2003（6）：69-71.

[14] 郭文. 神圣空间的地方性生产、居民认同分异与日常抵抗——中国西南哈尼族箐口案例 [J]. 旅游学刊，
2019（6）：96–108.

[15] SU X, SPIERINGS B, DIJST M, et al. Analysing trends in the spatio-temporal behaviour patterns
of mainland Chinese tourists and residents in Hong Kong based on Weibo data[J]. Current Issues in
Tourism, 2020, 23（12）：1542–1558.

[16] BOUCHON F, RAUSCHER M. Cities and tourism, a love and hate story；towards a conceptual
framework for urban overtourism management[J]. International Journal of Tourism Cities, 2019, 5（4）：
598–619.

[17] 徐丹华，张子琪，朱炜，等. 兼容还是互斥？——旅游型乡村公共空间的主客偏好差异机制解析 [J]. 新建
筑，2022，（3）：101–106.

[18] 廖梓维，张补宏，吴志才. 潮州古城旅游社区主客活动秩序研究 [J]. 人文地理，2020（3）：151–160.

[19] 王一睿，周庆华，杨晓丹，等. 城市公共空间感知的过程框架与评价体系研究 [J]. 国际城市规划，2022，
（5）：80–89.

[20] 李渊，赖晓霞，王德. 基于居民空间利益分析的社区型景区提升策略——行为视角与鼓浪屿案例研究 [J].
地理与地理信息科学，2017（3）：120–127

[21] MOLEIRO D F, CARNEIRO M J, BREDA Z. Assessment of residents' perceptions and attitudes
towards the appropriation of public spaces by tourists：the case of Aveiro[J]. International Journal of
Tourism Cities, 2021, 7（4）：922–942.

[22] ZHENG J, BAI X, WU Z, et al. Research on the spatial behavior conflict in suburban village
communities based on GPS tracking and cognitive mapping[J]. Journal of Asian Architecture and
Building Engineering, 2022, 21（6）：2605–2620.

[23] 张海霞，唐金辉. 居民公共休闲空间公平感和幸福感认知的影响因素——以杭州市为例 [J]. 城市问题，
2019（5）：95–103.

[24] ROMÃO J, KOURTIT, K, NEUTS B, et al. The smart city as a common place for tourists and
residents：A structural analysis of the determinants of urban attractiveness[J]. Cities, 2018（78）：
67–75.

[25] 张彦，于伟. 主客冲突对旅游目的地居民心理幸福感的影响——基于山东城市历史街区的研究 [J]. 经济管
理，2014（4）：117–125.

[26] KIM K, UYSAL M, SIRGY M J. How does tourism in a community impact the quality of life of
community residents?[J]. Tourism management, 2013（36）：527–540.

[27] FAN D X F. Understanding the tourist-resident relationship through social contact：progressing the
development of social contact in tourism[J]. Journal of Sustainable Tourism, 2023, 31（2）：406–424.

[28] SEO K, JORDAN E, WOOSNAM K M, et al. Effects of emotional solidarity and tourism-related stress
on residents' quality of life[J]. Tourism Management Perspectives, 2021（40）：100874.

[29] 胡静，谢鸿璟．旅游驱动下乡村文化空间演变研究——基于空间生产理论 [J]. 湖北民族大学学报（哲学社会科学版），2022（2）：99-109.

[30] XU K, GAO H, BAO H, et al. Sustainable Transformation of Resettled Communities for Landless Peasants：Generation Logic of Spatial Conflicts[J]. Land, 2021, 10（11）：1171.

[31] 王金伟，蓝浩洋，陈嘉菲．固守与重塑：乡村旅游介入下传统村落居民地方身份建构——以北京爨底下村为例 [J]. 旅游学刊，2023（5）：87-101.

[32] 韩春鲜．旅游感知价值和满意度与行为意向的关系 [J]. 人文地理，2015（3）：137-144，150.

[33] JIA Y, LIU R, LI A, et al. Rural tourism development between community involvement and residents' life satisfaction：tourism agenda 2030[J]. Tourism Review, 2023, 78（2）：561-579.

[34] OUYANG Z, GURSOY D, SHARMA B. Role of trust, emotions and event attachment on residents' attitudes toward tourism[J]. Tourism Management, 2017（63）：426-438.

[35] WEIJS-PERRÉE M, DANE G, P. Analyzing the relationships between citizens' emotions and their momentary satisfaction in urban public spaces[J]. Sustainability, 2020, 12（19）：7921.

[36] LIN Z, CHEN, Y, FILIERI, R. Resident-tourist value co-creation：The role of residents' perceived tourism impacts and life satisfaction[J]. Tourism Management, 2017（61）：436-442.

[37] WOO E, KIM H, UYSAL M. Life satisfaction and support for tourism development[J]. Annals of tourism research, 2015（50）：84-97.

[38] ESLAMI S, KHALIFAH Z, MARDANI A, et al. Community attachment, tourism impacts, quality of life and residents' support for sustainable tourism development[J]. Journal of Travel & Tourism Marketing, 2019, 36（9）：1061-1079.

[39] GURSOY D, OUYANG Z, NUNKOO R, et al. Residents' impact perceptions of and attitudes towards tourism development：a meta-analysis[J]. Journal of Hospitality Marketing & Management, 2019, 28（3）：306-333.

[40] NGOWI R E, JANI, D. Residents' perception of tourism and their satisfaction：Evidence from Mount Kilimanjaro, Tanzania[J]. Development Southern Africa, 2018, 35（6）：731-742.

[41] LINWEI H, LONGYU S, FENGMEI Y, et al. Method for the evaluation of residents' perceptions of their community based on landsenses ecology[J]. Journal of cleaner production, 2021（281）：124048.

[42] SÁNCHEZ-FERNÁNDEZ M D, ÁLVAREZ-BASSI D, RAMON CARDONA J. Difficulties for enjoyment of public spaces by residents：Maldonado-Punta del Este conurbation[J]. International Journal of Tourism Cities, 2018, 4（3）：391-407.

[43] 管婧婧，程诗韵，董雪旺．地方性知识、主客互动与居民幸福感——对江郎山世界自然遗产地的实证研究 [J]. 热带地理，2022（10）：1690-1700.

[44] 韩春鲜．旅游感知价值和满意度与行为意向的关系 [J]. 人文地理，2015（3）：137-144，150.

附表

生产生活类公共空间利用情况　　附表 1

公共空间	行为主体	活动内容	活动时间	主客时空利用模式
十字街集市	居民	购置生活用品、闲聊	上午	同时共用
	游客	观光、拍照、买特产	上午	
西面月台	居民	乘凉、闲聊、棋牌、晾晒	全天	同时共用
	游客	休憩、聊天、写生	全天	
东面月台	居民	摆摊、乘凉、闲聊	晚上	分时共用
	游客	休憩、消费、拍照	白天	
洗衣亭	居民	洗衣洗菜、杀年猪、晾晒、乘凉、闲聊	白天	同时共用
	游客	拍照、捞鱼虾、玩水	白天	
街巷	居民	人车通行、闲聊、休憩、摆摊	全天	同时共用
	游客	游览、拍照、消费、通行	全天	
部分农田	居民	农耕	白天	同时共用
	游客	观光、散步、拍照	白天	
停车场	居民	停车	全天	同时共用
	游客	停车	全天	

文化信仰类公共空间利用情况　　附表 2

公共空间	行为主体	活动内容	活动时间	主客时空利用模式
庙宇	居民	祈福、吃斋饭	初一、十五	同时共用
	游客	参观、祈福	每日	
宗祠（贾、张）	居民	祭祀、红白喜事、族内集会议事	需要时使用	单方利用
	游客	—	—	
图书馆	居民	读书看报	周末	同时共用
	游客	参观、拍照、讲解	开馆时间	
宗祠（刘、李、尹、寸）	居民	祭祀	清明节、立冬	分时利用
	游客	参观、拍照、消费	每日	
滇缅抗战博物馆	居民	—	—	单方利用
	游客	参观	开馆时间	

娱乐休闲类公共空间使用情况   附表 3

公共空间	行为主体	活动内容	活动时间	主客时空利用模式
水口园林和双虹桥	居民	通行、摆摊	全天	同时共用
	游客	拍照、休息、讲解	全天	
黑龙潭	居民	休息、聊天	全天	同时共用
	游客	拍照、休息、消费	上午	
大月台	居民	通行、摆摊	全天	同时共用
	游客	拍照、休息、品尝小吃	全天	
陷河湿地	居民	—	—	单方利用
	游客	游船、拍照	白天	
野鸭湖	居民	散步、健身、钓鱼	清晨、傍晚	分时利用
	游客	散步、通行、钓鱼、捉虾	白天	
新建公园	居民	散步、通行	傍晚	分时利用
	游客	通行	白天	
和顺小巷	居民	散步、观看表演、通行	傍晚	同时共用
	游客	消费、观光、观看表演、拍照	全天	
文体广场	居民	跳广场舞	晚上	单方利用
	游客	—	—	
健身场地	居民	健身、运动	全天	同时共用
	游客	健身、运动	全天	

孙娟，中国城市规划学会学术工作委员会委员、青年工作委员会主任委员，中国城市规划设计研究院上海分院院长

陆容立，中国城市规划设计研究院上海分院规划四所所长

廖航，中国城市规划设计研究院上海分院城市规划师

闫岩，中国城市规划设计研究院上海分院副院长

闫　廖　陆　孙
岩　航　容　娟
　　　立

城市空间供给的人本导向逻辑重构
——基于人群画像、需求特征与行为趋势的规划应对

我国城市发展已迈入存量阶段，传统人口红利呈现结构性消退态势，增量时代的"地—房—人"供需逻辑链条正经历根本性转向，城市空间供给亟待实现从"资本导向"向"人本导向"的范式革新。基于此，本文顺应人群行为，结合我国城市规划与更新实践，从人口画像结构、需求特征解析与行为趋势研判三个维度展开研究，尝试系统性构建人本导向的城市空间供给理论框架，提出适配人口画像的空间战略响应、契合人群需求的差异空间供给、顺应人群行为的非标场景营造等观点，以期为新时代城市更新规划与政策创新提供理论参考与实践指引。

1　研究背景

2022 年我国人口首次出现负增长，标志着传统人口红利的结构性消退。在此背景下，地方政府围绕青年人才展开的竞争性博弈日益激烈，人口活力成为城市发展的核心关切议题。2022 年 4 月，中央宣传部、住房和城乡建设部、共青团中央等十七部门联合印发《关于开展青年发展型城市建设试点的意见》。目前全国超过 200 座城市主动提出建设青年发展型城市，旨在通过为青年精准供给高品质空间，促进青年发展和城市活力双向提升。

这些议题和行动背后的本质，是存量时代城市空间供给逻辑在发生根本性转变。增量时代下依托土地出让、房地产开发来实现人口自然导入的"地—房—人"供需链条正面临系统性挑战。在土地层面，土地出让面临逐年下滑，根据《2024 年全国土地市场报告》，2024 年全国重点 65 城成交经营性用地规划面积约 6.5 亿

平方米，较 2021 年下降 40%，其中涉宅用地成交规模较 2021 年下降约 64%，传统土地财政的一次性出让收入难以为继。在房产层面，城市中心城区商办空置率高企，北京、上海商办空置率接近 20%，结构性过剩问题凸显。在人口层面，长沙、合肥、杭州等兼具产业竞争力与宜居魅力的新一线城市成为近年来常住人口增长最快的城市。

党的二十大报告确立了"人民城市"发展理念，提出"坚持人民城市人民建、人民城市为人民"，在城市工作这一系统工程中，要求把提升人民群众的获得感、幸福感、安全感作为城市规划、建设和治理的出发点和落脚点。在过去二十多年我国快速城镇化中，以土地扩张为核心的空间规划范式占据主导地位。在当前人口红利消退、存量更新主导的复杂环境背景下，城市空间供给亟待实现从"资本导向"向"人本导向"的范式转换，回归以人为核心，构建基于人本价值的空间供给框架，为新时代城市空间创新提供系统性的策略方法。

2　人本导向城市空间供给的理论综述

不同学科领域已形成关于人本导向城市空间供给的多元观点。社会学者立足宏观理论视角，强调空间生产服务于人的日常生活。行为学派侧重微观视角，关注空间场景与个体行为的互动关系。规划师通过实践迭代反思，逐步形成产城融合、十五分钟生活圈等多层次空间理论创新。基于以上不同视角，需要思考如何系统性构建人本导向的城市空间供给逻辑。

2.1　社会学视角：重视空间正义，关注所有人的使用需求

20 世纪 70 年代，西方国家城镇化进入成熟阶段，城市更新进程中暴露的郊区化蔓延、内城活力衰退、社会阶层冲突等问题，引发社会学界对空间资本化的深刻反思。亨利·列斐伏尔（Henri Lefebvre）的"空间生产理论"开启了社会学研究的"空间转向"，其提出"空间是社会的产物，是一种同时具有社会和心理尺度的物质空间，具有使用价值和交换价值双重性"[1]，揭示了资本主导的空间生产对居民真实需求的异化机制。爱德华·W. 索亚（Edward W. Soja）进一步以"空间正义"理论为核心，强调空间资源分配应回归人的日常生活需求，实现空间使用权利的平等性与资源配置的均衡性[2]。

在快速城镇化、城市扩张建设阶段，政府通过土地出让来完善社会公共品的供给，但也导致出现人群空间分异的结构性问题。进入存量发展时期，政府要围绕人的生活使用需求，对城市空间生产以及资源分配进行战略性系统性调整，实

现空间供给向人本需求的回归。

2.2　行为学视角：重视微观场景，关注个体人的行为偏好

20 世纪 70 年代与社会空间理论同步发展的行为学派聚焦个体行为的微观解析，形成对人类活动与空间环境互动规律的独特认知。哈格斯特朗（Hägerstrand）创立的时空行为理论，以微观个体行为追踪为研究基点，揭示特定人群基于需求偏好的时空行为组织机制，指出特定人群会依据自身需求和偏好，在不同时间前往不同空间进行活动，因此形成紧密联系、连续的时空行为链条[3]。而 80 年代美国新芝加哥学派的特里·克拉克（Terry Nichols Clark）与丹尼尔·西尔（Daniel Aaron Silver）通过研究后工业化城市社区，首次提出"场景"作为文化符号与空间载体的复合概念，认为咖啡馆、公园等具体空间不仅是物理存在，更承载着价值观与生活方式[4]。

行为学视角下的人本导向城市空间供给研究，本质是通过解析"个体行为与空间"互动规律，维护空间的多样性与人文价值。在当前时代需要进一步借助大数据工具、参与式治理等多样化研究手段，将个体行为需求纳入空间生产的核心逻辑，实现人本导向的空间供给创新。

2.3　规划师视角：重视实践应用，关注多层次系统设计

在快速城镇化与城市扩张时期，规划实践以净地开发为主要对象，受现代主义规划思想主导，强调功能分区与交通效率优先的空间组织逻辑，在土地功能划分框架下实现对人的需求的基础性平衡。1916 年纽约市颁布的《综合分区法》堪称现代城市规划的里程碑事件，其首次建立系统性的土地功能分区体系，奠定了20 世纪城市空间结构的基本范式。

党的十八大以来，人本导向的城市空间治理进入理论与实践创新的深化阶段。在城区尺度，产城融合理论推动产业空间与生活空间的协同演进，破解单一功能分区导向下的活力失衡问题；在社区尺度，上海"十五分钟生活圈"规划以步行可达性为核心指标重构空间供给体系，实现公共服务资源与居民生活需求的精准匹配。这些实践标志着，在城市发展的存量时代，规划设计重点逐步从物质空间转向多层次人本空间。

综合上述学术研究与实践观点，人本导向的城市空间供给创新需以结合宏观的人群画像、需求特征以及微观个体的行为趋势为重点，形成覆盖空间战略响应、系统差异配置、场景精准营造的多层次规划策略体系。

3　适配人口画像的空间战略响应

3.1　城市人口画像特征需要深入刻画

3.1.1　城市需要描绘精细化年龄结构

在传统规划编制中,城市人口规模研究和预测一直作为关键性基础内容,并以此作为城市用地规模、基础设施配置等后续工作的重要依据。然而,在新发展阶段,城市的发展动力和态势已不仅取决于人口规模,更在于人口结构中的各年龄段人群比例、城市平均年龄等内在结构性指标。特别是在全国城市激烈竞争、城市体系调整的背景下,城市之间年龄结构差异以及背后所折射出的城市竞争力争夺愈发突出。已有学者指出,若仍将人口特征研究重点局限于人口规模预测的科学性与客观性,会影响规划作为调控城市空间资源公共政策的支撑作用[5],影响城市发展的战略研判。

以超大特大城市为例,不同城市间平均年龄差异显著。深圳平均年龄为 32.5 岁,而上海等城市已经超过 42.4 岁(图 1),这种差异背后蕴藏的青年人口红利及其对城市发展格局的影响,亟需从战略视角深入研究。

3.1.2　城市需要通过大数据手段深入刻画人口空间分布

国内学界围绕城市人口结构已开展丰富研究,主要关注城市内的人口空间分布及演变情况[6]、人口年龄结构特征与空间规划应对[7, 8]、城市人口就业分布与空间演化关系[9] 等诸多方面。

同时,近年来,随着以手机信令数据为代表的大数据的广泛收集与应用,对城市实际服务管理人口的分布特征[10]、人口通勤与城市空间结构关系[11, 12] 等领

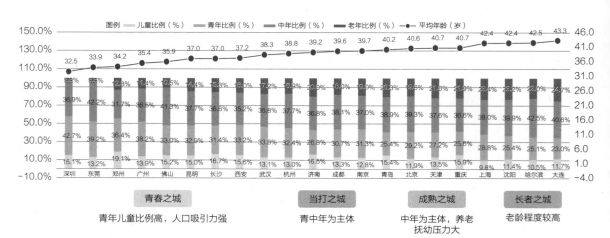

图 1　2020 年 21 座超大特大城市的平均年龄和人口年龄结构

注:由于四舍五入,柱形图中各城市人口年龄比例加和可能不为 1。

资料来源:第七次全国人口普查数据

域的研究也成为规划关注重点之一，通过动态数据深化城市人口活动的时空规律，破解过往统计数据的静态局限，为人口的空间结构研究提供了新方法和新视角。

3.2　画像特征驱动的空间战略响应

探索城市年龄空间结构与城市空间战略之间的作用机制，对于优化城市空间布局、提升城市发展质量具有重要意义。特别要关注重点地区人口结构优化和引导，如在老城要通过布局能够吸引年轻人居住生活的住房和服务设施等，避免人口过度老龄化，在新城则要注重保持人口年龄结构的多样化，避免未来出现人口结构"同步老化"的风险[13]。

如上海等城市呈现"老年在内、青年向外"的城市年龄空间结构"内外不平衡"挑战，中心城区集聚约 240 万 65 岁以上的老年人口，占全市老年人口的比重接近 59.3%（图 2）。因此，上海的城市空间要考虑"内外联动"的空间战略，核心是要让青年人进入中心城区，让空间资源得到最大化和最高效的利用。例如，通过"趸租模式"等方式促进人群内外流动，让青年能够以成本可负担的价格租赁公租房、保租房或社会化租赁房，住进中心城区内老龄化程度较高的街区，推动不同年龄群体在社区内混合共生。同时，长宁区"上海硅巷"通过引导科创产业集聚，为老龄化区域注入活力，打造集就业、消费、创业、生活于一体的综合性空间，有效促进青年群体向中心城区集聚。

长沙中心城区保持较高青年活力，老龄化率不足 10%（图 2），但呈现"东西不平衡"的特征。开福区坡子街等青年占比超过 40%，但河西地区青年人口更加集聚，环岳麓地区超过 55%。因此，长沙的未来城市空间发展应着重落实"东西互补"战略，在环岳麓山区域培育新兴城市活力中心，推动城市空间协调发展（图 3）。

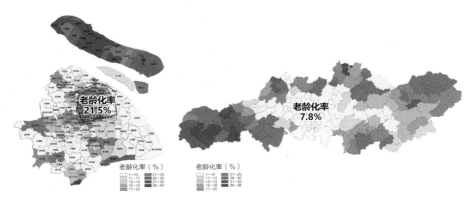

图 2　上海和长沙分街镇老龄化率分布
资料来源：课题组自绘

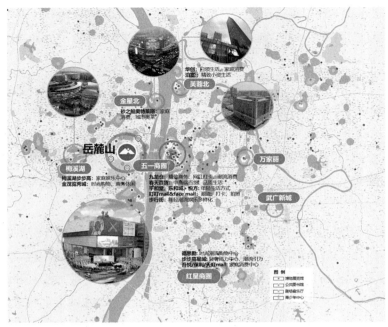

图3　长沙的青年活力设施热力分布示意
资料来源：课题组自绘

4　契合人群需求的差异空间供给

4.1　人群需求亟待精细分类：从标准化人均指标到差异化体系供给

在传统城市规划与人口需求研究领域，千人指标长期作为衡量公共服务设施配置的重要依据。然而，在人民城市理念的导向下，城市发展应更加注重"差异化的人"，即关注不同个体与群体间的多元需求。

以 LBS 数据内属性标签等为基础，人群分类体系进一步基于年龄、性别、收入、阶层、职业、兴趣爱好等多重属性进行分类，得到学界研究和规划实践中的广泛应用。其中，以年龄作为划分依据，将人群分为儿童、青年、中年和老年群体，成为最为基础、易于操作的分类方式[13]。未来，要进一步明确各类人群友好空间的差异性设施建设指标和要求，加强对儿童、青年、老年等人群场所使用的需求特征研究，推动建设标准从"标准人均指标要求"逐步细化为面向不同人群的差异化体系供给方式。

4.2　细分人群需求导向的差异化空间系统供给

面对城市人口结构的复杂化与需求的多元化，需构建分层分类的空间供给响应机制，精准对接细分人群的差异化需求。当前，全国范围内推进的儿童友好城市、青年发展型城市、示范性老年友好型社区等试点工作，本质上是通过多维度空间系统的协同供给，实现对儿童、青年、老年等细分群体需求的精细化回应（图4）。

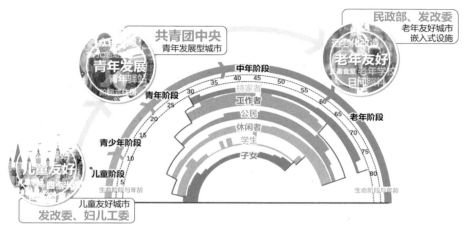

图4 唐纳德·E.舒伯生涯彩虹模型与各部委关注精细化群体的重点工作示意
资料来源：课题组自绘

4.2.1 儿童友好空间：从一米高度视角看城市

儿童友好空间供给要聚焦儿童的需求，从"一米高度"回归到蹲下来的儿童视角，来观察和体会儿童需要怎样的城市空间。需要遵循"儿童优先，普惠公平""安全健康，自然趣味""因地制宜，探创新"的基本原则，关注"一建三改两增"的总体实施框架[14]。

"一建"是指规划引领，将儿童友好理念融入规划建设全过程，在城市、街区、社区三个层级统筹推进构建一套规建管体系。"三改"聚焦适儿化改造，当前学校、儿童医院等公共服务设施的增量建设并不是城市儿童友好空间建设的重点，重点是要更加强调结合城市更新工作，通过空间适儿化改造提升既有公共服务设施、公园绿地、出行环境的适儿化水平。"两增"则针对当前儿童成长"自然缺失""运动锻炼强度不足"的关键问题，增加最紧缺的校外活动场所和儿童游憩设施。例如长沙把儿童友好理念融入空间建设，建设了全国首条爱心斑马线、万芙路儿童友好学径，将小学、小区附属绿地、社区商业底层界面等公共空间串联，形成了儿童安全便捷的上下学路径。

4.2.2 老年友好空间：践行积极老龄观、健康老龄化

2023年两会国务院机构改革方案中，全国老龄工作委员会的具体工作等职责划入民政部，显示出国家层面对老年友好工作的高度重视。老年友好空间营造重点把"积极老龄观、健康老龄化"理念融入城市发展全过程，塑造能让老年人过

上有活力、有尊严、更幸福的银发生活的城市环境，形成"设施完善、出行安全、环境友好、生活便利"的老年友好空间体系，重点聚焦公共服务设施、出行空间、公园绿地、住宅四类空间适老化改造。

在公共服务设施方面，聚焦老年健康、教育、文化、体育及养老领域，推进适老化改造，如社区卫生服务中心增设无障碍通道、老年大学配置视听辅助设备、养老中心嵌入智能安全监测系统。在出行空间方面，要优化步行与非机动车道连续性，提升公交适老服务，并在公共场所设置老年专用停车位。在公园绿地方面，社区公园内要增设适老活动区与照明扶手。在住宅方面，鼓励新建住宅预留适老改造接口，既有住宅推进电梯加装、卫生间防滑及安全设施升级。

4.2.3　青年发展空间：宜居宜业好玩，让城市对青年更友好

青年发展则关注"宜居、宜业、好玩"三大维度，围绕涵盖青年最为关注的"住房、社区、运动、文化、通勤和就业"六个方面，作为空间场景营建和适青化改造重点，实现城市对青年更友好，青年在城市更有为。

在住房方面构建阶梯式的青年住房体系，精准满足不同成长阶段的青年住房需求；在社区层面形成"陪伴式的完整社区配套"；在运动方面差异化增加灵活多元的体育场地；在文化方面基于青年价值新取向增补"共生共融式文化空间"；在通勤方面回应青年兼顾低碳与效率的需求特征，关注绿色交通方式和适青交通服务；在就业方面谋划多尺度的创新创业空间，等等。

5　顺应人群行为的非标场景营造

5.1　人的行为趋势需要精准把握：关注精神维度和社会维度

在快速城镇化与城市空间重构进程中，多地城市普遍面临大量空间资源闲置、利用效率低下的现实困境。从空间生产理论的视角审视，其背后原因在于空间生产过程中"人的在场性"缺失。列斐伏尔指出空间具有三重互构属性，即空间实践、空间表象与表征空间。在传统规划建设的供给侧，往往将空间视为物质属性主导的技术对象，却忽视了人群在公共交往、社会认同等社会需求与文化归属、情感共鸣等方面的精神需求，导致空间功能与人的实际需求脱节。

因此，需要把握当下使用空间的人的行为趋势演变，强化对空间和使用空间人群的社会属性和精神属性的关注，让空间重塑人的"在场性"。

5.1.1　精神属性：关注新消费世代趋势和地域性历史文化内涵

基于马斯洛需求层次理论，当前人群的精神需求呈现出从基本生理、心理安全需求到追求归属感、被尊重以及自我实现的多层级需求，产生更多从"谋求生

存"到"表达自我"的转变，人群在真实城市物质空间中所展现的日常活动类型与特征也愈发丰富与复杂。同时，在消费世代演变的趋势下，人的需求从基本的物质需求转向休闲、健康、文化等精神需求。特别是 2020 年至今的主力消费群体为 Z 世代（1995—2009 年出生的一代）和 α 世代（2010 年以后出生的一代），更加偏好取悦自己、圈层社交、自我治愈、文化挖掘等兴趣，对交往、共享的倾向愈发明显[15]，逐渐步入个性化、慢速、软性的消费时代[16]。因此，城市空间场景和业态营造，需要承载当下群体的新兴行为趋势。

同时，城市历史文化地区成为重要的非标的空间场景载体。夏铸九指出，遗产保存与再利用中的社区参与机制，不仅赋予都市公共空间多元使用价值，更通过重构市民与城市的关系，实现对城市主体性的再定义。具体而言，遗产保存通过建构历史空间的物质载体，为异质地方（Heterotopias）的生成提供可能，这类空间犹如"反身之镜"，在映照城市历史文脉的同时，激活市民对集体记忆的情感共鸣[17]。例如长沙超级文和友，通过复刻 20 世纪 90 年代老长沙的市井风貌，构建起承载集体记忆的非标空间场景，满足公众对空间精神属性的深层需求，成为联系历史与现在的情感纽带。

5.1.2　社会属性：适配城市基因，鼓励多元人群共生

城市空间的社会属性具有双重维度。一方面，要适配城市基因。不同城市有根植于其独特的历史文脉与社会经济基因，并呈现不同的城市文化场景。英国社会学家麦克·费瑟斯通（Mike Featherstone）提出的"城市文化"理论强调城市通过消费实践形塑独特的符号系统与价值复合体。贝淡宁（Daniel A. Bell）和艾维纳·德夏里特（Avner de Shalit）提出的"城市精神"概念，揭示城市空间是集兴趣、娱乐、休闲、梦想和体验于一体的价值文化综合体，其本质是市民文化与价值观的空间投射[18]。这种基于城市基因的场景特质决定了城市业态与空间调性的不可复制性，如长沙超级文和友在深圳等异地运营时，面临业态调整和适配。

另一方面，要关注人的"在场性"。注重人群之间的共生和交往，构建包容性的社会空间，例如以下几类共生方式。一是代际共生，使不同年龄群体在同一物理空间内实现生活方式的互补与对话。如在上海愚园路公共市集，不仅有青年人青睐的网红小店，也有服务周边老居民的社区业态；东京中目黑地区也将老年人经营的传统商铺与年轻人主导的文创小店并置。二是阶层共生，促进不同经济背景居民的日常互动与社会融合。伦敦国王十字区通过混合收入住房政策促进不同阶层空间共享。三是文化共生，衢州的三七驿站让儿童在家门口帮助残障人士当中，培养关爱他人、乐于助人的品质，同时增强文化赋能和社区凝聚力。乃至人

宠共生，在老龄化与单身社会背景下，宠物成为重要情感陪伴，宠物公园不只为动物提供活动场地，更通过"宠物社交"激活邻里交往。

5.2　顺应人群行为需求的非标空间场景营造

回应城市空间的精神属性与社会属性的在地性特征，要求规划实践突破标准化范式，通过"人群研究—业态适配—场景设计"的技术路径，构建具有地域辨识度的场景创新体系（图 5）。

图 5　"人群研究—业态适配—场景设计"的技术路径

资料来源：课题组自绘

5.2.1　回归人心：强化人群精细研究

针对人群物质属性、精神属性、社会属性进行人群分类研究。物质属性包括人群空间使用的基本目的和活动轨迹。精神属性重点考量人群的行为偏好，一般包括兴趣特征、消费偏好等，通过社交媒体签到、大众点评等数据，结合语义识别能够反映空间用户的情绪属性，补充刻画人群的游憩、消费、社交等部分行为的偏好特征。社会属性主要反映空间使用人群的性别、年龄、收入、职业类型等方面信息。

5.2.2　回归城市基因：开展适配业态策划

识别特征主力人群，考虑空间需求，精确刻画各类群体的多层级属性特征，解析典型人群对城市空间的内在需求机理，优化空间业态配置逻辑，从而引入与特征主力人群及关联群体需求高度契合的空间业态类型，提升城市空间的使用效率与人群适配性。

5.2.3 回归人群生境：营造非标空间场景

以人的多元需求与行为特征为导向，结合地域文化空间资源，构建具有独特文化属性与场景体验的非标空间场景，创造超越物质功能的情感价值与社会意义。

以上海长宁区愚园路更新为例，通过人群分析，消费能力有限的先锋初创青年和注重文化内涵的休闲观展打卡人群的空间需求存在显著未被满足缺口。因此，在空间业态优化实践中，形成两大针对性策略。其一为营造共生内院，聚焦先锋初创者与新锐艺术家群体，基于职住一体化理念，依托愚园路老洋房更新改造，构建低成本的创意空间载体。充分发挥街区的区位优势，通过植入公共会客室等共享设施，强化社区空间的交互属性。其二为增补静思支巷，突破沿街商业界面的局限，深入挖掘社区支巷的空间潜力，设置艺术沙龙、举办小型展览与文化讲座，为艺术爱好者提供深度文化互动与精神沉淀的场所。

6 结语

本文通过梳理人本导向城市空间供给的逻辑重构，提出三个层次规划应对。一在城市层面，适配人口画像的城市空间战略响应，即城市人口特征需要精细刻画，从而制定年龄画像结构驱动的空间发展战略。二在系统层面，契合人群需求的差异空间供给，从标准化人均指标到差异化体系供给。三在场景层面，顺应人群行为趋势的非标空间场景营造，精准把握人群社会需求和精神需求，策划非标业态和场景。通过三个层次的创新规划应对，系统性实现从传统空间供给向精细化、人本化治理范式的转变。

参考文献

[1]　亨利·列斐伏尔.空间的生产 [M] 刘怀玉，等译.北京：商务印书馆，2021.

[2]　爱德华·W·索亚.寻求空间正义 [M] 高春花，强乃社，译.北京：社会科学文献出版社，2016.

[3]　HÄGERSTRAND T .What about people in regional science?[J].Transport Sociology，1986，24（1）：143-158.

[4]　丹尼尔·亚伦·西尔 ，特里·尼科尔斯·克拉克.场景：空间品质如何塑造社会生活 [M] 祁述裕，吴军，译.北京：社会科学文献出版社，2019.

[5]　王德，刘振宇，俞晓天，等.城市人口规模的战略视角分析——以武汉人口规模专题编制为例 [J]. 城市规划学刊，2017（5）：8.

[6]　张莉，王凯，余加丽.超大城市都市圈非户籍人口职住空间布局优化研究——以北京、成都为例 [J]. 中国名城，2025，39（1）：3-8.

[7]　郑晓伟，张佳蕾.西安市人口结构特征与国土空间规划应对——基于"七普"和手机信令数据的分析 [J]. 规划师，2022，38（5）：47-54.

[8]　沈娉，李洋，汪鑫.珠三角地区人口年龄结构演变格局与规划应对 [J]. 规划师，2022，38（5）：28-33.

[9]　殷振轩，焦健，王德，等.杭州市青年居住空间及公共服务设施需求研究 [J]. 上海城市规划，2021（4）：85-90.

[10]　施澄，陈晨，钮心毅.面向"实际服务人口"的特大城市空间规划响应——以杭州市为例 [J]. 城市规划学刊，2018（4）：41-48.

[11]　王睿，柯嘉，张赫.基于职住分离的超大特大城市交通拥堵碳排放机理研究——以天津市"郊住城职"现象为例 [J]. 上海城市规划，2023（6）：33-39.

[12]　郭亮，郑朝阳，黄建中，等.基于通勤圈识别的大城市空间结构优化——以武汉市中心城区为例 [J]. 城市规划，2019，43（10）：43-54.

[13]　张菁，李海涛，付冬楠，等.我国全龄友好城市的内涵与建设策略研究 [J]. 城市规划，2024，48（z1）：144-152.

[14]　张菁，刘昆轶，付冬楠.全面构建儿童友好空间体系——《城市儿童友好空间建设导则》解读 [J]. 城乡建设，2023（5）：55-59.

[15]　艾媒咨询.2022 中国兴趣消费白皮书 [DB/OL].（2022-09-09）[2025-05-19]. https：//www.iimedia.cn/c400/88144.html.

[16]　三浦展.孤独社会：即将到来的第五消费时代 [M] 谢文博，译.北京：人民邮电出版社，2023.

[17]　夏铸九.异质地方之营造：理论与历史 [M]. 唐山：唐山出版社，2016.

[18]　贝淡宁，艾维纳.城市的精神 [M].吴万伟，译.重庆：重庆出版社，2018.

张娅婷，武汉市测绘研究院地质环境监测中心工程师

陶良，武汉市测绘研究院地质环境监测中心主任

朱志兵，武汉市规划研究院（武汉市交通发展战略研究院）土地利用规划所副总规划师，高级工程师，注册规划师

徐放，武汉市规划研究院（武汉市交通发展战略研究院）土地利用规划所规划师，注册规划师，高级工程师

万志能，武汉市自然资源和城乡建设局生态修复和地质环境处副处长，高级工程师

刘奇志，中国城市规划学会学术工作委员会委员、标准化工作委员会委员，武汉市自然资源和城乡建设局二级巡视员，教授级高级规划师

张陶朱徐万刘
娅　志　　奇
婷良兵放能志

论国土空间规划中的"地质思维"

——以武汉市实践为例

　　城市并非空中楼阁，而是立足于地球之上的生命体，城市的发展建设及规划必须统筹考虑地上及地下空间；然而，传统的规划思维更关注于山水河湖等地上显性地形空间形态的管控，而对地下空间尤其是隐性地质空间结构则考虑不足。随着城市建设空间的拓展、用地负荷的增强，原有"重地上轻地下、思地形忘地质"的空间规划模式已不适应发展需求，甚至还会造成安全隐患，故亟需在国土空间规划中强化"地质思维"。

　　当前，规划行业正处在国家生态文明建设与国土空间规划体系重构的背景下，我们更需要及时将"地质思维"融入空间规划，高度重视空间发展规划与地质结构延续的关联性，注意以地球系统时空演化规律为基础，来系统分析地上空间要素与地下地质构造的相互影响，破解过去协同开发意识不足、地质数据应用滞后、资产价值认知狭窄等瓶颈，真正用全面、合理的规划来促进城市的安全、健康发展。

　　本文以武汉市为例，对"地质思维"与国土空间规划协同发展的路径进行了实践探讨。

1　国土空间规划中的"地质思维"不可或缺

　　我国古人在进行城市建设的过程中已主动融入了"地质思维"，《管子·度地》有云："圣人之处国者，必于不倾之地，而择地形之肥饶者"。如今习近平总书记指出，"人与自然是生命共同体，人类必须尊重自然、顺应自然、保护自然"，这一论断更是为新时代空间规划应强化"地质思维"提供了根本遵循。

1.1 空间规划中"地质思维"的重要作用

地质条件是空间规划的基础性支撑，空间规划则是通过指导开发、保护活动来改变地表和地下环境，进而对地质系统产生反馈作用，二者的互动关系深刻影响着城市发展的安全性与可持续性。地质与规划的互动本质是自然系统与人类活动的动态博弈，唯有在空间规划中充分融入"地质思维"，实现地质与规划的深度协同，方能构建安全、韧性与可持续的人地关系新范式，推动规划从"被动避让"转向"主动适应"。

重视"地质思维"对空间规划的编制和实施具有积极作用。一是保障安全底线，基于地质构造、灾害风险的科学评估，可规避地震断裂带、滑坡易发区等高风险区域，降低突发灾害对生命财产的威胁；二是提升资源利用效率，结合水文地质条件设计地下空间开发方案，可避免盲目建设导致的地下水系破坏，匹配土壤特性的土地功能分区，有助于保护耕地质量与生态碳汇能力等；三是增强系统韧性，通过保护地质遗迹、预留生态缓冲带，可维持自然系统的自调节能力，例如保留湿地以缓解洪涝、利用基岩区锚固城市结构，形成应对气候变化的弹性空间等。

忽视"地质思维"则有可能诱发一系列次生地质问题，因为空间规划的实施将在一定程度上改变地表覆盖与地下空间结构，例如在岩溶区密集建设可能诱发地面塌陷，在海岸带过度开发会加速侵蚀与盐碱化，忽视地下水补给机制的大规模硬化地表铺设可能造成区域性水资源枯竭，矿山无序开采后将导致水土流失与生物多样性退化等，使得后期治理成本远高于前期预防投入。此外，因选址失误所造成的后期工程方案调整亦会产生额外成本，削弱规划实施效能。

1.2 空间规划中"地质思维"的实践瓶颈

面对新时期生态文明建设与国土空间治理体系重构的双重要求，当前空间规划工作中的"地质思维"仍有许多不足，主要表现在以下几个方面：

1.2.1 现状评价阶段数据转化低效

当前地质调查成果多停留在基础数据库层面，呈现"三高三低"特征：原始数据存储率高、规划成果使用率低；基础图件编制率高、决策支持产品转化率低；学术论文产出率高、政策转化应用率低。造成这一现象的原因主要有三点：一是数据标准体系碎片化，大量历史数据因采用不同的空间坐标系统和属性编码规则，导致其无法与国土空间规划"一张图"系统兼容；二是调查精度不足，目前全国多数城市地质调查精度以 1∶50000 为主，普遍低于规划需求的 1∶2000 比例尺，例如某地因前期规划阶段使用的地质调查数据精度较低，导致居民小区建设阶段发生岩溶塌陷，严重影响周边居民生活；三是数据共享更新不畅，目前地质数据分散于自然资源、住建、水利等多部门，导致规划编制时难以获取最新数据，如某地依据 10 年前的地下水位调查数据制定片区开发方案，项目实际建设过程中才发现近年来该区域地下水位已明显下降，地质承载力无法匹配原定开发强度，不得不对方案进行调整，造成项目周期延长与资金浪费。

1.2.2　规划编制协同意识薄弱

传统规划思维长期聚焦于地表空间形态的管控，过度强调城市的"体型"而忽视"体质"，往往将"地质问题"理解为"工程问题"。这种模式下，规划师热衷于在图纸上勾画规整的轴线、廊道与功能中心，却疏于论证城市地质基底对高强度开发的承载能力。以某新城区 CBD 建设为例：规划方案沿袭轴线对称的平面布局，在冲湖积平原区规划了超高层地标建筑群，由于未事先系统评估软土层厚度、地下水位波动等关键地质参数，直至进行超高层建筑建设施工时才发现，该区域地基承载力远低于超高层建筑建设要求，被迫中途修改方案、采取深桩基工程，导致建筑地基成本大幅增加。此例充分体现了传统规划设计思维中地上地下协同开发意识的不足，这类问题若能在空间方案生成阶段就嵌入三维地质模型来进行对比分析是完全可以避免的。

1.2.3　资源开发阶段价值认知局限

随着我国房地产市场从大规模发展转入更新维护期，城市空间价值的提升亟需寻找新的切入点，即从关注土地价值转向关注各类自然资源资产的综合价值。当前我国土地资源管理中普遍存在地质资源价值认知不足的短板，大量地下空间、地热资源、地质碳汇等特殊要素并未纳入资产核算体系，导致地质资源与土地价值之间难以形成良性互动。造成这种现象主要有两方面原因：一是地质资源产权界定模糊，地热开采权、地下空间使用权等权益未与地表土地使用权有效衔接；二是市场激励机制滞后，尚未建立地质生态产品交易平台。

1.2.4　实施管理阶段政策约束不足

现有国土空间规划编制的相关技术规程中对地质要素的约束性要求仍停留在"避让重大地质灾害"的最基础层面，尚未建立地质安全阈值与开发强度挂钩的传导机制，未明确地质数据的法定规划地位，规划中的城市地质分析长期只作为"自选动作"，地下水位变幅、岩土体承载力等关键参数未纳入指标体系，地质安全系数、资源承载能力转化为土地开发强度缺乏技术标准，这些自然会导致规划管控过程中对编制内容、深度等方面的地质要求强制性不足。

2　全生命周期国土空间规划中的"地质思维"应用路径

2.1　现状评价阶段：地质数据与空间本底演化分析

国土空间规划中的"双评价"是统筹生态保护与高质量发展的核心决策工具。"地质思维"通过时空嵌套的系统认知、动态演化的过程解析与多圈层耦合的交互逻辑，可深度赋能"双评价"从数据基底构建到评价体系优化的全流程创新。通过三维地质建模技术，将岩土层结构、地下水动态、地质灾害易发性等多元异构数据，耦合为覆盖岩石圈—水圈—生物圈的地质信息基底，精准识别地面沉降高风险区与地下空间开发潜力区，支撑"三区三线"划定的空间冲突消解。这种"地质参数空间化"过程，可突破传统评价中地质要素碎片化、静态化的局限，使生态敏感性分析从地表二维扩展至用地上下兼顾的三维空间，实现地质本底数据与评价指标体系的动态耦合，提升"双评价"对城市空间资源利用与灾害防控的协同管控能力。

2.2　规划编制阶段：地质约束与空间管控协同决策

2.2.1　总体规划层面：构建地质安全基底框架

在总体规划编制过程中，"地质思维"贯穿于空间结构优化、功能分区引导、控制线划界与管控规则设计全流程。空间结构优化上，基于基底稳定性评价，优先在地质构造稳定区布局城镇组团，引导重要功能区避开活动断裂带，筑牢城市安全格局；功能分区上，通过"地质敏感性—资源禀赋"耦合分析，将地质灾害高风险区划为生态保育区，地下水富集带纳入农业保障区，地质稳定地块作为城镇发展优先区；控制线划定上，融合地质灾害易发性、地面沉降速率等参数，将地质安全红线与生态保护红线叠合，形成多因子约束的刚性边界；管控规则上，针对特定地区设置地下空间开发与地上建设准入要求，将地质运动规律转化为空间规划的底层规则。

2.2.2　专项规划层级：解译地质过程传导机制

专项规划是对总体规划内容的深化细化，以确保其在某一领域的具体实施，"地质思维"可深度融入综合防灾、地下空间与生态修复等专项规划的核心环节。综合防灾规划中，可通过地质灾害链式反应解析，如"暴雨—土体饱和—滑坡风险—堰塞湖风险"链式反应，建立基于临界雨量阈值的地质灾害协同防控体系，指导生命线工程布局；地下空间规划中，可运用三维地质建模解译隐伏断裂带、岩溶发育区等约束要素，建立地质构造适宜性与开发强度的对应关系；生态修复规划中，可基于地质过程逆向推演，设计"受损山体修复—地下水系疏通—植被群落重建"递进式修复路径，推动专项规划从经验决策向科学调控转型。

2.2.3 详细规划层级：实施地质要素精准调控

详细规划层面"地质思维"的核心在于将传统二维空间管控升级为"地表形态—地下结构—地质基底"三维联动的精准调控体系，实现从地质本底到空间形态的精细化传导。开发强度调控方面，可在软弱地层分布区实施容积率梯度控制，确保开发活动与地层承载力动态平衡；空间形态优化方面，可基于隐伏断裂带展布方向调整建筑布局轴线与道路走向，预留地质安全缓冲空间，形成与地质构造协同的空间肌理；功能配置优化方面，可通过解析地热资源分布、岩溶发育特征等地质条件，引导能源站、海绵设施等与地质系统形成共生关系，例如在地温异常区优先布局地热能利用设施，在渗透性差异显著的岩层界面设置雨洪滞蓄空间等。

2.3 资源开发阶段：地质资源与空间资源一体利用

建立地质资源的价值评估，系统梳理岩溶发育区、地热田、古生物化石群等特殊地质单元的资产属性，明确其潜在开发价值；在此基础上探索地质资源价值实现模式，建立地质资源资产的产权交易体系，将含水层调蓄能力、地质碳汇容量等生态服务功能纳入市场化交易范畴；通过地质生态产品确权登记、价值核算、交易规则设计等制度创新，推动地下空间开发权、地质环境容量使用权等新型权益的市场化配置；通过制度设计将隐性的地质要素显性化、静态的地质数据资产化，构建"地质资源保护—生态产品供给—资产溢价反哺"的良性循环机制。

2.4 实施管理阶段：地质参数与动态监督智能决策

建立地质安全准入清单制度，将涉及安全的地质参数作为项目落位的刚性约束，通过在审批系统内置地质安全评估模型，核验项目选址与地质条件的适配性：如对跨断裂带建设项目，触发地裂缝活动性评估模块，及时予以安全评估；对地下空间开发项目，实时调取三维地质模型数据，验证开发深度与岩溶管道空间分布等。基于物联网与人工智能技术，构建"天—空—地—网"立体监测网络，实现地质参数的分钟级感知与预警响应。通过跨部门协同机制创新与全链条政策工具箱构建，推动"地质思维"向"政策工具"转化。联动自然资源、住建、生态环境、应急等部门，打破数据壁垒，针对城市更新、地下空间开发等场景，制定具体政策要求和技术标准，以地质安全评估白皮书，动态优化管控政策，推动不同部门形成合力，形成"监测—预警—管控—治理"全周期政策链条。

3 "地质思维"融合国土空间规划的武汉实践

武汉市位于长江与汉水交汇处，地质构造上北侧为秦岭—大别造山带随南陆缘裂谷、麻城—新洲凹陷，南侧为扬子陆块区下扬子陆块之鄂东南褶冲带，全市水系纵横，地下水与长江、汉江等地表水水力联系密切，总体地质环境条件复杂。同时，武汉市作为中部地区的中心城市、长江经济带三大增长极之一，承担着带动地区经济社会发展的重要使命，将城市地质融入空间规划对于打造宜居城市、韧性城市、智慧城市，建立高质量的城市生态系统和安全系统具有重要意义。近年来，武汉市围绕城市地质与空间规划融合进行了一系列探索。

3.1 现状评估阶段：推进地质数据转化，筑牢地质安全基础

3.1.1 加强地质数据与"双评价"结合

武汉市在国土空间规划"双评价"工作中，积极探索地质数据融合应用，初步构建了覆盖基岩地质、第四系结构、地下水动态的三维地质模型，并在长江新城等重点区域试点"地质安全—开发强度"耦合评价。例如，在长江沿岸开发适宜性评价中，通过叠加活动断裂带、软土分布区等地质风险图层，划定了生态敏感区与建设限容区，为滨江空间功能布局提供科学依据。

3.1.2 开展重点地质环境问题专项调查

武汉市地质环境问题以岩溶地面塌陷最为典型。针对这一问题，武汉市按照全域覆盖的思路，按照市域 1 ∶ 50000 和重点区 1 ∶ 10000 两种尺度精准部署多要素地质调查工作，形成了《支撑服务武汉市规划建设岩溶塌陷防控建议报告》和规划建议图，自然资源管理部门依据相关成果规范将岩溶调查成果纳入规划编制管控流程，明确了岩溶地面塌陷易发区规划编制和管控所需采取的相关措施，有效提高了岩溶区规划布局的科学性。

3.2 规划编制阶段：加强协同开发意识，优化空间规划方案

3.2.1 以"安全基线"划定"空间形态"

武汉市通过在国土空间总体规划中整合多维度地质数据，构建了"风险识别—空间适配—动态优化"的规划传导机制。基于两江三镇的地质基底特征，结合长江、汉江沿岸的冲积平原稳定性评估，将主城区划分为多个组团式发展单元，通过水系、断裂带等天然屏障限定连片开发，形成"多核网络化"空间格局。同时在市、区两级国土空间总体规划中划定了城市灾害风险控制线，明确城市建设用地应选择在安全风险较低的区域，对于不能有效规避的灾害风险应通过多种手

段进行综合治理，以降低城市作为承灾体对于灾害的暴露性，对已确定位于灾害风险区内的建设用地，则根据其面临风险的等级明确建设容量控制标准。

3.2.2　以"承载能力"决定"开发强度"

2023 年，武汉市完成地面沉降风险评估区划，结合岩溶区、软土区等复杂地质条件，建立了"地上开发强度—地下地质风险"双控模型，将地质安全风险评价嵌入城市重点片区规划方案，以地质承载力来决定片区开发强度。如在长江新区规划中，通过系统开展 100 米深度三维地质勘探，建立了岩溶塌陷风险四级预警体系：将覆盖层厚度小于 10 米、岩溶洞隙率超 30% 的区域划为红色禁区，禁止 200 米以上超高层建设；灰岩与砂层交互带设为橙色管控区，通过桩基加深至稳定基岩层，并限定容积率不超过 3.0；低风险区实施动态沉降监测，布设分布式光纤传感器实时反馈建筑荷载引发的地层形变数据。通过充分吸收城市地质数据，长江新城核心区最终所确定的高层建筑密度较原规划明显降低，积累了以城市地质数据引导控规编制与城市设计的成功经验。

3.2.3　以"分层调查"引导"分层开发"

武汉市通过开展重点功能区 1：10000 的高精度综合地质调查，结合地表用地规划布局，引入计算机模拟技术和数字孪生量化分析手段，根据不同深度开展地下空间开发利用适宜性评价。例如武汉光谷综合体项目中，地下空间开发与地质调查形成了深度协同的技术耦合机制，基于三维地质建模技术，构建了 0—50 米范围内岩土层分布、隐伏断裂及岩溶管道的精细化地质模型，最终确定分三层开发的建设方案：地下一层设置 5 个下沉庭院及 6 个地面出口，通过七彩色采光天窗引入自然光，作为地铁 9 号线站厅层与地下公共空间；地下二层布设地铁 2 号线南延线区间隧道与珞喻路市政隧道，实现轨道交通与城市主干道的立体化衔接；地下三层用于地铁 11 号线站台，通过垂直电梯与夹层、地下一层形成"双地铁 + 双隧道"的立体交通网络，地下空间通过综合管廊、物流车道等设施，与地面景观协同构建城市立体开发的示范样板（图 1）。

3.2.4　以"地质预警"修正"建设方式"

武汉市作为国内国际双循环枢纽城市，地质工作在各类交通枢纽建设中发挥关键作用，为选址、可研及初设审查提供地质数据支持。2023 年武汉市在多要素城市地质调查信息云平台中，初步开发了地质环境安全评价系统，实现了对单个地块和交通线路的地质环境适宜性快速分析评价功能，确保工程安全与科学布局。同时，利用地质调查数据，开展基于地质安全的轨道交通方案优化，有效提升了工程建设的安全性。以武汉市轨道交通 5 号线为例，该项目原设计方案拟采用地下隧道方式穿越白沙洲岩溶区，经比对地质调查数据，发现该项目沿线岩溶发育

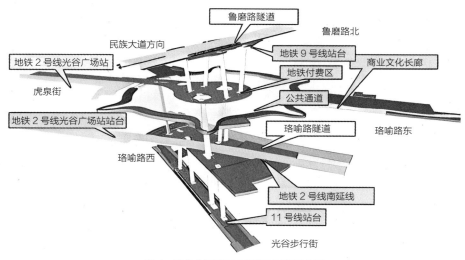

图 1　光谷广场地下空间分层开发示意图

程度较高，地下存在大量溶洞、土洞及岩溶裂隙，且分布无规律，若采用隧道施工极易引发突水、塌方等事故，且岩溶区通常与地下暗河连通，盾构施工需持续降水，可能引发地面沉降，威胁周边建筑安全，最终该项目采用了高架桥方案，既保证了工程安全，又将该区段的建设成本降低约 40%。

3.3　资源开发阶段：扩展资源价值视野，统筹保护修复利用

3.3.1　基于地质资源调查和产业功能策划，探索资产组合供应

为显化地质资源价值，武汉市创新探索自然资源资产组合供应，结合资源禀赋和市场需求，将分散的自然资源资产打包成综合性、多样性、规模化的自然资源"资产包"，推动单一自然资源资产向各类自然资源资产组合、复合配置转变。2025 年 2 月，武汉市首宗自然资源资产配置包成交，包括国有建设用地使用权、国有农用地土地经营权和国有农用地特许经营权等。目前，武汉市正结合索河街发现的地热温泉，探索将国有建设用地与采矿权（温泉）、水面旅游观光经营权、集体林地经营权、林木采伐权等权能整体配置的资产组合供应模式，为武汉市乡村振兴和全域旅游发展带来新的增长点。

3.3.2　立足地质隐患消除和生态系统重构，分步推进矿山修复

武汉市曾因长期矿产开发导致乌龙泉矿区、江夏灵山等区域出现山体破损、水土流失等问题。依托生态地质研究，武汉市创新"地质安全优先、功能再生协同"的修复路径，根据矿山实际情况设计修复方案。通过高分辨率遥感解译与三维地质建模，划定矿区岩溶塌陷风险区、滑坡隐患区及重金属污染区，基于此制定差异修复方案：对岩溶区采用注浆加固与植被浅根系覆盖，对滑坡隐患采用边

坡加固等工程措施，对污染土壤实施微生物—植物联合修复。在江夏灵山矿坑修复中，利用地质构造分析优选蓄水层位，将废弃矿坑改造为阶梯式生态湿地，通过人工潜流湿地净化酸性矿山废水，同时引入耐旱植物群落（如刺槐、紫穗槐），使植被覆盖率从 9% 提升至 78%，并植入研学旅游功能实现"生态—经济"效益双赢，还围绕"生态农业 + 文化旅游"主题，将其打造成为"4A"级文旅景区，从而实现了由"卖石头"向"卖风景"的转变，成为国家矿山生态修复典型案例（图 2）。

3.3.3　统筹城市棕地修复和绿地系统建设，协调治理"城市病"

在快速城市化进程中，武汉面临工业污染遗留、热岛效应加剧等典型"城市病"，通过整合生态地质学理论与工程技术体系，将地质安全、资源循环与景观功能深度融合。如古田工业区作为老化工基地，部分地块土壤中六价铬污染最高，超国标 12 倍，武汉市通过构建三维电性结构模型实现污染边界的毫米级定位，针对不同风险等级实施差异化治理，修复后的 23 公顷土地转型为城市公园，为市民提供了良好的城市开敞空间。又如，在武昌东湖绿心利用浅层地温场监测数据，设计通风廊道连接湖面与城市腹地。通过拆除违建与种植乔木，使廊道区风速提升 0.8 米 / 秒，夏季平均气温降低 1.5 摄氏度，城市热岛效应显著缓解（图 3）。

图 2　修复后的灵山生态文化旅游区

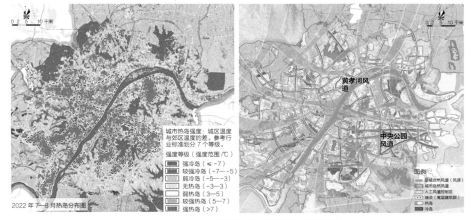

图 3　武汉市地表温度监测数据与通风廊道规划

3.4　实施管理阶段：实现动态监测监管，引导政策机制创新

3.4.1　构建"四位一体"立体感知网络，突破监测盲区瓶颈

武汉市整合"天、空、地、网"四维感知技术，形成全域动态监测能力。天基系统通过卫星遥感与北斗定位实现宏观监测，例如在江夏区青龙山矿区，利用高分卫星捕捉到山体形变异常信号，提前预警潜在滑坡风险；空基无人机倾斜摄影技术则用于低空精细化扫描，如汉阳锅顶山滑坡治理中，通过无人机建模精准定位危岩体分布，指导抗滑桩布设；地基物联网设备实时采集地质参数，在武昌东湖绿心热岛效应治理中，布设温度传感器动态监测地表温度变化；网基数据平台整合多源信息，实现跨部门协同。

3.4.2　建立"三级四色"预警响应机制，提升应急联动效能

构建"专业机构—政府部门—社区网格"三级联动机制和考虑地质结构特征的多参数耦合预警体系，其中红色对应紧急撤离，橙色对应工程处置，黄色对应加密监测，蓝色对应常规巡查，通过开发手机应用程序，实时推送预警信息至市、区、街道三级管理人员，形成集"网格管理、群测群防、监测预警、指挥决策"于一体的监测平台，为地质灾害防治由静态转为动态，由事后转为实时提供有力支撑。2020年7月6日，成功预警江夏区青龙山林场八分山滑坡，实现从"被动救灾"向"主动防控"的转变，成为全国地质灾害应急管理的典范。

3.4.3　制定"地灾防治"专项政策法规，支撑城市精细管理

2023年2月，武汉市人大常委会审议通过的《武汉市地质灾害防治和地质环境保护条例》施行。这是全国副省级城市首部地质领域的地方性法规，主要针对武汉市地质灾害风险及工程建设中存在的"重地上轻地下"问题、基坑施工和切坡修路建房缺乏制度约束问题等，提出建设项目选址阶段应避让地质灾害高易发区，建设阶段应开展地质灾害危险性评估并采取预防措施，将地质灾害防治贯穿于工程建设全过程，还提出了强化地质灾害监测网络建设与管理等，为后续武汉地质相关工作的开展提供了制度保障。

4　未来展望

城市是一个由地质要素与生态系统构建的生命共同体，岩石如同城市发展的"骨骼"，支撑着城市的空间结构与稳定性；土壤则是城市的"皮肤"，保护着地表生态与环境；地下水犹如城市的"血液"，滋养着城市的生命与活力；生态系统则是城市的"脏器"，维系着城市的生态平衡与可持续发展。城市管理者如同"全科

医生",肩负着诊断、治疗和预防城市地质灾害"健康问题"的重任。为确保城市生命体良性运行和常葆青春,"地质思维"与国土空间规划的协同融合有待强化和深化。

4.1 从"头痛医头"向"全面体检"转变提升

聚焦城市地质安全风险——城市空间潜在"病原",建立"识别—监测—预警—响应"全流程管理体系,构建"遥感卫星 + 无人机场 + 物联传感 + 网格员"的"天—空—地—网"立体化监测网络,实现一网统管;完善城市地质数据融合,探索"地质 + 人工智能"模型嵌接,在多元服务方面加力赋能,实现安全风险的动态识别和精准诊断,为城市空间管控提供全面的"体检清单"。

4.2 从"被动治疗"向"主动预防"转变提升

完善城市"规划 + 地质"管理制度体系,构建"法规—标准—机制"三位一体框架。明确地质风险评估为规划审批前置条件,重大工程规划需提交三维地质安全论证报告;制定城市地质调查与规划融合技术导则,规范地下空间开发利用技术标准;充分利用地质监测数据,动态优化公共服务设施布局,实现"上医治未病"。

4.3 从"专科诊疗"向"联合会诊"转变提升

探索"地质 +"产品支撑城市空间治理渠道,重塑地质产品价值转化机制,推进地质灾害金融保险试点,探索地质碳汇交易,培育地质文化发展新业态,构建"地质 + 生态 + 文旅 + 康养"产业链,让绿水青山释放生态红利。通过地质成果优化与产业孵化双轮驱动,实现"城市生命共同体"的"地质—空间—资源—价值"全周期价值转化,为城市高质量发展注入地质新动能。

当前,城市发展建设正从增量扩张转向存量提质,地质思维在国土空间规划的价值愈发凸显——它既是守护城市"骨骼"(地质结构)、"血液"(地下水系)、"皮肤"(土壤生态)的安全盾牌,也是解锁地下空间、地热能源、碳汇潜力等隐性资源的金钥匙。未来,城市需进一步打破"地质数据沉睡""部门协同壁垒"和"价值认知局限",推动地质思维从项目层面的技术工具升维为国土空间规划的底层逻辑,让规划不仅看见地表的繁华,更读懂地下的脉动,最终实现"以地质之基,筑城市之魂"的人地和谐新图景。

参考文献

[1] 任聪妍，李龙飞，苏丽歌 . 多要素调查打造"透明城市"——郑州市城市地质调查的实践与探索 [J]. 资源导刊，2024（17）：20-21.

[2] 严金明 . 促进人与自然和谐共生的中国式现代化 [J]. 中国人民大学学报，2022，36（6）：13-16.

[3] 何军，陶良，徐德鑫，等 . 多要素城市地质调查的实践及成效——以武汉市为例 [J]. 华南地质，2022，38（2）：240-249.

[4] 刘奇专，万能，罗隆延，等 . 以人为本，共筑人与自然和谐城乡——武汉市生态文明建设"多规合一"的实践与思考 [C]// 孙施文，等 . 美丽中国·共同规划 . 北京：中国建筑工业出版社，2024：37-46.

[5] 朱志兵，刘奇志，徐放，等 . 市级国土空间生态修复规划编制体系构建与传导机制探索——以武汉市为例 [J]. 城市规划学刊，2023（5）：62-70.

[6] 刘奇志，朱志兵 . 重视生态修复合理开展规划——武汉的探索与实践 [C]// 孙施文，等 . 治理·规划 II. 北京：中国建筑工业出版社，2021：51-68.

[7] 王琪，王存颂 . 国土空间详细规划层级中生态空间管控与保护修复的思路探讨 [J]. 现代城市研究，2022（9）：118-125.

张凯 王玉龙 段德罡

段德罡，中国城市规划学会学术工作委员会委员、乡村规划与建设分会副主任委员、西安建筑科技大学教授、博士生导师

王玉龙，西安建筑科技大学建筑学院硕士研究生

张凯，西安建筑科技大学建筑学院博士研究生

面对未来　规划何为？
——"京—美大战"背后的思考 *

1　引言

2025 年 4 月 22 日，美团自研的第四代无人机通过民航局审查，获得全国首张低空物流全境覆盖运营合格证（简称"OC"），成为首个能够在全国开展常态化商业运营的企业。美团随即宣称其无人机配送网络将实现全国覆盖，"最后一公里"配送时间可缩短至 15 分钟，此举无疑将对传统物流格局造成颠覆性冲击[1]。而就在一天前，4 月 21 日，京东发布《致全体外卖骑手兄弟们的公开信》，直指某平台的骑手"二选一"规则，明确表示未来将加大外卖骑手数量并承诺为其缴纳社保、提供正式员工待遇并提高薪资[2]。这一消息一经发布便迅速登上热搜，网友纷纷称赞京东为"良心企业"，有担当。在舆论热潮背后，美团却因长期采用劳务外包模式、借助算法压榨骑手权益，陷入负面舆论的风口浪尖。这场互联网巨头之间的竞争，已然从单纯的市场争夺，演化为关乎技术效率与公平正义如何抉择的时代命题。在技术效率与公平正义的分野之下，这场"京—美大战"究竟谁能笑到最后？

表面来看，京东与美团的市场竞争和话语争夺并未跳脱惯常的市场行为，但实质上映射出技术革新下效率与公平这一始终横亘的社会矛盾。京东之所以赢得"正方"标签，一方面在于其让利于民的务实举措——杜绝"幽灵外卖"，保证被封杀骑手的单量、给骑手的对象安排工作、鼓励骑手多平台接单等，为消费者和骑手带来切实利益；另一方面，京东于"就业时艰"背景下选择扩聘并提供生计

* 教改项目：本文受到西安建筑科技大学研究生教育改革研究项目（编号：HGG202402）、西安建筑科技大学教改项目（编号：JGC220202）资助。

路径，既消解了民众技术狂飙下"碳硅替代"的焦虑，也提供了大众面对技术变革时"最后一道防线"的情感需求。这种价值抉择和退路机制不仅彰显了企业对劳动者权益的尊重，更呈现出技术革新如何让百姓获得安身立命的可能性。反观美团，虽凭借无人机技术与算法优势摘得低空物流的全国运营机会，展现了技术加持下的市场竞争力，却忽视了保障劳动者权益、坚守社会公平正义的价值。无人机物流普及背后，是传统骑手岗位的直接消失和劳动市场的挤压。这种技术效率与公平正义的失衡引发公众对个体生计的普遍担忧，既暴露了技术变革对就业结构的冲击，更触及国家核心价值——保障人民安居乐业。由此可见，企业的使命不应仅停留于效率提升，更需秉持"技术向善"的原则，通过"以人为核心"的价值导向校准、弥合技术效率与公平正义的鸿沟。

　　以美团和京东为代表的价值选择分野，折射出企业在技术驱动的发展中对劳动阶层权益保障的不同态度，勾连着公平正义等社会核心价值，深刻影响未来城乡社会和空间重构。一方面，技术进步促进社会生产效率跃迁，带来工业生产"黑灯"化、工作交互虚拟化，促进了人的解放；另一方面，机器替代、线上消费与办公普及，导致商业和办公空间空置化，购物方式革新加剧交通复杂化，引发人与空间的关系解耦。从问题动因来看，技术为民与技术向利两种不同价值选择，激化社会矛盾局部显现；从影响维度来看，技术革新将直接促发生产生活方式的全局性调整。这些问题既反映了我国现代化进程中的阶段性矛盾，也揭示了全球技术进步与社会转型中的普遍困境——技术效率与公平正义的价值选择难题。从规划视角回应这一现实矛盾及其直接影响，需要在人工智能（AI）技术涌现并快速迭代语境下，剖析"技术—社会—空间"三元关系面临的不确定性挑战，强化社会公平正义的核心价值、提升空间系统的适配性。有鉴于此，研究立足历次工业革命技术革新的历史脉络，剖析技术重构城乡社会与空间演进的逻辑及当代困境；紧扣中国式现代化的时代意涵，及规划在城乡现代化中的价值与作为，探索在人工智能日新的背景下，如何坚守"以人为核心"的价值准则，推动"当下之未来"的城乡现代化建设。

2　技术驱动下的城乡空间演进

2.1　历次工业革命演进下的空间变革

　　18世纪中叶以来的四次工业革命，均以颠覆性技术推动生产生活方式转变，对经济地理格局、城乡关系和三生空间（生产、生活、生态）产生深远影响（表1）[3]。第一次工业革命以蒸汽机为标志，煤炭驱动的能源利用方式塑造了新

历次工业革命技术驱动的城乡空间变革梳理   表 1

阶段	核心技术	生产方式转变	生活方式转变	城乡空间变革
第一次工业革命	蒸汽机	工厂取代手工作坊	人口向城市集中，城市化加速；蒸汽火车改良	宏观："能源依赖"逐渐显现，给内陆城市带来了新的发展机遇
				中观：城市与乡村之间形成了明显的对立与分隔，二元分化格局显现
				微观：标准化厂房出现，生活空间阶层分化，生态空间污损加剧
第二次工业革命	电力和内燃机	机器大工业生产成熟	中产阶级生活环境要求提升，消费文化兴起[3]；内燃机汽车普及	宏观：城市圈群结构显现，全球产业分工
				中观：城乡二元对立，技术和资本差距悬殊[5]
				微观：独立工业区出现，生活空间功能分化，生态空间环境污染等问题加重
第三次工业革命	信息技术、自动化	后福特主义生产出现	居民休闲娱乐多样化；高铁与航天技术发展	宏观：制造业流向成本洼地，知识密集型经济形成网络化空间格局
				中观：城乡一体化发展趋势显现，迈向逆城市化和乡村多功能化发展阶段
				微观：数字化生产，服务经济比重上升，用地规模优势逐步转向信息密度、临近市场等竞争性要素[6]
第四次工业革命	智能技术、工业4.0	智能制造，工业互联网	数字化生活，个性化需求与精准服务；智能交通系统	宏观：制造业本地化，经济增长格局逐步依赖算力和新能源
				中观：走向城乡边界消隐、要素双向流通的共生融合
				微观：生产空间逐步向智能化、模块化转变，生活空间向智慧化转变，生态空间的自然价值显现[5]

的经济组织模式和空间格局：能源动力打破自然地理条件限制，经济活动从"水运依赖"转向"能源资源"，内陆城市依托煤炭能源获得发展机会，形成新的经济地理结构；城乡关系开始由低维和谐走向二元分化，乡村依附城市发展；三生空间层面，生产空间中标准化工厂取代手工作坊，生活空间因阶层分化出现居住隔离，生态空间则在粗放工业发展中面临侵占和污损。第二次工业革命以电力、内燃机为核心，能源多元化摆脱单一要素依赖。依托铁路、公路、海运网络，开始形成以大城市为核心、深度参与全球分工的城市群；城市化加速伴随郊区化，乡村农业效率提升但与城市差距悬殊，城乡二元对立加剧；三生空间面临挑战，生产空间向城市外围扩张，生活空间居住分异加剧，生态空间受工业污染与用地挤压问题日益加深。第三次工业革命以信息技术为驱动，经济地理格局从实体要素集聚转向知识网络分散化，产业价值链地位主导空间区位选择，边缘地区通过专

业化分工获得发展机会；城乡关系在逆城市化与乡村功能多元化中，从二元对立迈向一体化发展；三生空间开始重构，生产空间从依赖用地规模转向优先信息密度，服务业逐步占据城市核心，生活空间因互联网而衍生远程办公、数字游牧社区等新形态，生态空间中部分传统污染得到一定治理，但新型污染问题层出。第四次工业革命以"工业4.0❶"为标志，人工智能与工业互联网推动生产模块化、网络化，经济地理在数字经济与产业本地化影响下转向绿色可持续；城乡关系从一体化迈向边界消隐、要素双向流通的共生融合阶段；三生空间面临智能化重塑，生产、生活空间通过技术提升效率，生态空间在土地集约与价值显化中获得新发展路径。

总结历次技术革命与城乡空间变化的关系可知，每一次技术革命嵌入城乡社会空间，一般遵循"技术革新突破—生产组织模式创新—空间承载适应性形变"的基本路径。其间，技术革新引致新的生产生活方式变革，均会从"宏观经济地理格局重塑、中观城乡关系重组和微观三生空间重构"三个层次促成新的城乡空间形态[4]。因此，解析新技术驱动的空间变革并前瞻性提出规划应对，成为时代发展的必然要求。

2.2 "AI5.0"的时代认知及空间转型

当前全球正经历以人工智能技术为核心的技术井喷式发展，处于新技术不断涌现的阶段。以 ChatGPT、Deepseek、Gemini 为代表的对话模型，Sora、StableDiffusion 等 AI 绘画与视频生成工具，乃至全球首个通用型 Agent——Manus 的出现，正推动全球经济地理、城乡关系和三生空间的转型重塑。生成式人工智能（GenAI）技术的突破标志着一场有别于四次工业革命的技术影响。与前四次技术革命不同，人工智能技术的快速迭代呈现出"类人化"趋势，并在多个领域迅速取得了"超人化"表现。例如，阿尔法狗（AlphaGo）成为第一个战胜围棋世界冠军的人工智能，展现了 AI 在处理复杂任务中的潜力。众多学者将近年来人工智能技术的突破性进展视作开启第五次工业革命的前导性技术，并将当下以人工智能技术为核心技术的阶段定义为"AI5.0"时代。在这一背景下，经济地理格局、城乡空间和三生空间的构成也因应人工智能技术的智慧化、智能化面临进一步重构。

总体来看，其影响从实体空间逐渐演变为虚拟空间与实体空间的共存，并进一步发展为虚实空间的深度融合[7]。人工智能技术驱动下虚实空间关系的变化正

---

❶ 德国于 2013 年 4 月汉诺威工业博览会上正式提出第四次工业革命战略，提出利用信息化技术促进产业变革。

在且将持续对城乡空间产生深远影响。经济地理格局层面，"AI5.0"时代，通过智能制造、工业互联网和大数据分析，实现了生产流程的模块化和网络化，推动经济活动由集中式向多节点分散化转变[8]。这一转变不仅改变了经济活动的地理分布，也为城乡经济协同提供了新的载体和模式；城乡关系层面，在 AI 技术促发下，城乡关系开始由一体化向无界融合转变，由实体融合向虚实共融转变。城乡空间开始显现各自的独特优势，各类要素在城乡之间经由实体交通、数字网络而自由流通，并生成基于人类需求的空间使用方式；三生空间层面，各类空间功能从割裂走向共生的系统重构。生产空间正在技术替代的浪潮下走向智能化；生活空间因虚拟办公和远程协作的普及，逐渐走向生活和工作边界模糊化；生态空间则在新的能源技术条件下，获得保育与可持续发展的契机，从被动保护走向价值创造。

2.3 技术影响下的当下空间困境

技术变革是推动城乡空间重构的重要动力，历次工业革命通过重塑生产生活方式，持续改写城乡空间的形态与功能[8]。进入"AI5.0"时代，人工智能技术作为新一轮技术革命的核心驱动，在推动社会生产向智能化、网络化和多功能化转型的同时，也引发宏观经济地理格局、中观城乡关系以及微观三生空间功能场域一系列空间失序问题。

经济地理格局层面，技术进步催生了新型多节点的经济活动格局，各地区在资源配置、产业集聚和转型过程中不断重塑自身优势，呈现出去中心化的发展特征。然而，这种动态重组往往伴随着算力作为核心生产要素的区域分布。其"马太效应"和结构性断层带来的区域性失衡，将加剧算力枢纽对其他区域新的虹吸效应。同时，虚实空间的张力冲突日显，虚拟技术兴盛对实体空间的发展带来冲击，其通过剥夺实体空间之间的生产链接，在简化生产流通的中间环节时，也引发了技术霸权和利益的进一步集中。更为重要的是，算力的黑箱决策如何平衡虚实、先发与后发等复杂关系。历史数据的过度依赖，能否建立抗击产业应对全球冲击的系统韧性，如何为不同发展区域设定合理的位序仍有待检验。城乡关系层面，虚实共生的城乡关系逐步形成，虽摆脱了实体层面城市中心、乡村边缘的二元对立关系，但可能造成新的"虚实"二元对立冲突，引致城乡等值在虚实空间中的双层异化。再次，技术应用门槛的提升，抬高了普通大众捕获乡村要素价值的难度，亦将催生新的技能不平等。三生空间共生层面，生产空间面临"智能转型"与"传统闲置"双重压力。一方面，智能化替代形成的"黑灯"工厂析出智能化工厂改造需求；另一方面，大量标准厂房和传统工业园区则难以适应无人化管理及生产需求而面临闲置。生活空间则在虚拟交互中面临实体关系的解体。元宇宙办公与数字游牧生活削弱了实体空间的社会黏合功能,紧密连接的日常生活关系日益消弭。生态空间则面临技术正义悖论,科学理性导致的修复性破坏,忽略传统智慧抑或难以适应本地化知识,而一味遵循数据逻辑可能衍生修复不当、保育无效等问题。总之,当下技术的变革对经济地理格局、城乡关系和各类空间提出了全新挑战,既有空间组织逻辑已逐渐难以满足多元化、动态化的空间使用需求。

3　技术驱动下的城乡社会重构

3.1　历次工业革命演进下的社会分异

18 世纪中叶以来的四次工业革命,在推动城乡空间重构的同时,也通过劳动关系重塑与利益分配机制深刻影响社会劳动阶层分异。劳动者分层理论植根于社会学的社会分层理论,揭示了社会群体间因经济地位差异而形成的层级结构[9]。该理论强调,在不同的社会经济条件下,劳动者的技能水平、职业类型、社会地位等因素直接影响其收入分配和社会利益获取,从而在劳动者内部形成了明显的层级分化。劳动者分层的具体划分需置于劳动关系的二元结构中进行分析,其依据包括议价能力、劳动薪酬、技术含量、市场需求等关键因素,这些因素共同决定了劳动者在劳动关系中的地位和权益[10]。在人工智能技术快速发展的背景下,劳动者分层理论将成为分析技术替代对不同层级劳动者影响的重要工具,为探讨人工智能技术影响下的未来人群构成奠定理论基础。

借由劳动者分层理论透视其社会分异,可为技术演进下的劳动阶层判断提供理论依循。从历史演进看,每一次产业革命都遵循"新工具集群出现(启动期)→生产组织方式重构(展开期)→社会制度调整(成熟期)"的线性发展进程[11],最终通过利益分配的波动与固化塑造全新阶层结构[12](表 2)。第一次工业革命,传统手工业者数量大幅减少,转为产业工人;第二次工业革命通过福特流水线与泰勒制(Taylorism),将劳动者分割为"标准化操作工"与"管理技术官僚"两大对立群体;第三次工业革命(1970—2000 年)中,信息技术革命催生了高技能的"网络劳动者"阶层,他们在全球经济中拥有更高的议价能力;第四次工业革命通过技术替代削弱常规型职业的存续基础,生成新的数字劳动等阶层。历次技术革命背后的劳动关系更迭印证:颠覆性技术必然推动劳动阶层分异与社会人群重构。技术演进下的劳动阶层分异既是生产力发展的必然结果,也是社会结构变革的体现。通过劳动者分层理论提供的分析框架,可见当下人工智能加速发展的劳动阶层将持续加剧,这既是对传统劳动关系的挑战,也为未来社会经济结构重塑带来新机遇。

历次工业革命中的劳动阶层影响   表 2

阶段	生产技术创新	生产组织变化	劳动阶层影响
第一次工业革命	蒸汽机和阿克莱特水力纺纱机推动了机械化生产	从分散的手工劳动转向集中化的工厂生产	传统手工业者(如英国棉纺工)被工厂工人取代,标志着劳动阶层从独立手艺人向雇佣工人的转型[13]
第二次工业革命	福特流水线和泰勒制提高了生产效率,电力与内燃机扩大了工业规模	劳动分工明确,工人被分为执行标准任务的操作工和负责规划的管理人员	传统机械师被淘汰,出现操作工与管理阶层的对立(如1913年福特高地公园工厂,ModelT 的生产从12小时以上缩短至约1.5小时,大幅减少了传统劳工需求[14, 15])
第三次工业革命	信息技术革命催生了计算机和互联网	生产转向知识驱动,网络社会逐渐形成	正如美国1979—2009年间因技术进步和全球化失去约750万个制造业岗位所显示的,高技能"网络劳动者"崛起,传统制造业岗位大幅减少[16, 17]
第四次工业革命	自动化和 AI 技术取代常规任务	生产过程高度自动化,减少对人力的依赖	规则明确且易于划分的常规型职业被机器替代(如打字员、银行柜员),劳动阶层分化加剧[18]

3.2 "AI5.0"的社会认知及人群画像

人工智能技术引领的"AI5.0"时代,使劳动者因技能水平、职业类型与社会地位的分化持续加剧,人群初步分化为"高技能创新者"与"低技能被替代者"。高技能劳动者通过创新和决策创造更高的价值,而低技能劳动者则面临被自动化替代的风险。事实上,技术演进中,人群的职业替代效应强弱已通过现有数据提供了预测依据。据 Katz 和 Margo(2013)的统计显示,1920 年至 2010 年间美国职业就业分布发生了显著变化:专业技术类职业就业份额从 5.6% 上升至25.1%,管理类职业就业份额从 6.7% 增长至 14.3%,而农业类职业就业份额则从 24.9% 大幅下降至 1.1%。与此同时,中国第五次和第六次人口普查数据显示,2000 年至 2010 年间,科学研究类职业就业人数增长了 76.57%,教学类职业就业人数增长了 8.28%,而种植类职业就业人数下降了 20.89%。这些数据表明,从事非程式化、创新与社交等高技能职业的就业人数持续增长,凸显了这些职业在人工智能技术冲击下的低可替代性[19]。受此影响,社会结构呈现"顶层集聚、中层萎缩、底层庞大"的演变趋势,向扁平化三角形转变,阶层差异被放大,对社会公平正义构成威胁。

在此划分逻辑下,结合资本原始积累、劳动成果标准化等特征,可将未来劳动力人群细化为四类(图 1):第一类人群,技术—权力精英阶层。此类人群主要集

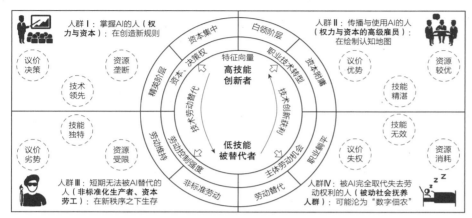

图 1 "AI5.0" 时代劳动阶层分异下的四类人群画像

资料来源：笔者自绘

中在技术与权力精英层面，他们不仅掌握核心科技和关键资源，而且在决策层面拥有巨大的影响力。该阶层得益于人工智能等高新技术的快速发展，通过资本积累和知识储备将进一步强化其在劳动市场中的优势地位。第二类人群，技术—管理、操作群体。此类人群是管理人员和技术操作人员，以在企业或组织内部负责将技术与管理有效衔接，通过技能不断提升和岗位分工实现话语升级，他们在未来的生产体系中扮演着重要的桥梁角色。第三类人群，传统生计与非标准化就业者。该类人群的主体是围绕不可替代的传统生计人群及非标准化就业者，这部分群体虽然在技术更新中面临较大压力，但凭借独特的技能、经验、体力等依然维持着就业和生活的基本保障。第四类人群，分化的边缘群体。主要包括三个细类：① "数字血袋"：依赖家族或父辈资本积累，以躺平式态度脱离直接劳动，未能获得技术赋能。② "数字弃民"：既无资本储备又缺乏技术适配能力，依赖社会福利维持基本生存。③ "数字工蜂"：受困于算法控制（如平台经济从业者），劳动过程高度标准化，议价能力趋近于零。通过上述四类人群的特征解构，可构建 AI 时代社会结构的认知框架，为研判技术驱动的社会重构及依附于人群特征的空间需求研究奠定基础。

3.3　技术影响下的当下社会问题

人工智能技术的快速发展，不仅推动劳动阶层的分异和社会结构的变迁，也引发一系列亟待解决的深层社会问题。这些问题表现为技术垄断与数字鸿沟的加剧、劳动替代带来的就业危机，以及由此引致的社会公平与正义消弭。下面从上述三个方面对当下技术影响下的社会问题进行剖析。

首先，技术垄断与数字鸿沟的加剧。技术垄断表现为少数精英与企业对核心技术、数据资源的掌控，形成市场霸权。例如，平台企业通过算法控制劳动过程

（如美团骑手的"数字工蜂"群体），不仅压缩劳动者议价空间，更通过数据壁垒阻碍市场竞争，加剧财富向技术寡头集中。与之伴生的数字鸿沟，则在区域与群体间制造技术获取鸿沟，而边缘地区与低技能群体面临"技术剥夺"，进一步拉大发展差距，威胁区域经济均衡与社会融合。

其次，劳动替代与就业危机的激化。AI 对低技能、重复性岗位的替代效应显著，制造业、零售业、传统服务业首当其冲。这种替代不仅导致低技能劳动者面临生计威胁，更推动劳动市场向"两极化"演进：一端是掌握复杂技能的"高技能创新者"，凭借技术稀缺性占据价值链顶端；另一端是陷入"替代陷阱"的"低技能被替代者"，在职业转型中举步维艰。

最后，技术效率与公平正义的博弈。技术提升生产效率的同时，也加剧了社会分配失衡。劳动阶层分异使"高技能创新者"与"低技能被替代者"的鸿沟固化。边缘群体如"数字弃民"（依赖社会福利）和"数字工蜂"（受困算法控制）则面临被边缘化风险，其基本权益保障与发展机会被严重挤压。这种以效率为导向的技术进步，正侵蚀公平正义的社会根基，引发阶层流动停滞、社会稳定性下降等深层危机。上述问题的本质是技术效率与社会价值冲突的显现，这种不平等不仅威胁到社会的稳定，也对公平正义的社会准则构成挑战。

4　中国式现代化的时代意涵与规划价值

4.1　中国式现代化的时代意涵解析

回顾历次工业革命，技术始终是现代化进程中最活跃的变量，持续塑造着城乡社会结构与空间形态的演进轨迹。检视当下"京—美"大战可见，如何平衡技术涌现背后的"技术为人"和"技术向利"的价值分野，正成为技术革新下的现实命题。而在技术革新加速城乡社会与人地关系嬗变的背景下，中国式现代化秉承一以贯之的"天下为公""天下为民"思想，既回应了现代化进程中规范技术伦理的现实命题，也重新校准了城乡社会与空间现代化的价值坐标。

4.1.1　锚定公平正义的社会价值理路

中国式现代化对公平正义的社会价值锚定，本质上是马克思主义平等观的当代诠释与中国社会矛盾转化的实践应答。这一价值体系以"人的自由全面发展"为终极指向，在破解"效率至上""分配失衡""公平正义消解"等现代化共性难题中，蕴含三重既具理论纵深又富实践张力的价值维度：其一，在"人口规模巨大的现代化"中筑牢公平正义的价值基准。中国式现代化立足中国社会矛盾转化的现实语境，需将公平正义作为价值准则，围绕"人为核心"的价值逻辑，回应现代化进程中人的发展问题。通过秉承"为人"的社会公平正义的价值导向，建立起兼具本土特色和时代意涵的价值要义。其二，在"全体人民共同富裕的现代化"中重构公平正义的分配逻辑。针对资本逻辑导致的劳动替代与就业危机、技术垄断与数字鸿沟等分化风险，中国式现代化创造性地将"做大蛋糕"和"分好蛋糕"进行辩证统一，为规避资本主导的强弱分化提供了实践依循。其三，在"物质文明和精神文明相协调的现代化"中拓展公平正义的价值维度。作为社会主义现代化的根本要求，中国式现代化将公平正义从物质分配领域延伸至精神文化权利的平等享有，注重现代化过程中人的物质和精神追求的满足，以增强人民的力量，促进物的全面丰富和人的全面发展。

4.1.2　秉持人地和谐的空间转型路向

中国式现代化对"人地和谐"的空间转型建构，本质上是马克思主义自然观与中国传统"天人合一"智慧的当代融合，也是对工业文明"人地对立"发展范式的超越。这一转型路向以人地关系为核心，在破解资源约束趋紧、生态承载力透支等现代化难题中，形成三重既具历史纵深感又富实践创新性的转型维度：其一，在传统智慧中重塑人地关系。"天人合一""取之有度，用之有节"等人地智慧，内蕴于"人与自然和谐共生的现代化"，为"敬畏自然—适应自然—善用自然"的空间伦理体系提供支撑。其二，在增存转换中重构空间生产。后城镇化阶段，传统城镇化"摊大饼"逐步走向增量转存量和增存并举的阶段，内涵式发展之路正重塑空间生产的逻辑，也为人地关系的重新优化提供了契机。其三，在底线思维中升华空间价值。守护生态底线，保护自然环境，建立人与自然生命共同体是中国式现代化的保障。超越简单的"环境保护"认知，中国式现代化将人地关系提升至"生命共同体"的哲学高度，为制度创新与技术赋能构建起预防性、系统性的生态治理靶向。

4.2　规划在城乡现代化发展中的价值

城乡现代化是中国式现代化的重要组分，亟需依附技术进步赋能城乡现代化迈向纵深。城乡现代化的核心内涵在于对"社会"与"空间"的深刻把握，其本质是技术兴盛背景下对效率与公平的价值平衡。规划作为具有公共政策属性和空间治理效能的实践工具，承担着平衡公平正义与技术效率的学科责任。具体而言，城乡规划的价值主要体现在推动城乡社会与空间现代化两个方面。

4.2.1　规则内置：推动技术向善的城乡社会现代化

在技术深度嵌入社会发展的时代语境中，规划不再局限于空间资源分配工具，而是成为校准技术伦理、建构包容性社会的价值载体。其核心使命在于破解技术异化导致的社会分裂，重塑"技术为人"的发展逻辑。在城乡社会现代化中，规划作为辅助政策治理工具，致力于联系最广大人民的利益，抱持技术向善的逻辑，推动社会结构稳定、运行有序。此语境下，规划须超越传统空间布局职能，承担起实现社会公义的制度设计与价值守护使命，发挥规划作为政策工具的价值。首先，规划可以通过"技术应用亲民化"，将公平正义理念转化为可操作、可接入的技术赋能菜单，如可参与的数字治理平台、可共享的创新空间载体，进而监督技术应用背后的技术逻辑是否契合居民等最广大使用者的需求；其次，规划亦可以依循"要素分配精准化"，遵从各类发展要素流动的技术路径，将空间指标分配的逻辑迁移至资金、信息等多种要素，建立与社会不同劳动阶层链接的要素分配通道，助力不同阶层在现代化中的能力跃迁；最后，规划可经由"设施分布均衡化"，沿着物质与精神双丰盈的目标，通过线上线下技术基础设施的均衡布局以及参与式等措施，确保不同群体能够公平地享有基本公共服务，提升社会公平感。

4.2.2 新老相生：促进技术赋能的城乡空间现代化

随着技术日益革新，空间利用方式的维度得到极大拓展。在此背景下，依循"新旧相生"的逻辑，规划可以探寻新技术加持下智慧、空间、场景支撑的城乡空间现代化之路，促进技术在城乡空间现代化转型中的应用维度。首先，规划以新技术转译"老智慧"：挖掘生态营建知识。利用新技术创新新材料、新结构和新模式，组构低碳、绿色、可循环等生态节能营建逻辑，塑造可持续的理想人居。其次，规划以新技术解码"老空间"：激活低效存量空间。利用海量社会经济数据发现低效、闲置空间利用的隐藏规律，为节地、复合、混合的城乡空间利用提供支撑。最后，规划以新技术焕活"老场景"：创建虚实融合的生态空间。新技术具有跨越地理区隔呈现空间原真性的特点，能够为"心向往之但行不能至"的生态空间提供社会链接的可能，焕活"老场景"的新价值，助益生态空间的持续保育利用。综上，规划在技术赋能的城乡现代化中的核心价值在于，通过科学的技术应用逻辑，兼顾效率与公平的平衡。规划不仅为技术效率化提供空间支撑，更是维护公平正义的责任主体，可为推动中国式现代化发挥学科价值。

5 面向未来的规划作为

5.1 社会重构："扁平三角"到"纺锤形"的持续转型

各国的发展经验表明，中等收入者占大多数的社会，即两头小中间大的"橄榄形"或"纺锤形"社会，是比较稳定的社会，也是理想的现代化社会结构[20]。纺锤形（又称橄榄形）社会结构以中间层为主体，两端逐渐收窄，呈现出"中间大、两头小"的特征。这种结构强调中间层的稳定性和向上流动的开放性，能够有效缓解社会极化，促进社会公平与可持续发展。在中国式现代化的背景下，纺锤形社会结构更符合共同富裕的目标，通过提升中间层的数量和质量，为社会发展提供稳定的动力，同时为社会阶层创造更多流动的机会，推动社会整体向更加均衡、包容的方向迈进。

面对当前技术精英与权力精英渐趋集中的态势，规划的核心命题之一在于，通过科学的政策和空间布局推动社会向上流动渠道的畅通，总体形成纺锤形结构。首先，通过技术、产业与区域的合理布局与利益分配机制的完善。一方面抑制精英群体的资源过度集中，另一方面引导精英阶层在良好的社会价值导向下发挥示范引领作用，如京东便为我们验证了这类企业在社会重构中的积极作用。其次，优化第二类管理与技术操作人员的数量和质量，使其在社会结构上均衡分布，释放更多就业岗位，同时提升中间层的职业技能和竞争力，为未来产业升级提供支撑。对于第三类非标准就业人群，规划需要设立保护机制和激励措施，通过完善社会保障、职业培训和扶志扶智的相关政策，拓展从非标准就业向稳定就业和自我提升的良性渠道。对于第四类公共福利维系生存的被扶养群体而言，主要通过引导部分弱势群体逐步进入第三类乃至第二类群体。最终目标是构建起各层级之间有效的跃迁通道，使得社会结构由当前的"顶层集聚、底层庞大"的三角形架构转化为纺锤形结构，促进社会的可持续发展（图2）。

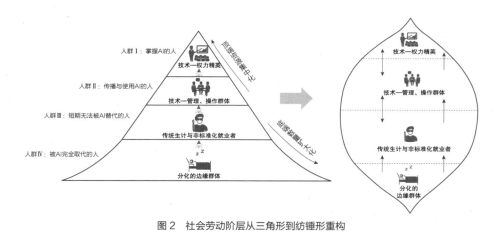

图2　社会劳动阶层从三角形到纺锤形重构
资料来源：笔者自绘

5.2　空间转型："区域—城乡—功能"由分割到协调融合

在中国式现代化价值内涵的指引下，技术驱动的城乡空间正呈现出虚实融合的全新样态，区域经济地理格局、城乡关系和三生空间的功能将面临系统性重塑。

经济地理格局层面，亟需破除资源壁垒，依据数字网络和算力网络重构区域分工，建立跨区域协同的"计算—生产—分配"技术路径。规划可秉承产业链去中心化、去地理化和再地方化的基本原则，强化技术赋能区域经济空间格局优化，创新技术空间体系和经济合作模式，超越传统地理、行政等边界约束。如通过算力中心、节点和网络的系统构建，建立联弱赋能的技术通道，或通过"网络飞地"的形式，建立跨域合作的空间协同机制，畅通信息、资金和人才等要素通道，激活区域塌陷地带。城乡关系层面，亟待突破数字鸿沟和技术赋能的壁垒，建立联系最广大群众的技术培训、业务指导框架，以技术弥合城乡之间的发展鸿沟。规划可通过城乡功能分工的差异化耦合，建立契合各自资源优势的经济模式。如在城乡要素流通过程中，建立数字孪生平台，建立产销两地的合作网络。

三生空间层面，规划一是聚焦保护型发展，守护记忆与碳基生命历程的空间传承。以保护碳基生命历程与文化记忆为核心，构建科学合理的保护性空间体系，包括：对历史物质遗存进行保护，避免技术演进下"空间重构失控"对保护空间产生不可逆的破坏；制定承载碳基生命记忆的空间利用边界，通过智能化监测与管理，划定保护区域与适度开发区域，确保文明记忆传承与未来发展需要的平衡；逐步引导保用结合下激发保护空间的经济价值。在保护的前提下，推动文化保护与经济发展的有机结合。二是更新型发展：适配空间转型趋势，积极推动新旧空间有机融合。具体作为包括：对需要改造的空间应结合新旧空间的特征，构建高效、智能的功能更新体系，强调遵循既有空间的功能特性，依托人工智能、物联网等技术，实现空间的数字化改造与功能优化；针对延续性空间应以满足非标准化就业群体的需求为核心，构建灵活、包容的空间延续体系；针对新增的空间应以开放包容为导向，构建虚实融合的创新空间体系。上述空间转型路径分别回应了城乡空间在历史传承、功能更新、生计保障与创新驱动等方面的人本核心诉求，共同构成未来城乡空间发展的多元化路径。

6　结语

在技术变革浪潮中，规划的价值与作为源于对未来场景的前瞻性洞察与科学应对。面对人工智能迅猛发展，规划实践需构建"工具理性—方法创新—价值平衡"的三维行动框架：首先，确立 AI 的工具理性定位，释放技术普惠潜能。正如第一次工业革命中蒸汽机重塑生产范式，AI 作为跨时代技术载体，其核心价值在于赋能而非替代人类。规划应倡导公众建立"人机协同"思维，将 AI 视为提升生产效率、解放重复劳动的工具——通过全民数字素养培育，使技术红利覆盖各阶层，避免"数字鸿沟"加剧社会分化。这既符合技术民主化趋势，也为城乡发展注入可持续动能。其次，构建 AI 驱动的规划方法体系，提升空间治理效能。规划工作者应突破传统经验依赖，建立"数据采集—智能分析—动态优化"的技术闭环，依托数字孪生技术实现规划方案的实时推演，最终形成"精准预测—科学决策—弹性适应"的规划机制，确保空间资源配置的效率与公平。最后，坚守人文价值内核，平衡技术理性与民生关切。规划师需以中国式现代化为价值坐标，警惕"技术至上"倾向：通过"技术赋能 + 权益保障"双轮驱动，构建"公平与效率平衡"的新发展局面。面向未来，城乡规划唯有在技术效率与人文关怀间找到动态平衡点，才能实现更公平、多元、持续、包容的人居环境。这不仅是应对"AI5.0"时代的技术策略，更是坚守规划学科"以人为本"初心的必然选择——以空间治理的智慧，为人类文明铺就技术与人文共生的可持续发展之路，守护每一个碳基生命的尊严与梦想！

参考文献

[1] 马敬泽 . 京东美团 "狭路相逢"，谁是勇者？ [N]. 现代物流报，2025-04-28（005）.

[2] 陆涵之 . 美团、京东同一天公布新动作即时零售行业硝烟四起 [N]. 第一财经日报，2025-04-16（A09）.

[3] 黄经南，马灿，周俊 . 人工智能引领的新一轮技术革命冲击下城市空间变革趋势、对策及对我国的启示 [J]. 城市发展研究，2023，30（6）：16-23，80.

[4] 张京祥 . 西方城镇群体空间研究之评述 [J]. 国际城市规划，2009，24（S1）：187-190.

[5] 冯健 . 西方城市内部空间结构研究及其启示 [J]. 城市规划，2005（8）：41-50.

[6] 杨禹村，陈锦富，孟棋钰，等 . 能源利用终端"迭代"对城市空间结构的影响分析 [C]// 中国城市规划学会 . 人民城市，规划赋能——2023 中国城市规划年会论文集（04 城市规划历史与理论）. 北京：中国建筑工业出版社，2023：328-336.

[7] 戴智妹，华晨，童磊，等 . 未来城市空间的虚实关系：基于技术的演进 [J]. 城市规划，2023，47（2）：20-27.

[8] 胡安俊，唐瑜，孙久文 . 科技革命与中国主导产业空间格局演变：机理、规律与趋势 [J]. 区域经济评论，2024（1）：22-30.

[9] 李强 . 社会分层十讲 [M].2 版 . 北京：社会科学文献出版社，2011.

[10] 王天玉 . 求同存异：劳动者的身份认定与层级结构 [J]. 广东社会科学，2011（6）：230-236.

[11] 佩雷斯 . 技术革命与金融资本：泡沫与黄金时代的动力学 [M]. 北京：中国发展出版社，2002.

[12] 郭晓杰，刘文丽 . 科技创新、金融资本与经济增长相关性的研究综述——兼论卡萝塔·佩蕾丝的《技术革命与金融资本》[J]. 科技管理研究，2014，34（10）：11-16.

[13] ASHTON T S.The industrial revolution，1760—1830[M].Oxford：Oxford University Press，1948.

[14] FORD H.My life and work.Garden City Publishing，1922.

[15] CHANDLER A D.Scaleand scope：The Dynamics of industrial capitalism[M].Cambridge：Harvard University Press，1990.

[16] AUTOR D H，DORN D，HANSON G H.The china syndrome：Local labor market effects of import cmpetition in the United States[J].AmericanEconomicReview，2013，103（6）：2121-2168.

[17] CASTELLS M.The rise of the network society[M].Cambridge：Blackwell Publishers，1996.

[18] AUTOR D H，LEVY F，MURNANE R J.The skill content of recent technological change：An empirical exploration[J]. Quarterly Journal of Economics，2003，118（4）：1279-1333.

[19] 王林辉，胡晟明，董直庆 . 人工智能技术、任务属性与职业可替代风险：来自微观层面的经验证据 [J]. 管理世界，2022，38（7）：60-79.

[20] 陈宗胜，高玉伟 . 论我国居民收入分配格局变动及橄榄形格局的实现条件 [J]. 经济学家，2015（1）：30-41.

赵文琦，浙江大学公共
管理学院博士研究生

赵志荣（通讯作者），
中国城市规划学会学
术工作委员会委员，浙
江大学公共管理学院院
长、求是讲席教授、博
士生导师

赵文琦
赵志荣

中国绿色建筑的财政激励：基于政策工具的视角

1 引言

全球气候变化已成为国际社会面临的重大挑战，《巴黎协定》确立了将全球平均气温升幅控制在工业化前水平以上低于 2 摄氏度的目标，各国纷纷制定碳减排战略，推动经济社会向低碳方向转型。建筑领域是能源消耗和碳排放的主要领域之一，在我国占终端能源消耗总量的约 36%，碳排放占比达 32%[1]（图 1）。在"双碳"目标引领下，以超低能耗建筑为代表的高性能绿色建筑成为推动建筑领域碳减排的关键路径[2]。然而，这类建筑由于技术门槛高、增量成本大，其市场化推广面临诸多阻碍，需要政府通过系统性政策工具进行引导和支持。为推动超低能耗建筑发展，各国政府采取了多种政策工具组合，包括强制性的建筑能效标准和环境规制，以及建筑评级认证、示范项目优先评选和加速审批等市场引导机制。这些措施虽然发挥了一定作用，但往往无法帮助房地产开发商有效克服成本障碍和市场风险。作为推动超低能耗建筑发展的核心政策工具，财政激励政策通过经济杠杆降低创新风险，激发市场活力，对初期技术推广与规模化应用具有关键作用[3]。近年来，从中央到地方，我国陆续出台了一系列针对超低能耗建筑的财政激励政策，但这些政策在时间演进、地域分布和工具选择上呈现出显著差异，其系统性特征与效能有待深入分析[4]。

国内外学者对绿色建筑政策的研究主要集中在以下方面：一是政策效果评估，聚焦于政策对绿色建筑发展的促进作用[5-7]；二是利益相关者互动机制研究，探讨政策影响下的市场主体行为演化[3, 4, 8]；三是创新路径研究，关注绿色建筑发展的技术与政策创新[9, 10]；四是经济可行性分析，评估不同政策干预下的成本效益[11]。尽管已有研究为理解绿色建筑政策提供了多维视角，但对中国超低能耗建筑财政激

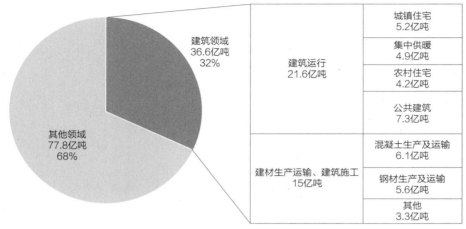

图 1　建筑领域碳排放来源

数据来源：落基山研究所基于《中国建筑节能年度发展研究报告 2024》国际能源署数据以及
《2023 中国建筑与城市基础设施碳排放研究报告》测算得出

励政策演进的系统梳理和政策工具分类分析尚显不足。对政策工具特别是财政激励政策的系统分析相对缺乏。

　　基于此，本研究从政策工具视角系统分析中国超低能耗建筑财政激励政策的演进历程，旨在回答以下问题：中国超低能耗建筑财政激励政策采用了哪些类型的政策工具？政策空间分布的特征及影响因素是什么？通过回答这些问题，本研究有助于深化对中国绿色建筑政策演进的理解，为完善政策体系提供依据。本研究首先梳理中国绿色建筑政策的整体演进历程，然后构建基于政策工具的分析框架，基于治理资源和治理逻辑进行政策工具分类，最后分析政策的空间分布特征及其影响因素，并提出政策建议。

2　中国绿色建筑激励政策的兴起与实践

2.1　绿色建筑政策溯源

　　绿色建筑政策的发展是应对全球气候变化与资源短缺挑战的重要制度创新，经历了从理论构建到标准规范再到财政激励措施的系统化演进过程。如图 2 所示，从时间维度看，20 世纪 90 年代至今，国际与中国绿色建筑政策呈现出明显的阶段性特征和互动关系，共同推动绿色建筑从理念走向实践。

　　节能减碳理论作为绿色建筑政策的思想基础，主要通过国际公约与国家战略规划构建政策框架。在国际层面，1992 年联合国气候变化框架公约（UNFCCC）首次将应对气候变化纳入全球治理框架，虽未直接提及绿色建筑，但确立了建筑节能减排的理论基础。1997 年《京都议定书》进一步明确了发达国家减排义务，

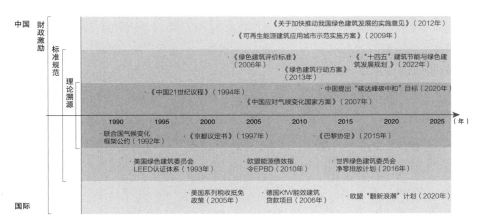

图 2　绿色建筑政策溯源

推动建筑节能标准制定。2015 年《巴黎协定》则通过设定全球温控目标，为绿色建筑发展提供了强大驱动力，使建筑"脱碳"成为国际共识。在这一国际背景下，中国的理论基础建设与之呼应并体现出本土特色。1994 年《中国 21 世纪议程》首次将节能建筑纳入国家可持续发展战略，确立了基本发展方向。2007 年《中国应对气候变化国家方案》进一步明确了建筑节能在减缓气候变化中的重要地位，提出"研究制定发展节能省地型建筑和绿色建筑的经济激励政策"。2020 年中国正式提出"碳达峰碳中和"目标，将绿色低碳建筑上升为国家战略，为后续政策提供了顶层指导。这些理论性文件虽不直接涉及具体激励措施，但通过确立战略目标，为标准规范和财政激励政策奠定了基础。

　　标准规范是绿色建筑政策实施的技术支撑和评价依据，国际社会在这一领域率先探索并形成了多元化的标准体系。1993 年美国绿色建筑委员会（USGBC）成立并推出 LEED 认证体系，首次系统性定义了绿色建筑的评价标准，对全球绿色建筑实践产生深远影响。2010 年欧盟能源绩效指令（EPBD）则从立法层面强制推进建筑能效提升，要求成员国制定国家能效行动计划。2016 年世界绿色建筑委员会推出净零排放计划，进一步提高了绿色建筑的标准要求，将零碳建筑作为未来发展方向。中国的标准规范体系以吸收国际经验并结合本土实际为特点，2006 年颁布的《绿色建筑评价标准》GB/T 50378 建立了我国首个国家级绿色建筑评价体系，奠定了中国绿色建筑标准化的基础。2013 年《绿色建筑行动方案》作为顶层设计，系统规划了中国绿色建筑发展路径，明确提出"研究完善财政支持政策"。2022 年《"十四五"建筑节能与绿色建筑发展规划》则进一步提高了目标要求，将超低能耗建筑和近零能耗建筑纳入规划范围，标志着中国绿色建筑标准体系日趋成熟。

　　财政激励政策是推动绿色建筑从理念和标准走向实践的关键杠杆，国际社会通过多种激励工具促进市场转型。2005 年美国开始实施系列税收抵免政策，包括商业建筑节能税收抵免（179D）和住宅能效信贷（25C、25D），形成了以税收工具为主的激励体系。2006 年德国 KfW 能效建筑贷款项目开创了金融机构与政府合作支持绿色建筑的创新模式，通过贴息和直接补助大幅降低了建筑业主的节能改造成本。2020 年欧盟"翻新浪潮"计划（Renovation Wave）则整合了补贴、税收、融资等多种工具，为建筑节能改造提供全方位财政支持。中国的财政激励政策起步相对较晚，但发展迅速且体系逐步完善。2009 年《可再生能源建筑应用城市示范实施方案》拓展了财政支持范围，将可再生能源与绿色建筑结合，形成了较为综合的激励体系。2012 年《关于加快推动我国绿色建筑发展的实施意见》作为中国绿色建筑财政激励政策的里程碑，首次建立了全国统一的绿色建筑补贴标准，对二星级、三星级绿色建筑分别给予每平方米 45 元和 80 元的财政奖励，标志着中国绿色建筑财政激励政策进入系统化、精细化阶段。

　　总体而言，绿色建筑政策的演进呈现出从理论到标准再到激励的递进关系，以及国际与中国政策的互动影响。国际公约和国家战略规划提供了理论基础，各类标准规范形成了技术支撑，而财政激励政策则作为市场转型的关键推动力，三者共同构成了推动绿色建筑发展的政策体系。中国绿色建筑政策体系虽起步较晚，但呈现出"追赶—融合—创新"的发展路径，初期借鉴国际经验，中期结合国情调整，近期则开始形成具有中国特色的政策创新，特别是在财政激励政策方面，正从单一补贴模式向多元化政策工具组合转变，以应对建筑领域碳减排的复杂挑战。

2.2　数据与方法

　　由于超低能耗建筑是高性能绿色建筑的代表，本研究以超低能耗建筑财政激励政策为研究对象，采用系统的政策文本分析方法，通过北大法宝数据库进行政策文本的检索与收集。具体而言，以"超低能耗建筑"作为关键词进行全文模糊检索，检索范围涵盖 2010 年 1 月至 2025 年 5 月期间的所有相关政策文件。初步检索结果显示，共获得中央层面法规文件 277 条，地方层面法规文件 5768 条，总计 6045 条政策文本记录。

　　检索获得的政策文本在内容上具有较大差异，有的仅是对超低能耗建筑发展的原则性表述，有的则包含具体的财政激励措施和详细的奖补标准。为确保研究数据的精确性和有效性，本研究对检索结果进行了系统化的筛选与清洗。首先，通过人工判读方式，对每条政策文本进行内容分析，重点识别文本中是否包含明确的激励措施和具体的奖补标准。结果发现，大部分政策文本（约 93.8%）仅是对超低能耗建筑发展的泛泛表述，如"积极推广超低能耗建筑""加快发展超低能耗建筑"等，未涉及具体的激励政策细节和奖补标准，不具备本研究所需的实质性内容。因此，本研究进一步对政策数据进行精细化清洗与处理。首先，剔除所有不含明确奖补标准的政策文本，重点保留那些对超低能耗建筑有明确财政补贴金额的政策。经过这一步筛选，共获得地方政策 71 条，这些政策均包含明确的奖补标准，如"对超低能耗建筑按照每平方米 XX 元给予补贴"等具体表述。其次，考虑到许多城市在政策执行过程中会对原有政策进行修订或更新，同一城市可能存在多条关于超低能耗建筑的激励政策，为避免数据重复计算，本研究采取首次颁布优先的原则，即对于同一城市多次颁布的政策，仅保留该城市首次出台的含有明确奖补标准的政策文本，以反映该城市开始实施超低能耗建筑财政激励的时间节点和初始激励力度。经过上述系统化的数据筛选与处理，最终确定 36 条地级及以上城市的超低能耗建筑财政激励政策作为本研究的核心数据集。

基于文本分析，超低能耗建筑财政激励政策可分为财政补贴、税收优惠和信贷支持三大类，其示例在表 1 中列出。

超低能耗建筑财政激励政策类型举例　　　　　　　　　　表 1

政策类型		城市	政策年份	政策内容	政策限制
财政补贴	定额补贴	邯郸市	2020	400 元 / 平方米	单个项目不超过 1200 万元
		廊坊市	2021	400 元 / 平方米	建筑面积不低于 2 万平方米
		沈阳市	2022	500 元 / 平方米	单个项目不超过 5000 万元
	阶梯式补贴	北京市	2017	1000 元 / 平方米（2017 年 10 月之前）800 元 / 平方米（2017 年 10 月—2018 年 10 月）600 元 / 平方米（2018 年 10 月—2019 年 10 月）	单个项目分别不超过 3000 万元、2500 万元、2000 万元
		郑州市	2018	500 元 / 平方米（2018 年）400 元 / 平方米（2019 年）300 元 / 平方米（2020 年）	单个项目分别不超过 1500 万元、1200 万元、1000 万元
		新乡市	2018	500 元 / 平方米（2018—2019 年）400 元 / 平方米（2020 年）	单个项目分别不超过 1000 万元、800 万元
税收优惠		乌鲁木齐市	2017	按 15% 税率缴纳企业所得税	绿色建筑为主营业务且收入占企业收入总额 70% 以上
		青岛市	2020	给予税收优惠	绿色建筑产业链相关企业
信贷支持		青岛市	2016	公积金贷款可优先考虑发放	购买超低能耗建筑商品房
		乌鲁木齐市	2017	鼓励引导金融机构加大对项目、企业及购买者的绿色信贷支持力度	绿色建筑、清洁能源应用建筑、超低能耗建筑、被动式建筑
		沧州市	2019	可贷额度上浮 15%	使用住房公积金贷款购买二星级以上绿色建筑且为超低能耗建筑的自住住房
		烟台市	2021	最高贷款额度在现行执行标准基础上上浮 20%	使用住房公积金贷款购买达到二星级及以上绿色建筑标准的新建被动式超低能耗自住住宅

2.3 中国地方政策发展阶段划分

中国超低能耗建筑的发展是在全球气候治理与国内能源转型双重背景下推进的。基于对政策文本的系统分析，可划分为三个阶段，分别为探索试点阶段（2010—2017 年）、多元化发展阶段（2018—2021 年）和零碳阶段（2022 年至今）。探索试点阶段以上海、北京等城市为先导，开始探索超低能耗建筑的本土化实践。2010 年，上海率先出台《上海市建筑节能和绿色建筑示范项目专项扶持办法》，提出对符合要求的超低能耗建筑示范项目每平方米补贴 300 元。2017 年，北京市设立了 1000 元 / 平方米的高额补贴标准 ❶。这一阶段的政策特点是覆盖城市少、补贴标准高、重点关注示范工程，主要目标是积累技术经验和探索本土化路径 [12]。进入多元化发展阶段后，随着《被动式超低能耗绿色建筑技术导则》等国家和地方标准的陆续出台，超低能耗建筑开始从个别城市向全国范围推广。2018—2021 年间，包括河北、山东、浙江等在内的多个省份及其下辖城市密集出台超低能耗建筑激励政策。郑州市于 2018 年将补贴标准设为 500 元 / 平方米 ❷，并规划逐年递减机制。这一阶段的政策特点是覆盖城市快速增加，政策工具多元化，补贴标准开始分区域、分时段差异化，由单纯的财政补贴向综合性政策体系转变 [13]。2020 年"双碳"目标提出后，建筑领域的低碳转型进入新阶段，标志着转向零碳阶段的开始。2022 年起，超低能耗建筑政策开始向更高目标的近零能耗、零能耗和零碳建筑拓展。重庆、广州、深圳等城市开始针对不同能耗等级建筑实施差异化激励，如重庆市从 2022 年开始对零能耗、近零能耗、超低能耗建筑分别给予 200 元 / 平方米、120 元 / 平方米和 80 元 / 平方米的差异化补助 ❸。这一阶段的政策特点是目标层次提升，补贴标准总体下调但更加精细化，同时加强与碳交易、绿色金融等市场机制的融合 [14, 15]。

3　绿色建筑财政激励政策工具分析

3.1　政策分析框架

绿色建筑财政激励政策是一个多层次的政策体系，需要通过系统的分析框架进行分类与评估。基于 Howlett（2009）提出的多层次嵌套模型 [16] 和 Lesnikowski 等人（2019）的政策组合理论 [17]，本研究构建了政策分析框架，用

---

❶ 《北京市超低能耗建筑示范工程项目及奖励资金管理暂行办法》。
❷ 《郑州市人民政府关于发展超低能耗建筑的实施意见》。
❸ 《重庆市绿色低碳建筑示范项目和资金管理办法》。

于系统考察绿色建筑财政激励政策的类型特征与分布规律。我们将政策要素划分为三个层次：宏观层面上的政策目标（如减少建筑碳排放、提高能源安全等）；中观层面上的具体政策目标（如推广超低能耗建筑技术、降低能耗标准等）；微观层面上的具体实施措施和工具校准（如补贴标准、税收减免比例等）。此外，根据 Hood（1983）的分类法[18]，政策工具按照政府使用的核心治理资源分为财政型、权威型、信息型和组织型四类，而对于财政激励政策而言，财政型工具是此类政策的核心工具。基于上述分析，本文先建立起绿色建筑激励政策的二维分析框架，然后聚焦于财政型政策工具的讨论，同时也对其他类型的政策工具做简要探讨（图 3）。

	财政型工具	权威型工具	信息型工具	组织型工具
宏观层面	减少建筑碳排放 提高能源安全	建立长效管理机制 健全市场规范	推动节能技术创新 提升能源利用效率	构建多元主体参与 建立协同推进机制
中观层面	直接补贴 税费减免 产业基金 优惠贷款	容积率奖励 建筑标准 建设目标 规划引导	技术指导 示范项目 评估认证 信息平台	政府采购 专门机构 产业联盟 能力建设
微观层面	200元/平方米补贴 契税减免3年 10亿元发展基金 贷款贴息2%	客积率奖励3% 墙体传热系数≤0.15 新建建筑100%覆盖 设计方案审查	培训每年200人次 每市1—2个示范项目 季度评估报告 信息平台日访问量	政府工程优先采用 成立推广办公室 联盟成员达50家 培育10家示范企业

图 3　地方政府绿色建筑激励政策二维分析框架

3.2　基于治理资源和治理逻辑的政策工具分类

财政型实质性工具是最主要的财政激励政策，直接利用财政资源推动超低能耗建筑发展，包括直接资金补贴、税费减免、专项资金 / 产业基金和优惠贷款等多种形式。其中，直接资金补贴是应用最广泛的财政激励手段，针对超低能耗建筑项目提供专项资金支持，各地补贴标准差异显著。邯郸市按照建筑面积给予每平方米 400 元的补贴，重庆市则采用梯度补贴方式，对零能耗、近零能耗、超低能耗建筑分别给予每平方米 200 元、120 元和 80 元的补贴，体现了对不同能效水平的差异化激励。全国超低能耗建筑平均补贴标准为 216.7 元 / 平方米，最高为北京市的 1000 元 / 平方米，最低为乌鲁木齐市的 10 元 / 平方米，这种差异反映了地域经济发展不平衡和各地对超低能耗建筑重视程度的差异。从地域分布看，北方地区补贴标准普遍高于南方地区,东部沿海发达地区政策覆盖面广但补贴强度适中,而部分中西部地区虽然政策数量少,但个别城市补贴标准较高,形成了"北高南低"和区域分化的空间格局。除了直接补贴外,税费减免通过减轻建设主体财政负担促进投资积极性,主要表现为减免城市基础设施配套费、契税减免和所得税优惠等;专项资金和产业基金则从产业发展角度提供支持,如上海市设立的500亿元产业转型升级二期基金,覆盖从材料生产、设备制造到施工技术和运维服务的全产业链;优惠贷款通过降低购房成本缓解消费者资金压力,如烟台市规定使用住房公积金购买绿色建筑的最高贷款额度在现行执行标准基础上上浮20%。这些财政工具虽然形式各异,但都旨在通过经济杠杆降低超低能耗建筑的增量成本,改善其市场竞争力。

权威型实质性工具和信息型实质性工具在建筑激励政策体系中发挥着重要的补充作用。权威型实质性工具通过政府规制权力影响建设行为,主要表现为规划激励、建筑标准和目标设定三种形式。规划激励通过在城市规划管理中提供容积率奖励、高度奖励等优惠条件,增加开发商采用超低能耗技术的积极性,这类激励虽不直接涉及财政支出,但通过增加建筑面积间接提高了项目经济收益;建筑标准通过制定强制性或引导性技术规范,明确超低能耗建筑的技术路径和性能要求,虽然本身不属于财政激励,但常与财政政策配套使用,作为获取补贴的技术依据;目标设定则通过在政策文件中明确发展目标和时间表,引导市场预期和资源配置,如雄安新区要求所有新建建筑执行超低能耗建筑标准,此类强制性目标往往与财政支持措施同步实施。信息型实质性工具通过提供信息和技术支持降低市场主体的认知障碍和技术壁垒,主要包括技术指导和示范项目。技术指导通过编制技术手册、开展培训咨询、建立信息平台等方式,为建设主体提供专业支持和知识服务;示范项目则通过遴选和建设一批典型工程,验证技术可行性并积累经验数据,如上海市临港世界顶尖科学家会场项目,年减少碳排放997吨,成为全国最大的超低能耗公建项目,为后续推广提供了实践参考和技术标杆。

组织型实质性工具利用政府组织资源创造市场需求并提供实施保障,主要表现为政府采购和机构建设两种形式。政府采购通过政府投资项目率先采用超低能耗建筑标准,发挥公共部门的示范引领作用,如多地要求新建政府投资公共建筑执行超低能耗建筑标准,通过创造稳定的市场需求,促进相关技术和产品的规模化应用;机构建设则通过设立专门机构统筹协调超低能耗建筑推广工作,整合各方资源,提供组织保障和服务支持。

这四类实质性政策工具在超低能耗建筑推广中各具特色、相互补充。财政型工具通过经济激励直接降低市场障碍；权威型工具通过制度约束规范市场行为；信息型工具通过知识扩散促进技术创新和应用；组织型工具则通过能力建设提供实施保障。这些工具在实际政策设计中往往综合运用，形成多元化的政策组合，以应对超低能耗建筑推广中的多重挑战。

4 超低能耗建筑财政激励政策的空间分析

4.1 政策覆盖的空间格局

基于对全国各地区超低能耗建筑政策的梳理，我国超低能耗建筑财政激励政策呈现明显的空间不均衡特征（图4）。东部地区政策覆盖率和政策密度显著高于中西部地区，形成了"东强西弱"的区域分布格局。这种东西差异与区域经济发展水平、财政能力和创新能力密切相关，经济发达地区往往财政资源更为充裕，创新能力更强，能够提供更系统、更多元的政策支持。同时，北方地区政策覆盖率显著高于南方地区，呈现"北多南少"的南北差异。这与北方地区供暖需求大、建筑能耗高，实施超低能耗建筑的节能效益更为显著有关。北方地区尤其是严寒和寒冷地区，由于冬季供暖能耗占建筑总能耗的比重较大，实施超低能耗建筑能够显著降低供暖能耗，具有更为明显的经济效益和环境效益[19-21]，因此政府提供更大力度的财政支持。从城市行政级别看，直辖市、副省级城市和省会城市的政策覆盖率和创新度明显高于一般地级市，城市能级与政策创新度显著相关。北京、上海、深圳等一线城市不仅政策密度高，而且在政策工具创新方面走在前列，率先尝试绿色金融、碳交易等创新型政策工具[22]。行政级别较高的城市通常具有更强的政策创新传统和能力，面临的环境压力也更大，对高质量绿色建筑的需求更为迫切，因此在政策支持力度和创新性上领先于其他城市。

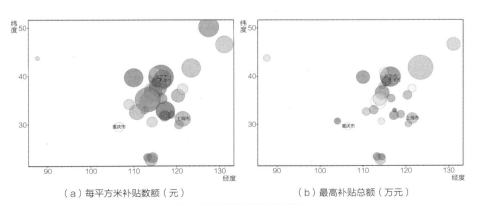

（a）每平方米补贴数额（元）　　　　　　　（b）最高补贴总额（万元）

图4　超低能耗建筑补贴数额

4.2　政策空间分异的成因分析

为了定量评估政策空间分异的成因，我们建立回归模型，发现导致超低能耗建筑财政激励政策空间分异的因素主要有经济发展水平差异（0.093***）、气候条件差异（0.024***）、地方政府环境治理动力差异（0.082***）和地方政策创新能力差异（0.075***）。经济发达地区财政能力强，可提供更大力度的财政支持[23-25]；同时，发达地区对高品质建筑环境的需求也更强烈，推动了超低能耗建筑的发展。在我国东部沿海地区，尤其是京津冀和长三角等城市群，经济发展水平领先全国，人均 GDP 和财政收入显著高于中西部地区，为实施大规模财政激励政策提供了经济基础。同时，这些地区的居民收入水平高，对舒适、健康、环保的建筑环境有更高的需求和支付意愿，为超低能耗建筑市场化创造了有利条件。不同气候区建筑能耗特点和节能潜力存在差异，严寒和寒冷地区供暖能耗占比高，实施超低能耗建筑的经济效益和环境效益更为显著，政策支持力度也相应更大。我国北方严寒和寒冷地区，如东北、华北和西北部分地区，冬季供暖期长，建筑供暖能耗高[24]，实施超低能耗建筑技术可以显著降低能耗，节能效益明显，因此政府提供更大力度的财政支持。面临环境压力大、公众环保意识强的地区，地方政府推动超低能耗建筑的动力更强，将超低能耗建筑作为改善环境质量的重要抓手。在空气污染严重的北方城市，如北京、天津、石家庄等，超低能耗建筑通过减少化石能源消耗，可以有效降低大气污染物排放[26-28]，因此地方政府更加重视超低能耗建筑的发展，提供更多政策支持。创新能力强、改革意识强的地区，更容易尝试创新型政策工具，如深圳、上海等城市拥有较强的政策创新传统，更倾向于探索市场化、多元化的政策工具。这些城市通常拥有更开放的政策环境和更灵活的体制机制，能够根据当地实际情况设计更具针对性和创新性的政策工具，如绿色金融、碳交易等市场化机制，从而形成与传统财政补贴不同的政策路径[29, 30]。这些因素相互作用，共同塑造了我国超低能耗建筑财政激励政策的空间格局，既反映了区域间的客观差异，也体现了各地政府在政策设计和实施过程中的主观选择。

5　结论与建议

本研究从政策工具视角系统分析了中国超低能耗建筑财政激励政策的演进历程、工具类型和空间分布特征。研究发现，中国绿色建筑政策总体上经历了从理论基础到技术标准再到财政激励的演进过程，受到国际公约与标准的重要影响，同时形成了具有中国特色的政策创新。具体到超低能耗建筑财政激励政策，经历了探索试点阶段（2010—2017 年）、多元化发展阶段（2018—2021 年）和零碳阶段（2022 年至今）三个发展阶段，政策工具从单一财政补贴向综合政策组合演进。在政策工具类型方面，财政型工具应用最为广泛，平均补贴标准为 216.7 元 / 平方米，存在显著的地区差异。政策空间分布呈现显著的不平衡性，表现为"东强西弱"和"北多南少"的区域差异，这种差异主要源于经济发展水平、气候条件、地方政府环境治理动机以及政策创新能力的区域差异。

　　基于研究发现，本文认为应构建差异化的财政激励政策体系，针对不同气候区、不同发展阶段的城市制定差异化的财政补贴标准，合理平衡补贴力度与财政可持续性。对经济欠发达但气候条件具有节能潜力的地区，可适当提高补贴标准；对经济发达地区，可逐步降低直接补贴，加强市场机制引导。同时，超低能耗建筑激励政策需超越单一财政补贴模式，构建财政型、权威型、信息型和组织型工具有机结合的政策组合。应加强绿色金融与碳交易机制的创新应用，建立长效激励机制；强化规划激励与建筑标准的协同，降低制度性交易成本；完善技术指导与示范项目建设，减少市场认知障碍；强化政府采购的引领作用，稳定市场需求。这种多维政策工具组合能够更有效地应对超低能耗建筑发展中的多重障碍，提高政策整体效能。

　　针对政策空间分布的不平衡性，亟需建立区域协同推进机制。通过区域协同，既能促进区域内政策和技术经验的共享，也能减少由于各地政策差异导致的市场分割和资源错配问题，形成区域协同效应。同时，政策制定过程应加强全生命周期成本效益评估，将超低能耗建筑的节能减排效益、环境价值、健康效益等纳入政策制定的成本效益分析，科学评估政策激励的合理水平。建立激励政策的动态调整机制，根据技术进步和成本变化情况适时调整补贴标准，避免补贴过度或不足，提高财政资源使用效率，确保政策可持续性。

　　促进市场机制与财政激励的协同是未来政策优化的核心方向。应积极探索绿色建筑标识与碳交易、能效交易、绿色保险、绿色债券等市场机制的有效衔接，通过市场化手段放大财政资金的杠杆效应。可支持金融机构开发针对超低能耗建筑的创新金融产品，降低融资成本和风险；鼓励保险机构开发绿色建筑性能保险，为超低能耗建筑的能效承诺提供保障；探索将超低能耗建筑纳入碳交易市场，通过减排量交易获取额外收益。这种"政府引导、市场驱动"的模式有助于实现从政策推动到市场自主发展的转变，形成长效发展机制。政策激励与市场机制相结合，能够充分发挥市场在资源配置中的决定性作用，同时通过政府适度干预纠正市场失灵，实现政策目标与市场效率的双重优化。

　　本研究对中国绿色建筑财政激励政策的演进提供了系统分析，有助于理解政策演变规律和空间差异特征，为完善政策体系提供了理论依据和实践启示。未来研究可进一步深入探讨政策效果评估、创新政策工具设计以及政策与市场机制的协同机制，为推动中国建筑领域低碳转型提供更加全面的政策支持。在全球气候治理与能源转型的背景下，中国绿色建筑政策的持续优化不仅关系到国内建筑行业的低碳发展，也将为全球特别是发展中国家的绿色建筑推广提供有益借鉴，为实现全球气候目标作出积极贡献。绿色建筑发展是一个复杂的系统工程，需要政府、市场、行业和社会多方力量的协同推进，而完善的财政激励政策体系是这一系统中的关键环节，通过持续优化政策设计和实施机制，将有力推动中国建筑领域实现高质量低碳发展。

参考文献

[1] 刘颖，王远，朱琳 . 长三角地区建筑业碳排放变化的时空特征及影响因素分析 [J]. 中国环境科学，2023，43（12）：6677-6688.

[2] 魏保军，李迅，张中秀 . 城市碳达峰规划技术策略体系研究 [J]. 城市发展研究，2021，28（10）：1-9.

[3] ZHAO Y，MA Y，ZHONG F. Sustaining green building incentives：A tripartite evolutionary game analysis and the synergistic "technology - reputation - policy" pathway[J]. Buildings，2025，15（9）：1537.

[4] LI Y，LI S，XIA S，et al. A review on the policy，technology and evaluation method of low-carbon buildings and communities[J]. Energies，2023，16（4）：1773.

[5] 楚峰 . 国内现行激励政策对绿色建筑发展的积极意义及比较研究 [J]. 绿色科技，2013（6）：283-286.

[6] 张建国，谷立静 . 我国绿色建筑发展现状、挑战及政策建议 [J]. 中国能源，2012，34（12）：19-24.

[7] 王伟，李希喆 . 多伦多绿色建筑发展经验及其启示 [J]. 新视野，2013（4）：32-35.

[8] MAYER Z，VOLK R，SCHULTMANN F. Analysis of financial benefits for energy retrofits of owner-occupied single-family houses in Germany[J]. Building and Environment，2022，211：108722.

[9] SINGHAL P，PAHLE M，KALKUHL M，et al. Beyond good faith：Why evidence-based policy is necessary to decarbonize buildings cost-effectively in Germany[J]. Energy Policy，2022，169：113191.

[10] FILIPOVIĆ S，LIOR N，RADOVANOVIĆ M. The green deal-just transition and sustainable development goals Nexus[J]. Renewable and Sustainable Energy Reviews，2022，168：112759.

[11] HU M，PELSMAKERS S，VAINIO T，et al. Multifamily building energy retrofit comparison between the United States and Finland[J]. Energy and Buildings，2022，256：111685.

[12] SANTOS C N，CETIN K S，SALEHI H. Energy-efficient technology retrofit investment behaviors of midwest households in lower and higher income regions[J]. Sustainable Cities and Society，2022，86：104141.

[13] CHAO Y，DENG N，DU Y，et al. Promoting carbon neutrality through ultra-low energy buildings in China：Evidence from evolutionary game theory[J]. Habitat International，2025，156：103281.

[14] KANG Y，XU W，WU J，et al. Study on comprehensive whole life carbon emission reduction potential and economic feasibility impact based on progressive energy-saving targets：A typical renovated ultra-low energy office[J]. Journal of Building Engineering，2022，58：105029.

[15] 肖艳玲，于扬，崔明欣，等 . 基于系统动力学模型的绿色建筑利益相关者决策行为演化博弈分析 [J]. 系统科学学报，2024，32（2）：54-59.

[16] HOWLETT M. Governance modes，policy regimes and operational plans：A multi-level nested model of policy instrument choice and policy design[J]. Policy Sciences，2009，42：73-89.

[17] LESNIKOWSKI A，FORD J D，BIESBROEK R，et al. A policy mixes approach to conceptualizing and measuring climate change adaptation policy[J]. Climatic Change，2019，156（4）：447-469.

[18] HOOD C C. Appraising Government's Tools[J]. The Tools of Government，1983：132-152.

[19] 刘晓君，贺丽，胡伟，等 . 中国绿色建筑全产业链政策评价 [J]. 城市问题，2019（6）：71-79.

[20] 王波，陈家任，汤浩澜，等 ."双碳" 目标下绿色建筑多元主体协同治理的现状、经验与建议 [J]. 科技导报，2025，43（6）：92-96.

[21] FENG N，GE J. How does fiscal policy affect the green low-carbon transition from the perspective of the evolutionary game?[J]. Energy Economics，2024，134：107578.

[22] QIANG G，FUXI W，YI G，et al. Study on the performance of an ultra-low energy building in the Qinghai-Tibet Plateau of China[J]. Journal of Building Engineering，2023，70：106345.

[23] 董微，林雄斌 . 中国城市 TOD 的地方化政策与实践：政策工具的视角 [J]. 城市规划学刊，2024（2）：49-57.

[24] ZHANG L，LIU H，ZHANG X. Enhancing green housing diffusion through density bonuses：An analysis using the Use-Purchase-Supply model[J]. Land Use Policy，2024，147：107369.

[25] WU J，YING X. Development trend of green residential buildings in China under the guidance of the low-carbon concept：A policy review and analysis[J]. Journal of Urban Management，2024，13（2）：246-261.

[26] 郑德高，罗瀛，周梦洁，等 . 绿色城市与低碳城市：目标、战略与行动比较 [J]. 城市规划学刊，2022（4）：103-110.

[27] XIA-BAUER C，GOKARAKONDA S，GUO S，et al. Comparative analysis of residential building decarbonization policies in major economies：Insights from the EU，China，and India[J]. Energy Efficiency，2024，17（5）：46.

[28] ZHANG S C，YANG X Y，XU W，et al. Contribution of nearly-zero energy buildings standards enforcement to achieve carbon neutral in urban area by 2060[J]. Advances in Climate Change Research，2021，12（5）：734-743.

[29] HUANG H，YUSOFF W F M. A tripartite evolutionary game on promoting the development of nearly-zero energy consumption buildings in China[J]. Buildings，2023，13（3）：658.

[30] ZHAO W，TOH M Y，ZHAO J Z. Green growth in pilot zones for green finance and innovation[J]. Energy Policy，2025，202：114611.

王学海，中国城市规划学会学术工作委员会委员，上海千年城市规划工程设计股份有限公司总规划师，教授级高工

董航诚，中国城市规划学会会员，上海千年城市规划工程设计股份有限公司云南分公司总经理，规划师

石文华，上海千年城市规划工程设计股份有限公司云南分公司规划所所长，规划师

世界遗产整体性保护的理论框架与实践路径
——以景迈山古茶林世界文化遗产为例

1 世界遗产整体性保护的理论框架

1.1 世界遗产的概念与特性

世界遗产是由联合国教科文组织依据《保护世界文化和自然遗产公约》（简称《世界遗产公约》，1972 年通过）认定的，具有"突出普遍价值"的文化或自然遗产。这些遗产被列入《世界遗产名录》，因其对人类文明、历史或自然演化的重大意义，需全人类共同保护并传承后世。

世界遗产使用"真实性"和"完整性"两个特性作为评估和保护的标准。作为遗产价值评估的特有概念，真实性和完整性分别指向遗产体现其价值的能力和保护/维持价值的能力[1]。这些特性概念是世界遗产保护理论和实践原则的基础。

1.2 国内外世界遗产保护理论框架

1.2.1 国际世界遗产保护理论框架

自 18 世纪以来艺术保护与修复理念日益兴盛，19 世纪到 20 世纪初，对古迹和建筑物的恢复和保护成为当时建筑师和工程师们的关注重点。1931 年的《雅典宪章》后，文化遗产的概念逐渐从"国宝"（国家遗产）转变为世界的"人类共同遗产"，成为世界关注的国际性问题。

1964 年"第二届历史纪念物建筑师及技师国际会议"在威尼斯通过了《国际古迹保护与修复宪章》（简称《威尼斯宪章》）。作为世界文化遗产保护发展的重要里程碑，该宪章以国际准则的形式确立了文物建筑遗产保护的基本概念、理论及

原则，为文物保护工作的科学化、国际化奠定了理论基础。《威尼斯宪章》既指出了普遍标准的重要性，同时也表达了对文化差异的尊重，强调"每个国家有义务根据自己的文化和传统运用这些原则"，这使其成为各国可以灵活运用的国际遗产保护理论基础以及世界文化遗产评价的重要参考标准[2]。

自然遗产保护运动则兴起于 19 世纪，在自然保护理念的影响下，1872 年美国国会通过了设立国家公园的法案，将具有突出与独特的自然、历史或文化价值的地区作为国家公园进行保护，这种保护地制度和建立名录的做法深刻地影响了一个世纪以后的《世界遗产公约》，成为世界遗产管理机制的基础[3]。

随着第二次世界大战后人们痛心于战争对人类文明成果破坏的反思，"守护全人类共同的文化遗产"在国际社会迅速成为共识，人们意识到保护人类珍贵的历史遗迹和文化成果与保护地球易受破坏的自然景观必须共同推进，1972 年《世界遗产公约》生效，1978 年联合国教科文组织正式启动世界遗产名录申报。

为应对协调东西方建筑体系差异，兼顾不同保护修复方式的共存，1994 年联合国教科文组织发布了《奈真实性良文件》，文件强调在文化遗产保护中要充分尊重文化多样性，提出真实性不能基于固定标准评判，而应在相关文化背景下对遗产项目加以考虑和评判，改写了原有的评判标准，为东方文化遗产保护开创了新的篇章。拓展了遗产保护实践的视野、方式和手段，提出"必须积极推动世界文化与遗产多样性的保护和强化，将其作为人类发展不可或缺的一部分"，特别提出要充分尊重所有文化的社会价值观和文化价值观。

几十年来，人们针对"世界遗产"的概念和保护理论进行了不断地研讨论证，由最初以西方欧洲国家为主导的文化遗产保护思想，逐渐纳入东方亚洲人的建筑观，而走向多元化的、整体的遗产保护。

目前，国际上世界遗产保护的理论框架以《世界遗产公约》为核心，辅以《奈良真实性文件》等重要补充文件，结合相关国际法律文件和实践经验，形成了一套多层次、跨学科的保护体系。

1.2.2　国内世界遗产保护理论的拓展

国内世界遗产保护以《世界遗产公约》为基础，在国家层面形成了《中华人民共和国文物保护法》《世界文化遗产保护管理办法》《中华人民共和国环境保护法》等国家法规、规章，在跨区域和省域层面形成了《长城保护条例》《四川省世界遗产保护条例》《泉州市海上丝绸之路史迹保护条例》等地方性保护条例，共同形成了"国际公约—国家法律—地方法规"三级框架。这三级框架在维护遗产保护国际公约严肃性的前提下，基于中国国情和地方实际，完善了遗产保护的实际操作技术规程和执行路径。

1.3　世界遗产保护面临的问题

在冷战结束后，虽然大规模的战争阴影基本消除，但国际热点依然存在，局部战争此起彼伏，加之全球变暖背景下的气候危机加剧、自然灾害频发，世界遗产的保护形势日益严峻。具体的问题有以下几方面：

环境恶化影响。全球变暖导致的极端天气事件（如暴雨、飓风、干旱等）频发，直接威胁到文化遗产的物理完整性。暴雨和洪水可能迅速冲毁地面建筑；强风和暴风雨不仅会破坏建筑结构，还会改变周围环境，影响遗址的稳定性；干旱导致土地沙化和盐碱化，影响遗址的保存条件，甚至会引发火灾导致遗产的毁灭性破坏；沙尘暴则会覆盖和侵蚀建筑物表面，损害其外观和结构。

旅游发展带来潜在威胁。列入《世界遗产名录》后，世界遗产面临更大的观光旅游压力，旅游业的发展带来游客超量接待、过度开发、环境污染等问题。

人为破坏仍然是世界遗产保护潜在的最大威胁。世界遗产委员会的保护要求并不具有法律约束力，难以遏制现实中遗产遭受人为破坏的危机。澳大利亚卡卡杜国家公园由于周围地区的铀矿开采，土著人的故乡遭到严重的破坏，尽管世界遗产委员会介入，但遗产地周围的铀矿开采依然没有停止。2001 年 3 月塔利班炸毁阿富汗的珍贵文化遗产巴米扬大佛以及伊拉克战乱中巴格达的文物流失与古迹毁坏，都说明了《世界遗产公约》《关于发生武装冲突时保护文化财产的公约》（简称《海牙公约》）等国际公约和宪章约束恐怖主义、战争等行为的限度[4]。

1.4　国内外世界遗产保护实践模式

1.4.1　国际世界遗产保护实践模式

1995 年 12 月，白川乡以"白川乡与五箇山的合掌造聚落"之名被列入世界文化遗产。白川乡以常住人口 2000 人的规模，每年吸引着 150 万游客到此参观，白川乡为此制定了一套完整的世界遗产保护与利用策略及措施。白川乡政府通过建立"政府机构—财团法人—民间协会"三级保护机制，自上而下层层设立保护机构，不仅充分发挥了各层保护机构的保障作用，而且充分调动了当地居民的保护意识[5]。白川乡通过优化交通网络，确保游客在不同时段分散进入世界遗产区，同时白川乡开通遗产区巴士专线，逐步禁止私家车进入遗产核心区的合掌村。为保护世界文化遗产核心区，白川乡联动核心区与周边次级文化节点，通过引导游客探索非热门区域实现分流。为实现世界文化遗产的活化利用，白川乡所在高山市开发了文化体验替代项目，如"匠人文化村"等，让游客在体验传统木雕、纸制作的同时，延长游客驻留时间并分流压力。通过以上措施，作为世界文化遗产核心区的合掌村得到了整体良好的保护，作为白川乡非物质文化遗产的匠人数量得到提升，带动了高山市和其他区域的发展。

2000 年，联合国教科文组织将法国中央的长河——卢瓦尔河流域的中游部分卢瓦尔河谷列入《世界遗产名录》。卢瓦尔河谷是法国规模最大也是管理机制最为活跃的世界文化遗产，河谷沿岸分布着大量的历史名镇和村庄、雄伟的建筑古迹（城堡）。通过一系列的策略与措施，卢瓦尔河谷探索出世界遗产的实践道路，在严格保护相关遗产本体的基础上，通过组织丰富的遗产体验活动，如卢瓦尔河畔肖蒙庄园自 1992 年创立国际花园节、丰泰罗王室修道院将丰泰罗小镇打造为探寻理想生活的"当代群居生活"实验室等，这一系列以遗产价值为核心的保护与利用模式让卢瓦尔河谷保留了原有的真实性，在成为世界文化遗产之后促进了遗产地的可持续发展 [6]。

瑞士少女峰 2001 年被列入世界自然遗产后，为缓解少女峰世界自然遗产的生态压力，瑞士政府通过多层次严格保护措施，在保障游客体验的同时减轻生态压力，并带动周边城镇发展。少女峰被列入世界自然遗产后，关闭了山上全部酒店，将住宿餐饮功能转移至山下各个小镇。少女峰核心区实行预约制，严格控制游客数量。为承接游客，少女峰下的因特拉肯镇开发完善旅游服务设施，包括酒店、商业街、美食街等，同时附近的翁根、米伦、利德阿尔卑等 6 个小镇通过差异化定位（如瀑布景观、专业登山服务等）承接游客，形成"核心枢纽 + 卫星城镇"的分流网络。少女峰世界自然遗产通过一系列保护措施，构建了全球高山旅游与生态保护的典范，不仅缓解了少女峰的生态压力，更推动了世界遗产保护和整体活化利用的可持续发展。

1.4.2　国内世界遗产保护实践模式

党的十八大以来，国家文物局已推动 10 项世界文化遗产项目成功申报，如近期的"北京中轴线""普洱景迈山古茶林文化景观""泉州：宋元中国的世界海洋商贸中心""良渚古城遗址"。截至 2024 年 8 月，中国已有 59 项世界遗产列入《世界遗产名录》，其中世界文化遗产 40 项（包含世界文化景观遗产 6 项）、世界文化与自然双重遗产 4 项、世界自然遗产 15 项。

中国持续加大《世界遗产公约》履约力度，创建了全球领先的监测预警体系，实施长城、故宫、避暑山庄等一批重大文物保护工程，长城、大运河保护管理获得国际赞誉；国家文物局推动科技赋能遗产保护，敦煌的古代壁画与土遗址保护多场耦合实验室等达到世界先进水平，故宫文物建筑三维激光扫描与数字建模等取得突破进展；同时国家持续提升中国世界文化遗产的国际影响力，中哈吉"丝绸之路"联合申遗成功，主办第 44 届世界遗产大会，与世界遗产中心、国际古迹遗址理事会等开展多领域合作，为国际治理体系建设贡献中国力量。

2024 年，联合国教科文组织第 46 届世界遗产大会通过决议，将"北京中轴线——中国理想都城秩序的杰作"列入《世界遗产名录》。其保护理念和实践为世界文化遗产保护贡献了中国智慧，形成了古都保护与可持续发展的中国案例。"北京中轴线"申遗实现了历史风貌的逐步复原和生动再现，通过内部空间腾退整治，天坛整体建筑、景山寿皇殿古建筑群等得以恢复。同时，北京市以中轴线申遗保护带动老城整体保护，划定 49 片历史文化街区、认定 1056 座历史建筑，老城独一无二的壮美空间秩序更加凸显。为加强保护，北京市进一步出台《北京中轴线文化遗产保护条例》，编制《北京中轴线保护管理规划（2022 年—2035 年）》《北京中轴线风貌管控城市设计导则》，针对申遗保护的资金保障、文物征收等难题，出台一系列政策措施，搭建起一整套以实施为导向的制度体系，为"北京中轴线"文化遗产保护实现可持续发展提供了坚实保障[7]。

1.5 世界遗产整体性保护与开发利用的新趋势

世界遗产的整体性保护与开发利用正呈现出从孤立性遗产保护转向系统性整合、从静态保存转向活态传承、从封闭管理转向开放共享的新趋势，其核心在于通过多维度的协同机制实现遗产价值的完整延续与可持续发展。这种整体性保护强调将遗产视为有机的生命体，不仅关注物质载体的修复与维护，更注重遗产与其所在区域的生态环境、历史文化、人类聚落的共生关系，同时以遗产的有序活化利用为手段，使遗产融入现代生活，实现其社会价值与经济活力的平衡发展。

北京中轴线作为这一趋势的典型范例，遗产保护方面通过内部空间的腾退整治，重新串联碎片化的遗产空间，恢复其原有的文化格局与历史秩序。同时遗产保护不再局限于"冻结式保存"，而是通过创新业态与空间置换的手段，既维持了街道活力，又避免商业化对历史风貌的侵蚀。这种活化并非简单利用，而是基于价值阐释的创造性转化。

世界遗产保护与利用的新范式已从"抢救式修复"转向"系统性保护"，从"封闭式管控"转向"开放式共生"，其本质是通过整体保护、有序活化利用、社区参与、制度创新与国际合作，在保护遗产真实性与完整性的前提下，激活其作为文明载体的当代生命力，最终实现世界遗产的永续传承与人类文明的共享共荣。

2 景迈山古茶林世界文化遗产资源及其价值

2.1 遗产资源禀赋及特征

2023 年 9 月，景迈山古茶林文化景观成功列入《世界遗产名录》，一跃成为全球瞩目的文化地标。景迈山地处云南省普洱市澜沧县西南部，位于横断山脉南段无量山与怒山余脉结合部，是云南南部边境生态屏障的重要组成部分。区域内以景迈山古茶林为核心，同时涵盖周边星罗棋布的古茶林群落，共同构建了完整且独特的生态地理单元。单元内地形地貌丰富多样，有层峦叠嶂的山脉、蜿蜒流淌的河流、平坦开阔的坝区、壮观奇特的喀斯特地貌，以及连绵起伏的丘陵地形。多种地貌相互交织，形成了层次分明、错落有致的自然景观，也孕育出了丰富的动植物资源和独特的人文生态系统（图1）。

图1　景迈山古茶林文化景观世界文化遗产范围
资料来源：笔者自摄

古朴传统村落，特色民族文化。景迈山区域内分布有布朗族、傣族、佤族、哈尼族、拉祜族（图2）、汉族等世居民族，是典型的多民族聚居地，长期形成巧妙的村落布局、多元的宗教信仰、多样的传统节日和独特的茶文化。其中，景迈山核心区以布朗族、傣族、佤族、哈尼族为主，保存有原始的建筑风格和丰富多彩的民族文化，如干栏式木结构建筑、布朗族婚嫁、拉祜族祭祀等。

遗产类型多样，多重聚集。景迈山具有独特的自然生态、悠久的历史文化、优质的茶资源和特色的传统民族文化，随着世代的延续和发展，逐步集聚了世界文化遗产、文物保护单位、传统村落、非物质文化遗产、自然与景观遗产等多种特色遗产资源，特别是世界文化遗产普洱景迈山古茶林文化景观，既是全球第一处茶文化景观遗产，同时，多类遗产资源空间叠加，使其成为典型的复合型、多重遗产聚集区（图3）。

图 2 当地拉祜族村民
资料来源：笔者自摄

图 3 景迈山村寨与云海
资料来源：https://whc.unesco.org/

2.2 遗产周边存在的潜在价值

根据历史轨迹、茶树的自然分布，以及景迈山周边特殊的地形地貌，以景迈山世界遗产为核心，文化遗产脉络沿茶马古道等交通要道、茶山的自然分布等因素向周边南段、阿里、糯福、东回等地延展。

糯福乡是国家级文物保护单位——糯福教堂（图 4）所在地，也拥有重要的拉祜族聚落文化，丰富的非物质文化遗产载体——南段村、龙竹棚老寨、阿里老迈寨等少数民族村落。其中，龙竹棚老寨作为拉祜族重要分支——拉祜西人聚集地，是当地重要的祭祀文化的载体，也影响着缅甸多个地区的拉祜族人（图 5）。同时，糯福乡还拥有自发形成的边民互市区通道文化。东回镇存在该地区较为罕见的喀斯特地貌及地下溶洞自然景观。

图 4 糯福教堂
资料来源：笔者自摄

图 5 龙竹棚老寨拉祜族祭祀场地
资料来源：笔者自摄

除此之外，惠民镇、糯福乡和东回镇的多个乡镇、村庄还是边境剿匪抗战历史的见证者，存在多处红色遗产[8]。各类遗产呈放射状散落在乡镇、村落间，勾勒出"中心强聚合、边缘多触角"的活态遗产网络（图 6）。

图 6 糯福烈士陵园红色遗产
资料来源：笔者自摄

3　景迈山古茶林世界文化遗产整体性保护与活化利用问题

3.1　遗产保护现状

景迈山世界文化遗产区世居民族早期以原始崇拜为主，南传佛教传入后，部分接受了南传佛教的信仰，但仍然保留着原始崇拜，催生出一套传统保护管理机制，持续保障景迈山遗产地的生态平衡。景迈山世界文化遗产通过《中华人民共和国文物保护法》《普洱市景迈山古茶林文化景观保护条例》《云南省澜沧拉祜族自治县景迈山保护条例》《景迈山遗产地建设活动导则》等法律法规，形成了一系列科学的细化保护措施与乡规民约，有效加强了区域工程建设管控与遗产保护（图7）。

相较之下，在现行法律法规的框架内，景迈山世界文化遗产范围外的部分自然环境和已列入保护名录的文化遗产也应得到相应的保护，然而，民族村寨、红色遗产、非物质遗产载体等部分遗产却未能得到充分重视，保护力度明显不足。以拉祜族传统文化类的非物质文化遗产为例，目前的保护工作大多仅停留在基础性记录层面，缺乏深入且全面的保护举措（图8）。系统性保护机制的缺失，使得保护工作缺乏统筹规划与连贯性，难以形成有效的保护合力。

图7　景迈山糯干古寨　　　　　　　　图8　龙竹棚老寨拉祜族老祭司讲述历史
资料来源：笔者自摄　　　　　　　　　资料来源：笔者自摄

3.2　遗产活化利用现状

申遗成功后，景迈山不断开发对文化景观遗产、古茶林、传统村落、少数民族文化等以遗产展示、遗产周边制作、旅游体验相结合的活化利用，已初步形成不同空间层次、不同阐释主题的立体、综合的遗产展示框架。惠民镇镇区设有遗产综合展示中心，配套有旅游集散、医疗、停车、旅游管理中心等服务设施。景迈大寨、芒景上下寨等村寨设有行政村级展示点、专题展示馆以及农家客栈、小型停车场等旅游服务设施。开放展示的大平掌古茶林等设有游览步道和说明导视牌。但是，因缺乏合理的展示系统和完整的旅游发展指引，整体活化利用不足，遗产宣传推广、文化挖掘及展示不够，旅游配套设施不完善，对游客数量缺乏合理的引导和管控，导致核心区游客高峰期数量超标，造成游客出行体验感差，不利于旅游持续发展，也存在破坏遗产生态环境的隐患（图9）。

图9 景迈山世界文化遗产展示中心
资料来源：笔者自摄

3.3 遗产保护和利用存在问题

自然遗产、文物保护类遗产已有法律法规、保护条例等文件保护，但少数民族村寨、非物质文化遗产等活态遗产目前仅有名录记录，而没有确切的保护范围线进行保护及控制，仍依赖传统自治机制。部分红色遗产仅有书面文字记录，红色遗产存在灭失风险。

村民利益保障和发展与遗产保护如何形成正向结合。当地的茶产业经济红利催生村民对居住品质、设施服务的升级需求，与传统村寨风貌管控及文物建筑保护制度产生结构性冲突。这种"发展—保护"张力折射出活态遗产地普遍性困境。

世界文化遗产面临生态承载力过载与旅游超载问题。自然环境是景迈山古茶文化遗产资源的直接载体，自然生态本底脆弱，申遗成功后高峰期游客量激增引发车辆滞留、人为污染等叠加压力，导致局部生态失衡。

文化价值转化不足。遗产资源富集但空间组织不足，展示点位分布失衡，部分区域因布局过密丧失层次感，另因宣传推介乏力导致客流分布不均，造成部分已开发村落资源闲置与浪费。同时，民族文化展示呈现同质化倾向，村寨间缺乏特色提炼与系统性阐释体系，致使文化内涵挖掘与传播链条断裂，削弱遗产活化的认知度与感染力。

系统性谋划不足与组织粗放。系统性谋划不足导致遗产资源整合度低、开发层级浅表化，旅游活动长期滞留于初级形态。景点间因缺乏协同开发机制与主题化串联设计，游客动线随机分散，热门村寨超载与同质资源闲置并存，既加剧了环境承载压力，又造成旅游资源利用效率的结构性失衡。

建设用地与产业发展面临空间效能与结构适配的双重困境。因系统性谋划不足，导致用地空间安排缺乏指导，应该疏导的区域控制困难，应该集中发展的区域开发利用滞后，建设用地储备不足。

道路交通建设滞后。外部交通呈现"通而不快"的结构性短板，景迈机场航线稀疏，景迈山距离高铁站点较远，孟连至勐海高速路处于前期建设阶段，区域高速路网联通不足；内部县乡道路密度低、等级差，停车设施与观景点配套严重不足，难以承载遗产活化的文旅融合需求。

4　世界文化遗产保护背景下景迈山优化策略

4.1　扩大研究区域，科学划定世界遗产整体保护利用范围

景迈山世界遗产的影响和辐射区域不仅是世界遗产范围区域，因历史原因，景迈山是普洱茶重要的产地之一，留存有茶马古道重要遗址，根据周边乡镇的古茶林分布，大致影响到惠民镇、糯福乡、东回镇三个乡镇。这些乡镇中除古茶林外，还存在大量民族村寨、非物质文化遗产，景迈山山上的民族与山下周边乡镇的民族存在千丝万缕的联系。

因景迈山世界文化遗产面临生态承载力过载与旅游超载问题，扩大研究范围，不仅有利于保护世界遗产范围内自然遗产与文化遗产，疏解世界遗产核心区生态压力，还有利于保护景迈山及周边乡镇完整的自然景观、连续的古茶林范围以及连续性的文化廊道（民族文化、茶文化）。景迈山地处边境，周边乡镇均属于脱贫地区，本次研究扩大范围不仅是为实现遗产的整体性保护，同时也是为带动周边乡镇开展乡村振兴发展，实现共同富裕。

为增强研究的科学性与实施可行性，统筹景迈山遗产保护完整性、地域文化关联性，基于景迈山遗产价值特征与地理生态肌理，以行政村为最小统计单元，通过综合分析评价，对研究范围进行系统性划定，确保范围既能实现遗产的整体性保护，又能统筹推进区域协同发展，为景迈山世界遗产保护利用工作提供更精准的空间指引。景迈山世界文化遗产区域面积 190.96 平方千米，本次研究扩大区域面积 1589.72 平方千米，包含 3 个乡镇，20 个行政村（图 10）。

4.2　实施整体保护，挖掘潜在遗产资源，完整展示遗产全貌

整体保护景迈山及周边乡镇内的生态系统，完整保护各村寨的村民群体、文

图 10　研究范围示意图

资料来源：https://yunnan.tianditu.gov.cn/index 及笔者自绘

化环境、社会传统结构以及非物质文化遗产，系统整理区域内的自然景观资源和文化脉络，有序安排村民的生产、生活和外来游客的活动空间。突破以物质为主体的保护思维，针对景迈山实际条件和情况制定符合景迈山特点的保护政策，将村民和社会组织纳入共同构成遗产保护的载体。

对景迈山遗产聚集中心区域内与遗产保护不相容的功能、过度发展的旅游服务空间及产业空间进行腾退和转移，扩大开放面积，增加游客容量。

整合景迈山遗产聚集中心范围外的遗产资源和潜在价值资源，拓展旅游发展空间，疏解景迈山遗产聚集中心区域环境承载压力，带动景迈山以外的其他区域地方旅游经济发展。建设符合遗产保护要求的用于游客接待的服务配套设施。充分发挥各区域资源优势，合力将范围内打造成具有国际影响力的旅游目的地。

4.3　控制游客数量，引导人口产业转移，疏解核心区压力

合理有序地进行人口和产业空间转移，是保护景迈山世界文化遗产地遗产资源和维持景迈山生态平衡的重要策略。保留世居村民，控制外来人口，维持原生态的社会环境风貌，同时，对部分世居村民进行教育和培训，转变成当地服务人员，减少常住人口和服务人口在环境容量总人口中的占比，使旅游人口容量增加；

保留传统茶叶初级加工生产空间和设施，转移二次加工及深度加工等产业的生产空间和设施，减少对原本就稀少的用地空间的不合理占用。

全力打造惠民镇旅游服务中心，有序疏导旅游服务产业和茶叶深加工交易活动，同时，对景迈山世界文化遗产地采取车辆预约、门票预售、价格调整等控制措施进行游客数量控制，确保景迈山生态环境的可持续发展（图 11）。

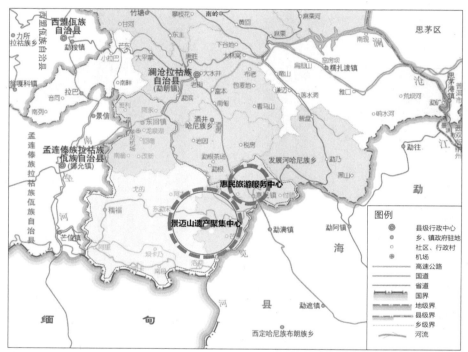

图 11　范围内保护与利用双中心示意图
资料来源：https://yunnan.tianditu.gov.cn/index 及笔者自绘

4.4　协同区域发展，促进遗产活化利用

加强区域联动，完善基础设施建设。以思茅至澜沧高速公路、国道 G219、国道 G8512 对外交通闭环为基础，加快推进瑞丽至孟连高速公路、孟连至勐海高速公路、澜沧至孟连高速公路建设，提升道路等级与通行能力，大幅度缩短游客在景迈山与景洪市的往来时间，同时加强普洱市西南（澜沧县—孟连县—西盟县）的区域联动。在道路沿线合理布局服务区，设置特色农产品展销区、休息观景平台，将交通基础设施打造成旅游体验的一部分。依据景迈山景区分布与游客流量，在惠民镇规划建设大型智能化停车场，在景迈山内部，在不影响遗产保护的前提下，利用现有少量的空置建设空间，分散设置小型停车场，主要解决山上村民的停车问题。在惠民镇游客服务中心，整合旅游咨询、投诉处理、医疗救助等功能，

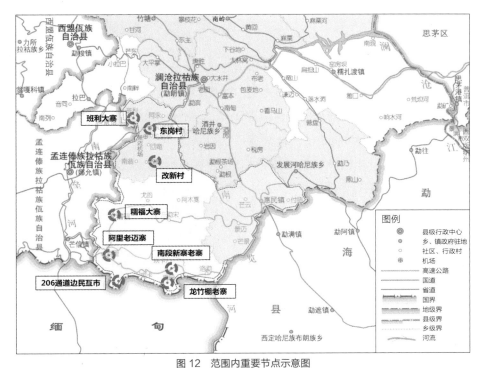

图 12　范围内重要节点示意图
资料来源：https://yunnan.tianditu.gov.cn/index 及笔者自绘

为游客提供全方位服务，并与西双版纳州、普洱市的旅游服务平台联网，实现信息共享与协同服务（图 12）。

串联区域资源，打造特色旅游环线。充分发挥景迈山世界文化遗产的影响力，依托千年古茶树资源与布朗族、傣族等民族传统村落和民族特色村寨，以世界文化遗产区和惠民镇为核心，通过特色廊道（主要为国道、省道、乡道）串联，开发深度茶文化体验游线路。以惠民镇为大型旅游集散中心，景洪市和东回镇为两个中转节点，利用各自的资源优势及交通优势，衔接景迈山与周边生态景区，为游客提供便捷的换乘与服务，强化景迈山在大滇西旅游环线中的生态文化旅游核心地位。

发挥资源特性，实现资源融合发展。在景迈山地区，围绕古茶林文化景观，大力发展高端茶文化体验产业。在惠民镇建设国际茶文化交流中心，定期举办国际茶文化节、高端茶品鉴会等活动，提升景迈山茶文化的国际影响力；开发茶文化精品民宿，融入传统建筑元素与茶文化元素，为游客提供沉浸式茶文化住宿体验。通过区域内产业差异化布局，实现景迈山与西双版纳州、普洱市的产业互补与协同发展，同时，强化普洱市西南"一翼"的高效联动，共同提升大滇西旅游环线的产业竞争力。

5　结语

　　景迈山世界文化遗产整体性保护研究构建出"价值认知—空间统筹—动态调控—区域协同"的整体性保护发展框架，形成了一套具有普适性借鉴意义的系统性保护方法论。研究以遗产核心价值为导向，突破传统孤立式保护模式，创新性提出"扩大研究范围，跳出遗产本体保护"的策略，通过地理信息分析和文化生态关联度评估，科学划定跨保护范围，既整体保护景迈山世界文化遗产核心区，又统筹景迈山及周边乡镇扩大范围的协同发展，为国内其他文化遗产保护提供空间规划范式。在整体保护机制上建立"生态—文化—产业"联动模型，通过产业转移实现功能疏解：保留世界遗产核心区传统茶叶初加工和原生态文化空间，将深加工和旅游服务外迁至惠民镇等缓冲区域，既维持遗产地原真性又激活区域经济。针对文旅超载问题创建动态调控机制，采取预约限流与容量置换相结合的策略，通过教育培训转化原住民为服务主体，在控制常住人口基础上提升旅游接待弹性。区域协同层面构建"交通网络—产业布局—服务配套"支撑体系，依托交通廊道串联文化遗产重要节点形成旅游环线，通过差异化产业布局实现遗产地高端文化体验与周边区域配套服务的功能互补，创新性将交通基础设施转化为文化展示载体。本次研究最具推广价值的是建立了文化遗产保护与乡村振兴的共生机制，通过遗产资源的外溢效应带动周边脱贫地区发展，在保护实践中形成"文化保育—生态修复—产业升级—社区受益"的良性循环，为文化与自然遗产的整体性保护与可持续发展提供了可供借鉴的实践路径。

参考文献

[1] Herb Stovel，"Efective Use of Authenticity and Integrity as Word Herilage Qualifying Condiions，" City & Time 2.3（2007）：21-36.

[2] 张书勤 . 建筑学视野下世界文化遗产保护的国际组织及保护思想研究 [D]. 天津：天津大学，2011.

[3] 杜晓帆，王一飞 . 世界遗产的知识体系与学科建设初探 [J]. 复旦学报（社会科学版），2023（6）：43-44.

[4] 张松 . 21 世纪世界遗产保护面临的挑战 [J]. 同济大学学报：社会科学版，2003，14（3）：20.

[5] 杨玲 . 世界遗产白川乡的保护与发展策略 [J]. 产业与科技论坛，2020，19（21）：77-78.

[6] 王珏 . 基于价值为核心的遗产活化利用模式——以世界遗产卢瓦尔河谷为例 [J]. 中国文化遗产，2020（6）：35-39.

[7] 欧阳辉，陈阳波 . 古都保护与可持续发展的中国案例——北京中轴线申遗保护的经验与做法 [J]. 人民论坛，2024（17）：80-83.

[8] 中共澜沧拉祜族自治县委党史办公室 . 中共澜沧拉祜族自治县历史资料 [M]. 普洱：云南民族出版社，1995.

葛岩，博士，上海市城市规划行业协会秘书长，上海市上规院城市规划设计有限公司总工程师，中国城市规划学会详细规划专业委员会委员

张宇星，博士，深圳大学建筑与城市规划学院研究员（本原设计研究中心副主任），趣城工作室（ARCity Office）创始人兼主持设计师，深港城市\建筑双城双年展学术委员会主任

周俭（通讯作者），全国工程勘察设计大师，上海同济城市规划设计研究院有限公司资深总工程师，同济大学建筑与城市规划学院教授

周
张
葛

俭
宇
岩

星

城市更新规划中的社会平等、公平与正义：上海与深圳的实践与思考

党的二十大报告提出"以中国式现代化全面推进中华民族伟大复兴"的宏伟目标，中国式现代化的本质要求中，与城乡规划学科和行业密切相关的关键词包括"实现高质量发展""发展全过程人民民主""实现全体人民共同富裕"等多个方面。当下，我国许多城市已从粗放式扩张发展转向内涵式提升与城市更新的阶段，因此，高质量的城市更新是实现中国式现代化的重要路径。随着城市化、全球化及数字化进程的深入，城市在经济、社会、政治和文化等方面的不平等正在加剧，这些社会分化都有其空间属性[1]，而城市更新在很多情况下成为社会分化的推手。城市更新不仅关乎物理空间的改造、空间形态的优化，更是涉及社会资源再分配、权利保障与公共利益平衡、历史文化传承的系统工程。城市更新的本质，是政府、开发商、原产权人和社区公众等多主体，围绕土地使用权和物业所有权的转移和让渡进行博弈而达到多方平衡的过程。在存量发展时代，如何通过制度设计与实践创新实现社会平等、公平与正义，是城市更新的核心命题。

城市更新的重要目标是"为每个人提供更美好的生活"，过程中品质、效率与公平是三个不同的视角和评价维度。高品质往往意味着高投入，也意味着经济上带来高回报的预期，使得更新后的空间与获益更多面向高收入人群，进而降低更新结果的社会公平性。效率的提升同样会给过程公平带来负面影响，三个价值要素之间需要平衡兼顾。而公平视角下如何看待城市更新，是该领域的重要研究方向与核心议题，需要探索公平公正的城市更新之路。空间正义应该成为中国城市更新、空间生产、空间规划过程中所遵循的核心价值观，以修复因长期强调经济发展、效率优先而积累的社会矛盾和社会危机[2]。空间正义不是一个空间的终极状态，而是一个不断修正空间利益分配公平性的手段或者工

具。城市更新背景下的城乡规划，将从工程和经济思维转向综合视角，统筹兼顾生态保护、文化传承、生活品质化、多样性与创新以及吸引力和魅力，实现社会公平，而所有这些城市发展目标的实现都需要立足于"人"这个复杂多元的群体 [3]，要以实现全体人民都受益、都满意，都有获得感，最终实现共同富裕为目标。本文以上海与深圳的实践为案例，探讨两地如何在城市更新中回应公平性这一命题，并从城市更新的平等、公平、正义三个维度展开讨论，提出反思与建议。

1　关于城市更新公平性的若干认识

1.1　公平正义的理论内涵解读

关于公平正义的论述历史源远流长 [4]。在西方，早在古希腊与古罗马时期，柏拉图 [5] 和亚里士多德 [6] 就分别提出了分公正义和分配正义。启蒙运动时期，代表性论述是边沁的功利主义和穆勒的自由主义，近现代著名学者列斐伏尔提出了"城市权利"，呼吁人的平等尊严以及多方面的权利价值，他认为物质空间的变化背后，是一系列复杂的社会发展过程，以及其中的社会权利、社会联系、社会日常生活的变迁。到了当代，索亚整合了时空概念，提出了空间正义理论 [7]，而费恩斯坦进一步提出了正义城市的概念 [8]。著名学者雅各布斯非常尖锐地指出，我们目前城市当中的一些大规模的改造计划，只是令建筑师使政客、地产商们热血沸腾，而我们城市当中的广大群众是牺牲品。著名学者大卫·哈维 [9] 的观点就更加一针见血，他说城市增长当中的城市更新是资本通过空间修复的策略，缓解资本过度积累而产生的危机，其实导致了空间生产的分散和分裂。

我国历史上，儒家、道家、墨家和法家都对公平公正有相应的论述。孔子、孟子主张以仁爱为核心，重视礼制、人和人之间的差异。老子主张人人平等，认为管理者应该是无为而治。韩非子认为赏罚分明是实现社会公正的重要途径，强调程序公正。我国当代学者对于公平公正也有很多阐述，如伍江认为城市的包容性发展指的是城市的公正公平、消除贫困，健康社会应该是让不同层次的人能够有尊严地生活。周俭认为城乡规划的一个主要职责就是对空间资源的公平再分配。唐子来认为公正包括公平和正义两个维度，公平是公共服务设施的均等化，而正义实际上是指公共服务设施应该向弱势群体倾斜。关于城市更新中的公平，阳建强提出需要形成一个横向联系、自下而上和自上而下双向运行的开放体系。张京祥提出，城市当中的市民应该具有决定更新与否的决策权，更新后居住地点的选择权，以及被协助进行日常生活空间重建的权利 [10]。

笔者之前策划推动的一份关于城市更新的网络问卷，有 1 万多位专家和社会公众参与，大家都认为在城市更新当中公平的权益变换机制、可行的规范以及健全的制度、政府的奖励和协作是更新项目成功的主要的保障。而现实情况是，不公平、不正义的问题具有普遍性和复杂性。从时间维度来看，一些新的更新政策出台，会导致同类的企业或者私营业主在不同时期公平性的差异。另外对于不同群体，在一个更新项目的博弈过程当中，民企还有市民仍处于弱势地位。在同一个更新项目当中，不同的业主也会有差异化不公平的获益。大部分更新项目政府仍然是主要的推动者，实施主体及民众仍处于较为弱势的地位，且很多主体的积极性并不高，只是被政府推着办事；另外，还有很多有更新诉求的项目由于种种政策瓶颈而无法得到实施推进；城市更新中还存在更新规模和节奏控制不均衡的问题。由于区位和潜在经济价值的差异，市中心一些繁华地段的旧城改造项目非常抢手，商业价值较高的地段优先得到了改造，而一些地处偏僻或商业效益不大的危旧地块却少有人问津，更新进程滞后。

1.2　城市更新公平性的层次维度

当前，城市更新公平性研究有多个维度，如过程权力公平、结果利益分配公平维度，机会公平、权利公平和规则公平维度，时间、对象、领域维度等。基于国内外学者的观点和框架，研究提出广义公平的三个层级，分别是平等、公平和正义。平等是指人人均等无差别，是一种社会观；公平是指按劳分配，差别化是一种价值观；而正义是指更多地向弱势群体的倾斜和对弱势群体的关怀，它是更高等级的一种道德观。

在城市更新当中有复杂的权利博弈过程，权利包括过程权力和结果利益两个方面。过程权力方面，本文重点针对知情权、参与权和决策权这三个方面进行了研究；结果利益方面针对空间利益、货币利益两个方面进行了研究。研究认为，过程权力的公平维护，结果利益的公平变换，科学合理的公司利益的变换机制，是提升城市公平性的关键。城市更新应该从"效率优先"转变为"公平兼顾效率"。基于历史上的公平观，城市更新中的公平原则，即基本权力"人人平等"，更新过程权力同类主体"基于弱势关怀等分"，更新结果利益同类主体应"按劳分配"[11]（图 1）。

过程公平是结果公平的关键，结果利益的分配受到过程权力的影响，过程权力公平性的提升，可以改善结果利益分配的公平性，但是过程公平不一定带来结果公平，过程不公平也不一定带来结果不公平。不公平的情况非常复杂，它既存在于同一个层级同类主体之间，也存在于不同层级不同类主体之间（图 2）。

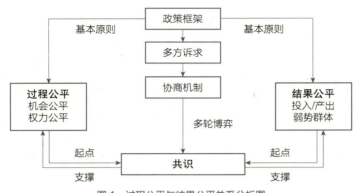

图 1   过程公平与结果公平关系分析图

资料来源：笔者自绘

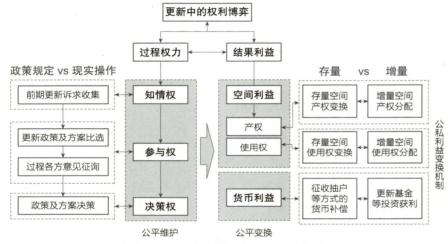

图 2   城市更新中过程权力与结果利益结构框架

资料来源：笔者自绘

2   城市更新规划中的平等：基本权力人人均等

2.1   基于协商规划理论的公众知情权、参与权保障

公众参与作为一项社会活动，在社会、经济、政治和社会思潮的变化过程中具有互动作用，而这样的一系列变化对城市规划体系的运行、对规划师的思想观念、规划方法等方面也产生了深刻的影响[12]。传统的城市更新是以政府为主导"自上而下"的终极蓝图式运作和管理模式，有利于在大区域范围内提升城市功能、激发城市活力，但对于市场和公众的需求考虑不足。而单一由市场和公众诉求发起的"自下而上"的城市更新更多的是"就事论事"，存在其天然的局限性，缺乏从宏观、中观尺度的系统思考，难以解决部分实质性问题。面对城市更新规划，传统规划必须转型，即由原来的蓝图式规划走向协商式规划。

协商规划理论源起于哈贝马斯的交往理性理论。哈贝马斯在 1979 年的《交往与社会进化》和后来的《交往行动理论》等著作中，发展出一套他称之为"交往行动"（Communicative Action）的理论，对现代理性进行反思，对工具理性进行批判。协商规划超越了逻辑和科学构建的经验知识原理，把合理性观念建立在主体之间的共同努力之上，通过交流来寻求目标。协商规划理论认为，规划师是不同利益群体的仲裁人，规划是一种多方沟通及协商的过程。规划师的身份不再仅仅是自主的、系统的思考者，而更多的是沟通者。这种全新的角色定位，体现了与以往那种被专家、客户、公众和社会所认定的规划师涵义的彻底决裂。协商规划理论的代表性学者是英国规划师帕齐·希利（Patsy Healey）与美国规划师约翰·福里斯特（John Forester）。希利认为，协作规划是参与者对可代表他们共同利益的行动取得一致意见的过程。这些利益相关者及他们各自所代表利益的多样性，是协作规划考虑和处理的重点，这是它富于实践性的一种体现。它强调分析方法与批判性评估和创新发明的结合，使规范法则根植于特定时间与场所的特

协商规划的理论演进 表 1

名称	提出者	来源
谈判规划（Transactive Planning）	弗里德曼（Friedmann）	《再循美国：谈判规划理论》（*Retracking America：A theory of transactive planning*，1973）
通过辩论而规划（Planning through Debate）	希利（Healey）	《通过辩论做规划：规划理论中的交往转向》[*Planning through debate：The communicative turn in planning theory*，Town Planning Review，1992，63（2）：143—162]
辩论规划（Argumentative Planning）	弗希尔，福里斯特（Fischer and Forester）	《政策分析与规划中的辩论转向》（*The argumentative turn in policy analysis and planning*，1993）
建立共识（Consensus Building）	英尼斯（Innes）	《通过建立共识做规划：综合规划理念的新观念》[*Planning through consensus building：A new view of the comprehensive planning ideal*，Journal of the American Planning Association，1996，62（4）：460–472]
协作规划（Collaborative Planning）	希利（Healey）	《协作式规划：在碎片化社会中塑造场所》（*Collaborative planning：Shaping places in fragmented societies*，1997）
谈话模式的规划（The Discourse Model of Planning）	泰勒（Taylor）	《1945 年以来的城市规划理论》（*Urban planning theory since 1945*，1998）
协商规划（Deliberative Planning）	福里斯特（Forester）	《协商实践者：促进规划参与过程》（*The deliberative practitioner：Encouraging participatory planning processes*，1999）

资料来源：笔者基于文献整理[13]

质之中。福里斯特在 1989 年将交往理性概念引入规划界，并于 10 年之后正式提出了协商规划。他认为规划师并非权威的问题解决者而是公众关注程度的组织者，这种关注经过精挑细选并被加以讨论，以此为行动提供各种选择、特定的效益与成本或者是支持或反对方案的特定辩论（表 1）。

要评价城市更新政策及方案制定程序的公平性，需要审视政策中对程序的设定，以及更新规划实际操作中程序的公平性两个方面。关于提升更新中公众的知情权与参与权，上海进行了积极探索。2015 年，上海市规划和国土资源管理局为了完善规划编制的公众参与制度设计，修订了《上海市制定控制性详细规划听取公众意见的规定》[14]，修订按照"开门做规划"的总体思路，重点落实公众参与的全过程、全覆盖和多元化的要求，完善公众参与的制度设计。

城市更新往往要改变一个地区的城市规划和权利分配，是一项涉及权利人、实施主体、周边区域居民等社会公众的工作，其可能侵害的群体或受益的群体非常广泛。因此，全球各地实施城市更新时都非常注重公众参与，城市更新大多成为当地重要的公共事件和社会话题。因此，各地政府往往有非常严谨的流程来保障公众的知情权和参与权。如我国台湾地区《都市更新条例》对公众参与的参与方式、参与环节及影响方式均有明确规定。该条例规定，划定更新单元、拟定或变更都市更新计划以及最终审批前，都需要举行公听会。公听会的参加者主要包括有关机关、专家学者、当地居民代表、更新单元内土地及合法建筑物所有权人、其他权利关系人、邻近更新单元所有权人等。充分听取公众意见的做法，将减少实施过程中的阻碍，有利于城市更新的实施，这也是为什么台湾地区城市更新过程中非常重视公听会的原因。

在开展公众参与的过程中，应结合传统技术与新兴网络调查技术。目前，被广泛使用的微信网络问卷往往会将大多数老人和儿童排除在外，而设置红包的问卷经常会吸引寻利的刷票者而带来虚假信息，调查结果混杂了大量泥沙，需要后期清理。社区级的街道改造，沿线居民的意见应当被作为最重要的考量。如果没有社会调查作为支撑，这些街道或将像许多改造项目一样，以牺牲沿线居民的生计和社区认同感为代价，取缔所有的沿街摆卖，变得更加美观有序，仅仅提高了外来者对街道景观的视觉体验。

社会平等强调不同群体在城市更新中的参与机会均等。上海浦东塘桥微更新是一个充分公众参与及决策的典型案例。首先，更新选点由市民网络投票决定；多方案比选阶段，管理者、专家、市民均参与了投票；在方案实施过程中，社区全体居民充分参与，不断监督并提出修改意见，保障了项目实施效果满足居民需求。上海外滩滨水区的道路改造工程也是一个很好的公众参与更新案例，工程将

地面 6 条机动车道放入地下，将地面空间还给了慢行交通，过程中方案历经了 3
个月的公众意见征询，获得了 95% 的市民支持，并根据市民建议，增设了绿化、
休憩等空间。

近些年，上海推动城市更新中的亮点是党建引领与社区共治，如通过"15 分
钟社区生活圈"规划，推动居民需求导向的更新模式。例如，在曹杨新村更新中，
社区规划师与居民共同绘制社区蓝图，通过需求清单汇总、空间资源匹配等阶段，
确保弱势群体（如老年人、残障人士）的诉求被纳入规划。此外，上海在旧改中
建立"社会评价体系"，从居民满意度、搬迁补偿公平性等维度量化评估项目的社
会影响。上海临汾路 380 弄社区通过"完整社区"建设，增设社区食堂、24 小时
"数字小屋"和无障碍设施，解决老年人就餐难、办事难问题。社区依托"民情日
志"数据系统精准对接需求，加装电梯过程中创新联名账户机制，保障居民资金
安全，化解低层住户顾虑。瑞康里试点项目采用"置换腾退 + 回租原地"等四类
安置方式，探索"人留房留"模式，既保留历史风貌，又通过市场化手段实现居
民居住条件的改善。

深圳的城市更新更强调市场化主导与法治保障，深圳以《深圳经济特区城市
更新条例》为基础，通过"个别征收 + 行政诉讼"机制解决搬迁难题，强调程序
正义。该条例要求更新项目需经业主表决，并引入第三方评估机构平衡利益冲突。
然而，其市场化导向可能削弱低收入群体的议价能力，需通过配套政策补足公益
性诉求。深圳元芬新村有机更新通过"趸租改造 + 一体化运营"，引入民营企业
对城中村进行安全改造与风貌提升，增设篮球场、自习室等共享空间，打造青年
友好型社区。项目与国家开发银行合作融资，试点"公积金直付房租"缓解租金
压力。

2.2　更新利益相关主体的核心决策权分配

更新规划的审议制度是更新规划的关键环节，即最终的决策权分配。当前规委
会审议及决策咨询被大多数城市所采用，上海的相关制度建设也在不断完善之中，
相比之下，广州的规委会制度实现从政府部门的行政管理向法定公共机构的民主决
策的转变，在信息公开、民主决策等方面都有很多积极的探索，值得学习借鉴[15]。

城市更新中应保障直接利益相关主体的决策权。城市更新的直接利益相关主
体在城市更新中应扮演重要角色，其对于城市更新重要决定应具有一定比例的决
策权。但是在城市更新领域，对于采用听证会这一公众参与方式，政府采用较少。
举行听证会是特例行为，不具有普遍性。听证会具有公开、公正的特点，并且可
以有效地影响行政主管部门决策，其作为公众参与方式具有独特的优势。

　　以深圳为例，深圳在城市更新政策制定方面一直走在全国前列，出台了国内第一部城市更新办法和第一部地方立法城市更新条例。2009年12月1日发布的《深圳市城市更新办法》（深圳市人民政府令第211号）明确规定，拆除重建类城市更新项目范围内的土地使用权人与地上建筑物、构筑物或者附着物所有权人不同或者存在多个权利主体的，可以在多个权利主体通过协议方式明确权利义务后由单一主体实施城市更新；也可以由多个权利主体签订协议以权利人拥有的房地产作价入股成立公司实施更新，并办理相关规划、用地、建设等手续；同一宗地内建筑物由业主区分所有，经专有部分占建筑物总面积三分之二以上的业主且占总人数三分之二以上的业主同意拆除重建的，全体业主是一个权利主体；城中村、旧屋村拆除重建的，应当经原农村集体经济组织继受单位股东大会按照有关规定表决同意。综合整治类城市更新由所在区政府、权利人或者其他相关人共同承担，费用承担比例由各方协商确定。涉及改善基础设施、公共服务设施和市容环境的费用，费用承担比例按照市、区两级财政负担事权划分的有关规定执行。2021年3月1日实施的《深圳经济特区城市更新条例》（深圳市第六届人民代表大会常务委员会公告第228号）明确提出，拆除重建类城市更新单元规划经批准后，物业权利人可以通过签订搬迁补偿协议、房地产作价入股或者房地产收购等方式将房地产相关权益转移到同一主体，形成单一权利主体。属于城中村拆除重建类城市更新项目的，除按照前款规定形成单一权利主体外，原农村集体经济组织继受单位可以与公开选择的单一市场主体合作实施城市更新，也可以自行实施。综合整治类城市更新中，划入综合整治分区范围的城中村不得拆除重建。城中村内的现状居住片区和商业区，可以由区政府组织开展综合整治类城市更新活动。深圳的城市更新，充分尊重社区居民的权利并给予了灵活的实施路径。

　　城市更新中给基层与社区赋权需要警惕产生政策悖论。给社区赋权的初衷是希望提升居民的权力，改善城市更新中的不平等，然而政策设计并非都能实现其最终目的，有时结果恰恰相反。以最早实践社区赋权推动城市更新项目的英国为例，上下结合的城市更新范式并没有实现原有设想，反而出现"政策悖论"现象，一方面并不能更有效地改善社区贫困，另一方面社区赋权并不能解决潜在的公权与公民间的权力不平等。社区的赋权可能会被社区中的志愿者组织或专业人士所掌控，而社区中的弱势群体还是被排斥在外，仍然处于一种"失权"状态。政策悖论的出现，要求对现有社区赋权的城市更新范式进行修正。重点是提升社区居民自身能力与强化平台建设两个方面。在上海，社区互动平台的搭建，有利于及时传递信息，有效沟通，对于提升公众参与质量有很大帮助。

　　城市更新规划作为一种城市更新的重要政策，在更新的过程中起到分配空间、分配利益的核心作用，城市更新政策作为政府制定的管控性文件，在更新中起到规范更新程序、划分私有部门利益与公共利益等重要作用。上海更新方案制定的程序设定，保障了公众的知情权与参与权，但是公众仍然不具有决策权，规划的方案决策权主要掌握在政府手中。企业在规划编制过程中，由于涉及利益，基本全程参与其中，能够保障知情权与落实参与权，并通过方案的博弈，部分掌握了方案的决策权。

以上海第一批风貌保护街坊承兴里为例，更新前现状以里弄为主，大部分是公房，建于 1911 年至 1936 年，由新式里弄、旧式里弄、沿街商住建筑和传统宅院建筑等共同构成。作为全市房屋修缮留改试点，项目探索和尝试利用"抽户"方式实现石库门的"留房留人"，项目走里弄房屋修缮流程。改造保留了建筑外墙、天井、晒台以及坡顶形制，结合不同的住户情况，改造内部隔墙和楼梯，使住宅成套化。改造获得居民 100% 同意，100% 签约，100% 搬离后实施，采用"一户一方案"解决居民居住困难。政府财政投资改造政府产权的公房，受益群体包括两类，一类是仍然住在承兴里的原住户，另一类是已经把房子转租的转租户，原住户改造后居住面积略有增加，而转租户改造后房租大幅提升，因转租户大部分已经不是居住困难的市民，较多已在其他区域购房，改善了居住水平，政府财政的大量补贴仍然使其大幅受益。而对于原来居住在街区里的租户，改造及租金的大幅提升导致其搬家，利益受损而毫无补偿。承兴里一期每户增加一个马桶和厨房，但仍存在回搬户获益程度部分差异，例如顶层居民较多获益；而 40 户面积较小承租户被抽户，抽户标准相比其他区较低。与不同模式的城市更新相比，此种"留房留人"的城市更新，政府补偿标准相比征收拆迁低（户均约 90 万），居民获益仅为旧区改造类的一半，并没有从根本上解决本地大量居民的居住困难问题，可谓治标不治本，用增加马桶的方式"去马桶"，故居民的满意度与获得感非常有限，也带来了后续的各类投诉。

3　城市更新规划中的公平：更新获利按劳分配

3.1　城市空间产权使用权的公平变换

城市更新的公平，主要包括空间利益的公平分配（产权 / 使用权）和货币利益的公平折算（空间与货币的转换）。城市更新本质上是政府、开发商、原产权人和社区公众围绕土地使用权和物业所有权的转移和让渡进行博弈而达到多方平衡的过程。城市更新政策是为这个博弈过程提供操作规则的核心，政策体系的构建、土地及物业权利的变换、发展权奖励及转移以及其他财税等金融政策的支持都是政策的核心内容。当前，土地使用权变换分为延续和重构两种情况，物业权利变换分为自持和转让两种情况，对于发展权基于公益贡献的奖励与转移政策，目前政府实施着比较严格的管控，未来应逐步探索松绑与激励的路径。

利益的分配是城市更新政策的核心，政府与市场的获利分配、政府层面市区利益的分成、本地业主的利益分享、公共利益的底线约束等都是关键点，从政府的收益视角来看，政府在城市更新中的获利将逐渐走向长期化，除了现有的土地收入之外，即更新带来的就业、税收等的增长，企业的获利应维持一个合理的比例，避免不合理获利以侵占公共利益，本地业主应分享更新带来的增值收益，公众应在更新后享受地区品质提升后带来的服务外溢，利益受损方应获得相应的经济补偿，城市更新应走向多方共赢，实现城市更新中各方利益的平衡分配。

城市更新的经济公平，需要空间产权、使用权的公平变换及货币利益的合理分配。土地由于年限不同，合并及重划的难度会非常大，需要有一套科学的测算方式对不同年限产权的业主权利进行合理的测算，进而在更新后的项目中进行合理的利益分配。而建筑产权的更新方面，应依靠市场盘活政府无力更新的建筑，以保障更新的机会公平，公产更新时可延续承租权，进行建筑的功能更新，政府应托底有保护价值的历史建筑，同时也应放开市场主导的自由产权交易。

在历史风貌地区，应探索发展权奖励与转移。各方利益的平衡分配，应保障本地业主的利益分享，公众利益的底线约束以及其他相关方的利益补偿。更新后的城市空间，应保障公众的使用权，包括开放使用的公共要素，部分基于需求的私有产权空间公共使用，并对空间使用权进行合理的重新分配。货币利益的公平变换方面，建议放开市场资金的准入机制，并推动征收货币的公平补偿。

为保障公共利益，上海市规划和自然资源局制定了城市更新中提供公共空间和各类公共服务设施的奖励标准，针对是否能够划示独立用地、产权是否能够移交政府的不同情形，进行了差异化、精细化的技术规定，保障了更新中空间利益的公平变换（表2）。

为保障公益，深圳城市更新政策规定开发主体无偿提供一定比例土地用于公共用途。如拆除重建类城市更新项目需将不少于拆除范围用地面积15%且大于3000平方米的土地无偿移交政府，优先用于落实城市基础设施、公共服务设施、城市公共利益等项目。针对历史用地大量存在的情况，为调动历史用地参与城市更新，深圳进一步允许符合一定条件的未征未转土地纳入城市更新单元，需将其中20%无偿交给政府，剩下的80%与其他合法用地按照不低于15%的要求贡献公共利益用地。

上海符合相关标准规范要求时经营性建筑面积增量规则　　表 2

公共要素类型	公共空间			公共服务设施 / 交通设施 / 市政设施	
情形	能划示独立用地用于公共开放空间，且用地产权移交政府的	能划示独立用地用于公共开放空间对外开放，但产权不能移交政府的	不能划示独立用地但可用于公共开放空间 24 小时对外开放，产权不能移交政府的（如底层架空、公共连廊等）	能提供，且房产权能移交政府的	能提供，但房产权不能移交政府的
倍数	2.0	1.5	0.8	1.0	0.5

资料来源：上海相关政策文件

政策还规定，拆除重建类城市更新项目改造后包含住宅的，需按照所在地区要求配建相应比例的保障性住房。拆除重建类城市更新项目改造后包含商务公寓的，需按照所在地区要求将相应比例的商务公寓移交政府作为人才公寓，移交政府的商务公寓免缴地价，建成后由政府按照公共租赁住房方式回购，产权归政府所有（表 3）。拆除重建类的城市更新项目升级为新兴产业功能的，按照一定比例配建创新型产业用房，由开发企业建设完成，并以建造成本价移交给政府或按照政府制定的价格和对象进行销售（表 4）。

深圳拆除重建类城市更新项目保障性住房配建基准比例表　　表 3

政策出处	主要类型	一类地区	二类地区	三类地区
《深圳市城市更新项目保障性住房配建规定》（2010）	配建基准比例	12%	10%	8%
	旧工业区（仓储区）或城市基础设施及公共服务设施改造为住宅的核增 8%	20%	18%	16%
《关于加强和改进城市更新实施工作的暂行措施》（2016）	城中村及其他旧区改造为住宅的配建基准比例	20%	18%	15%
	旧工业区（仓储区）或城市基础设施及公共服务设施改造为住宅的配建基准比例	35%	33%	30%

资料来源：深圳相关政策文件

深圳拆除重建类城市更新配建创新型产业用房比例一览表　　表 4

区域	类型	配建比例
前海合作区辖区范围内	—	另行制定
《深圳经济特区高新技术产业园区条例》适用范围内	权利主体为高新技术企业，自行开发的产业升级项目	10%
	权利主体为非高新技术企业，与高新技术企业合作开发的产业升级项目	12%
	权利主体为非高新技术企业，自行开发的产业升级项目	25%
其他区域	—	12%

资料来源：深圳相关政策文件

3.2 资金投入与货币增值利益的合理分配

城市更新中的资金问题一直是核心议题，各类更新面临的首要问题是前期投入的巨额资金难题。相关数据显示：2018 至 2022 年间，上海中心城区成片二级旧里以下房屋征收总费用近 7000 亿元；2023 至 2027 年间，超大特大城市城中村改造的直接投入预计将超过 10 万亿元，需要全面考虑政府公共财政投入、专项债支持、国企平台注资、金融机构提供政策性贷款等方式，同时也需要合理预计带动的市场资本。目前，城市更新中用于征收补偿、产权归集、土地整理等方面的一级开发阶段的资金成本已成为项目总投入的最主要部分。上海在城市更新试点项目中正在积极探索压降前期成本的可行方法。例如，在外滩第二立面区域更新中，改变原来单一征收的传统做法，而是鼓励有实力的国有企业将原有分散物业"化零为整"后进行更新和回搬，并允许符合条件的原产权人委托实施更新和经营（获得租金回报），或者在总体框架下实施自主更新。这样原产权人从被征收对象转换成了实施区域更新的合作主体，可有效降低征收现金成本，同时也调动了多方参与城市更新的积极性。此外，降低融资利率、减免公房残值、争取专项资金补贴等方式，也是结合更新项目具体情况可尝试采用的降本举措。

瑞康里更新项目探索了居民自愿申请腾退、异地实物安置、原地回购或者原地回租等组合安置方式，实现了居民按需选择，有效降低了更新成本。瑞康里开创了由平台统一租赁居民住宅进行运营与管理的改造新模式。瑞康里共包含 20 幢历史建筑，共有居民 675 户，现状出租率约 60%，老龄化约 60%。其中一期样板房包含北侧 3 幢建筑，已改造完成，由摩登天空运营。目前二期已开展一个月，共 45 户居民搬出。项目北侧临海伦路 3 幢建筑为一期样板房，国有企业二级公司租赁居民住宅，统一改造并进行后期商业运营，公司与居民签订了 8 年租赁合同，每月租金约 10 元 / 平方米，依据谈判增加年限，里弄室内空间依据使用性质全面改造为商业、公寓等类型，未来的功能业态为全球音乐人驻地，搭建智能化的音乐产业链条和音乐人居住与交流平台。更新的资金来源为市级补贴 2000 元 / 平方米，公司补贴约 8000 元 / 平方米。项目未来如果能够以整栋或整排建筑为单位迁出居民，经营上形成规模效应，约 5 年可以收回一定成本。

项目针对居民的租金补偿以户为单位，在托底价格基础上按面积核算租赁价格，保障居民能够租赁到房屋；企业准备部分可供租赁的房屋，包括春阳里，优先考虑租赁给瑞康里居民；针对不愿搬迁的居民，瑞康里内部空间调配，就地置换。项目存在一些问题及瓶颈，如居改非在实际操作层面依然存在政策瓶颈；容积率难以提升且对商业运营较为不利；居民的观望态度和分散搬迁对项目运营不利；租赁期满后的居民回搬问题目前尚无解决方案。

在后续的改造中，建议应针对原住户与转租户差异化需求分类施策。目前，里弄公房转租情况约占 50%，无论旧改征收还是留人留房模式，均未对原住户与转租户分类施策，形成"转租户有余而原住户不足"的情况。从提升公平性的角度，优化模式应针对二者差异化需求分类施策，将政府有限的资源优先向满足原住户基本生活条件改善倾斜。同时，建议结合权益调整去除空间指向性，支撑权属结构调整。结合转租户权益转换，将承租权转变为新形成的产权主体的股权，去除空间指向性，按照比例分享经营收益。建议可对相应房屋进行组合，形成成套里弄建筑，变分别出租为共同出租，提高功能适应性，提升租金收益。

4　城市更新规划中的正义：弱势群体保护关怀

4.1　城市更新中弱势群体的利益补偿

在大多数的城市更新中，迁居群体以中老年人为主，下岗失业人员数量众多，是典型的弱势群体[16]。更新后项目基地劳动力市场无法大容量接纳动迁居民，形成了事实上的就业排斥，而新居住地基本服务匮乏或者阶段性匮乏，无法满足居民的当下需求，动迁居民的机动性受到排斥，出行不便，居民面临社会资本减少等诸多危机。

公平竞争意味着城市更新向所有主体开放机会，更新中由于新的开发带来的周边居民交通拥堵、阳光受损等应得到合理补偿，应该建立一套明晰的阳光权受损量化测算标准与补偿制度，通过经济手段保障所有人的阳光权。在城市更新中，往往会因为新的开发项目带来原有居民的阳光权损失，因为在周边居民原来购入房产的过程中，阳光权曾经以差异化货币金额的方式进行过支付，如楼层高的住宅单价比楼层低的住宅贵，而如果在其周边新增加的建筑物对其产生了遮挡，影响了其阳光与景观，本质上是损害了其经济利益，使其房产价值受损。当前的城市更新中，存在对周边居民日照影响巨大，居民上访反对导致项目搁置的事件。

交通权方面，因为新增加的开发引入了新的人流，带来了新的出行，使得更新片区周边交通状况恶化，出行时间增加，出行体验变差，而新增交通还会带来噪声、空气污染等问题，对原有周边业主带来负面影响。但是不同于阳光权，阳光的具体时间可以量化测算，影响交通出行的因素较复杂，同时受到区域交通设施建设改善的影响，应在补偿制度设计中一并考虑量化的方法。另外，社会弱势群体在城市更新中话语权缺失、利益受损应该被关注，需制定相应的保障政策以实现社会公正。

历史街区的城市更新，往往面临着原住民与新开发项目的居住权博弈。上海"留改拆"政策转向后，部分历史街区面临"空置房屋无法拆除、原住民难以回迁"的困境，暴露了政策连续性与补偿机制不足的缺陷。对此，上海通过"城市更新基金"定向支持旧改资金平衡，并探索"异地容积率补偿"等政策，缓解历史保护与开发利益的矛盾。更新过程中，租客一般是利益受损方，城市更新应保证租客权利维护的声张路径，应适度支付租客搬迁补偿。政府应托底，保障在城市更新中搬迁的租户能够找到与原区位、租金水平相当的搬迁地。

以德国的租客利益保护为例。德国人自有住房率大约为 42%，约 60% 的人选择租房。多年来，德国有一系列相关的法律法规，指导、规范着德国房产市场的均衡发展。如德国古老的《民法典》中考虑得更多的是房屋租客的利益，《租房法》严格规定房租涨幅在三年内不得超过 20%。此外，所有大中型城市都要制定每年更新的"租价表"，根据"租价表"制定合理房价，房租超出后者的 20% 将被视为"房租超高"的违法行为，超出 50% 将直接被视作"房租暴利"的犯罪行为。所以，在德国租住同一间房子达数十年之久的住客数量相当可观。对于业主"驱逐租客"等行为，德国相关政策规定，即使租客有欠租违约等行为，业主也要出示足够证据，然后由执法人员实施收屋。荷兰的《住房法》是社会住宅制度的法律基础。为了保证住房资源的合理、有效分配，每个家庭除自住用途的第一套住房外，其拥有的第二套或更多住房如不用于出租则须缴纳高额的房地产税。租户租用住宅一年之后，其租赁合同自动转为无期限合同，除非租户自愿或违法（例如转租等），房主（包括机构和私人）无权逐出租户，有效控制了想利用社会住宅进行的投机行为。

4.2　城市更新中的包容性设计

对弱势群体的保护与关怀还体现在包容性设计中。如上海杨浦滨江无障碍环境建设，铺设无障碍通道、增设语音导览和手语沟通设备，打造"阳光康健驿站"，构建残疾人 15 分钟健康生活圈，实现物理空间与数字服务的双重包容。露香园项目在保留老城厢风貌的同时，通过"场所精神重塑"与"多元业态复合"，避免更新沦为精英化空间生产。此外，黄浦区建立"城市更新观察点"，推动公众参与历史风貌评估。

深圳通过移民社区的包容性设计，提升对弱势群体的关怀。以深圳的城中村为例，城中村的演化，表面上看是农村快速城市化，本质上却是全球资本空间化以及地方空间资本化的双重过程。城中村作为一种广义的城市公共资本，可以有效抑制城市在人口流动性衰竭方面的长期风险，它如同一个巨大的蓄水池，在保持城市人口活力与抵抗老龄化等方面，起着关键性的作用 [17]。深圳南头古城更新是城市公共活动激发促进城中村活力的典型案例。两次深双的介入给古城改造带来了非商业化的基因，注入了内在的艺术气质和文化潜力。改造并没有大拆大建而是采用微更新的方式，很多艺术家、建筑师也选择把工作室放在南头古城，在里面工作、生活，他们可以成为在古城生活的新居民，不断地观察、调整、调校南头古城的发展走向。生活在城中村的原住民和租户也能享受城市生活。城中村自身就有一种平等，可以容纳无限多的差异性。住在这里，没有人在乎你是白领、清洁工还是快递小哥，职业有区分，但每个人的身份是同等的。绅士化的危险所在是形成了一种社会差异，把人的身份进行重新区隔，但在城中村，可以消解关于身份阶级的社会逻辑。另外，南头古城的成功，还在于它的混合业态，它几乎是一个完整的微型城市了。深圳南头古城更新采用"媒介式策展"策略，将非正规移民社区的生活痕迹转化为文化资源，例如将临时建筑改造为展览空间，平衡城中村更新中的文化认同与空间正义。南头古城"媒介式策展"将非正规建筑改造为展览空间，保留城中村生活痕迹，通过文化 IP 孵化吸引创意产业，实现"市井文化"与"现代美学"的共生。此外，华侨城创意文化园区利用旧厂房打造文化地标，引入艺术展览与市集活动，推动工业遗产与社区经济的融合，成为市民休闲与文化消费的热点。

　　另一个典型案例是深圳沙井古墟，也是深圳现存最大的混合型历史街区，街区内除了一条古老的河流、一幢南宋建筑遗址、几百栋老屋、十几处祠堂，若干古井、牌坊、废墟和遗迹等以外，还混杂了城中村、临时建筑与非正规移民社区，整体风貌呈现出极具特色的新旧杂陈和多元共生状态。趣城工作室的更新改造"沙井古墟新生计划"，主要是改善保护区的环境、激活趋于衰败的地方生活社区，重点包含了河流整治、景观设计、建筑和室内设计等。计划类似于一种"针灸疗法"，选择最关键的经脉、穴位，对其进行轻微干预，避免因为突兀的设计介入而造成地区社会结构和空间纹理的断裂。同时，还有一场"时光漂流——沙井古墟新生城市现场展"。在微改造后的空间里，陆续展开了粤剧表演、螳螂拳课堂、学术沙龙、乐队现场、古墟市集，互动工作坊、真人图书会，以及各种类型的村民自发活动，激活了潜藏已久的本土文化基因。本地居民在过程中充分地参与，并在后续利用中继续作为改造空间使用的主人。

　　深圳的城市更新是一个逐步演进的过程，从单一维度市场主导的拆除重建模式，转向政府和市场共同主导的"拆除重建 + 综合整治"多维度驱动模式；从追求单纯的土地价值升值，转向追求全面的城市价值升级；从基于现代主义经典城市模型的"开发式更新"模型，转向未来具有时空更替和要素杂糅特征的"日常微更新"模型。未来的城市更新，应该是更加持续、富有活力、符合城市运营规律、更能包容人民的多元需求和生活场景的更新。

5 走协同治理：城市更新的多方共治

5.1 综合视角，实现城市更新规划的多维转型

更新规划本身是城市更新中空间公平性的一个重要载体，未来的更新规划需要转型，应该从"模糊"空间生产到"精准"空间供给：需求供给匹配，避免"过剩"；从"一方"需求独大到"各方"需求兼顾，应多方均衡受益，避免"不公"。更新方案的增量及分配是两个核心关键，增量涉及外部公平性，分配是内部公平性。更新规划应完善更新规划成果形式、信息公开、决策机制及后评估。宏观规划中，应构建更新区域识别指标体系，在传统物质空间的评估上，应加入社会价值、人群利益等指标，形成新的评价维度，构建有效的评价指标体系。

更新规划中需要构建多维度视角下的城市更新文化观。不同时期的历史文化是人类文明的宝贵财富，在城市更新中，应传承和保护各时期历史文化的物质及空间载体，包括建构筑物、纪念地、地下遗址等文化遗存的形式类型。城市更新中应协调不同社会阶层文化以及不同政党文化的关系，不应排斥社会底层文化，应使得多层级、多类型的文化在更新后的城市空间中和谐共存。在全球化的浪潮之下，城市更新成为外来文化植入的主要载体，异域文化一方面为本地文化繁荣注入了一剂强心剂，另一方面也为本地文化带来了巨大的冲击，城市更新需要兼顾外来文化包容与本土文化自信。

5.2 程序公平，基于多主体权力、调整类型的差异化

从城市更新的程序公平视角来看，城市更新要改变一个区域的城市规划和权利分配，是一项涉及权利人、实施主体、周边区域人口等社会大众的工作，其可能侵害的群体或受益的群体非常广泛。借鉴国外经验，需制定严谨的流程来保障多主体与公众的知情权、参与权和决策权。笔者认为，直接利益主体和间接利益主体之间的权力应有差异，直接利益主体应享有更多的权力，应重点关注。利益主体应有知情权、参与权、决策权（部分）；相关主体应有知情权、参与权（多）；社会公众应有知情权、参与权（少）；专业群体应有知情权、参与权、决策权（部分）；政府部门应有决策权（部分）。针对正向调整类更新规划，如增加公共设施、公共绿地、公共空间，可执行简易的流程和决策程序；负向调整类更新规划，如

增加建筑量、增大高度，增加有外部负效应的市政设施等情况，应采用多阶段、复杂的决策程序。

5.3　方法提升，建立更新中公平的权利测算与变换机制

政府需要对项目导致周边居民损失的阳光权、交通权的负外部效应进行科学的量化测算，并研究相关补偿标准，建立补偿与审批挂钩的实施机制；可以学习借鉴日本、我国台湾等地的做法，针对私人产权空间的公共开放，提供补偿测算的细化标准。建议城市更新规划中补充社会规划，评估更新后会产生的各类社会风险及社会影响，研究城市更新对地域内居民的工作和生活的负面影响，并从社会发展和社会公平角度予以适当补偿。在城市更新规划中社会研究规划的引入，并不是作为一个新的规划，它是对于目前规划内容的补充完善，将"人"和"社会性"纳入规划中，增强城市更新的受惠公平。

5.4　利益适配，城市更新中三方的公平利益分配

利益的分配是城市更新政策的核心，政府与市场的获利分配、政府层面市区利益的分成、本地业主的利益分享、公共利益的底线约束等都是关键点，从政府的收益视角来看，政府在城市更新中的获利将逐渐走向长期化，除了现有的土地收入之外，即更新带来的就业、税收等的增长，企业的获利应维持一个合理的比例，避免不合理获利侵占公共利益，本地业主应分享更新带来的增值收益，公众应在更新后享受地区品质提升后带来的服务外溢，利益受损方应获得相应的经济补偿，城市更新应走向多方共赢，实现城市更新中各方利益的平衡分配。建议加快制定开发权跨区转移的政策和机制，明确土地出让金、土征税等跨区平衡的口径。在抽户补偿等方面可参考区位、结构和质量等因素，相对统一抽户依据和补偿标准。应把握好保护原住户和优化人口结构间的平衡，留下真正想留的人群，并促使人口结构适度吐故纳新，实现社区能级的更新。针对更新区搬迁租户制定相应的补偿政策。同时建议推动社区产权共有试点，鼓励原住户以产权入股参与更新项目运营，保障长期收益。

5.5　弱势赋权，政府向市场和社会的适度赋权

城市更新需要建立针对弱势群体的动态补偿机制，避免政策转向导致权益断层。建议完善公共利益优先的监管框架，防止资本过度侵蚀公共空间。针对政府无力更新的地区，针对特定开发商建立准入机制，建议放开市场准入机制，保障全市范围内居民获得公平的更新权；给市场、社会更多的自主空间与获利空间；

提高更新政策的民主科学性，避免公权力对私权利的过度干预；要放开个体业主更新路径，拓展市场资金准入。要避免社会赋权后产生的政策悖论，要逐步进行市民参与能力的培养，搭建多种形式的公共参与平台，提升市民参与城市更新核心决策的认识水平与能力。

5.6　角色理性，更新规划设计专业群体的身份转变

更新智库应实现由"技术服务"向"综合协调"转型，以适应不断博弈、复杂多变的城市更新项目。首先，是更新专业群体非委托代理人角色构建。更新智库对于更新的公平性带来重要影响，智库角色中立是一个伪命题，除非智库摆脱被委托方的地位，要提升城市更新的公平性，必须有不受合同制约的智库。建议逐步组建独立非委托公益类专业更新智库群体，避免更新智库受委托人的利益指挥而背离公共利益与中立价值观。其次，是更新专家话语权提升及责任机制构建。应避免规委会决策机制流于形式，审议结果一律为通过。建议推广"社区规划师"制度，建立专家责任机制，针对参加审议决策的专家进行信息公开。最后，是更新项目及更新智库的后评估机制建立。委托专业机构开展年度信息梳理与比较研究，针对研究结论发现的突出的不公平问题提出针对性的修正策略；定期对更新智库开展系统性评估，建立黑名单制度。

6　结语

城市更新公平性的提升是一个环环相扣的巨系统，包含了更新规划、政策法规、实施机制等，单一维度的提升并不能有赖于整体公平性的提升，正如木桶的短板，只有改善了关键短板，整体才会有本质的提升。城市更新需要发挥政府、市场、社会与群众的集体智慧[18]。城市更新是一个复杂的利益博弈过程，政府、开发商、原物业权利人、公众等在不同类型的更新中扮演着不同的角色[19]。更新公平性的升级，有赖于多方合作伙伴关系的确立及彼此地位的改善，这当中政府的"收"与"放"是关键。

作为政府的公共政策与管控工具，城市规划由增量规划向存量规划转型，源于土地利用模式的改变，其本质意义是空间资源配置中土地产权和交易成本的变化。未来的规划转型，要更加尊重业主的权益，更加重视现状土地的产权分析和规划过程；地方规划管理重心下移并趋向分权，规划设计机构趋于多元化、市场化和社区化[20]。更新规划作为城市更新空间政策的重要组成部分，从促进公平公正的角度来看，必须从蓝图规划走向协商规划，需要构建维护各方权利的更新规

划程序。更新实施需要拓展多元主体的更新模式，需要放宽民间自组团体的准入，需要灵活多变的更新策略，需要加强实施过程的公众参与。更新中政府、企业、社会及智库的理性角色回归同样是保证城市更新过程权力公平维护的关键。

在多元共治的城市更新模式运作过程中，应通过制度规则对多元主体间的利益博弈进行规范和约束，形成多元主体的制衡机制，以促进多元主体的良性互动协同[21]。城市更新中，直接利益主体和间接利益主体之间的权利应该有差异，直接的利益主体应该享有更多的权利，应该重点关注直接利益主体的过程权利。城市更新的结果利益分配应该按照各方持有的物业价值以及投入的资本进行公平的测算，按照比例来进行利益分配。从企业和社会群体的不同角度，结果的利益分配都有相应的界定，不公平的情况其实也是千差万别，提升公平性的手段也要因地制宜。

中国城市空间治理正经历从"增长联盟"到"公平治理"的转型之路[22]。城市规划应该用自己的专业帮助更多的城市从土地财政中戒除依赖而新生，探求可持续的城市更新机制、模式和路径[23]。提升制度的公平性需要治理创新与制度创新，而制度创新的根本是推动城市更新的政府组织架构、行政体系与法规体系，以及政府与市场、社会的关系重构。上海与深圳的实践表明，社会平等需依托多元共治，公平性依赖制度制衡，正义性根植于文化自觉，而每个城市都需要寻找适合各自发展阶段的制度创新之路。城市更新的社会价值目标需超越物质空间改造，转向更广泛的权利公平与文化正义，唯有通过制度创新、多元共治与文化自觉，让城市更新成为社会进步的催化剂，才能实现"人民城市"的理想图景。

参考文献

[1] 周俭，钟晓华 . 城市规划中的社会公正议题——社会与空间视角下的若干规划思考 [J]. 城市规划学刊，2016（5）：9-12.

[2] 张祥祥，胡毅 . 基于社会空间正义的转型期中国城市更新批判 [J]. 规划师，2012，28（12）：5-9.

[3] 周俭 . 城乡规划要强化社会公正的目标 [J]. 城市规划，2016（2）：94-95.

[4] 赵苑达 . 西方主要公平与正义理论研究 [M]. 北京：经济管理出版社，2010.

[5] 柏拉图 . 理想国 [M]. 郭斌和，张竹明，译 . 北京：商务印书馆，2002.

[6] 亚里士多德 . 尼各马可伦理学 [M]. 苗立田，译 . 北京：中国人民大学出版社，2003.

[7] SOYA E W. Seeking spatial justice [M]. Minnesota：The University of Minnesota press，2010.

[8] 苏珊·费恩斯坦 . 正义城市 [M]. 武烜，译 . 北京：社会科学文献出版社，2016.

[9] HARVEY D. Social justice，Postmodemism，and the city.[J] International Journal of urban and Regional Research.1992（16）：588-601.

[10] 胡毅，张祥祥 . 中国城市住区更新的解读与重构——走向空间正义的空间生产 [M]. 北京：中国建筑工业出版社，2015.

[11] 葛岩，周俭 . 权利视角下城市更新公平性探讨 [M]// 孙施文，等 . 治理·规划 II. 北京：中国建筑工业出版社，2021.

[12] 孙施文，殷悦 . 西方城市规划中公众参与的理论基础及其发展 [J]. 国外城市规划，2004（1）：15-20，14.

[13] 曹康，王晖 . 从工具理性到交往理性——现代城市规划思想内核与理论的变迁 [J]. 城市规划，2009（9）：44-51.

[14] 上海市规划和国土资源管理局 . 上海市制定控制性详细规划听取公众意见的规定 [Z]. 上海：上海市规划和国土资源管理局，2015.

[15] 周剑云 . 广州市城市规划委员会的建立、运行、作用及其影响 [R]// 控规委 .2019 控规委学术交流报告 . 上海：控规委，2019.

[16] 徐建 . 社会排斥视角的城市更新与弱势群体 [D]. 上海：复旦大学，2008.

[17] 张宇星 . 城中村 作为一种城市公共资本与共享资本 [J]. 时代建筑，2016（6）：15-21.

[18] 阳建强 . 走向持续的城市更新——基于价值取向与复杂系统的理性思考 [J]. 城市规划，2018，42（6）：68-78.

[19] 葛岩，关烨，聂梦遥 . 上海城市更新的政策演进特征与创新探讨 [J]. 上海城市规划，2017（5）：23-28.

[20] 邹兵 . 增量规划向存量规划转型：理论解析与实践应对 [J]. 城市规划学刊，2015（5）：12-19.

[21] 林辰芳，杜雁，岳隽，等 . 多元主体协同合作的城市更新机制研究——以深圳为例 [J]. 城市规划学刊，2019（6）：56-62.

[22] 葛天任，李强 . 从“增长联盟”到“公平治理”——城市空间治理转型的国家视角 [J]. 城市规划学刊，2022（1）：81-88.

[23] 赵民，赵燕菁，刘志，等 . “城市公共财政可持续的城市更新”学术笔谈 [J]. 城市规划学刊，2024(3)：1-9.

段德罡，中国城市规划学会学术工作委员会委员、乡村规划与建设委员会委员、乡村规划与建设分会副主任委员，西安建筑科技大学教授、博士生导师

王璇，西安建筑科技大学建筑学院硕士研究生

王璇　段德罡

城乡公平正义导向下乡村空间现代性的价值审思 *

1　引言

　　"现代性"起源于西方启蒙运动，随着资本主义制度的确立和工业革命的发展而流行，可将"现代性"理解为现代社会运行中的时代精神和内源性动力，将"现代化"理解为传统社会转向现代社会的操作过程[1]。现代性以理性至上和人的主体性高度彰显为基本内核，以民主政治、市场经济、科学技术等要素引领现代化进程[2, 3]。现代性在给人类社会带来文明与进步的同时，也带来社会排斥、价值认同危机等病态现象，集中体现在城乡空间对立上，由此引发了西方学者对城乡公平正义问题的反思[4, 5]。中国是在对"中国与西方""传统与现代"的历史求索中逐步摆脱了现代性建构的"客体化"地位，实现了主体现代性价值的自觉[6, 7]。以中国式现代化为代表的中国特色社会主义现代性方案要求"把马克思主义基本原理同中国具体实际相结合、同中华优秀传统文化相结合"[8]，以制度改革维护和促进社会公平正义。而中国古代城乡呈现"交相生养"的一体关系[9]，近些年的政策文件也将乡村振兴战略作为推进农业农村现代化的重点任务，频繁强调要促进城乡融合发展。党的二十大报告进一步指出"中国式现代化是全体人民共同富裕的现代化"，要求让广大农民能够和全国人民一道实现对美好生活的需要。可见对于一个国家的现代化而言，乡村现代化与城市现代化是互为支撑、紧密联系的，重点是要在城乡的融合互促中推进城乡关系的现代化。因此，城乡公平正义既是西方历史证明的抑制现代性风险的必要价值选择，也是中国式现代化追求的时代精神和布景目标。另外，在现代性语境下，城乡生产实践已经由空间中的事物转

*　基金项目：本文受到陕西省重点研发计划项目（编号：2025NC–YBXM–323）、陕西省自然科学基础研究计划（编号：2024JC–YBMS–289）资助。

向空间本体的生产 [10]，那么，空间也就成为讨论城乡公平正义问题的重要维度。

从中国城乡现实看，现代性因子伴随着大规模城镇化进程由城到乡不断扩延，瓦解着乡村的传统特性也推动着乡村生产关系的现代化，并将现代文明带入其中，使得乡村空间发生全方位转型 [11]。持乡村存续论的学者认为，现代性冲击下的乡村与城市一样经历着现代性生成，他们主张乡村要主动适应和扬弃现代性并平等融入城乡系统 [12-14]。然而，由于长期处于弱势地位，大量乡村在城市偏向的空间生产中呈现空间被动重组和秩序崩解等局面，出现空巢社会、自治与建设并行、文化符号化等现实样态，村民日益个体化并因生计凋落、价值认同混杂在传统与现代之间艰难挣扎，城乡关系背离了公平正义的价值追求 [15]。也有部分村庄在对现代性要素的适应性重构中探索出得以实现城乡均衡态的实践方式，逐步形成与城市有差异、无差距的空间状态。一些学者对该类典型村庄的空间转型机制进行了剖析，如郭占峰提炼出融"空间开放—自主规划—组织理性—利益联结—内外联动"于一体的乡村空间"自我终结与再造"框架，证明了乡村空间的主动转型对发挥现代性正面效应、弥合城乡关系的重要意义 [16]。

如上所述，中国式现代化要求以城乡公平正义为价值依循来推动乡村空间现代化。实践和研究表明不公正的空间生产方式导致的乡村空间现代性发育的不充分以及对社会关系的不适应，是推进城乡公平正义的关键阻滞点。而当前学界对现代性的空间讨论多集中于城市 [17]，关于乡村空间现代性的研究相对单薄。为此，本文尝试关联城乡公平正义和乡村空间现代化转型，结合理论和实践，对乡村空间如何在公平正义的现代性精神引导下主动适应和扬弃现代性，不断推进现代化展开探讨。

2　城乡公平正义的意蕴内涵

从语义分析看，"正义"强调"人人得其应得"的标准和结果，"公平"强调达成正义的途径 [18]。作为一种道德尺度与制度准则，公平正义是中西方文明共同的启示，城乡公平正义是衡量现代性的关键指标。对于社会主义中国，有必要从中华优秀传统文化、马克思主义公平正义观和现代中国的政治理想中探求城乡公平正义的意蕴内涵。

2.1　公平正义思想探源

2.1.1　中国传统公平正义观：去私取公，均平济困

中国传统文化以社会和谐为最高追求，以公平正义为实现社会和谐的基本条件 [19]。传统公正观首先体现为人人平等的"大同理想"：所谓"大道之行也，天下为

公"，在大同社会，人人劳动为公而非为己，人人各尽其力、各得其所，弱势群体皆能得到照顾。历朝民族精英始终向着这一理想社会努力，如近代康有为在《大同书》中构想并期望实现一个以生产资料公有制为基础、没有剥削、安定祥和的社会。其次体现为正直无偏私的行事规则：于掌权者是"道法自然""无为而治"，"信赏必罚，综核名实"；于个人则是"顺道而行，顺理而言"。最后体现为"均贫富"的分配思想：孔子"不患寡而患不均，不患贫而患不安"的论述主张土地和财富的均平分配是保障国家安定的前提。"损有余而补不足"乃至"劫富济贫"的观念虽有其不合时宜之处，却是人民追求经济平等和生存安全的朴素愿望及普遍心理的直观写照。

2.1.2　马克思主义公平正义观：役物利人，赋权促产

马克思主义学者关注现实的经济关系，认为实现生产正义是解决公平正义问题的关键。在社会层面，马克思和恩格斯着重批判资本主义占有规律下的垄断和劳动异化现象，指出社会主义社会将长期实行"按劳分配"原则，因此劳动是人实现价值、维护尊严的本质性活动[20]，资本、技术等生产要素应以解放人和发展人而非取代人为伦理守则。在空间层面，马恩认为资本积累所带来的社会矛盾集中体现在城乡空间二元对立和生态空间恶化上[21]。新马克思主义学者则认为在现代社会谈论空间正义必须强调"空间本身的正义"而不仅是"空间中的社会正义"，主张始终立足对空间生产的批判、完善和矫正，赋予民众平等参与空间生产和享受空间资源的权利[22]。

2.1.3　中国特色社会主义公平正义观：共富共享，良法善治

现代中国结合国情形成了具有自身特色的公平正义观。20世纪90年代初，邓小平就在南方谈话中指出，"社会主义的本质，是解放生产力，发展生产力，消灭剥削，消除两极分化，最终达到共同富裕"[23]，明确了中国特色公平正义观的核心内涵。共同富裕反映了国家以人民为中心的共享发展理念，旨在"让现代化建设成果更多更公平惠及全体人民"[24]，是对结果公平的追求。结果公平的实现需以良好的政策制度和治理体系为支撑，党的十八大以来提出的"逐步建立以权利公平、机会公平、规则公平为主要内容的社会公平保障体系，保证人民平等参与、平等发展的权利""全面依法治国"[25]，以及"完善产权保护、市场准入、公平竞争、社会信用等市场经济基础制度，优化营商环境""实施就业优先战略，强化就业优先政策"[8]等政策，进一步体现了国家对起点和过程公平的追求。

2.2　基于公平正义思想的城乡关系解读

2.2.1　载体维度：自然、社会与感知空间正义

回答城乡关系"是什么"和城乡公平正义"如何承载"的问题。空间正义理论强调城乡关系是一种空间关系，具有"物质—非物质"双重属性。城乡系统既

有先在的自然空间，也有人化的社会空间以及主体的感知空间。从这个维度看，自然、社会与感知空间是公平正义价值的载体，城乡公平正义要达成城乡空间各自的自然正义、社会正义和感知正义（图1）：

（1）自然空间指天然存在的、未经或基本未经人类改造的"第一自然"，自然正义关注人与自然的和谐共生，要求协调生态环境保护与高质量发展。

（2）社会空间指经过实践改造，渗透进社会关系和人类意志的空间，社会正义关注空间形态与社会关系的匹配度，要求合理配置各项空间权利和空间资源。

（3）自然空间和社会空间共同造就了人的身体机能和思维认知，形成主体的感知空间，感知正义关注空间功能对主体需求的响应和对主体的塑造，要求实现人的全面发展。

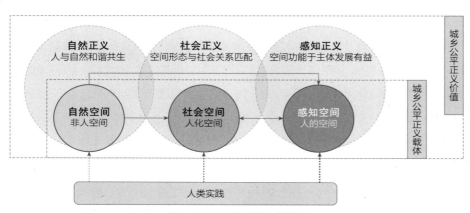

图1　城乡公平正义的空间载体

2.2.2　运行维度：起点、过程与结果层次公平

回答城乡关系"由何决定"和城乡公平正义"怎么推进"的问题。城乡空间一方面作为产品被生产出来并作为商品被交易，另一方面也作为生产资料和生产力进入生产过程[26]，因此城乡关系由生产资料所有制形式、人在空间生产中所处的地位及其相互关系、空间产品分配形式三个方面构成的空间生产关系所决定[27]，城乡公平正义意味着城乡空间生产关系要体现形式和实质的公平，需经由起点公平、过程公平和结果公平三个递进的层次来实现（图2）：

（1）城乡起点公平为筛选层，关注空间权利及空间中的发展机会，要求保障城乡居民合法所有、占有、支配和使用空间的权利，使劳动者具备自由选择和从事社会劳动以获取经济收益的资格。

（2）城乡过程公平为实施层，关注空间主体和空间实践过程，要求多元主体平等地参与到空间生产中来，并为各主体的空间运作设定边界。

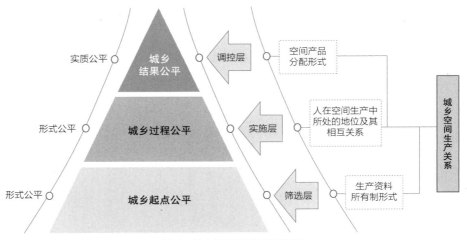

图2　城乡公平正义的层次运行

（3）城乡结果公平为调控层，关注空间分布和主体收入，要求对先天因素和市场竞争造成的不平等进行调整和补偿，将公共资源更多地向弱势的农村地区倾斜，缩小城乡实质差距和促进经济平等。

2.2.3　操作维度：决策、更新与使用主体协同

回答城乡关系"由谁主导"和城乡公平正义"谁是主体"的问题。资本主导下的空间生产与再生产是西方城乡发展不均衡的根源。在中国，资本并不具有无限扩张的权力，而是受到以公有制为主体的基本经济制度以及国家性质与政治结构的制约[28]，但一些地方政府追求 GDP 增长的目标和资本逐利的本性具有契合性，引发城镇化过程中权力与资本的合谋，或将导致城乡发展失衡。在城乡空间竞争与合作体系中，城乡关系仍将由掌握权力、资本和技术的强势主体主导，但城乡公平正义的操作过程必须协同决策、更新和使用主体，以空间表征、空间实践、表征性空间推进空间生产（图3）[29]：

（1）从主体内部看，空间表征指诸如地方政府、市场、规划专家、地方精英等对理想城乡符号的构建，表现为制度规则，决策主体协同要求约束"利益联盟"现象；空间实践指基层政府、企业、技术人员、工匠等对城乡生产生活场所的改造，表现为物质属性，更新主体协同要求摒弃"垄断"现象；表征性空间指城乡新老居民、游客等实际体验衍生的空间，表现为非物质属性，使用主体协同要求消除"隔离"现象。

（2）从主体间看，决策主体需分别和更新主体、使用主体形成有效的"管控引导—执行反馈""管控引导—执行参与"关系，更新主体则应和使用主体形成互惠互助的"行动增益—运维享有"关系。三类主体各有重合，紧密配合。

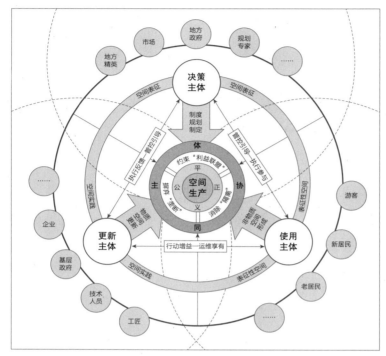

图3　城乡公平正义的主体操作

3　乡村空间现代性的价值审思

如前所述，以城乡公平正义为现代性价值依循推进乡村空间现代化需通过决策、更新与使用主体协同，经由城乡起点、过程与结果公平，达成自然、社会与感知正义。与此同时，乡村空间现代化遵循固有的动力机制。下文进一步结合吉登斯脱嵌与再嵌入理论对乡村空间现代化机制做出解释，辨明乡村空间现代性价值取向并重新审视其发展情境。

3.1　乡村空间现代化机制探微

3.1.1　乡村空间再认知

乡村空间作为城乡系统的重要组成部分，其实质无疑也是"自然—社会—感知"连续空间体系。在乡村，自然空间包括山林、水体、空气等自然空间要素及其提供的生态功能与产品；社会空间包括物质性的实体空间、数字空间以及由此延伸的非物质性的关系空间，且实体空间越来越为数字空间所替代；感知空间则包括空间主体的身体感觉、思维认知和行为能力（图4）。三者相互影响、动态循环，共同构成城乡公平正义和现代性的表达载体及实践场域。

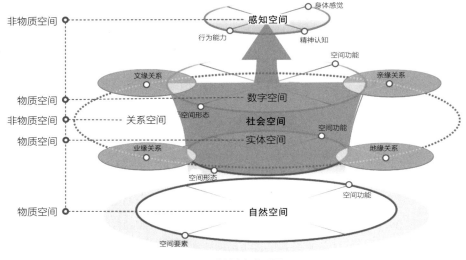

图 4　乡村空间体系图

3.1.2　乡村空间现代化机制

城乡公平正义作为一种现代性精神，既是乡村空间现代化的根本动力，也是乡村空间现代化的终极目标，它对于乡村空间具有"解构"和"重构"的双重作用。大量乡村地区在现代社会频繁的空间扰动下，陷入乡土性被解构而现代性尚未充分生成的混沌状态，经历着村庄空壳化、原子化等一系列后果，越来越背离城乡公平正义的价值取向，或导致村庄消亡。少部分村庄在此过程中通过主动的空间转型与调适来重构空间关系，得以消解现代性压力，更为深入地嵌入城乡系统，实现城乡空间融合，达成城乡公平正义，从而避免了走向终结的命运，辨明该类村庄的乡村空间现代化机制意义重大。为此，笔者将存续村庄的现代化转型机制从"解构"和"重构"两个阶段做出解释（图 5），需要强调的是，这两个阶段并非线性进步而是波浪式前进。

（1）乡村空间解构机制

吉登斯将现代性的基本动力机制归纳为"脱嵌"，也就是"社会关系从彼此互动的地域性情境中'脱离出来'，并穿越不确定的时空范围而得到重构[30]"，它一方面表现为"解传统化"，即传统与习俗越来越被专家知识和制度系统取代；另一方面表现为"解地域化"，即主体的社会关系从其所处的地点中分离出来[31, 32]。在解构阶段，现代性以"乡村空间生产不公—乡村空间被动脱嵌—乡村空间非正义"机制推动乡村空间现代化。即随着现代性要素在乡村的扩延，多元主体通过城市偏向的空间生产驱动乡村空间的生产与再生产。在忽视城乡公平的空间生产运行机制下，脱嵌机制推动乡村生产生活脱离惯例的控制[33]，传统的空间规则和保护机制失效，乡村主体的社会关系从具体的地域情境中分离出来，陷入风险社会。该阶段乡村空间显著的政治化、资本化特征使得现代性的负面效应远大于正面效应，乡村空间背离正义取向，与城市的区隔不断加深，最终呈现城乡关系的非正义。

（2）乡村空间重构机制

城乡空间分隔的事实，需要以空间作为治理工具来弥合。城乡空间融合的实质是一场基于城乡公平正义的空间再生产，核心是以空间关系重组促进城乡空间协调发展，需要秉承人本性、平等性等基本原则。在吉登斯那里，脱嵌主体将独自面对充满危机的现代性社会，他们期望重新进入可以帮助抵御风险的系统，社会关系的"再嵌入"就成为必需。再嵌入指"将已经脱嵌的社会关系做再征用或重新构造，以便使这些关系嵌入地域性的时空条件"[30]。在重构阶段，现代性以"乡村空间生产公平—乡村空间主动再嵌入—乡村空间正义"机制推动乡村空间现

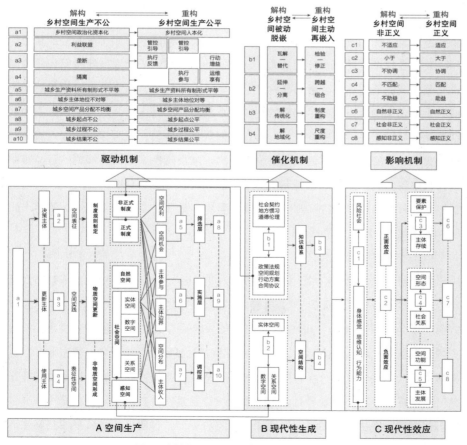

图 5　乡村空间现代化的"解构—重构"机制

代化。即随着现代性要素在城乡之间的平等交换和自由流动，多元主体通过以人为核心的空间生产过程，驱动乡村空间转型与融合。在保障城乡公平的条件下，乡村空间在对知识体系和场所关系的自反性修正与整合中，完成制度重构和尺度重构，推进乡村空间关系的主动再嵌入，不断提升感知空间对现代风险社会的适应程度。该阶段乡村空间生产的人本化趋势使得现代性的正面效应超过负面效应，得以实现乡村空间正义，达成城乡关系的公平正义。

3.2 基于现代化机制的乡村空间现代性情境体察

乡村空间现代化机制的厘清为乡村空间现代性方案的制定提供了方向指引，也为乡村空间现代性发展演进状态的审视提供了理论框架。本文将理论初步联系实际，从该机制的核心环节——公平运行维度对当前的乡村空间的现代性情境进行深入体察。

3.2.1 乡村空间现代性情境中的城乡起点公平

城乡起点公平核心要强化村民对乡村空间合法占有和支配的自由。从现实情境看，我国城乡融合体制机制的不断完善虽然在宏观层面对空间权利的平衡发挥了积极作用，但中微观层面的乡村空间制度仍待改善：

（1）土地权益分配失衡。乡村集体通常以支持者的角色服从国家权力安排，通过土地所有权运作来满足城市的开发需求。而现行土地征收方案大多仅提供对农民土地承包权、生计和安身之所丧失的基本补偿，缺少对农民土地产权的平等保护和对土地增值收益的公平分配。在乡村内部，集体资产股份合作制改革的整体基调是"身份固化，权随人走"，但一些村庄的身份认定多达数十种，包含祖居户—外来户、男社员—女社员、在村人—外嫁女等，其中乡村弱势群体通过土地产权分得收益的权利进一步被削弱。

（2）空间强锁定与村民发展权利受限。乡村从古至今在"顺天应时""因地制宜"的文化观念影响下形成了与自然相协调的多样化空间利用方式。当前的国空体系本质上是一种约束性制度，具有强锁定效应。其以"详细规划＋规划许可""约束指标＋分区准入"等形式划分空间边界并以卫片执法等手段约束着乡村的建设规模和发展方向，规训着村民的生产生活，深刻改变了乡村灵活使用空间的优良传统，也限制了村民的空间发展权。如国家公园以维护国家生态安全为核心目标，其生态效益为城乡居民共同享有，但保护区内留存的通常为乡村社区，农户因被要求履行生态环境保护责任而被削弱了通过生产活动获取经济来源的权益，发展机会受到严重挤压，却较少取得生态治理共同体在货币、就业等方面应有的帮扶。

3.2.2　乡村空间现代性情境中的城乡过程公平

城乡过程公平核心要维护村民自主决定和创造空间形式的自由，并促进村民就地就近就业。从现实情境看，新型城镇化战略的实施推动了物的城镇化向人的城镇化的转变，但绩效为先的乡村建设中仍然存在主体参与权无法保障的现象：

（1）空间形态自主权利被忽视。乡村空间形态的被动重组一类以城市空间对乡村地域的占领或乡村空间向城市形态的靠拢为特征，如园区开发和新农村建设中广泛采用的合村并居做法使得带有文化记忆的乡土景观被整齐的楼房替代，过于粗放的空间更新方式虽在客观上推动了乡村物质空间的现代化，但未能使现代性要素作为深层机理渗透到社会关系和村民个体生存之中，以致乡村空间融合程度不高、冲突频发。另一类以人为的乡愁景观塑造为特征，如在各类农文旅项目中，乡村被视作为城市人提供乡愁消费体验的场所，村庄风貌"复古""仿古"之风大起，村民现代生活的诉求却未能得到满足。

（2）就业不平等和劳动替代。一方面，新型乡村产业对劳动者技能水平的高要求使得以传统农民为主体的村民常常被排除在乡村经济活动的决策、建构和运营之外，就近就业增收渠道受阻[34]。另一方面，村民试图通过进城务工去实现个体发展，但因受到市民社会的排斥而经历就业、劳动保障等方面的种种不公正待遇，人口的流失也使得空壳化的村庄愈发落后于现代化进程。更为严峻的是，AI技术突破带来的新一轮工业革命让"低技能劳动者"面临着尤为突出的"人为物役"和"劳动替代"风险。

3.2.3　乡村空间现代性情境中的城乡结果公平

城乡结果公平核心要完成公共空间资源的均衡布局，并培养村民的市民意识和管护能力。从现实情境看，经过长期努力，我国在推进基本公共服务均等化上持续发力，为实现共同富裕创造了条件，但受各地发展基础差异影响，城乡、区域间的公共空间资源配置仍然差距较大、问题突出：

（1）资源供给适应性不佳。公共空间资源首要应与地方的人口特征相匹配，然而，客观来看，乡村复杂的地理环境、分散的聚落形态本身意味着极大的配置成本和难度；主观而言，政府对城乡、乡乡之间的投入存在差异，村民主体及其需求又呈现"在场—缺场""常态—应急"交互的流动特征，当前缺乏灵活性和延伸性的空间资源布局方式对不同时空的乡村人口特征适应性有限。如体现在教育方面，乡村人口大量流出和少子化趋势导致乡村学校生源匮乏，教育质量随之下降，又造成进一步的生源流失和规模萎缩，在此恶性循环下，教育不公成为制约城乡均衡发展的突出难题。

（2）资源利用可持续性不强。乡村公共空间资源普遍存在管理维护难题，在财政压力增大和投资激励机制缺乏的情况下，政府和市场皆无力承担乡村空间资源管护的责任，而作为使用主体的村民，其公共意识的缺失和市民生活经验的缺乏，使其不愿也无法在空间资源长效管护和可持续利用中发挥作用。最终呈现设施损耗快、功能发挥有限、利用效率低下等一系列问题，造成公共空间资源的极大浪费。

4 结语

本文从城乡公平正义理论视角出发，融合空间生产理论和吉登斯时空理论，构建了一个关于在现代性作用下乡村空间从解构到重构不断推进现代化的综合理论框架，该框架不仅回应了现代性冲击下乡村空间转型的现实挑战，还融合了中国式现代化所强调的"共同富裕""人与自然和谐共生"等核心理念，并拓展了中国式现代化理论的空间维度，为系统解析中国乡村空间的现实困境、动力机制及未来趋势提供了更具本土适应性的理论范式。基于此，本研究形成以下核心观点：

（1）乡村空间的韧性发展与现代性价值的重构。中国式现代化具有对就地乡村现代化等多元发展路径的包容性，其并非简单的城市化替代乡村的过程，而是城乡融合共生的新型现代化过程。部分村庄不仅不会在现代化浪潮中消亡，反而能通过空间形态和功能重组，形成独特的"乡村现代性"，成为城乡融合体系中的重要节点。

（2）以人为本的城乡公平和乡村空间正义实现机制。乡村空间现代化必须超越过度政治化和资本化的异化逻辑，回归"以人民为中心"的发展伦理。具体而言，需构建城乡起点公平、过程公平和结果公平的三维城乡公平体系，其中保障农民劳动权益，促进其与数字经济、绿色经济等新兴业态的衔接尤为关键，以确保其在现代化进程中的主体性地位，使其与时代发展同步。

（3）制度重构与现代性红利的适应性释放。现代性对乡村空间的积极效应并非自发形成，而是依赖主动的制度创新与多尺度治理优化。重点在于推动知识体系现代化和空间利益协调机制改革，构建政府、市场、村民共同体协同参与的"风险—利益"共享网络，从而增强乡村主体在现代社会中的适应能力与发展韧性，庇护主体更好地嵌入现代社会。

（4）渐进式转型与政策调适的紧迫性。乡村空间现代化是一个非均衡、渐进式的历史过程，当前实践表明，城乡公平正义原则在乡村空间运作中仍面临制度性失灵，表现为土地权益失衡、公共服务短缺、生态补偿不足等问题。因此，亟需完善国土空间规划法规体系，强化政策执行的精准性与回应性，以制度现代化推动空间正义的实现。

（5）规划学科的使命与城乡治理体系创新。面向中国式现代化的战略需求，规划学界与业界应深化对城乡关系辩证规律的研究，重点突破以下维度：一是进一步揭示现代性作用下城乡空间交互的内在机理；二是创新乡村空间治理的"技术—制度"复合工具箱，强化空间规划与用途管制的战略调控功能，促进城乡要素双向流动与功能互补，最终构建均衡、包容、可持续的城乡融合发展新格局。

参考文献

[1]   岳龙.现代性境域中的传统 [D].上海：华东师范大学，2001.

[2]   衣俊卿.现代性的维度及其当代命运 [J].中国社会科学，2004（4）：13-24，205.

[3]   杨大春.反思的现代性与技术理性的解构——海德格尔和福柯论现代技术问题 [J].自然辩证法研究，2003
       （2）：48-53.

[4]   埃德加·莫兰，陈一壮.现代性的危机 [J].国外理论动态，2012（11）：62-65.

[5]   许彩玲，李建建.城乡融合发展的科学内涵与实现路径——基于马克思主义城乡关系理论的思考 [J].经济学家，
       2019（1）：96-103.

[6]   张九童.现代性文化转向与中国现代性价值自觉 [J].学术交流，2022（9）：19-31.

[7]   王鑫.另一种现代化：西方现代性自我想象中的中国 [J].浙江大学学报（人文社会科学版），2024，54（1）：
       21-31.

[8]   习近平.高举中国特色社会主义伟大旗帜为全面建设社会主义现代化国家而团结奋斗 [N].人民日报，2022-
       10-26（001）.

[9]   戴顺祥.城郊经济与宋代城乡关系探析 [J].思想战线，2011，37（6）：85-88.

[10]   吴瑞财.全球化：现代性研究的空间转向 [J].华侨大学学报（哲学社会科学版），2005（3）：15-20.

[11]   唐凯，彭国胜.农耕文明与乡村良序的形塑——基于乡村记忆的视角 [J].农业考古，2023（4）：114-121.

[12]   赵旭东.阿波罗遭遇浮士德：面对一种乡土之变——重读《乡土中国》的新观察 [J].探索与争鸣，2022（9）：
       53-66，177-178.

[13]   黄应贵.农村社会的崩解？当代台湾农村新发展的启示 [J].中国农业大学学报（社会科学版），2007（2）：3-10.

[14]   陆益龙.乡土中国的转型与后乡土性特征的形成 [J].人文杂志，2010（5）：161-168.

[15]   陆益龙.后乡土性：理解乡村社会变迁的一个理论框架 [J].人文杂志，2016（11）：106-114.

[16]   郭占锋，田晨曦.从"村落终结"到"社区再造"：乡村空间转型的实践表达——对陕西省袁家村的个案分析
       [J].中国农村观察，2023（5）：44-65.

[17]   潘泽泉，刘丽娟.空间生产与重构：城市现代性与中国城市转型发展 [J].学术研究，2019（2）：46-53，177.

[18]   徐大建.西方公平正义思想的演变及启示 [J].上海财经大学学报，2012，14（3）：3-10，34.

[19]   程立显.论社会和谐与公平正义 [J].江苏大学学报（社会科学版），2007（3）：1-5.

[20]   贾中海，张景先.三种经典公平正义理论之比较 [J].理论探讨，2011（4）：143-145.

[21]   肖瑞.城乡融合发展：中国城乡关系的空间正义反思 [J].湖北经济学院学报（人文社会科学版），2023，20
       （4）：27-31.

[22]　赵静华 . 空间正义视角下城乡不平衡发展的治理路径 [J]. 理论学刊，2018（6）：124-130.

[23]　邓小平 . 在武昌、深圳、珠海、上海等地的谈话要点 [J]. 政策，2018（12）：17-22.

[24]　新华社 . 十四届全国人大一次会议在京闭幕 习近平发表重要讲话 [EB/OL].（2023-03-13）[2024-07-20].
　　　http：//www.xinhuanet.com/politics/2023lh/2023-03/13/c_1129430109.htm.

[25]　胡锦涛 . 坚定不移沿着中国特色社会主义道路前进为全面建成小康社会而奋斗 [N]. 人民日报，2012-11-18
　　　（001）.

[26]　孙全胜 . 马克思"空间正义"出场的基础、逻辑与路径 [J]. 深圳大学学报（人文社会科学版），2022，39（4）：
　　　137-149.

[27]　赵家祥 . 对生产关系内容界定的历史考察——斯大林观点与马克思、恩格斯、列宁观点的一致性 [J]. 思想理论
　　　教育导刊，2007（5）：21-26.

[28]　贾秀飞 . 重塑多维空间正义：中国城乡关系的演进实践与未来延展 [J]. 中国地质大学学报（社会科学版），
　　　2021，21（4）：16-27.

[29]　LEFEBVRE H. The production of space [M]. Translated by NICHOLSON-SMITH D. Oxford：Blackwell，1991.

[30]　安东尼·吉登斯 . 现代性的后果：修订版 [M]. 田禾，译 . 南京：译林出版社，2022.

[31]　乌尔里希·贝克，安东尼·吉登斯，斯科特·拉什 . 自反性现代化 [M]. 赵文书，译 . 北京：商务印书馆，
　　　2001：74.

[32]　汪行福 . "复杂现代性"论纲 [J]. 天津社会科学，2018（1）：46-54，67.

[33]　李冠福 . 社会变迁的复杂性分析 [J]. 产业与科技论坛，2019，18（21）：9-12.

[34]　段德罡，陈炼，郭金枚 . 乡村"福利型"产业逻辑内涵与发展路径探讨 [J]. 城市规划，2020，44（9）：28-
　　　34，77.

吴佩瑾，中山大学地理科学与规划学院博士研究生

袁媛（通讯作者），中国城市规划学会理事、学术工作委员会委员、青年工作委员会副主任委员，中山大学地理科学与规划学院教授、博士生导师，教育部青年长江学者

吴佩瑾
袁媛

共同富裕视角下粤港澳大湾区区域协调发展研究：分析基础、现实困境与路径思考 *

1 引言

共同富裕是中国式现代化的本质要求。进入新发展阶段，我国全面推进社会主义现代化建设，共同富裕作为新时代的重要战略目标持续强化。中央及地方政府围绕高质量发展与区域协调发展，推动形成梯度联动、优势互补的空间格局，旨在缩小区域差距、促进社会公平。然而，区域间在制度环境、资源禀赋和治理能力等方面存在显著差异，导致发展不均与治理协同不足，削弱政策效能并制约共同富裕实现。因此，厘清共同富裕内涵，推动区域协调发展与共同富裕目标有效衔接，是新时代中国现代化的重要课题。

目前，学界对共同富裕已有丰富解读：从维度出发，可从政治、经济、社会三方面解析其内在逻辑 [1]；从概念出发，可聚焦"共同""富裕"剖析其价值意涵；从性质出发，可将其视作发展性、共享性和可持续性的统一 [2]。尽管这些解读视角多元，但多停留于宏观分析，缺乏针对具体区域的视角。区域协调发展是实现共同富裕的内在要求，更是其现实路径与关键支撑。就区域发展而言，其关键是整体性、均衡性与可持续性：首先，区域系统的复杂程度决定了要从综合、整体的角度认识区域协调发展问题，推动区域内城乡或城市间实现空间一体化 [3]；其次，区域协调围绕"以人为本"，强调资源配置相对均等与机会获取相对公平，缩小区域间的发展差距 [4]；最后，区域发展应关注人—地及人—人之间的协调关

* 基金项目：国家自然科学基金项目"基于神经科学的社区环境对居民心理健康影响机制和规划调控研究"（编号：52278085）；广东省自然科学基金项目"亚热带高密度建成环境对女性居民健康的影响研究——基于粤港澳大湾区的神经科学实验"（编号：2023A1515010704）。

系，致力于实现生态效益、社会效益等协调发展。基于区域协调发展背景，可将共同富裕内涵构建为"共同—共享—共生"三维内涵框架："共同"强调顶层设计与制度引导；"共享"聚焦发展成果与要素公平分配；"共生"突出多元主体协同合作（图1）。

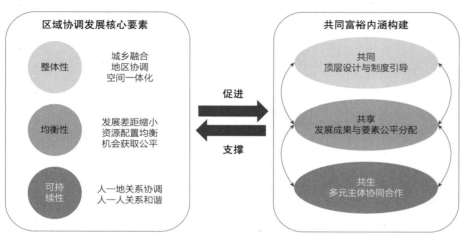

图 1 共同富裕与区域协调发展关系框图

粤港澳大湾区作为我国开放度最高、经济最活跃区域，肩负推动高质量发展和探索共同富裕路径的重要使命。在"一国两制"框架下，大湾区内制度、空间与治理问题交织，导致资源配置不均、城市竞争激烈、合作机制不完善等问题[5-7]，制约区域协调发展和共同富裕目标的实现。现有研究多聚焦人口聚集、产业协作与数字经济等，缺乏针对共同富裕与区域协调发展的理论性探讨[8]。在多极化与去全球化的背景下，国际秩序重塑与"一带一路"倡议为大湾区提供了提升国际竞争力的新机遇。面对复杂的国内外形势，亟需构建系统分析框架，全面剖析大湾区发展现状与内在逻辑，为实现共同富裕指明战略方向。

本研究聚焦粤港澳大湾区，旨在构建基于共同富裕视角的区域协调发展分析框架，重点：①解析"共同—共享—共生"内涵，揭示发展基础与挑战；②基于多层级治理、空间生产与共生治理理论，探讨"制度协同—要素共享—治理共生"路径与策略，为大湾区通过区域协调实现共同富裕提供理论支撑与实践启示。

2 实现共同富裕：粤港澳大湾区区域协调发展的分析基础

2.1 理论基础：湾区是"一国两制"下的跨境城市群

粤港澳大湾区在推动区域协调发展与实现共同富裕中具有独特地位，源于其在制度体系、空间结构与经济功能的三重特殊性。一，制度结构多元。大湾区以"一国两制、三关税区、三种货币、三套法律体系"为制度内涵，这种制度差异为区域治理、要素流动与规则衔接带来挑战，也为制度创新和制度融合提供了试验空间[9,10]。二，空间结构复合。大湾区的多层级、多中心空间结构，通过香港（国际金融中心）、深圳（科技创新高地）、东莞（制造业腹地）等城市为核心节点，形成功能互补、分工协作的城市网络体系，促进要素高效配置的同时为区域整体竞争力的提升提供空间基础[11]。三，经济功能互补。区域内已形成以香港为金融航运枢纽、深圳为创新中心、广州为综合服务平台、珠三角其他城市为制造与物流支撑的功能分工体系，构建起跨境产业链与资本流动网络，促进经济高质量增长与成果普惠，推动共同富裕的区域实践。

2.2　发展基础：湾区是多维跨境要素流动的关键枢纽

粤港澳大湾区作为中国最具活力的经济区域之一，集聚资本、技术、人才和信息等多维跨境要素。其多中心、多层级的空间结构有效促进了产业、人才和资源的高效流动与优化配置，形成分工明确、互补协作的区域发展格局[8, 12]。活跃的资本市场吸引大量资金流入创新产业和高端制造业，推动经济转型升级；丰富的科技创新资源推动知识溢出和技术扩散，提升区域创新能力和竞争优势；人口跨境流动加快了劳动力市场的融合升级，提升了整体人力资本水平[13, 14]。完善的跨境交通基础设施有效增强着城市间的互联互通[10]。这种多维度要素的高度集聚与流动，提升了大湾区的经济竞争力和创新活力，为共享发展成果、缩小区域及群体间发展差距提供了坚实基础。

2.3　治理基础：湾区是国家治理体系现代化的先行区域

粤港澳大湾区是国家治理体系在区域尺度的延伸，体现了中国特色区域治理的制度优势。在"一国两制"背景下，湾区既需承接国家战略、履行集中治理职责，又须回应三地差异化发展诉求，探寻"集中统一"与"弹性协商"的有机平衡。尽管面临跨境治理挑战，湾区通过完善法律法规、强化跨部门协作和推动机制创新，促进政策协调和资源整合[15, 16]。这些举措通过权力调和机制，推动多层级、多主体间的利益共生，促进区域内资源和政策的协调联动，对强化区域要素流动与优化配置、促进住房、教育等公共资源的均衡分布具有重要意义。此外，借助港澳的国际化优势，湾区深度融入国家发展战略与全球经济体系。这种多尺度、多维度的治理格局，提升了区域整体治理能力，为实现共同富裕提供了制度保障与实践路径。

3　粤港澳大湾区区域协调发展的困境：根源与现象

3.1　制度性壁垒：多元体制下的机制磨合

粤港澳大湾区作为多元制度并存的区域，其制度协调面临多重挑战，主要体现为机制耦合不足、利益协调复杂与社会认知差异：首先，受历史发展路径与治理传统差异影响，粤港澳三地在法律体系、行政机制与政策执行模式上长期形成各自独立的运行体系。这些体系之间的差异虽体现了"一国两制"的制度优势，但在跨境协同中，制度磨合成本较高，制约了部分领域的政策对接与资源共享效率。其次，区域治理存在一定程度的属地管理惯性。不同地区基于自身发展定位与利益考量，在推进协同合作时更倾向于维护地方利益，协同意愿与行动能力存在差异，影响政策联动效能。最后，长期的制度差异与文化分化，使三地居民在身份认同、治理信任与公共服务偏好上出现认知落差。体现为在医疗、养老、教育等跨境服务领域，内地和港澳居民间的信任基础较为薄弱，加剧跨区域政策落实的"非制度性成本"，削弱了区域融合的社会基础。

尽管粤港澳大湾区已构建多层级、系统性的区域发展战略框架，但现有机制在规则衔接、政策协同方面仍面临一定障碍，制度"软联通"程度有待提升。具体表现为：①公共资源配置不均。以医疗与养老资源分配为例，香港公立医疗系统长期超负荷运转（每千人仅有 2.1 名医生），且轮候时间长达数月；而毗邻的深圳、广州等地医疗资源供给充足，但利用率不足[17]；港澳本地养老院床位短缺，而珠三角九市养老服务资源相对充裕，而由于大湾区跨境养老合作机制尚未健全，港澳长者跨境养老面临"一床难求"和高空床率并存、长者补贴无法在内地使用等问题。②行政壁垒掣肘区域治理协同。以港珠澳大桥为例，该项目涉及中央、省、港澳特区多级政府，从构想到实施历时 20 年，珠江口两岸仅由虎门大桥连接，虎门二桥、深中通道、深茂高铁等重大项目因协调阻力长期滞后[18]。③社会信任基础薄弱。在跨境医疗方面，受就医习惯及缺乏对内地医疗质量、医保体系和收费的了解，部分港澳居民对跨境就医存在不信任[19]；在跨境安居方面，复杂购房政策与信息不对称降低了港澳青年来内地置业的意愿。认知差异与心理距离，已成为区域融合的隐性障碍。

3.2　要素流动受阻：市场机制的半开放困境

粤港澳大湾区作为中国开放程度最高、经济活力最强的区域之一，在构建统一大市场、推动要素高效流动方面仍面临三大障碍：①规则差异明显。三地在土地使用、户籍管理、社会保障等制度上差异较大，难以形成统一协调的制度环境。例如，横琴新区推行"定向出让"土地政策以支持澳门经济适度多元发展，其他城市却难以享有同等制度优势，造成资源配置的"虹吸效应"。②要素市场不均衡。湾区城市产业结构差异明显：2022 年，产业结构数据显示，港澳广深等核心城市服务业占比均超 60%；而佛山、东莞、惠州制造业占比达 56.1%，58.2% 和 55.9%；江门、肇庆第一产业占比分别为 8.6% 和 18%，形成清晰的产业梯度（图 2）。2023 年，深圳经济总量约为肇庆的 12 倍（表 1），反映区域市场化水平差异，制约要素流动与协同。③机制协同与空间联通不足。尽管湾区交通基础设施已逐步覆盖东西两翼与粤北地区，但其嵌入区域功能网络较浅，交通可达性未有效转化为经济联系，导致出现"南强北弱""东强西弱"的空间发展格局[20, 21]。此外，跨境监管、产业协作与数据共享机制不完善，创新资源难以向非核心区域扩散，制约区域协同效应发挥。

　　粤港澳大湾区在推进区域协调发展过程中，土地、劳动力、资本、科技与数据等要素流动仍受阻，难以实现高效循环。主要表现为：①土地配置失衡。三地在土地规划、用途管制和出让政策上差异较大，区域土地闲置与紧缺并存，制约生态修复与产业协同发展。②劳动力流动受限。"一小时生活圈"城市群的打造虽为区域人员往来、物流运输、产业发展和科技创新提供了便利，但核心城市的高房价与高生活成本迫使中低收入人群外溢至二、三线城市或城中村，抑制了劳动力的自由流动。③金融资源配置效率低。粤港澳三地金融监管与制度差异较大，跨境资本流动机制不畅，融资成本不均，抑制中小企业与科技创新发展[22]。④技术转化受阻。三地在技术标准、知识产权与职业资质缺乏互认，抑制科技合作与

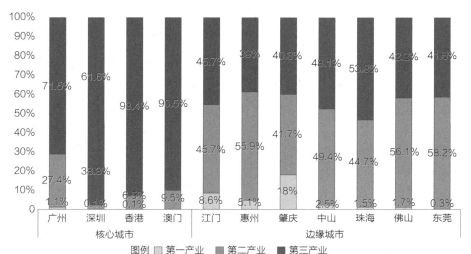

图 2　2022 年粤港澳大湾区三次产业结构占比

粤港澳大湾区近五年地区生产总值与经济增长率（单位：万亿元）　表1

	2019	2020	2021	2022	2023	五年增长率
深圳	26992.33	27759.02	30820.10	32480.71	34606.40	28.21%
广州	23844.69	25068.75	28225.21	28833.06	30355.73	27.31%
香港	27405.41	25600.93	23740.00	24262.00	27571.46	0.61%
佛山	10739.76	10758.50	12185.75	12695.00	13276.14	23.62%
东莞	9474.43	9756.77	10931.69	11375.66	11438.13	20.73%
惠州	4192.93	4283.72	5033.06	5400.27	5639.68	34.50%
珠海	3444.23	3518.26	3896.04	4070.18	4233.22	22.91%
江门	3150.22	3202.97	3598.04	3774.42	4022.25	27.68%
中山	3123.79	3189.15	3578.88	3632.22	3850.65	23.27%
澳门	4126.86	3458.00	1929.27	1473.20	3408.92	−17.40%
肇庆	2250.67	2313.24	2645.81	2721.57	2792.51	24.07%

数据来源：2024 广东省统计年鉴；2024 香港统计数字一览；2024 澳门市统计年鉴（笔者整理）

成果转化效率[23, 24]。⑤数据共享障碍突出。数据传输、存储和使用面临法律与合规限制，三地标准不一，制约数字经济与智慧城市建设。

3.3　治理弹性不足：多维权力结构下的协同困境

粤港澳大湾区在区域协调发展中治理弹性不足，根源在于复杂的府际权力结构与多主体协同机制缺失，制约了跨区域政策整合与执行效率。一方面，"一国两制"下多层级、多维度的府际博弈与权力碎片化交织，形成分权化的治理格局，削弱跨境治理的协同性与执行力[25]。另一方面，大湾区治理层级众多、结构复杂，缺乏统一指引与协调机制，政府、市场与社会等多元主体在政策协同与资源共享中面临规划不一、权责不清、合作意愿不足等问题，影响治理机制的灵活调节与区域一体化进程。

区域治理体系在协调发展中的行为偏差，制约着政策或项目的落地效果。具体表现为：①土地权属与管理分离。土地作为基础要素，其配置与权属安排成为治理博弈核心。如河套地区土地所有权属深圳、管理权属香港，管理权与所有权的分离，易造成权责不清问题。深汕特别合作区的"飞地经济"模式也存在土地"名属汕尾、实属深圳"的"双重管理"问题[26, 27]。②参治主体的"象征性"强于"实质性"。南沙合作区沿袭府际关系主导下的"属地管理"模式，港澳人员虽能通过广州南沙粤港合作咨询委员会等平台参与建设与管理，但特区政府无实质管理权，参与偏向顾问性质，反映合作中权力不对称与制度融合不足。③治理主体层级不一、协调机制缺失。如广佛同城中广州"强市弱区"与佛山"强区弱市"体制冲突明显，区镇级间缺乏沟通平台，难以形成治理合力[28]。

4　粤港澳大湾区区域协调发展的理论线索

4.1　多层级治理下的制度一体化

多层级治理是一种跨越纵向政府层级（国家—地方）与横向多元主体（政府、市场、社会组织）的网络化、协作型治理模式[29, 30]。在中国语境下，其本土实践体现为以地方政府为核心，通过尺度的"上推—下移"与权力的"去政府化—再政府化"，实现治理职能的灵活配置[7, 31]。在制度多元、区域异构的大湾区治理格局中，多层级治理通过"尺度重构"与"权力再分配"的动态结合，有效推动制度一体化。一方面，尺度上移强化中央的顶层设计与统筹能力，有助于建立统一规则与协调机制，提升制度整合的整体性。《粤港澳大湾区发展规划纲要》正是中央推动尺度上移的产物，确立了港深广为核心引擎的空间布局[6]。另一方面，尺度下移赋予地方在政策执行与制度衔接中的灵活性，增强多元制度背景下的协同能力。如广珠城际铁路体现了中央与省部的纵向协调，港珠澳大桥、前海深港合作区则通过合作协议与联席会议机制实现地方间基础设施共建共享，推动制度融合。多层级治理中，中央设定统一方向与框架，地方则在授权范围内灵活试验，形成"中央统筹—地方试验"的协同路径，从而在统一性与差异性之间实现制度一体化的动态平衡（表2）。

尺度上移与权力下放的互补关系　　　　表2

机制	作用方向	权力再分配形式	功能	对制度一体化的意义
尺度上推	自下而上	再政府化	增强中央协调力与制度统一	保证区域发展的整体性、避免碎片化
尺度下移	自上而下	去政府化	激发地方创新与在地调适	柔性解决多制度多文化背景下的治理难题

4.2　空间生产下的要素自由流动

空间生产理论由亨利·列斐伏尔（Henri Lefebvre）提出，强调空间不是静态的物理容器，而是资本、权力与社会关系相互作用下的动态产物[32]。该理论为理解粤港澳大湾区这一多制度、多主体、多尺度交织的复合空间提供了重要的分析视角。首先，粤港澳大湾区作为高度城市化且制度异构显著的区域，其空间形态与要素配置不仅受经济逻辑影响，更深嵌于制度安排、权力结构与社会关系之中。空间生产理论突破了传统经济地理对市场机制的单一解释，揭示制度边界、治理结构与空间结构如何协同作用于区域内部要素流动的空间格局[33]。其次，在人流、物流、信息流高度活跃的背景下，粤港澳大湾区的空间呈现出不断流动与重构的动态特征，具有显著的网络化与节点化特征。空间生产理论能够揭示粤港澳大湾区"流空间"背后的权力配置与制度逻辑，有助于解释区域整合进程中的非均衡性。因此，将空间生产理论作为理论线索之一，不仅有助于深化对区域空间组织与要素流动机制的理解，也为破解行政分割、优化空间结构与推动协同发展提供了坚实的理论支撑与思考路径。

4.3　利益共生下的跨境协同治理

共生治理源于生态学的"共生"（Symbiotic）概念，强调政府、市场与社会等多元主体建立稳定、动态的协作关系，实现资源共享、风险共担与利益共赢。在粤港澳大湾区，利益共生是跨境治理协作的关键[34]，该理论为分析治理主体互动提供了关系性视角。首先，制度与技术界面是共生的空间基础：制度性界面包括土地流转、户籍准入、人才"绿卡"政策与职业资格互认机制等政策设计，以降低制度摩擦[13]；技术性界面则依托数字平台（如智慧湾区、湾区通）推动跨境要素的高效流转[35]。其次，多层级政府作为共生单元，实现协同的关键在于化解治理错位与职能重合矛盾。在大湾区，中央、地方、港澳特区政府以及市场与社会组织多元参与、各有分工，尽管制度各异，仍可通过功能互补与政策协同构建跨界治理网络。最后，多元主体协同强化共生机制，提升治理内生动力：一方面，区域内城市可通过产业分工、劳动力流动、基础设施互联形成利益共享基础；另一方面，区域可以利益为纽带、机制为支撑，通过大湾区城市群联席会议、区域专项协调机构等合作平台，增强治理效率与政策整合能力。

5　迈向共同富裕：促进粤港澳大湾区区域协调发展的路径与策略

5.1　发展路径探索

5.1.1　制度协同：构建多层级协同治理框架

实现粤港澳大湾区共同富裕，关键在于以制度融合化解制度差异带来的发展障碍。多层级治理理论为此提供了路径支撑。在"中央—省—港澳—市"四级治理结构中，应通过纵向权责划分与横向多主体协同，提升制度兼容性与治理协同性。制度融合不仅是规则对接，更是制度功能的整合与重构，涵盖政策协调、联合规划、财政共建等机制的优化。具体举措包括：一，推进居住证互认与人口管理服务化，扩大公共服务对常住人口的覆盖，实现教育、医疗、社保与住房等基本保障的均等化。二，探索土地统一管理与权益共享，在合作区试点统一规划、出让与监管，推动土地制度协同。三，加强跨境就业、法律与金融规则对接，推动执业资格互认和金融服务有序开放，降低制度性交易成本，促进市场一体化。

5.1.2　要素共享：促进资源共享与信任构建

要素流动是区域一体化的核心动力。受制度差异与空间结构分割影响，粤港澳大湾区长期面临要素流通受阻、资源配置效率低下与发展失衡等问题。破解瓶颈需从制度协调与空间互联双向发力，构建统一、高效、开放的要素市场体系。一方面，应推动城乡统一建设用地市场，探索跨区域土地指标调剂，赋予地方更大自主权，提升土地配置效率。另一方面，完善跨境数字基础设施与智慧治理平台，打通公共服务、市场信息等数据壁垒，提升服务可及性与区域互信。同时，提升要素流动还需加强社会融合。面对制度、语言与发展模式的差异，应强化公众参与与身份认同，推动跨城市社区治理、公民论坛等机制建设，增强居民对湾区事务的参与感与归属感，实现从"制度联通"向"人心互通"的转变。

5.1.3　利益共生：深化多元主体协同

区域协同的内生动力来自主体间利益的深度嵌套。共生治理强调政府、市场与社会在互利共赢基础上的持续合作。在粤港澳大湾区，跨境治理已在生态、养老、教育、医疗等领域展开实践。生态环境治理方面，珠澳联合开展鸭涌河综合整治工程[36]，港深合作推进红树林保护与修复工作，粤港澳协同开展臭氧前体物的监测研究；养老服务方面，三地建立养老服务贸易合作机制，推动医养结合，提供专业健康管理和护理服务[37]；教育协同方面，推动高校课程互认、科研合作和人才共育，鼓励开设港澳特色学校与子弟班[38]；医疗合作方面，部分港澳医院接入内地医保系统，港澳医生可在内地短期执业，三地加强公共卫生联防联控，提升突发公共卫生事件的应对能力。未来应进一步健全多边协商机制、提升治理透明度，并通过制度化安排保障各方利益诉求，构建稳定共生、动态优化的区域治理结构。

5.2　发展策略分析

5.2.1　结合多源大数据丰富智慧湾区内容

随着城镇化红利减弱，粤港澳大湾区面临住房失衡、环境污染与公共资源不均等挑战，亟需智慧治理支撑社会公平与可持续发展。目前大数据在实现精细化治理中具有潜力，但在社会公平与社区福祉方面应用仍不足[39]。3S技术与互联网的融合，集成个体与空间环境信息[40]，为刻画区域经济、住房环境与社会福利提供可能。已有研究在土地利用、保障房选址与基础设施评估等方面初见成效，展现出大数据在可持续发展目标指标构建与政策评估中的广阔前景[41]。但现实中仍存在数据壁垒与共享机制薄弱问题。未来应强化多源数据整合与共享，推动其在社会治理、公共服务与区域协调中的深层嵌入，构建全面、精准、包容的智慧治理体系，为共同富裕提供数据支撑。

5.2.2　应用地理空间工具强化区域探索能力

《粤港澳大湾区发展规划纲要》提出建设紧密联结的城市群，并依托城市级空间平台促进数据流通。但受"一国两制"影响，三地在数据标准、管理机制与技术规范上存在差异，导致空间数据整合与跨境监测体系建设受限，制约了精细化治理。借助 GIS、遥感、大数据与机器学习等工具，可提升区域结构分析与资源配置效率[42]。当前，研究已通过实体匹配、几何数据整合与语义融合等方法，构建覆盖三地的统一社会经济与空间数据库，遥感监测也拓展至产业布局、土地利用、生态系统与重金属时空分布等领域[43]，为区域可持续发展提供决策支持。未来应深化地理空间工具应用，强化跨境空间格局与要素流动的精准监测与动态分析，夯实区域协调发展的科学基础（图 3）。

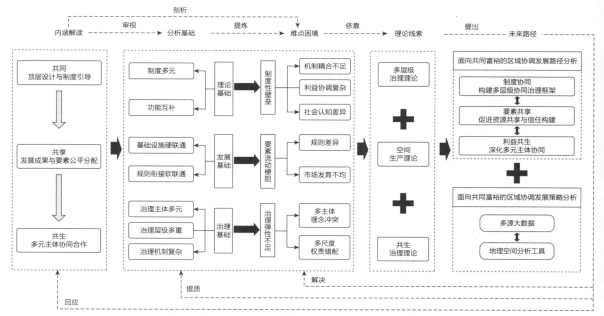

图 3　共同富裕视角下粤港澳大湾区区域协调发展的分析框架

6　结论与展望

本研究构建"共同—共享—共生"三维理论框架，丰富了共同富裕的区域内涵。基于粤港澳大湾区制度多元与空间复合的特征，系统分析了其区域协调发展的基础、挑战与路径。在"一国两制"背景下，大湾区拥有多元制度结构、复杂空间形态及经济功能互补的优势，但同时面临制度壁垒、要素流动受限和治理弹性不足等问题。为应对这些挑战，本文引入多主体协同治理理论、空间生产理论及共生治理框架，提出"制度融合—要素共享—利益共生"发展策略。总体而言，本文为跨制度区域协调发展提供了具有示范意义的理论框架和中国经验。展望未来，粤港澳大湾区应顺应全球政治经济格局深刻调整的背景，积极应对贸易保护主义抬头和全球供应链重构带来的压力，抓住"一带一路"倡议带来的开放合作机遇，深化制度创新，完善跨境协同机制，优化要素流动布局，强化区域内外联动。与此同时，应增强公众参与与身份认同，促进社会融合，打造兼具国际竞争力与包容性的共同富裕先行示范区。粤港澳大湾区的发展不仅是中国区域协调发展的样板，也将在全球区域治理与经济一体化进程中发挥示范和引领作用，为全球复杂国际环境下区域协调发展贡献中国智慧和方案。

参考文献

[1]　刘培林，钱滔，黄先海，等 . 共同富裕的内涵、实现路径与测度方法 [J]. 管理世界，2021，37（8）：117-129.

[2]　谭燕芝，王超，陈铭仕，等 . 中国农民共同富裕水平测度及时空分异演变 [J]. 经济地理，2022，42（8）：11-21.

[3]　孙海燕，王富喜 . 区域协调发展的理论基础探究 [J]. 经济地理，2008，28（6）：928-931.

[4]　方锦程，刘颖，高昊宇，等 . 公共数据开放能否促进区域协调发展？——来自政府数据平台上线的准自然实验 [J]. 管理世界，2023，39（9）：124-142.

[5]　刘云刚，张吉星，王丰龙 . 粤港澳大湾区协同发展中的尺度陷阱 [J]. 地理科学进展，2022，41（9）：1677-1687.

[6]　安宁，马凌，朱竑 . 政治地理视野下的粤港澳大湾区发展思考 [J]. 地理科学进展，2018，37（12）：1633-1643.

[7]　王丰龙，刘云刚 . 中国行政区划调整的尺度政治 [J]. 地理学报，2019，74（10）：2136-2146.

[8]　冯琰玮，张衔春，徐元朔 . 粤港澳大湾区区域合作与产业一体化的演化特征及耦合关系研究 [J]. 地理科学进展，2022，41（9）：1647-1661.

[9]　陈宏胜，李志刚，肖扬，等 . 基于区域功能视角的边界新区发展研究——对深圳前海合作区与珠海横琴合作区的比较 [J]. 城市规划，2022，46（4）：21-29.

[10]　李启军，郭磊贤，雷祎，等 . 政策视角下的粤港澳大湾区空间关联分析与协同发展政策机制优化 [J]. 热带地理，2022，42（2）：269-282.

[11]　李郇，周金苗，黄耀福，等 . 从巨型城市区域视角审视粤港澳大湾区空间结构 [J]. 地理科学进展，2018，37（12）：1609-1622.

[12]　罗彦，邱凯付，刘菁 . 多尺度流空间视角下的粤港澳大湾区跨界实践与研究 [J]. 国际城市规划，2023，38（5）：40-46.

[13]　杨东亮，郑鸽 . 粤港澳大湾区人口集聚表现与对策研究 [J]. 经济体制改革，2022（4）：66-72.

[14]　齐宏纲，戚伟，刘盛和 . 粤港澳大湾区人才集聚的演化格局及影响因素 [J]. 地理研究，2020，39（9）：2000-2014.

[15]　崔学刚，史雅娟，马海涛，等 . 粤港澳大湾区协同发展研究进展与展望 [J]. 地理与地理信息科学，2025，41（1）：97-107.

[16]　刘云刚，侯璐璐，许志桦 . 粤港澳大湾区跨境区域协调：现状、问题与展望 [J]. 城市观察，2018（1）：7-25.

[17]　李晓江，仇保兴，叶嘉安，等 . 大变局下的中国城市发展战略路径（上）[J]. 城市观察，2025（1）：

31-62.

[18] YANG C. The geopolitics of cross-boundary governance in the Greater Pearl River Delta, China: A case study of the proposed Hong Kong - Zhuhai - Macao Bridge[J]. Political Geography, 2006, 25（7）: 817-835.

[19] 严祥，韩子璇，祝怡文，等. 香港居民在粤港澳大湾区跨境就医的信息壁垒及其破解策略 [J]. 热带地理，2024, 44（12）: 2224-2236.

[20] 邱坚坚，刘毅华，陈浩然，等. 流空间视角下的粤港澳大湾区空间网络格局——基于信息流与交通流的对比分析 [J]. 经济地理，2019, 39（6）: 7-15.

[21] 廖创场，李晓明，洪武扬，等. 交通流空间视角下粤港澳大湾区网络结构多维测度 [J]. 地理研究，2023, 42（2）: 550-562.

[22] 史海霞，申嫦娥. 有效市场、有为政府与粤港澳大湾区资本流动 [J]. 城市观察，2022（5）: 20-31, 159-60.

[23] 李文辉，冼楚盈，陈丽茹，等. 基于专利计量的粤港澳大湾区技术创新流动研究 [J]. 世界地理研究，2023, 32（12）: 129-141.

[24] 陈穗丽，陈致昂，郑舒桐，等. 粤港澳大湾区中心城市技术创新流动网络演化研究——以深圳为案例 [J]. 世界地理研究，2024, 33（11）: 94-105.

[25] 张衔春，夏洋辉，单卓然，等. 粤港澳大湾区府际合作网络特征及演变机制研究 [J]. 城市发展研究，2022, 29（1）: 7-14.

[26] 张衔春，唐承辉，岳文泽. 地域重构视角下区域空间生产与治理——以深汕特别合作区为例 [J]. 地理科学，2022, 42（3）: 373-380.

[27] 李鲁奇，马学广，鹿宇. 飞地经济的空间生产与治理结构——基于国家空间重构视角 [J]. 地理科学进展，2019, 38（3）: 346-356.

[28] 吴军，叶颖，陈嘉平. 尺度重组视角下粤港澳大湾区同城化地区跨界治理机制研究——以广佛同城为例 [J]. 热带地理，2021, 41（4）: 723-733.

[29] YANG C. Multilevel governance in the cross-boundary region of Hong Kong-Pearl River Delta, China[J]. Environment and Planning A, 2005, 37（12）: 2147-2168.

[30] 张衔春，许顺才，陈浩，等. 中国城市群制度一体化评估框架构建——基于多层级治理理论 [J]. 城市规划，2017, 41（8）: 75-82.

[31] LI Z, XU J, YEH A G O. State Rescaling and the making of city-regions in the Pearl River Delta,

China[J]. Environment and Planning C：Government and Policy，2014，32（1）：129-143.

[32] 叶超，柴彦威，张小林 ."空间的生产" 理论、研究进展及其对中国城市研究的启示 [J]. 经济地理，2011，31（3）：409-413.

[33] 刘天宝，马嘉铭 . 空间生产理论在中国城镇化研究中的应用进展与展望 [J]. 地理科学进展，2023，42（5）：998-1011.

[34] 叶必丰 . 区域经济一体化的法律治理 [J]. 中国社会科学，2012（8）：107-30，205-6.

[35] 庞前聪 . 大湾区城市群空间协同策略研究——基于珠海与粤港澳大湾区互动的视角 [J]. 城市发展研究，2019，26（7）：50-58.

[36] 潘泽强，宁超乔，袁媛 . 协作式环境管理在粤港澳大湾区中的应用——以跨界河治理为例 [J]. 热带地理，2019，39（5）：661-670.

[37] 李琼，李松林，张蓝澜，等 . 粤港澳大湾区人口老龄化时空特征及其经济效应 [J]. 地理研究，2020，39（9）：2130-2147.

[38] WATERS J L, LEUNG M W. Rhythms, flows, and structures of cross-boundary schooling：State power and educational mobilities between Shenzhen and Hong Kong[J]. Population, Space and Place，2020，26（3）：e2298.

[39] NG M K, WONG C. Spatial planning for smart sustainable development?[J]. Planning Theory & Practice，2022，23（5）：759-798.

[40] 袁媛，陈曦，李珊，等 . 基于多源大数据的城市贫困地理研究进展 [J]. 地理研究，2024，43（4）：1036-1050.

[41] DONG X, XU Y, HUANG L, et al. Exploring impact of spatial unit on urban land use mapping with multisource data[J]. Remote Sensing，2020，12（21）：3597.

[42] 王开泳，陈田 . 珠江三角洲都市经济区地域构成的判别与分析 [J]. 地理学报，2008（8）：820-828.

[43] 王甫园，王开泳，虞虎，等 . 珠三角城市群生态游憩空间分异特征及关联性因素 [J]. 地理研究，2020，39（9）：2148-2164.

李志刚，中国城市规划学会学术工作委员会委员、国外城市规划分会副主任，武汉大学城市设计学院教授

李志刚

面向日常生活的城乡空间治理创新：以"共同缔造"为例

1 引言

中国的城市发展与治理模式正经历深刻转型，各地涌现出各类地方经验及创新模式。其中，"美好环境与幸福生活共同缔造"（以下简称"共同缔造"）行动就是具有典型性的城乡空间治理创新实验之一（李郇，等，2018；Li, et al., 2020）。湖北省自 2022 年以来积极试点并全面铺开"共同缔造"行动，致力于改善人居环境、提升居民幸福感，并推动基层治理体系和治理能力的现代化，这不仅是对"人民城市人民建，人民城市为人民"理念的回应，也体现了治理重心下移、激活基层活力的战略意图。"共同缔造"最早由吴良镛院士提出（李郇，王蒙徽，2016），逐步演化为政府在应对社会主要矛盾变化、满足人民群众对美好生活日益增长需求的创新举措，同时也是积极通过动员社会力量、优化治理结构以提升治理效能的战略选择（Li, et al., 2020）。解决人民群众的"急难愁盼"问题成为其核心目标之一，这也预示着高质量发展的导向从单纯追求增长向更加注重民生福祉和可持续性的重要转变。

本文旨在深入剖析湖北省"共同缔造"行动，并探讨以下核心问题："共同缔造"如何在理论与实践层面体现当代中国规划的创新性？其核心特征与运作机制如何？"共同缔造"如何嵌入并影响居民的日常生活实践？本文的核心论点是："共同缔造"是新时代城乡治理对于"群众路线"工作方法的践行，是国家主导的空间治理创新的重要组成。近年来，湖北等地的"共同缔造"工作多样化展开，聚焦经济、社会、空间、难题等维度，在改善社区环境，提升参与度，提高居民归属感、认同度、满意度等方面取得显著成效。但其参与性质较为复杂，同时具有

国家目标和专家引导特征，在投融资方面存在压力。因此，对于其在重塑日常生活空间等方面的长期影响，仍需进行持续研究与调查。

　　研究的时段主要为2021—2024年，该时期可谓是较为完整的湖北开展"自上而下"推动"共同缔造"工作的时间段。研究主要采用定性分析方法，一方面结合武汉大学、中山大学、华中师范大学所组成联合团队所收集整理的相关政策文件、政府工作报告、学术文献（包括中国知网CNKI和Web of Science数据库）等建立数据库，另一方面结合团队在湖北特别是武汉等地参与及调研的案例，以"解剖麻雀"的方式进行解析，结合多次多轮深度访谈、参与式观察，覆盖各类利益相关者如省市党委及政府的相关部门人员、多个区政府、社区居民、街道、居委会及规划技术人员等，开展系统实证。

　　后文首先阐述"共同缔造"的理论框架，将其置于中国特色空间治理理论及参与式规划的脉络中进行讨论。随后回顾在湖北的"共同缔造"部署与进程，结合具体案例分析"共同缔造"在社区层面的运作机制及其与居民日常生活的互动。在此基础上，文章将综合讨论其行动成效、挑战与经验教训。最后，总结研究发现并对未来方向提出展望。

2　理论框架："国家治理创新"视野下的"共同缔造"

　　近年来，"共同缔造""清河实验"等参与式规划设计或空间治理在中国各地不断涌现（李郇，等，2018；谭舒颖，等，2024）。这些尝试与"参与式规划"理论所倡导的参与当然存在关联。例如哈贝马斯的交往行动理论（Communicative Action Theory）启发了协商式规划（Healey，Forester）理论，强调通过对话、协商和共识建构来达成规划目标。戴维多夫（Davidoff）的倡导式规划（Advocacy Planning）则强调规划师应代表弱势群体的利益，积极介入政治过程。北京、上海、武汉等开始大力推行社区规划、社区规划师制度，也被视为向更具沟通性的规划模式转变的体现。根据伦敦大学学院（UCL）吴缚龙教授等的研究，诸多"微更新"（Micro-Regeneration）等参与式规划或治理实践实际是国家为实现社会治理等"超经济目标"（Extra-Economic Objectives）而采取的主动行为策略，而非单纯服务经济发展目的（Wu，2024）。参与性空间更多地扮演着协调不同行动者（居民、专家、政府官员）之间利益的平台的角色（Wu，Liu，2025）。国家的主动作为是其核心，"置身事内"的目的是协商或协调"市场逻辑"和"国土空间逻辑"之间可能的张力。据此，中国的城市治理成为"国家治理创新"的核心场域，表现出明显的"国家企业家主义"特征：即所谓"以规划为中心，以市场为工具"。中山大学李郇教授的系列研究为理解"共同缔造"提供了理论支撑。他提出的"规划结合治理：美好环境与幸福生活共同缔造"的主题，与本文议题高度契合，所提出的"规划结合治理"观点（Li, et al., 2020），也与吴缚龙教授关于微更新作为治理创新工具的分析形成呼应。规划已超越传统物质空间设计的范畴，日益成为国家实现更广泛管理目标的工具。

从理论上看，"共同缔造"兼具问题导向和目标导向特征（李志刚，等，2023；谭舒颖，等，2024）。一方面，与空间治理问题相关联，"共同缔造"尝试应对的是现有城乡治理中所普遍存在的内卷化、制度悬浮、缺乏参与等问题，面对的是空间生产和再生产中存在的"干部干、百姓看"的不利局面，就需要强化组织建设、提升治理效能、准确回应居民急难愁盼问题。另一方面，就目标导向而言，"共同缔造"试图构建具有中国本土特色的参与机制，深深植根于自身的政治文化和历史经验。不同于传统参与式治理或规划理念，中国当代的基层空间治理创新以"党建引领"为特征，党建引领是"共同缔造"行动的根本原则和核心特征（李志刚，等，2023）。

党的领导贯穿于"共同缔造"活动的全过程和各方面。其范式包括：大规模推动"党员干部下基层察民情、解民忧、暖民心"实践活动，要求党员干部深入一线，了解群众诉求，解决实际问题；充分发挥基层党组织（如社区党支部、物业服务中心党支部）的战斗堡垒作用和党员的先锋模范作用，将党的政治优势、组织优势和群众工作优势转化为治理效能。"党建引领"这一核心原则与西方参与式规划理论（如强调"交往理性"或"赋权"）之间存在较大差异：前者强调自上而下的引导和方向性，后者则更侧重于对话平台和权力下放。"共同缔造"试图通过将党的领导定位为一种赋能，同时将其作为引导"参与"与集体利益（同时也是国家认可的）及目标对齐的创新方式。"共同缔造"行动并非孤立的政策实践，而是植根于中国共产党独特的政治传统与治理逻辑，并试图在新的时代条件下对其进行创造性转化和创新性发展。

因此，"共同缔造"是对传统"群众路线"工作方法的活化与应用，即"从群众中来、到群众中去"，核心在于"发动群众，组织群众"，充分发挥群众在基层社会治理中的主体作用。湖北省的实践探索出"五共"机制——决策共谋、发展共建、建设共管、效果共评、成果共享——作为组织和引导群众参与的具体路径（Li, et al., 2020）。这一机制试图将群众参与的各个环节制度化、规范化。"五共"机制的提出，是对"群众路线"在操作层面上的细化与编码，它提供了一个结构化的框架，试图系统性地引导和管理公众参与。

3 "共同缔造"在湖北省的实践：起源与进程

湖北的"共同缔造"行动于2022年8月左右正式启动，以"共谋、共建、共管、共评、共享"的"五共"理念作为其核心指导原则和操作路径。这一理念旨在通过全过程的民众参与，实现社区治理的深刻变革。根据相关文件，如省委、省政府《关于开展美好环境与幸福生活共同缔造活动试点工作的通知》，以及各部门据此制定的具体实施方案（如《湖北省美好环境与幸福生活共同缔造林业试点工作方案》），该活动自2022年起开始试点推行。其总体目标涵盖了改善城乡人居环境、提升社区治理效能、培育公民的共同体意识和主人翁精神，并最终实现成果共享，增进民众的幸福感。

"共同缔造"的推行采用了试点先行、逐步推广的策略，契合中国在政策实践中常见的审慎推进模式，即通过小范围实验探索经验，在总结评估的基础上再进行更大范围的推广。自2017年起，在住房和城乡建设部的支持下，红安、麻城、枝江等地已开始进行相关探索。省级层面对此高度重视，强调加强基层治理、坚持党建引领、推动政策创新，并将工作重心下移。行动初期，确定在每个县（市、区）选择5至10个城乡社区（或农村自然塆、城市居民小区）作为试点单位。其核心任务在于发动和组织群众，通过试点探索并形成"五共"的方法和机制。作为省委自上而下高度重视、逐步从点到面推开的治理实践，"共同缔造"具有明显的政府主导属性。例如，就核心的投入机制而言，省级财政对"共同缔造"项目给予了大力支持。据报道，2023年省级财政安排了1.57亿元，用于支持小区党群服务站建设、农村老年人互助照料中心提档升级、公益性安葬设施建设以及"五社联动"社会工作服务项目等。这一政策旨在激励地方积极性和群众参与度，引导群众投工投劳、捐钱捐物。同时，"共同缔造"也结合了相关的组织工作如"党员干部深入基层一线"工作，察民情、解民忧、暖民心。据统计，在此进程中，各级党员干部累计下基层超过240万人次，收集并解决了43万多个群众关心的实际问题。此举不仅是服务输送，更是政治动员，旨在强化党在基层的执政基础和群众联系，其背后反映了党组织在社会治理中力图扮演更积极和主导角色的双重考量：既解决民生问题以提升合法性，也通过深度介入基层来巩固党的领导地位。各地"共同缔造"实践也充分结合了地方实际、因地制宜，涌现出一批各具特色的经验做法，聚焦了一些典型"切口"。根据调研，我们将其划分为空间、经济、社会和难题四类切口，各类型之间的划分只是相对的，用以形成明确的类型划分，但在具体切口及所解决的问题上，可能存在诸多交叉。

3.1 空间切口

此类"共同缔造"多以物理空间建设和提升为切入口，基础设施和公共服务设施较为薄弱的老旧小区、城中村等地区，对空间改建需求更为迫切。就做法而言，在城市多与楼组建设、社区微更新、垃圾厢房改造、口袋公园建设等相关，在乡村则主要涉及拆违修危、村民广场修建、道路硬化、乡村工匠志愿队组建等方面。以当阳市熊家山社区联心小区为例，依托"共同缔造"工作，通过规划引领片区化改造，统筹资源市场化运营，引导群众参与"共同缔造"全过程。

一个典型案例是笔者所在团队参与的武汉市武昌区南湖街道华锦社区的微更新工作，其"共同缔造"主要以参与式规划理念为指导，以社区居民在规划编制过程中的广泛参与为主要方式，形成反映居民共同意志的规划、设计、建设方案，开展共同缔造（李志刚，等，2021）。具体而言，作为中心城区较为典型的老旧小区，华锦社区的住房类型混杂，空间、设施、人员均存在老化趋势，亟需推进社区品质与治理能力的双提升。在此背景下，自 2017 年以来，武昌区、南湖街道办等依托党建引领，一方面凝聚共识，构建从"邻里"到"楼栋"不同层级的党群服务网络。例如，物业服务中心成立了党支部，积极融入街道社区的区域化党建工作，发挥党员在社区服务和管理中的模范带头作用。构建并有效运行了社区居委会、业主委员会和物业服务企业之间的常态化联动协调机制。通过定期的三方联席会议，共同协商解决小区管理中的热点难点问题，如车辆停放、环境卫生、邻里纠纷等。另一方面，社区和高校设计团队合作，在更新改造的设计过程中挖掘社区能人，建设志愿者队伍，形成"微规划、微改造、微治理"的新局面，倡导每位居民都成为"了不起的居民"，实现更新中的"共治共建共享"。在此基础上，依托社区作为市级"共同缔造"试点及省领导挂点指导社区建设的机遇，寻求各类政策及社会资源支持，改善了社区整体环境，不仅打造了相关共享设施和空间（群众活动中心、运动场、共享花园等），而且实现了部分空间如培训室、老年人食堂等的微利持续运营，改善了社区资源配置上的持续输血机制。

3.2 经济切口

此类"共同缔造"以提高居民或集体收入切入口，主要目的是增加集体创收、带动贫困人口就业、实现共同富裕。乡村地区经济基础薄弱，对"共同缔造"产生的经济价值较为看重。在城市层面，此类"共同缔造"通常表现为在社区创造物业、公寓租赁、停车、广告牌、食堂、夜市等方面的经营。在乡村地区，则主要表现为乡村文旅产业园建设、农民合作社建设等，常见模式包括共享合作社、空间服务及其运营创收等。

在经济切口上，一类案例是引入市场化运营机制的"共同缔造"，典型的是当阳模式。近年来，依托当阳建设集团等投资建设主体，把全市老旧小区空间打包，结合金融工具，植入业态运营，提升了空间品质，打造了新生活空间，也实现了物业维护。具体而言，近年当阳市在省和宜昌市住建部门指导下，面对改造对象分散、资金不足、诉求多元等难题，以"一张图"规划为引领，创新推出"片区化"改造、市场化运营、群众共建共治等系统性模式。为解决融资难题，当阳市建立"国企主导＋特许经营"机制，由市建投集团统筹融资、建设及运营，盘活车位租赁、社区配餐等经营性收入，并成功获批农业银行 6 亿元专项贷款，利率优惠 0.2 个百分点，节约成本 4185 万元。同时，通过"五位一体"社区治理机制，组织千场群众议事活动，推动共建共治共享。改造后的小区焕发新颜：道路宽敞，社区小厨、服务驿站、"口袋"公园等设施精巧布局，居民满意度显著提升。已完成 171 个小区改造，惠及 1.2 万户居民，累计改造排水管道 10.19 万米、道路 14.93 万平方米，新增雨污分流、智慧停车等设施，显著提升居民生活品质。

另一类则是依靠社会力量，典型案例是仙桃市彭场镇大岭村，以"三方合作 共同富裕"为特征，推进乡村振兴及其"共同缔造"工作。大岭村注重群众发动和内生动力激发，村民通过院子会、夜话会等形式积极参与，自愿拆除破旧房屋与旱厕，捐献建材，组建志愿服务队，全面参与村庄建设和环境维护，实现从"要我干"到"我要干"的转变。项目建设融合乡村旅游和农旅产业发展，打造"爱心田园""爱心驿站"等特色节点，景观打造坚持废物利用、群众众筹，既美化环境又节约成本。通过建立共同缔造理事会、监事会，落实共谋共建共管共评共享机制，大岭村形成了人人参与、家家尽力的治理格局，不仅提升了乡村"颜值"，更凝聚了人心，探索了"共同缔造"路径。

3.3　社会切口

此类"共同缔造"以改善邻里关系为切入口，立足现有空间延伸治理阵地，协调邻里矛盾，增强社区凝聚力。在城市层面，多表现为社区更新治理中挖掘社区达人和志愿者、进行流动人口服务、举行文化活动等。在乡村地区，在主要是制定村规民约、举行文化活动、设立村民议事厅和"屋场院子会"等，形成丰富多彩的"共同缔造"工作成果。

一个典型案例是武汉市江汉区江汉里社区，通过"社企联动"破解资源困境，依托"共同缔造"构建"完整社区"。项目由地方国企江汉区的区城投"金融街"

牵头，以"1+6+X"机制统筹实施："1"指政府主导与统筹，"6"是指街道、国企、社区、物业、居民、社会组织等六方协同，"X"则代表各类资源灵活整合。国企武汉地产集团下属企业作为实施主体，承担项目投资、设计、施工及后期运营工作，推动"片区统筹、系统重构、共建共享"理念落地。在实施中，注重居民参与与多元治理，设置"社区微改造"议事平台，征集居民意见，推动"共谋、共建、共管、共评、共享"机制。项目整合闲置空间，完善公共服务设施，如邻里中心、养老服务站等，推动服务下沉。通过统一改造设计，优化空间布局，提升社区宜居性与辨识度。运营方面引入专业团队，探索"公益＋市场"机制，保障可持续运行。

3.4 难题切口

此类"共同缔造"工作具有综合性特征，以解决社区难点问题为切入口，聚焦车辆乱停乱放、物业维护缺乏、环境脏乱差等社区人居环境问题。在城市地区，其"共同缔造"多围绕业主委员会建设、物业治理、软环境治理、旧区改造等。在乡村地区，则多围绕发掘乡村能人和积极分子，组建清洁卫生队等开展人居环境整治、房前屋后治理等。以武汉市江夏区凤凰社区为例，其"共同缔造"期待化解难题、凝聚居民共识，一方面结合党员下沉补充基层力量，另一方面推进社区、业主委员会、物业三方联动，围绕措施"清单化""制度化"工作，建立长效工作机制。

一个典型案例是北京愿景集团在十堰茅箭区所开展的"幸福顾家"项目，该项目被誉为"劲松模式2.0"，是一个围绕老旧单位社区更新改造难题开展的"共同缔造"实践案例。自2023年2月以来，项目通过"楼道革命、环境革命、管理革命"三大行动，对涉及17个小区、130栋房屋的顾家片区实施整体改造，惠及居民1.03万余人。项目创新建立"政府主导＋群众参与"的治理机制，成立专项工作组整合社区资源，依托"武当红、福到家"志愿服务平台激发居民自治活力，从LOGO设计到停车位规划均由居民共商共决，党员参与率达100%。在改造过程中，注重工业遗产活化利用，将东风退休办改造为养老综合体、废弃锅炉房变身美好会客厅、临街商铺升级为美食街，并成立湖北武盛达建设公司实施"政府让利、企业微利、群众得利"的可持续运营模式。

这些案例表明，尽管"共同缔造"具有自上而下的政策倡导属性，但在具体执行层面，地方多结合自身需要开拓创新空间，展现实践的灵活性。这种因地制宜的调适能力，正是"共同缔造"行动能够在不同地域条件下取得进展的关键因素之一。其中，专家（如规划师、物业管理者、社区工作者、规划师）在这些实践中扮演了关键的连接者和赋能者角色，他们既是政策的传递者，也是居民需求的倾听者和协调者。他们的专业能力、中立性以及营造真诚对话氛围的能力，直接关系到"共同缔造"的实际效果和居民的真实感受。

4 "共同缔造"与日常生活重构

"共同缔造"行动的最终目标是提升人民群众的幸福感和生活品质，因此，其与居民日常生活的互动关系是衡量其成效的核心维度。

4.1 重塑日常实践与社会交往

就各类"共同缔造"项目而言，无论是社区公园的升级改造、便民服务设施的完善，还是"幸福食堂"这类直接服务于日常生活的举措，都在不同程度上改变着居民的日常行为模式、对公共资源的近用性以及社会交往的机会与空间。例如，武汉航空社区通过清扫活动改善了卫生死角，这直接提升了居民的日常生活环境品质，并可能带动更多居民参与维护。武汉万科金域蓝湾小区通过丰富的社区文化活动的开展，为居民创造了更多互动交流的平台，增进了邻里情谊。这些新辟或活化的社区空间，不仅是物理环境的改善，更可能成为孕育新型社区关系、强化社区认同的社会容器。

4.2 培育福祉与"幸福生活"

"共同缔造"行动与"社区幸福"这一概念紧密相连。"社区幸福"是由价值观驱动、通过社区资本的积累与运作而实现的，关乎特定地域范围内个体与集体的综合发展需求（Li，Lü，Yin，2022）。从这个角度看，"共同缔造"过程本身如果真的能够有效激发居民参与，提升其对社区事务的掌控感、归属感和集体效能感，那么这种参与所带来的心理层面的满足感（如主人翁意识的增强、社区认同感的提升）的价值可能不亚于物质空间改善（李志刚，等，2021）。解决养老、医疗、托幼等直接关系生活质量的问题，以及在老旧小区加装电梯等具体案例，都体现了这种对"幸福生活"的直接关切。

"共同缔造"在提升"日常生活"品质和"幸福感"方面的成效，很大程度上取决于参与质量。如果居民感到他们的意见在"决策共谋"阶段真正得到了倾听和尊重，并且在后续环节中拥有实质性的发言权和影响力，那么这种赋权体验本身就能极大地增强其社区归属感和幸福感。反之，如果参与流于形式，即便项目本身质量尚可，也难以培育出深层次的社区认同和内生的幸福感。

4.3　居民能动性与空间治理协商

尽管"共同缔造"在很大程度上是国家主导的政策框架，但在具体的日常实践中，居民并非总是被动的政策接受者。他们通过各种方式表达诉求、参与协商，甚至在一定程度上塑造项目走向。例如，武汉"幸福食堂"增设早餐服务，正是源于居民的主动提议。从"日常生活"（Everyday Life）的视角（Chen，Zhang，2024），可以将"共同缔造"理解为一个多方互动的场域。在这个场域中，宏观政策与微观实践相遇，居民的日常生活经验、地方性知识以及潜在的抵制或适应策略，都会与规划者和政策执行者的意图发生碰撞与融合。例如，一个新建的社区公园，居民的实际使用方式（如跳广场舞、遛狗、儿童游乐）可能与规划师最初的设想不尽相同，这种自发的使用本身就是一种对空间的再创造和意义的再赋予。

因此，将"日常生活"作为评估"共同缔造"成效的一个核心维度，不仅能够提供比单纯的物理指标（如项目数量、投资金额）更丰富、更贴近人本需求的评价标准，也有助于揭示政策在微观层面的真实影响和复杂互动。同时，也应警惕一种可能性，即通过改善"日常生活"来引导和塑造特定的社区行为与公民参与模式，使其更符合国家对于和谐有序社会的治理愿景，这在某种程度上也呼应了福柯式的"治理术"概念（Wu，2024）。

5　讨论与结论

本文对湖北各地近年所开展的"美好环境与幸福生活共同缔造"行动进行了系统考察。研究表明，"共同缔造"是党在新时期运用其"群众路线"传统，在党建引领下推动城乡基层治理现代化的一项重要空间治理创新实践。它既是中国特色城市规划与治理理论体系的有机组成部分，体现了李郇教授所强调的"规划结合治理"的理念，也是对中国式现代化在城乡治理领域如何具体展开的生动诠释。通过对政策文本、学术文献和具体案例的分析，本文发现"共同缔造"在改善人居环境、提升公共服务、促进社区参与方面取得了一定的积极成效。武汉市的万科金域蓝湾小区、"幸福食堂"等案例，生动展示了其在不同场景下的应用模式及其对居民日常生活的正面影响。

具体而言，通过"共同缔造"项目，湖北城乡社区的物理环境品质得到了实质性提升，公共服务设施也得到了一定程度的补充和完善。第一，党建引领的突出地位，使得基层党组织在社区治理中的核心作用得到巩固，党员干部下基层等举措也拉近了与群众的距离。第二，居民参与度和满意度的提升。在一些成功实践中，居民的参与热情被有效激发，对改造成果的满意度也相应提高，形成了良性互动。第三，共同缔造推动了地方资源的有效动员，通过政策引导和机制创新，成功撬动了包括资金、劳动力、在地智慧在内的地方性资源，实现了"众人拾柴火焰高"的效应。

总体而言，"共同缔造"的实践为中国乃至全球的城市规划理论与实践提供了诸多有益启示。第一，"共同缔造"展示了一种在强国家背景下，将国家意志与社会参与相结合的治理模式。它不同于西方自由主义传统下的参与模式，更强调在党的领导下，通过有组织的动员和协商，实现集体目标。"五共"框架为结构化地组织公众参与提供了一个相对清晰的操作流程。在保持灵活性的前提下，这一框架对于其他地区或国家探索如何系统性地推进参与式治理，具有一定的参考价值。长远来看，这些努力可能潜移默化地提升公民的参与意识和能力，从而对基层治理生态产生深远影响。这是一种在特定约束条件下的"被治理的参与"（Governed Participation），其演化方向值得持续关注。第二，成功的参与式实践必须植根于特定的政治、社会和文化土壤。"共同缔造"对"群众路线"等本土政治资源的创造性运用，凸显了因地制宜、尊重文化传统在制度设计中的价值。社区工作者、规划师、地方精英等中介行动者，在连接自上而下的政策议程与自下而上的社区诉求方面，扮演着不可或缺的桥梁角色。他们的能力、立场和工作方法，直接影响参与的质量和效果。

当然，其中也存在一些局限与不足。"共同缔造"作为一项由党和政府主导推动的行动，其自上而下的政策导向与所倡导的基层民主和群众自主之间，天然存在一种张力。如何在这种张力中寻求平衡，避免参与沦为国家实现其治理目标的"工具"或精心构建的"舞台"，而非真正赋予社区权能，是至关重要的。这需要建立清晰的权责边界，明确哪些事务属于社区自治范畴，哪些需要国家层面的统筹与指导。

一方面，要警惕"共同缔造"在实践中异化为一种新的形式主义（Journal of Tianjin Administration Institute，n.d.），即追求参与的形式而忽略参与的实质。这要求超越简单的会议次数、参与人数等表面指标，聚焦居民意见是否得到真实采纳，以及参与过程是否促进了社区能力的成长。需要加强对社区居民的赋能培训，提升其有效参与的技能和意识；同时也要提升基层干部和专业技术人员（如规划师）的引导和促进能力，使其能够营造开放、包容、平等的对话氛围。对武汉的实证表明，信任是促成有效参与的关键因素，而信任的建立离不开信息公开、程序公正和对居民意见的真诚回应。

部分项目对外部资金（如"以奖代补"）的依赖度较高，一旦资金支持减弱或停止，项目的持续运营和维护可能面临困难。同时，居民的参与热情和志愿服务精神能否长期维持，也是一个未知数（Wu，2024）。“共同缔造”的项目多依赖于初期的资金投入和外部力量的推动，如何从项目驱动转向内生发展，培育社区的“造血”功能和长期的自我管理、自我服务能力，是确保其可持续性的核心挑战。事实上，伴随 2025 年以来新的省委省政府政策出台，部分“共同缔造”项目已经停滞，“共同缔造”的实验可能再次沦为“运动式”“未完成式”治理的案例。此外，还要注意克服“官僚主义内卷”，如果“共同缔造”自身也陷入繁琐的流程、过度的审批和僵化的考核，那么它也可能异化为另一种形式的官僚主义，反而加重基层负担。要真正发挥其“破卷”作用，关键在于能否真正实现权力的适度下放、激发基层的创新活力，并建立以结果为导向、以群众满意度为核心的评价体系。

　　总而言之，“共同缔造”不仅是中国当前城乡发展与治理领域的一项重要实践，更是一场充满活力和张力的实验。建议对此类工作保持持续关注，将其视为理解 21 世纪国家、市场与社会关系及城市治理的宝贵经验，从中汲取有益于全球层面的城市可持续发展的智慧。

参考文献

[1]　李郇，王蒙徽．城乡规划变革：美好环境与和谐社会共同缔造 [M]. 北京：中国建筑工业出版社，2016.

[2]　李郇，刘敏，黄耀福．社区参与的新模式——以厦门曾厝垵共同缔造工作坊为例 [J]. 城市规划，2018，42（9）：41-46.

[3]　李志刚，郭炎，林赛南．武汉城市社区更新理论与实践 [M]. 北京：中国城市出版社，2021.

[4]　李志刚，薛瑞爽，张凯莉，等．"共同生产"视角下的城市社区微更新机制探析 [J]. 现代城市研究，2023（10）：98-106.

[5]　谭舒颖，郎嵬，陈婷婷，等．共同缔造模式下城边村社区更新规划研究——以广州市草河村为例 [J]. 小城镇建设，2024，42（3）：36-43.

[6]　LI X, ZHANG F, HUI E C M, et al. Collaborative workshop and community participation: A new approach to urban regeneration in China[J]. Cities, 2020, 102: 102743.

[7]　WU F. Participatory micro-regeneration: Governing urban redevelopment in China[J]. Humanities and Social Sciences Communications, 2024, 11（1）: 1-12.

[8]　WU F, LIU Y.Micro-regeneration and participatory governance: A local social governance experiment in China[J]. Journal of Urban Affairs, 2025（4）: 1-21.

杨
萍

张
剑
涛

潘
鑫

潘鑫，博士，上海同济
城市规划设计研究院
有限公司创研中心，自
然资源部国土空间智能
规划技术重点实验室，
正高级工程师、主任
研究员

张剑涛，博士，中国城
市规划学会学术工作委
员会委员，上海社会科
学院城市与区域研究中
心客座研究员

杨萍，上海同济城市规
划设计研究院有限公司
创研中心助理研究员

面向现代化大都市人口结构转型和提升综合竞争力的教育资源规划策略
——以上海为例 *

1 引言

基础教育高质量发展是提升城市综合竞争力、增强教育满意度、实现教育现代化的重要支撑[1]。研究发现，在快速城镇化进程中，传统的基础教育设施配置模式存在显著局限：一方面，在规划方法上机械套用"千人指标"等统一标准，简单遵循固定服务半径约束，缺乏对区域差异的动态响应机制；另一方面，在规划管理方面与城市空间扩张同步蔓延，资源配置呈现静态化、刚性化特征，缺少动态监测调整机制[2, 3]。这种机械套用服务人口规模、简单遵循服务半径约束的配置方式，难以有效应对区域人口密度差异和学龄群体需求异质性等现实挑战，最终导致教育资源空间错配与公平性缺失[4]。

2024 年 7 月，党的二十届三中全会审议通过了《中共中央关于进一步全面深化改革、推进中国式现代化的决定》，提出"优化区域教育资源配置，建立同人口变化相协调的基本公共教育服务供给机制"。2025 年 1 月中共中央、国务院印发的《教育强国建设规划纲要（2024—2035 年）》指出"办强办优基础教育"，"健全与人口变化相适应的基础教育资源统筹调配机制"，"逐步缩小城乡、区域、校际、群体差距"。这些政策导向表明，我国基础教育发展正在实现从静态规划向动态精准调控的范式转型[5]。在新的政策框架下，基础教育资源配置必须以人口变化为核心变量，通过科学布局与动态调适实现人口与资源的精准匹配[4]。这种转

---

* 基金项目："十四五"国家重点研发计划项目（编号：2022YFC3800800）。

型对于促进教育公平、提升基本公共服务均衡性和可及性具有重大意义，既是应对人口发展趋势的必然选择，也是推动人口高质量发展的重要举措。

上海作为中国城市化水平最高的超大型城市，正面临人口发展新态势：常住人口增长趋缓，少子化与老龄化程度持续加深，区域人口分布呈现显著分化[6]。2025 年市政府工作报告将"建立同人口变化相协调的基本公共教育服务供给机制"列为重点工作，着力破解教育资源空间错配、学位供需结构性矛盾、资源配置效率不高等现实难题。国际大都市的实践表明，基础教育资源配置需要建立动态响应机制。纽约创新实施"弹性学区制"，根据学龄人口分布变化动态调整学区范围[7, 8]；伦敦构建政企合作模式，在人口密集区引入社会资本办学，并通过《伦敦学校图集》定期开展学龄人口预测，指导教育资源优化配置[9]；东京则推行"学校再编计划"，通过跨区域共享师资与校舍资源应对少子化挑战[7]。这些经验启示我们，建立与人口变化相协调的教育资源统筹机制，不仅能提升资源利用效率，更能促进教育公平和质量提升，实现城市人口与教育发展的良性互动[10-12]。

本研究基于上海人口结构特征与发展趋势的系统分析，深入探究基础教育资源配置与人口分布的现状匹配关系，重点解决人口转型背景下教育资源优化配置的关键问题，为促进上海基础教育优质均衡发展提供决策支持。

2　上海市人口规模结构与基础教育设施分析

人口规模与结构特征是基础教育资源配置的核心依据。科学把握上海市人口总量变化、空间分布特征及发展趋势，结合基础教育设施的规模结构与空间布局现状，精准识别教育资源供给与人口结构波动、空间迁移的匹配矛盾，为构建适应上海人口结构变化的基础教育资源配置体系提供科学依据。

2.1　人口规模结构特征与变化趋势

2.1.1　上海市域常住人口总量趋于稳定，空间变动加速

2023 年末上海市常住人口为 2487.45 万人，与第七次全国人口普查（2487.09 万人）基本持平，标志着上海作为超大城市已进入人口规模相对稳定阶段。然而深入分析发现，城市内部人口空间分布格局正在发生显著变化。在中心城区功能疏解等政策引导下，2010—2020 年间内环线内常住人口总量减少约26.02 万人，呈现出明显的疏解态势。与此同时，外环"边缘带"区域成为人口集聚的主要增长极，虹桥、宝山、川沙、闵行四个主城片区合计增加 42.04 万人，增幅位居全市前列。值得关注的是，随着五个新城建设的持续推进，郊区新城人

口规模快速扩张，其中嘉定新城以 29.93 万人的增量成为增速最快的区域，松江新城和嘉定新城更以 2153.33 人 / 平方千米和 1876.49 人 / 平方千米的平均密度增量，展现出强劲的人口集聚能力和发展潜力。这种差异化的人口空间演变特征，对基础教育资源的优化配置提出了新的要求（表 1）。

2010—2020 年上海各空间板块常住人口和密度变化　　　表 1

空间范围	空间划分	常住人口增量（万人）	人口密度增量（人 / 平方千米）
中心城区	内环内	−26.02	−2282.46
	内外环间	36.06	655.64
主城片区	虹桥、宝山、川沙、闵行	42.04	845.88
新城	嘉定新城	29.93	1876.49
	青浦新城	11.08	1216.25
	松江新城	12.92	2153.33
	奉贤新城	1.31	196.24
	南汇新城	15.91	463.44
其他地区	—	14.15	32.53

资料来源：根据上海市"六普"和"七普"数据整理

2.1.2　学龄人口规模低于全国平均水平，总体呈现圈层分布格局

上海市学龄人口发展呈现两大显著特征：一是规模比重偏低，二是仍在中心城区高度集聚。根据"七普"数据，2020 年上海市 0—14 岁人口占比仅为 9.80%，不仅显著低于全国 17.95% 的平均水平，也明显低于北京（11.9%）、广州（13.9%）、深圳（15.1%）等其他一线城市。虽然较 2010 年增长了 1.2%，但在少子化趋势持续深化的背景下，上海未来将面临严峻的教育结构调整压力。从空间分布来看，学龄人口呈现典型的圈层式分布格局。基于手机信令数据的分析显示 ❶，0—18 岁人口（婴幼儿、儿童、青少年）主要集中在外环线以内区域，其中外环内浦西地区和内环内浦东地区形成高度集聚区。同时，五大新城也成为学龄人口的重要集聚地。值得关注的是，外环线内及周边区域正成为学龄人口的主要增长区域，这一空间分布特征对教育资源配置提出了新的要求。

---

❶　基于手机信令数据的需求人群筛选：通过筛选使用母婴育儿等类型 APP 的手机用户间接识别婴幼儿，通过筛选使用儿童学习等类型 APP 的手机用户间接识别儿童，通过筛选使用课程辅导等类型 APP 或访问中高考相关网站的手机用户间接识别青少年，再分别使用上海市"七普"街道数据校正。

2.1.3　上海学龄人口结构变化对教育资源配置带来的挑战

上海市常住新出生人口、户籍新出生人口自 2010 年以来呈现"先增后降"的变化（表 2），受"全面二孩"政策影响，2016 年、2017 年新出生人口出现高峰，其后下滑。2023 年常住人口新出生、户籍人口新出生分别为 9.80 万人、6.36 万人，较之 2016 年分别减少了 12.04 万人、6.71 万人，新出生人口大幅减少，这一趋势表明上海少子化进程正在加速推进。

2015—2023 年上海常住人口和户籍人口新出生人数　　　　表 2

年份	常住人口新出生（万人）	户籍人口新出生（万人）
2010	15.91	10.02
2011	16.24	10.15
2012	22.73	12.11
2013	19.82	10.89
2014	20.52	12.41
2015	18.52	10.59
2016	21.84	13.07
2017	19.70	11.77
2018	17.40	9.84
2019	16.90	9.14
2020	12.76	7.88
2021	11.60	6.91
2022	10.80	6.82
2023	9.80	6.36

资料来源：根据相关年份上海统计年鉴整理

通过队列要素法的人口预测研究显示[12]（表 3），未来上海学龄人口发展将呈现三个显著特点：一是从长期趋势来看，受持续低生育率影响，学龄人口总体规模将呈现缩减态势；二是由于 2016—2017 年生育高峰的后续影响，小学适龄人口将在 2024 年左右达到峰值，初中适龄人口则将在 2029 年左右迎来高峰；三是高中学龄人口在短期内仍将保持增长趋势。这种人口变化的阶段性特征，要求教育资源配置既要着眼长远应对规模缩减，又要妥善解决短期内的就学高峰压力。

"十五五"期间上海市学龄人口变化趋势　　　　表 3

年龄	年级	2024 年	2025 年	2026 年	2027 年	2028 年	2029 年	2030 年
7 岁	一年级	199297	169835	159936	124615	112148	112150	100932
8 岁	二年级	203516	199289	169826	159930	124609	112141	112143
9 岁	三年级	181718	203503	199282	169814	159920	124604	112134

续表

年龄	年级	2024 年	2025 年	2026 年	2027 年	2028 年	2029 年	2030 年
10 岁	四年级	198164	181712	203491	199274	169808	159907	124595
11 岁	五年级	180839	180839	181691	203466	199243	169779	159877
7—11 岁	小学	**963534**	**952471**	914226	857099	765728	678581	609681
12 岁	六年级	192025	180824	198105	181669	203448	199221	169763
13 岁	七年级	161019	192003	180811	198072	181650	203422	199198
14 岁	八年级	153296	161004	191981	180788	198058	181626	203381
15 岁	九年级	140219	153277	160991	191956	180760	198038	181610
16 岁	高一	132932	140192	153257	160964	191926	180737	198014
17 岁	高二	129578	132911	140179	153240	160934	191899	180716
18 岁	高三	108441	129561	132892	140169	153220	160919	191874
12—15 岁	初中	646559	687108	731888	752485	**763916**	**782307**	**753952**
16—18 岁	高中	370951	402664	426328	454373	506080	533555	570604

资料来源：基于队列要素法模型预测整理

2.2　上海基础教育设施现状特征

2.2.1　上海基础教育设施时空变化

整体上，2010—2023 年上海市小学教育设施总量逐年下降，2023 年较之 2010 年减少了 102 所小学，而中学教育设施逐年增加，2023 年较之 2010 年增加了 145 所中学，这与学龄人口变化趋势相适应。2010—2023 年上海市小学和中学在校生规模、教职工人员数量基本上维持逐年增长，小学、中学在校生规模分别增加了约 2.36 万人、1.81 万人，教职工人员数量分别增加了约 1.71 万人、1.80万人。从分区来看，2010—2023 年上海各区小学教育设施与全市变化趋势一致，逐年减少，各区中学教育设施基本逐年增加，黄浦区、静安区、虹口区、崇明区呈现略微减少的态势。2010—2023 年各区小学和中学在校生规模、教职工人员数量基本维持逐年增长，青浦区、奉贤区、崇明区 2023 年在校生规模较之 2010 年略减少、教职工数量略有浮动（表 4、图 1、图 2）。

上海市市域 2010—2023 年基础教育设施基本情况　　　　表 4

年份	小学学校（所）	小学在校学生（人）	小学教职员工（人）	中学学校（所）	中学在校学生（人）	中学教职员工（人）
2010 年	766	701578	55843	755	594362	67277
2015 年	764	798686	60293	790	570546	70231
2020 年	684	860960	68075	850	634469	79662
2023 年	664	937129	72895	900	775072	85307

资料来源：根据相关年份上海统计年鉴整理

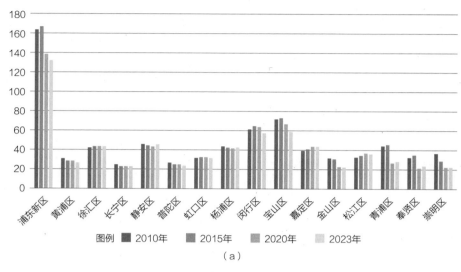

（a）

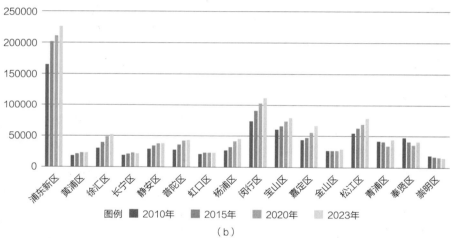

（b）

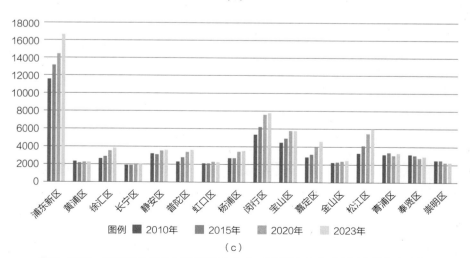

（c）

图 1　2010—2023 年上海市小学学校数量（a）、学生数量（b）、教职工数量（c）变化

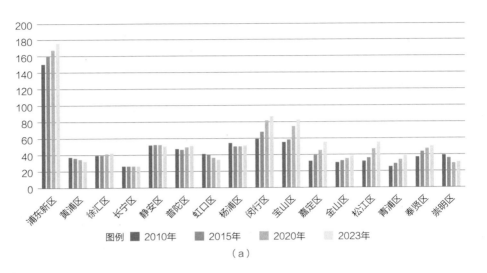

（a）

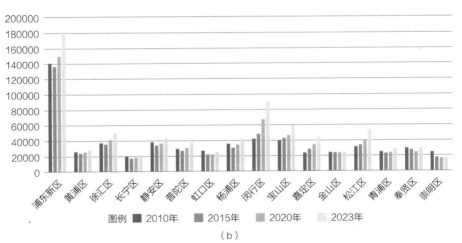

（b）

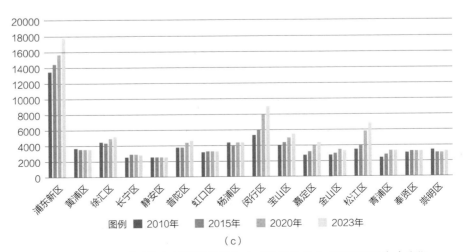

（c）

图2　2010—2023年上海市中学学校数量（a）、学生数量（b）、教职工数量（c）变化

2.2.2　上海基础教育设施空间配置呈现显著的中心集聚特征

从总体规模来看，2023年全市基础教育体系较为完善，共设有小学664所、普通中学900所，服务在校学生约171.22万人，配备教职工约15.82万人（表5）。然而通过POI数据的空间分析发现，这些教育资源在区域分布上存在严重失衡，中心城区集中了全市53.39%的基础教育设施，而主城片区、五个新城及其他区域的占比分别仅为11.55%、11.16%和23.9%，形成典型的"核心—边缘"分布格局。

这种不均衡的空间配置带来多重结构性矛盾。在中心城区，虽然黄浦、徐汇、杨浦等核心区域设施密度最高（部分区域每平方千米学校密度高达3.2所），但由于历史原因和土地约束，普遍存在校舍面积不足、办学规模偏小等问题，实际承载能力受限。与此同时，外围区域的设施配置明显不足，江湾街道、大柏树等区域出现幼托和小学服务覆盖缺口，难以满足当地居民的教育需求。

值得肯定的是，近年来通过"五个新城"建设，已在郊区新建80所高标准中小学和幼儿园，这一举措正在逐步改善外围区域的教育设施条件。

上海 2023 年基础教育设施基本情况　　　　　　表 5

地区	小学学校（所）	小学在校学生（人）	小学教职员工（人）	中学学校（所）	中学在校学生（人）	中学教职员工（人）
浦东新区	132	226211	16700	177	181954	17798
黄浦区	27	22740	2253	32	27922	3465
徐汇区	44	52393	3881	42	49891	5128
长宁区	23	21996	2002	26	21102	2745
静安区	46	37782	3609	50	42530	5328
普陀区	24	43722	3591	51	38603	4625
虹口区	32	23873	2232	34	24482	3215
杨浦区	43	45069	3537	51	42418	4387
闵行区	58	111726	7807	87	89673	8987
宝山区	59	79059	5806	83	59751	5436
嘉定区	44	66417	4591	55	44474	4347
金山区	22	29127	2461	38	24830	3293
松江区	36	78322	6016	55	53252	6772
青浦区	28	43505	3314	38	28583	3324
奉贤区	24	40487	2883	50	29253	3256
崇明区	22	14700	2212	31	16354	3201
总计	664	937129	72895	900	775072	85307

资料来源：根据相关年份上海统计年鉴整理

2.2.3　上海基础教育质量优质突出但分布不均

在国际比较层面，上海基础教育质量表现卓越。2023 年 PISA 测试数据显示，上海学生数学素养（613 分）和科学素养（590 分）连续三轮位居全球榜首，充分展现了上海基础教育的国际竞争力。这一成就的取得，得益于持续充足的教育投入保障，2023 年全市教育经费总投入达 2387 亿元，占 GDP 比重 4.3%，基础教育师生比优化至 1 ∶ 12.7 的较高水平。

然而，深入分析发现优质教育资源在空间分布上存在明显的梯度差异。中心城区教育质量优势显著，其中徐汇区基础教育优质率达到 89%，远高于全市平均水平，并培育出上海中学、南洋模范中学为核心的"衡复学区"等具有全国示范效应的优质教育品牌。师资配置方面，全市 70% 的特级教师集中在中心城区，形成了优质师资的高度集聚态势。相比之下，外围区域教育质量发展相对滞后。郊区高级职称教师占比仅为 32%，不足中心城区的一半；优质教育品牌稀缺，教育质量各项指标与中心城区存在明显差距。这种质量分异格局与当前人口空间分布的重构趋势形成突出矛盾。随着城市发展和人口流动，新增人口主要向中心城区边缘带和郊区疏散，但优质教育资源仍高度集中在中心城区，导致教育供需的空间错配问题日益凸显。

3　上海基础教育资源与人口结构的匹配现状及面临的挑战

"优化区域教育资源配置，建立同人口变化相协调的基本公共教育服务供给机制"是国家对新时代基础教育发展的明确要求，传统基础教育设施配置模式难以为继。构建与人口动态适配的教育服务体系，已成为促进上海教育优质均衡高质量发展的关键命题。从规模结构匹配性、空间可达性等维度出发，系统分析上海基础教育设施与人口规模结构的适配状况，深入剖析少子化趋势下基础教育设施配置面临的主要挑战，为制定科学合理的优化策略提供重要依据。

3.1　规模结构匹配

上海基础教育资源配置与人口结构的匹配性呈现出明显的空间分异特征。通过对 2023 年教育统计数据的系统分析（图 3、图 4）发现，当前资源配置模式与动态人口变化之间存在显著的不适配现象，这种不匹配主要体现在三个维度：

一是在学校规模方面，上海各区存在突出的梯度差异。全市 664 所小学的平均规模为 1411 人，但区域差异显著：松江、闵行等近郊区由于人口快速导入，校均规模普遍超过 1900 人；中心城区（除普陀外）均维持在较为合理的 700—

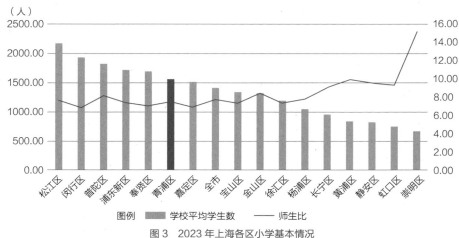

（人）

图例　████ 学校平均学生数　──── 师生比

图3　2023年上海各区小学基本情况

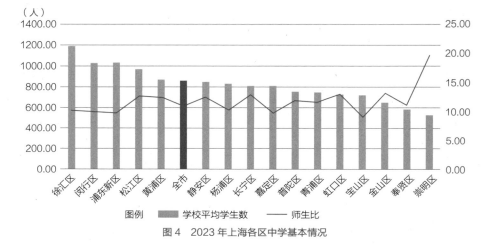

（人）

图例　████ 学校平均学生数　──── 师生比

图4　2023年上海各区中学基本情况

1200人区间；远郊的崇明区仅有668人，极差达到1507人。中学资源配置同样呈现出明显的梯度特征，全市900所中学的校均规模为861人，但徐汇、闵行等区的校均规模超过1100人，崇明区却只有527人，极差达到661人。

二是师资配置的结构性失衡问题同样严峻。小学专任教师的师生比平均为1∶7.78，嘉定区、徐汇区、闵行区、浦东新区等师生比较高，约1∶7，而崇明最低，仅1∶15.05；中学专任教师的师生比平均为1∶11.01，闵行区、嘉定区、徐汇区、杨浦区等师生比较高，约1∶10，而虹口区、崇明区、金山区等师生比相对较低，约1∶13，尤其是崇明区，师生比1∶19.57，呈现出明显的区域分化。这种失衡表现为中心城区教师资源相对富裕，而嘉定、闵行等人口快速导入区的师生比依然紧张，师资短缺问题日益突出。

三是从空间供需关系来看，资源配置的不均衡导致多重矛盾。主城区虽然设施资源充足但利用率不足；近郊区教育资源则普遍超负荷运转；远郊区又面临资源利用率低下的困境。这种资源配置的时空错配问题亟待通过建立动态监测预警机制和实施差异化调整策略加以解决。

3.2　空间可达性

在基于手机信令数据识别的学龄人口空间分布特征的基础上，采用两步移动寻法[14]对上海市基础教育设施空间可达性进行量化分析。研究发现，上海市基础教育设施可达性呈现显著的"核心—边缘"空间分异（图5、图6），中心城区凭借完善的设施网络，在15分钟步行范围内基本实现教育服务的全覆盖，特别是黄浦江沿岸、张江科学城等重点区域可达性最优，形成了高密度的教育服务圈层。然而，随着空间距离的增加，设施可达性呈现梯度衰减的特征。外环线以外的区域表现出明显的空间差异：主城片区虽然基本满足需求，但服务品质与中心城区存在差距；而外环周边和五大新城等新兴发展区域则普遍存在服务盲区，15分钟步行范围内的设施覆盖率显著不足。

造成这种空间分异的主要原因在于：首先，城市空间扩张速度快于教育设施的配套建设，导致新建居住区教育服务供给滞后；其次，外围区域在规划实施过程中存在标准执行不到位、建设时序不同步等问题；最后，既有资源配置机制难

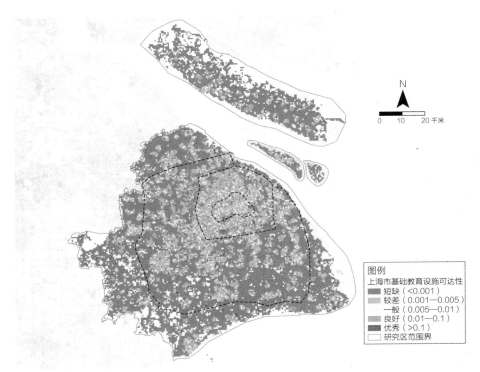

图5　上海市基础教育设施可达性比较

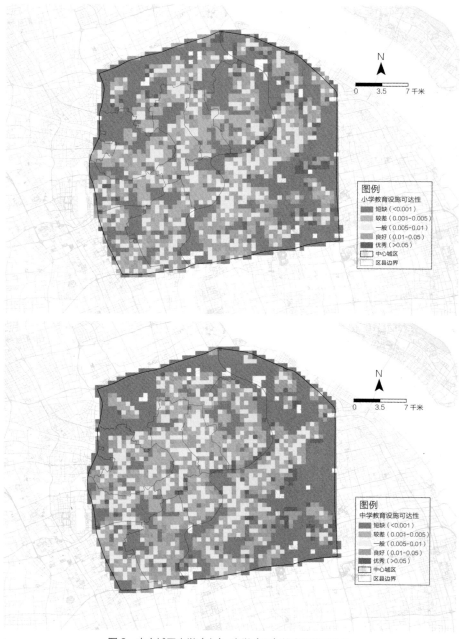

图6　中心城区小学（上）、中学（下）教育设施可达性

以适应人口动态变化的需求。

3.3　面临挑战

上海市基础教育资源配置正面临转型期的重要挑战。基于人口结构演变趋势分析，未来将呈现阶段性、区域性的供需矛盾特征。

一方面，从时间维度观察，学龄人口的结构性变化将导致教育资源供需失衡。根据预测模型显示，小学在校生规模 2024 年达到峰值，未来小学学龄人口减少，到"十五五"末期小学设施将过剩 30.69 万容量，届时 2.2 万名左右教师过剩；初中在校生规模将于 2029 年达到峰值，初中设施会有 21.5 万左右缺口；而高中在校生规模持续增加，按照上海市 2023 年高中升学率 66.62% 计算，"十五五"末期高中设施将会有 17.22 万缺口，面临较大的压力。

另一方面，从空间维度分析，当前资源配置与人口流动呈现显著错位。中心城区教育资源虽然配置完善，但伴随人口疏解出现利用率下降；外环边缘带和五大新城作为主要人口导入区，教育资源供给明显不足。特别是在上海"中心辐射、两翼齐飞、新城发力、南北转型"的空间发展战略下，五大新城等重点发展区域的中学教育资源压力将持续加大。

这种时空维度的双重矛盾，反映了现有资源配置机制在应对人口动态变化方面的不足。为应对这一挑战，需要建立更具弹性的教育资源调控体系，实现从"静态配置"向"动态适配"的转变，确保教育资源供给与人口发展需求在时空维度上的精准匹配。

4　上海构建与人口结构转型相适应的基础教育资源配置建议

构建与人口变化相协调的基础教育资源动态配置机制，是推动教育优质均衡发展的关键举措。基于学龄人口变化趋势研判，结合《教育强国建设规划纲要（2024—2035 年）》和《上海教育现代化 2035》的政策要求，建议建立包含"精细监测—时空适配—动态调控"三个维度的上海市基础教育资源统筹调配体系，实现教育资源供给与人口发展需求的高效适配。

4.1　精细监测：建立基础教育各学龄人口的精细化监测平台

在人口结构快速转型背景下，构建科学、精准的学龄人口监测预警制度是优化区域教育资源配置的基础。上海作为超大城市，需突破传统静态规划的局限，通过跨部门数据整合、智能化预测模型和动态响应机制，实现从"被动应对"向"主动干预"的转变。根据人口流动情况动态调适基础教育资源布局，智慧赋能搭建"教育资源配置一张图"数字平台，集成人口预测、设施分布、学位供需等数据，提升响应效率。

首先，建立市域基础教育设施空间分布、服务半径和交通线路等地理空间数据库，分高中、初中、小学、学前四个学段进行监测，并对各学校的教育承载力进行测算，妥善解决市域人口变化尤其是五个新城等人口导入重点区域人口增加对教育设施的供给需求。其次，建立"市级—区级—街道"三级学龄人口变化数据库，对学龄人口进行信息采集，及时监测、追踪与核查其变动情况，指导"市级—区级—街道"三级开展学龄人口预测，精准掌握各学段学龄人口变化趋势。最后，整合地理空间数据库和三级学龄人口变化数据库，搭建数字化发展平台，平台按要求进行监测，依据适龄人口基数、流动情况以及教育设施布局与承载力动态调整基础教育资源，优化中小学和幼儿园布局，提高学位供给的匹配性。

4.2　时空适配：强化基础教育资源与人口结构的时空匹配程度

应对少子化挑战，上海基础教育资源的统筹配置需兼顾近期供需矛盾化解与长效布局优化，以及基础教育设施与人口结构空间变化的精准匹配，应对未来人口变化。

一是在设施规模匹配方面，"十五五"时期，上海将面临幼儿园、小学设施过剩，初中设施阶段性短缺，高中设施持续紧缺，各类教育设施结构性矛盾更加突出。短期内上海亟需弹性配置基础教育资源，应对青少年年龄结构的动态性变化。幼儿园、小学设施可通过教育教学创新（小班化教学改革）、功能转型拓展（增加接送老人休息与活动空间、部分设施转型为托育中心等）、少量学校撤并等措施解决资源过剩的问题；初中设施应谨慎增加，可通过师生柔性配置、创新空间复合利用、设施资源集约利用等措施，缓解未来短期内初中需求压力；而对于更为紧缺的高中设施，需要酌情考虑增设独立用地，满足未来就学需求。长期来看，人口未来长期结构变化受政策以及经济形式多重影响，长期变化存在不确定性，应基于各学段学龄人口动态监测结果前瞻性地基于人口变化做好基础教育资源规划，注重提高基础教育设施的质量和水平，提升普惠性、可及性、便捷性，满足人民群众"上好学"的美好愿望。

二是在资源优化配置方面，建议建立教育设施动态更新制度。针对不同区域人口变化特征采取差异化策略：在人口持续导入的外环"边缘带"、五个新城等重点区域优先保障教育用地供应；在人口稳定区域推动部分幼儿园、小学向终身教育设施转型；同时创新"教育 +"复合利用模式，促进校舍与文化体育等公共服务设施共建共享。

4.3　动态调控：探索基础教育设施跨区域协同的动态调配机制

上海基础教育优质均衡发展需要建立跨区域协同的动态调控机制，重点从三个方面推进改革创新：

一是在学区制度创新方面，上海应探索弹性学区制度，突破行政壁垒，实现资源动态匹配。通过整合人口密度、设施承载力、通勤可达性等多维指标，基于实时监测数据动态调整学区边界，重点优化人口快速变化区域的资源配置。同步建立跨行政区划的教育协作发展联盟[15]，实施教育资源要素跨区域灵活配置，具体包含师资跨地区调配与学生跨地区转移。

二是在实施路径上，建议采取政企合作、试点先行的策略。推动构建政企合作办校模式，在人口动态变化大的区域引入社会资本办学，提升教育资源配置效率。同时，优先在浦东新区与临港新片区开展跨区协同试点，选择若干教育集团实施弹性学区制改革，并建立动态调整的管理机制。配套完善跨区域资源调配补偿办法、统一质量标准和智能决策系统等保障措施。

5   结语

我国城市正面临低生育率和少子化持续深化的严峻挑战，基础教育资源配置呈现出新的特征与困境[16]。一方面，受人口结构转型影响，学龄人口规模持续缩减，传统设施扩建模式难以为继；另一方面，城镇化进程中人口空间重构加剧，导致教育资源供需错配问题日益凸显。在此背景下，基础教育设施配置亟需向动态精准模式转型。

本研究基于上海市的实证分析，通过系统研判人口结构特征与发展趋势，深入剖析基础教育资源与人口分布的匹配状况，发现仍存在中心城区资源高度集聚、人口导入区域教育资源供给滞后、各学龄段资源供需存在时空错配等问题。针对这些问题，研究提出建立"精细监测—时空适配—动态调控"资源配置策略，研究成果不仅能为上海基础教育高质量发展提供决策依据，其"时空适配"的配置理念和"动态调控"的实施路径，也可为其他城市应对少子化挑战提供有益借鉴。

参考文献

[1]　毛峰，苏忠鑫，陈倩.面向 2035 的义务教育阶段资源配置方略研究——以上海市为例 [J]. 教育发展研究，2022，42（6）：78-84.

[2]　徐磊，童岩冰，于力群，等.供需匹配视角下的社区公共服务设施配置规划路径——以杭州富阳区城镇社区建设规划为例 [J]. 规划师，2024，40（8）：128-136.

[3]　乔锦忠，沈敬轩，李汉东，等.2020—2035 年中国人口大省义务教育阶段资源配置研究——以四川省为例 [J]. 教育经济评论，2020，5（5）：24-52.

[4]　李亚洲，张佶，毕瑜菲，等."人口—设施"精准匹配下的公共服务设施配置策略 [J]. 规划师，2022，38（6）：64-69，87.

[5]　褚宏启.以效率、公平、效能为导向优化基础教育资源配置 [J]. 人民教育，2024（Z3）：16-19.

[6]　徐幸子，苏海龙.存量时代基础教育空间资源的精准供给策略——以上海市普陀区为例 [J]. 规划师，2025，41（2）：62-70.

[7]　张敏.全球城市公共服务设施的公平供给和规划配置方法研究——以纽约、伦敦、东京为例 [J]. 国际城市规划，2017，32（6）：69-76.

[8]　Mayor of New York.One New York：The plan for a strong and just city[R].New York：City of New York，2015.

[9]　Mayor of London.The London Plan：Spatial development strategy for Greater London[R].London：London City Hall，2012.

[10]　张京祥，葛志兵，罗震东，等.城乡基本公共服务设施布局均等化研究——以常州市教育设施为例 [J]. 城市规划，2012（2）：9-15.

[11]　黄巧丽，邵琳.以新城发展为驱动的上海市郊区基础教育设施的时空分布及可达性研究 [J]. 复旦学报（自然科学版），2025，64（2）：218-228.

[12]　潘鑫.基于绩效的公共服务设施规划实施评估方法研究——以济南市为例 [J]. 上海城市规划，2020（6）：99-104.

[13]　WILSON T.Evaluation of alternative cohort-component models for local area population forecasts[J]. Population Research and Policy Re-view，2016（2）：241-261.

[14]　LUO W，WANG F H.Measures of spatial accessibility to health care in a GIS environment：Synthesis and a case study in the Chicago region.Environment and Planning B：Planning and Design，2003，30（6）：865- 884.

[15]　肖煜，靳天宇，刘惠琴.教育强国视域下的基础教育学制改革探析 [J]. 华东师范大学学报（教育科学版），2025，43（5）：86-95.

[16]　周于杰，柳庆元，李沛一.精细化治理背景下城市基础教育设施空间配置策略——以三亚市中小学用地布局规划为例 [J]. 城市规划学刊，2024（S1）：219-227.

审图号：GS 京（2025）1529 号

图书在版编目（CIP）数据

规划的价值与作为 = The Role and Conduct of
Planning / 孙施文等著；中国城市规划学会学术工作委
员会编 . -- 北京：中国建筑工业出版社，2025. 7.
（中国城市规划学会学术成果）. -- ISBN 978-7-112
-31530-7

Ⅰ . TU984.2

中国国家版本馆 CIP 数据核字第 2025WT8790 号

责任编辑：杨　虹　尤凯曦
责任校对：张惠雯

中国城市规划学会学术成果

规划的价值与作为
The Role and Conduct of Planning
孙施文　等　著
中国城市规划学会学术工作委员会　编
*
中国建筑工业出版社出版、发行（北京海淀三里河路 9 号）
各地新华书店、建筑书店经销
北京雅盈中佳图文设计公司制版
北京雅昌艺术印刷有限公司印刷
*
开本：850 毫米 ×1168 毫米　印张：27　字数：527 千字
2025 年 8 月第一版　2025 年 8 月第一次印刷
定价：**160.00** 元
ISBN 978-7-112-31530-7
　　　　（45533）